Friedrich Nietzsche

Werke in drei Bänden

Band 2

Könemann

© 1994 Könemann Verlagsgesellschaft mbH
Bonner Str. 126, D-50968 Köln

Herausgegeben von Rolf Toman
Herstellungsleiter: Detlev Schaper
Covergestaltung: Peter Feierabend
Satz und Gestaltung: HEVO GmbH, Dortmund
Printed in Hungary
ISBN 3-89508-037-3

Inhalt

Die fröhliche Wissenschaft

(»la gaya scienza«)

Ich wohne in meinem eignen Haus,
Hab niemandem nie nichts nachgemacht
Und – lachte noch jeden Meister aus,
Der nicht sich selbst ausgelacht.

Über meiner Haustür

Vorrede zur zweiten Ausgabe

1.

Diesem Buche tut vielleicht nicht nur Eine Vorrede not; und zuletzt bliebe immer noch der Zweifel bestehn, ob Jemand, ohne etwas Ähnliches erlebt zu haben, dem *Erlebnisse* dieses Buchs durch Vorreden nähergebracht werden kann. Es scheint in der Sprache des Tauwinds geschrieben: es ist Übermut, Unruhe, Widerspruch, Aprilwetter darin, so daß man beständig ebenso an die Nähe des Winters als an den *Sieg* über den Winter gemahnt wird, der kommt, kommen muß, vielleicht schon gekommen ist ... Die Dankbarkeit strömt fortwährend aus, als ob eben das Unerwartetste geschehn sei, die Dankbarkeit eines Genesenden, – denn die *Genesung* war dieses Unerwartetste. »Fröhliche Wissenschaft«: das bedeutet die Saturnalien eines Geistes, der einem furchtbaren langen Drucke geduldig widerstanden hat – geduldig, streng, kalt, ohne sich zu unterwerfen, aber ohne Hoffnung –, und der jetzt mit Einem Male von der Hoffnung angefallen wird, von der Hoffnung auf Gesundheit, von der *Trunkenheit* der Genesung. Was wunders, daß dabei viel Unvernünftiges und Närrisches ans Licht kommt, viel mutwillige Zärtlichkeit, selbst auf Probleme verschwendet, die ein stachlichtes Fell haben und nicht darnach angetan sind, geliebkost und gelockt zu werden. Dies ganze Buch ist eben Nichts als eine Lustbarkeit nach langer Entbehrung und Ohnmacht, das Frohlocken der wiederkehrenden Kraft, des neu erwachten Glaubens an ein Morgen und Übermorgen, des plötzlichen Gefühls und Vorgefühls von Zukunft, von nahen Abenteuern, von wieder offnen Meeren, von wieder erlaubten, wieder geglaubten Zielen. Und was lag nunmehr Alles hinter mir! Dieses Stück Wüste, Erschöpfung, Unglaube, Vereisung mitten in der Jugend, dieses eingeschaltete Greisentum an unrechter Stelle, diese Tyrannei des Schmerzes überbo-

ten durch die Tyrannei des Stolzes, der die *Folgerungen* des
Schmerzes ablehnte – und Folgerungen sind Tröstungen –, diese radikale Vereinsamung als Notwehr gegen eine krankhaft
hellseherisch gewordene Menschenverachtung, diese grund-
sätzliche Einschränkung auf das Bittere, Herbe, Wehetuende
der Erkenntnis, wie sie der *Ekel* verordnete, der aus einer un-
vorsichtigen geistigen Diät und Verwöhnung – man heißt sie
Romantik – allmählich gewachsen war –, oh wer mir das Alles
nachfühlen könnte! Wer es aber könnte, würde mir sicher noch
mehr zugute halten als etwas Torheit, Ausgelassenheit, »fröhliche Wissenschaft«, – zum Beispiel die Handvoll Lieder, welche
dem Buche diesmal beigegeben sind – Lieder, in denen sich ein
Dichter auf eine schwer verzeihliche Weise über alle Dichter lustig macht. – Ach, es sind nicht nur die Dichter und ihre schönen »lyrischen Gefühle«, an denen dieser Wieder-Erstandene
seine Bosheit auslassen muß: wer weiß, was für ein Opfer er
sich sucht, was für ein Untier von parodischem Stoff ihn in
kürze reizen wird? »*Incipit tragoedia*« – heißt es am Schlusse
dieses bedenklich-unbedenklichen Buchs: man sei auf seiner
Hut! Irgend etwas ausbündig Schlimmes und Boshaftes kün-
digt sich an: *incipit parodia*, es ist kein Zweifel ...

2.

– Aber lassen wir Herrn Nietzsche: was geht es uns an, daß
Herr Nietzsche wieder gesund wurde? ... Ein Psychologe
kennt wenig so anziehende Fragen, wie die nach dem Verhältnis von Gesundheit und Philosophie, und für den Fall, daß er
selber krank wird, bringt er seine ganze wissenschaftliche Neugierde mit in seine Krankheit. Man hat nämlich, vorausgesetzt,
daß man eine Person ist, notwendig auch die Philosophie seiner
Person: doch gibt es da einen erheblichen Unterschied. Bei
dem Einen sind es seine Mängel, welche philosophieren, bei
dem Andren seine Reichtümer und Kräfte. Ersterer hat seine

Philosophie *nötig*, sei es als Halt, Beruhigung, Arznei, Erlösung, Erhebung, Selbstentfremdung; bei Letzterem ist sie nur ein schöner Luxus, im besten Falle die Wollust einer triumphierenden Dankbarkeit, welche sich zuletzt noch in kosmischen Majuskeln an den Himmel der Begriffe schreiben muß. Im andren, gewöhnlicheren Falle aber, wenn die Notstände Philosophie treiben, wie bei allen kranken Denkern – und vielleicht überwiegen die kranken Denker in der Geschichte der Philosophie –: was wird aus dem Gedanken selbst werden, der unter den *Druck* der Krankheit gebracht wird? Dies ist die Frage, die den Psychologen angeht: und hier ist das Experiment möglich. Nicht anders als es ein Reisender macht, der sich vorsetzt, zu einer bestimmten Stunde aufzuwachen, und sich dann ruhig dem Schlafe überläßt: so ergeben wir Philosophen, gesetzt, daß wir krank werden, uns zeitweilig mit Leib und Seele der Krankheit – wir machen gleichsam vor uns die Augen zu. Und wie Jener weiß, daß irgend Etwas *nicht* schläft, irgend Etwas die Stunden abzählt und ihn aufwecken wird, so wissen auch wir, daß der entscheidende Augenblick uns wach finden wird, – daß dann Etwas hervorspringt und den Geist *auf der Tat* ertappt, ich meine auf der Schwäche oder Umkehr oder Ergebung oder Verhärtung oder Verdüsterung und wie alle die krankhaften Zustände des Geistes heißen, welche in gesunden Tagen den *Stolz* des Geistes wider sich haben (denn es bleibt bei dem alten Reime »der stolze Geist, der Pfau, das Pferd sind die drei stölzesten Tier auf der Erd« –). Man lernt nach einer derartigen Selbst-Befragung, Selbstversuchung, mit einem feineren Auge nach Allem, was überhaupt bisher philosophiert worden ist, hinsehn; man errät besser als vorher die unwillkürlichen Abwege, Seitengassen, Ruhestellen, *Sonnen*stellen des Gedankens, auf die leidende Denker gerade als Leidende geführt und verführt werden, man weiß nunmehr, wohin unbewußt der kranke *Leib* und sein Bedürfnis den Geist drängt, stößt, lockt – nach Sonne, Stille, Milde, Geduld, Arznei, Labsal in irgendeinem Sinne. Jede Philosophie, welche den Frieden höher stellt als den Krieg, jede Ethik mit einer negativen Fassung des Begriffs Glück, jede Metaphysik und Physik, welche ein Finale kennt, einen Endzustand irgendwelcher Art, jedes vorwiegend ästhetische oder religiöse Verlangen nach einem Abseits, Jenseits, Außerhalb, Oberhalb erlaubt zu fragen, ob nicht die Krankheit Das gewesen ist, was den Philosophen inspiriert hat. Die unbewußte Verkleidung physiologischer Bedürfnisse unter die Mäntel des Objektiven, Ideellen, Rein-Geistigen geht bis zum Erschrecken weit, – und oft genug habe ich mich gefragt, ob nicht, im Großen gerechnet, Philosophie bisher überhaupt nur eine Auslegung des Leibes und ein *Mißverständnis des Leibes* gewesen ist. Hinter den höchsten Werturteilen, von denen bisher die Geschichte des Gedankens geleitet wurde, liegen Mißverständnisse der leiblichen Beschaffenheit verborgen, sei es von Einzelnen, sei es von Ständen oder ganzen Rassen. Man darf alle jene kühnen Tollheiten der Metaphysik, sonderlich deren Antworten auf die Frage nach dem *Wert* des Daseins, zunächst immer als Symptome bestimmter Leiber ansehn; und wenn derartigen Welt-Bejahungen oder Welt-Verneinungen in Bausch und Bogen, wissenschaftlich gemessen, nicht ein Korn von Bedeutung innewohnt, so geben sie doch dem Historiker und Psychologen um so wertvollere Winke, als Symptome, wie gesagt, des Leibes, seines Geratens und Mißratens, seiner Fülle, Mächtigkeit, Selbstherrlichkeit in der Geschichte, oder aber seiner Hemmungen, Ermüdungen, Verarmungen, seines Vorgefühls vom Ende, seines Willens zum Ende. Ich erwarte immer noch, daß ein philosophischer *Arzt* im ausnahmsweisen Sinne des Wortes – ein Solcher, der dem Problem der Gesamt-Gesundheit von Volk, Zeit, Rasse, Menschheit nachzugehn hat – einmal den Mut haben wird, meinen Verdacht auf die Spitze zu bringen und den Satz zu wagen: bei allem Philosophieren handelte es sich bisher gar nicht um »Wahrheit«, sondern um etwas Anderes, sagen wir um Gesundheit, Zukunft, Wachstum, Macht, Leben ...

3.

– Man errät, daß ich nicht mit Undankbarkeit von jener Zeit schweren Siechtums Abschied nehmen möchte, deren Gewinn auch heute noch nicht für mich ausgeschöpft ist: so wie ich mir gut genug bewußt bin, was ich überhaupt in meiner wechselreichen Gesundheit vor allen Vierschrötigen des Geistes voraushabe. Ein Philosoph, der den Gang durch viele Gesundheiten gemacht hat und immer wieder macht, ist auch durch ebenso viele Philosophien hindurchgegangen: er *kann* eben nicht anders, als seinen Zustand jedesmal in die geistigste Form und Ferne umzusetzen, – diese Kunst der Transfiguration *ist* eben Philosophie. Es steht uns Philosophen nicht frei, zwischen Seele und Leib zu trennen, wie das Volk trennt, es steht uns noch weniger frei, zwischen Seele und Geist zu trennen. Wir sind keine denkenden Frösche, keine Objektivier- und Registrier-Apparate mit kaltgestellten Eingeweiden, – wir müssen beständig unsre Gedanken aus unsrem Schmerz gebären und mütterlich ihnen Alles mitgeben, was wir von Blut, Herz, Feuer, Lust, Leidenschaft, Qual, Gewissen, Schicksal, Verhängnis in uns haben. Leben – das heißt für uns, Alles, was wir sind, beständig in Licht und Flamme verwandeln, auch Alles, was uns trifft, wir *können* gar nicht anders. Und was die Krankheit angeht: würden wir nicht fast zu fragen versucht sein, ob sie uns überhaupt entbehrlich ist? Erst der große Schmerz ist der letzte Befreier des Geistes, als der Lehrmeister des *großen Verdachtes*, der aus jedem U ein X macht, ein ächtes rechtes X, das heißt den vorletzten Buchstaben vor dem letzten ... Erst der große Schmerz, jener lange langsame Schmerz, der sich Zeit nimmt, in dem wir gleichsam wie mit grünem Holz verbrannt werden, zwingt uns Philosophen, in unsre letzte Tiefe zu steigen und alles Vertrauen, alles Gutmütige, Verschleiernde, Milde, Mittlere, wohinein wir vielleicht vordem unsre Menschlichkeit gesetzt haben, von uns zu tun. Ich zweifle, ob ein solcher Schmerz »verbessert« –; aber ich weiß, daß er uns *vertieft*. Sei es nun, daß wir ihm unsern Stolz, unsern Hohn, unsre Willenskraft entgegenstellen lernen und es dem Indianer gleichtun, der, wie schlimm auch gepeinigt, sich an seinem Peiniger durch die Bosheit seiner Zunge schadlos hält; sei es, daß wir uns vor dem Schmerz in jenes orientalische Nichts zurückziehn – man heißt es Nirwana –, in das stumme, starre, taube Sich-Ergeben, Sich-Vergessen, Sich-Auslöschen: man kommt aus solchen langen gefährlichen Übungen der Herrschaft über sich als ein andrer Mensch heraus, mit einigen Fragezeichen mehr, vor Allem mit dem *Willen*, fürderhin mehr, tiefer, strenger, härter, böser, stiller zu fragen, als man bis dahin gefragt hatte. Das Vertrauen zum Leben ist dahin: das Leben selbst wurde zum *Problem*. – Möge man ja nicht glauben, daß Einer damit notwendig zum Düsterling geworden sei! Selbst die Liebe zum Leben ist noch möglich, – nur liebt man anders. Es ist die Liebe zu einem Weibe, das uns Zweifel macht ... Der Reiz alles Problematischen, die Freude am X ist aber bei solchen geistigeren, vergeistigteren Menschen zu groß, als daß diese Freude nicht immer wieder wie eine helle Glut über alle Not des Problematischen, über alle Gefahr der Unsicherheit, selbst über die Eifersucht des Liebenden zusammenschlüge. Wir kennen ein neues Glück ...

4.

Zuletzt, daß das Wesentlichste nicht ungesagt bleibe: man kommt aus solchen Abgründen, aus solchem schweren Siechtum, auch aus dem Siechtum des schweren Verdachts, *neugeboren* zurück, gehäutet, kitzliger, boshafter, mit einem feineren Geschmacke für die Freude, mit einer zarteren Zunge für alle guten Dinge, mit lustigeren Sinnen, mit einer zweiten gefährlicheren Unschuld in der Freude, kindlicher zugleich und hundertmal raffinierter, als man jemals vorher gewesen war. Oh wie Einem nunmehr der Genuß zuwider ist, der grobe, dumpfe, braune Genuß, wie ihn sonst die Genießenden, unsre »Ge-

bildeten«, unsre Reichen und Regierenden verstehn! Wie boshaft wir nunmehr dem großen Jahrmarkts-Bumbum zuhören,
mit dem sich der »gebildete Mensch« und der Großstädter
heute durch Kunst, Buch und Musik zu »geistigen Genüssen«,
unter Mithülfe geistiger Getränke, notzüchtigen läßt! Wie uns
jetzt der Theater-Schrei der Leidenschaft in den Ohren weh
tut, wie unsrem Geschmacke der ganze romantische Aufruhr
und Sinnen-Wirrwarr, den der gebildete Pöbel liebt, samt seinen Aspirationen nach dem Erhabenen, Gehobenen, Verschro-
benen fremd geworden ist! Nein, wenn wir Genesenden überhaupt eine Kunst noch brauchen, so ist es eine *andre* Kunst –
eine spöttische, leichte, flüchtige, göttlich unbehelligte, göttlich
künstliche Kunst, welche wie eine helle Flamme in einen unbe-
wölkten Himmel hineinlodert! Vor Allem: eine Kunst für
Künstler, nur für Künstler! Wir verstehn uns hinterdrein besser
auf das, was *dazu* zuerst not tut, die Heiterkeit, *jede* Heiterkeit,
meine Freunde! auch als Künstler –: ich möchte es beweisen.
Wir wissen Einiges jetzt zu gut, wir Wissenden: oh wie wir
nunmehr lernen, gut zu vergessen, gut *nicht*-zu-wissen, als
Künstler! Und was unsre Zukunft betrifft: man wird uns
schwerlich wieder auf den Pfaden jener ägyptischen Jünglinge
finden, welche nachts Tempel unsicher machen, Bildsäulen
umarmen und durchaus Alles, was mit guten Gründen ver-
deckt gehalten wird, entschleiern, aufdecken, in helles Licht
stellen wollen. Nein, dieser schlechte Geschmack, dieser Wille
zur Wahrheit, zur »Wahrheit um jeden Preis«, dieser Jünglings-
Wahnsinn in der Liebe zur Wahrheit – ist uns verleidet: dazu
sind wir zu erfahren, zu ernst, zu lustig, zu gebrannt, zu
tief ... Wir glauben nicht mehr daran, daß Wahrheit noch
Wahrheit bleibt, wenn man ihr die Schleier abzieht; wir haben
genug gelebt, um dies zu glauben. Heute gilt es uns als eine Sache der Schicklichkeit, daß man nicht Alles nackt sehn, nicht
bei Allem dabeisein, nicht Alles verstehen und »wissen« wolle.
»Ist es wahr, daß der liebe Gott überall zugegen ist?« fragt ein
kleines Mädchen seine Mutter: »aber ich finde das unanstän-

dig« – ein Wink für Philosophen! Man sollte die *Scham* besser in Ehren halten, mit der sich die Natur hinter Rätsel und bunte Ungewißheiten versteckt hat. Vielleicht ist die Wahrheit ein Weib, das Gründe hat, ihre Gründe nicht sehn zu lassen? Vielleicht ist ihr Name, griechisch zu reden, Baubo? ... Oh diese Griechen! Sie verstanden sich darauf, zu *leben*: dazu tut not, tapfer bei der Oberfläche, der Falte, der Haut stehenzubleiben, den Schein anzubeten, an Formen, an Töne, an Worte, an den ganzen Olymp des Scheins zu glauben! Diese Griechen waren oberflächlich – *aus Tiefe*! Und kommen wir nicht eben darauf zurück, wir Wagehalse des Geistes, die wir die höchste und gefährlichste Spitze des gegenwärtigen Gedankens erklettert und uns von da aus umgesehn haben, die wir von da aus *hinabgesehn* haben? Sind wir nicht eben darin – Griechen? Anbeter der Formen, der Töne, der Worte? Eben darum – Künstler?

Ruta bei Genua,
im Herbst des Jahres 1886

14

Wir Furchtlosen
(1886)

> Carcasse, tu trembles? Tu
> tremblerais bien davantage,
> si tu savais, où je te mène.
> *Turenne*

Dieses fünfte Buch der »Fröhlichen Wissenschaft« wurde wie die
»Lieder des Prinzen Vogelfrei« und die Vorrede erst vier Jahre später
hinzugefügt.

343.

Was es mit unsrer Heiterkeit auf sich hat. – Das größte neuere Ereignis – daß »Gott tot ist«, daß der Glaube an den christlichen
Gott unglaubwürdig geworden ist – beginnt bereits seine ersten Schatten über Europa zu werfen. Für die Wenigen wenigstens, deren Augen, derer *Argwohn* in den Augen stark und
fein genug für dieses Schauspiel ist, scheint eben irgendeine
Sonne untergegangen, irgendein altes tiefes Vertrauen in Zweifel umgedreht: ihnen muß unsre alte Welt täglich abendlicher,
mißtrauischer, fremder, »älter« scheinen. In der Hauptsache
aber darf man sagen: das Ereignis selbst ist viel zu groß, zu
fern, zu abseits vom Fassungsvermögen Vieler, als daß auch
nur seine Kunde schon *angelangt* heißen dürfte; geschweige
denn, daß Viele bereits wüßten, *was* eigentlich sich damit begeben hat – und was Alles, nachdem dieser Glaube untergraben
ist, nunmehr einfallen muß, weil es auf ihm gebaut, an ihn gelehnt, in ihn hineingewachsen war: zum Beispiel unsre ganze
europäische Moral. Diese lange Fülle und Folge von Abbruch,
Zerstörung, Untergang, Umsturz, die nun bevorsteht: wer erriete heute schon genug davon, um den Lehrer und Vorausver-
künder dieser ungeheuren Logik von Schrecken abgeben zu
müssen, den Propheten einer Verdüsterung und Sonnenfinster-
nis, deren Gleichen es wahrscheinlich noch nicht auf Erden gegeben hat? ... Selbst wir geborenen Rätselrater, die wir gleichsam auf den Bergen warten, zwischen Heute und Morgen hin-
gestellt und in den Widerspruch zwischen Heute und Morgen
hineingespannt, wir Erstlinge und Frühgeburten des kommenden Jahrhunderts, denen eigentlich die Schatten, welche Europa alsbald einwickeln müssen, jetzt schon zu Gesicht gekommen sein *sollten*: woran liegt es doch, daß selbst wir ohne rechte Teilnahme für diese Verdüsterung, vor Allem ohne Sorge
und Furcht für *uns*, ihrem Heraufkommen entgegensehn? Stehen wir vielleicht zu sehr noch unter den *nächsten Folgen* dieses
Ereignisses – und diese nächsten Folgen, seine Folgen für *uns*

sind, umgekehrt als man vielleicht erwarten könnte, durchaus nicht traurig und verdüsternd, vielmehr wie eine neue, schwer zu beschreibende Art von Licht, Glück, Erleichterung, Erheiterung, Ermutigung, Morgenröte ... In der Tat, wir Philosophen und »freien Geister« fühlen uns bei der Nachricht, daß der »alte Gott tot« ist, wie von einer neuen Morgenröte angestrahlt; unser Herz strömt dabei über von Dankbarkeit, Erstaunen, Ahnung, Erwartung, – endlich erscheint uns der Horizont wieder frei, gesetzt selbst, daß er nicht hell ist, endlich dürfen unsre Schiffe wieder auslaufen, auf jede Gefahr hin auslaufen, jedes Wagnis des Erkennenden ist wieder erlaubt, das Meer, *unser* Meer liegt wieder offen da, vielleicht gab es noch niemals ein so »offenes Meer«.

344.

Inwiefern auch wir noch fromm sind. – In der Wissenschaft haben die Überzeugungen kein Bürgerrecht, so sagt man mit gutem Grunde: erst wenn sie sich entschließen, zur Bescheidenheit einer Hypothese, eines vorläufigen Versuchs-Standpunktes, einer regulativen Fiktion herabzusteigen, darf ihnen der Zutritt und sogar ein gewisser Wert innerhalb des Reichs der Erkenntnis zugestanden werden, – immerhin mit der Beschränkung, unter polizeiliche Aufsicht gestellt zu bleiben, unter die Polizei des Mißtrauens. – Heißt das aber nicht, genauer besehen: erst wenn die Überzeugung *aufhört*, Überzeugung zu sein, darf sie Eintritt in die Wissenschaft erlangen? Finge nicht die Zucht des wissenschaftlichen Geistes damit an, sich keine Überzeugungen mehr zu gestatten? ... So steht es wahrscheinlich: nur bleibt übrig zu fragen, ob nicht, *damit diese Zucht anfangen könne*, schon eine Überzeugung da sein müsse, und zwar eine so gebieterische und bedingungslose, daß sie alle andren Überzeugungen sich zum Opfer bringt. Man sieht, auch die Wissenschaft ruht auf einem Glauben, es gibt gar keine »voraussetzungslose« Wissenschaft. Die Frage, ob *Wahrheit* not tue, muß nicht nur schon vorher bejaht, sondern in dem Grade bejaht sein, daß der Satz, der Glaube, die Überzeugung darin zum Ausdruck kommt, »es tut *nichts mehr* not als Wahrheit, und im Verhältnis zu ihr hat alles übrige nur einen Wert zweiten Rangs«. – Dieser unbedingte Wille zur Wahrheit: was ist er? Ist es der Wille, *sich nicht täuschen zu lassen*? Ist es der Wille, *nicht zu täuschen*? Nämlich auch auf diese letzte Weise könnte der Wille zur Wahrheit interpretiert werden: vorausgesetzt, daß man unter der Verallgemeinerung »ich will nicht täuschen« auch den einzelnen Fall »ich will mich nicht täuschen« einbegreift. Aber warum nicht täuschen? Aber warum nicht sich täuschen lassen? – Man bemerke, daß die Gründe für das Erstere auf einem ganz andern Bereiche liegen als die für das Zweite: man will sich nicht täuschen lasen, unter der Annahme, daß es schädlich, gefährlich, verhängnisvoll ist, getäuscht zu werden, – in diesem Sinne wäre Wissenschaft eine lange Klugheit, eine Vorsicht, eine Nützlichkeit, gegen die man aber billigerweise einwenden dürfte: wie? ist wirklich das Sichnicht-täuschen-lassen-Wollen weniger schädlich, weniger gefährlich, weniger verhängnisvoll? Was wißt ihr von vornherein vom Charakter des Daseins, um entscheiden zu können, ob der größere Vorteil auf seiten des Unbedingt-Mißtrauischen oder des Unbedingt-Zutraulichen ist? Falls aber Beides nötig sein sollte, viel Zutrauen *und* viel Mißtrauen: woher dürfte dann die Wissenschaft ihren unbedingten Glauben, ihre Überzeugung nehmen, auf dem sie ruht, daß Wahrheit wichtiger sei als irgendein andres Ding, auch als jede andre Überzeugung? Eben diese Überzeugung könnte nicht entstanden sein, wenn Wahrheit *und* Unwahrheit sich beide fortwährend als nützlich bezeigten: wie es der Fall ist. Also – kann der Glaube an Wissenschaft, der nun einmal unbestreitbar da ist, nicht aus einem solchen Nützlichkeits-Kalkül seinen Ursprung genommen haben, sondern vielmehr *trotzdem*, daß ihm die Unnützlichkeit und Gefährlichkeit des »Willens zur Wahrheit«, der »Wahrheit um jeden Preis« fortwährend bewiesen wird. »Um jeden Preis«: oh wir verstehen das gut genug, wenn wir erst einen Glauben nach dem andern auf diesem Altare dargebracht und abgeschlachtet haben! – Folglich bedeutet »Wille zur Wahrheit« *nicht* »ich will mich nicht täuschen lassen«, sondern – es bleibt keine Wahl – »ich will nicht täuschen, auch mich selbst nicht«: – *und hiermit sind wir auf dem Boden der Moral.* Denn man frage sich nur gründlich: »Warum willst du nicht täuschen?« namentlich wenn es den Anschein haben sollte – und es hat den Anschein! –, als wenn das Leben auf Anschein, ich meine auf Irrtum, Betrug, Verstellung, Blendung, Selbstverblendung angelegt wäre, und wenn andrerseits tatsächlich die große Form des Lebens sich immer auf der Seite der unbedenklichsten πολύτροποι gezeigt hat. Es könnte ein solcher Vorsatz vielleicht, mild ausgelegt, eine Don-Quixoterie, ein kleiner schwärmerischer Aberwitz sein; er könnte aber auch noch etwas Schlimmeres sein, nämlich ein lebensfeindliches zerstörerisches Prinzip ... »Wille zur Wahrheit« – das könnte ein versteckter Wille zum Tode sein. – Dergestalt führt die Frage: warum Wissenschaft? zurück auf das moralische Problem: *wozu überhaupt Moral,* wenn Leben, Natur, Geschichte »unmoralisch« sind? Es ist kein Zweifel, der Wahrhaftige, in jenem verwegenen und letzten Sinne, wie ihn der Glaube an die Wissenschaft voraussetzt, *bejaht damit eine andre Welt* als die des Lebens, der Natur und der Geschichte; und insofern er diese »andere Welt« bejaht, wie? muß er nicht ebendamit ihr Gegenstück, diese Welt, *unsre* Welt – verneinen? ... Doch man wird es begriffen haben, worauf ich hinaus will, nämlich daß es immer noch ein *metaphysischer Glaube* ist, auf dem unser Glaube an die Wissenschaft ruht, – daß auch wir Erkennenden von heute, wir Gottlosen und Antimetaphysiker, auch *unser* Feuer noch von dem Brande nehmen, den ein jahrtausendealter Glaube entzündet hat, jener Christen-Glaube, der auch der Glaube Platos war, daß Gott die Wahrheit ist, daß die Wahrheit göttlich ist ... Aber wie, wenn dies gerade immer mehr unglaubwürdig wird, wenn Nichts sich mehr als göttlich erweist, es sei denn der Irrtum, die Blindheit, die Lüge, – wenn Gott selbst sich als unsre längste Lüge erweist?

345.

Moral als Problem. – Der Mangel an Person rächt sich überall, eine geschwächte, dünne, ausgelöschte, sich selbst leugnende und verleugnende Persönlichkeit taugt zu keinem guten Dinge mehr, – sie taugt am wenigsten zur Philosophie. Die »Selbstlosigkeit« hat keinen Wert im Himmel und auf Erden; die großen Probleme verlangen alle die *große* Liebe, und dieser sind nur die starken, runden, sicheren Geister fähig, die fest auf sich selber sitzen. Es macht den erheblichsten Unterschied, ob ein Denker zu seinen Problemen persönlich steht, so daß er in ihnen sein Schicksal, seine Not und auch sein bestes Glück hat, oder aber »unpersönlich«: nämlich sie nur mit den Fühlhörnern des kalten neugierigen Gedankens anzutasten und zu fassen versteht. Im letzteren Falle kommt Nichts dabei heraus, so viel läßt sich versprechen: denn die großen Probleme, gesetzt selbst, daß sie sich fassen lassen, lassen sich von Fröschen und Schwächlingen nicht *halten*, das ist ihr Geschmack seit Ewigkeit, – ein Geschmack übrigens, den sie mit allen wackern Weiblein teilen. – Wie kommt es nun, daß ich noch Niemandem begegnet bin, auch in den Büchern nicht, der zur Moral in dieser Stellung als Person stünde, der die Moral als Problem als *seine* persönliche Not, Qual, Wollust, Leidenschaft kennte? Ersichtlich war bisher die Moral gar kein Problem; vielmehr Das gerade, worin man, nach allem Mißtrauen, Zwiegestalt, Widerspruch, miteinander übereinkam, der geheiligte Ort des Friedens, wo die Denker auch von sich selbst ausruhten, aufatmeten, auflebten. Ich sehe Niemanden, der eine *Kritik* der moralischen Werturteile gewagt hätte; ich vermisse hierfür selbst die Versuche der wissenschaftlichen Neugierde, der verwöhnten versucherischen Psychologen- und Historiker-Einbildungskraft, welche leicht ein Problem vorwegnimmt und im Fluge erhascht, ohne recht zu wissen, was da erhascht ist. Kaum daß ich einige spärliche Ansätze ausfindig gemacht habe, es zu einer *Entstehungsgeschichte* dieser Gefühle und Wertschätzungen zu bringen (was etwas Anderes ist als eine Kritik derselben und noch einmal etwas Anderes als die Geschichte der ethischen Systeme): in einem einzelnen Falle habe ich Alles getan, um eine Neigung und Begabung für diese Art Historie zu ermutigen – umsonst, wie mir heute scheinen will. Mit diesen Moral-Historiken (namentlich Engländern) hat es wenig auf sich: sie stehen gewöhnlich selbst noch arglos unter dem Kommando einer bestimmten Moral und geben, ohne es zu wissen, deren Schildträger und Gefolge ab; etwa mit jenem noch immer so treuherzig nachgeredeten Volks-Aberglauben des christlichen Europa, daß das Charakteristikum der moralischen Handlung im Selbstlosen, Selbstverleugnenden, Sich-Selbst-Opfernden, oder im Mitgefühle, im Mitleiden gelegen sei. Ihr gewöhnlicher Fehler in der Voraussetzung ist, daß sie irgendeinen *consensus* der Völker, mindestens der zahmen Völker, über gewisse Sätze der Moral behaupten und daraus deren unbedingte Verbindlichkeit, auch für dich und mich, schließen; oder daß sie umgekehrt, nachdem ihnen die Wahrheit aufgegangen ist, daß bei verschiednen Völkern die moralischen Schätzungen *notwendig* verschieden sind, einen Schluß auf Unverbindlichkeit *aller* Moral machen: was Beides gleich große Kindereien sind. Der Fehler der Feineren unter ihnen ist, daß sie die vielleicht törichten Meinungen eines Volks über seine Moral oder der Menschen über alle menschliche Moral aufdecken und kritisieren, also über deren Herkunft, religiöse Sanktion, den Aberglauben des freien Willens und dergleichen, und ebendamit vermeinen, diese Moral selbst kritisiert zu haben. Aber der Wert einer Vorschrift »du sollst« ist noch gründlich verschieden und unabhängig von solcherlei Meinungen über dieselbe und von dem Unkraut des Irrtums, mit dem sie vielleicht überwachsen ist: so gewiß der Wert eines Medikaments für den Kranken noch vollkommen unabhängig davon ist, ob der Kranke wissenschaftlich oder wie ein altes Weib über Medizin denkt. Eine Moral könnte selbst *aus* einem Irrtume gewachsen sein: auch mit dieser Einsicht wäre das Problem ihres Wertes noch nicht einmal berührt. – Niemand also hat bisher den *Wert* jener berühmtesten aller Medizinen, genannt Moral, geprüft: wozu zuallererst gehört, daß man ihn einmal – *in Frage stellt.* Wohlan! Dies eben ist unser Werk. –

346.

Unser Fragezeichen. – Aber ihr versteht das nicht? In der Tat, man wird Mühe haben, uns zu verstehn. Wir suchen nach Worten, wir suchen vielleicht auch nach Ohren. Wer sind wir doch? Wollten wir uns einfach mit einem älteren Ausdrucke Gottlose oder Ungläubige oder auch Immoralisten nennen, wir würden uns damit noch lange nicht bezeichnet glauben: wir sind alles Dreies in einem zu späten Stadium, als daß man begriffe, als daß *ihr* begreifen könntet, meine Herren Neugierigen, wie es Einem dabei zumute ist. Nein! nicht mehr mit der Bitterkeit und Leidenschaft des Losgerissenen, der sich aus seinem Unglauben noch einen Glauben, einen Zweck, ein Martyrium selbst zurechtmachen muß! Wir sind abgesotten in der Einsicht und in ihr kalt und hart geworden, daß es in der Welt durchaus nicht göttlich zugeht, ja noch nicht einmal nach menschlichem Maße vernünftig, barmherzig oder gerecht: wir wissen es, die Welt, in der wir leben, ist ungöttlich, unmoralisch, »unmenschlich«, – wir haben sie uns allzulange falsch und lügnerisch, aber nach Wunsch und Willen unsrer Verehrung, das heißt nach einem *Bedürfnisse* ausgelegt. Denn der Mensch ist ein verehrendes Tier! Aber er ist auch in mißtrauisches: und daß die Welt *nicht* das wert ist, was wir geglaubt haben, das ist ungefähr das Sicherste, dessen unser Mißtrauen endlich habhaft geworden ist. So viel Mißtrauen, so viel Philosophie. Wir hüten uns wohl zu sagen, daß sie *weniger* wert ist: es erscheint uns heute selbst zum Lachen, wenn der Mensch in Anspruch nehmen wollte, Werte zu erfinden, welche den Wert der wirklichen Welt *überragen* sollten, – gerade davon sind wir zurückgekommen als von einer ausschweifenden Verirrung der menschlichen Eitelkeit und Unvernunft, die lange nicht als solche erkannt worden ist. Sie hat ihren letzten Ausdruck im modernen Pessimismus gehabt, einen älteren, stärkeren in der Lehre des Buddha; aber auch das Christentum enthält sie, zweifelhafter freilich und zweideutiger, aber darum nicht weniger verführerisch. Die ganze Attitüde »Mensch *gegen* Welt«, der Mensch als »Welt-verneinendes« Prinzip, der Mensch als Wertmaß der Dinge, als Welten-Richter, der zuletzt das Dasein selbst auf seine Waagschalen legt und zu leicht befindet – die ungeheuerliche Abgeschmacktheit dieser Attitüde ist uns als solche zum Bewußtsein gekommen und verleidet, – wir lachen schon, wenn wir »Mensch *und* Welt« nebeneinandergestellt finden, getrennt durch die sublime Anmaßung des Wörtchens »und«! Wie aber? Haben wir nicht eben damit, als Lachende, nur einen Schritt weiter in der Verachtung des Menschen gemacht? Und also auch im Pessimismus, in der Verachtung des *uns* erkennbaren Daseins? Sind wir nicht eben damit dem Argwohne eines Gegensatzes verfallen, eines Gegensatzes der Welt, in der wir bisher mit unsren Verehrungen zu Hause waren – um deren willen wir vielleicht zu leben *aushielten* –, und einer andren Welt, *die wir selber sind*: einem unerbittlichen, gründlichen, untersten Argwohn über uns selbst, der uns Europäer immer mehr, immer schlimmer in Gewalt bekommt und leicht die kommenden Geschlechter vor das furchtbare Entweder-Oder stellen könnte: »entweder schafft eure Verehrungen ab oder – *euch selbst*!« Das Letztere wäre der Nihilismus; aber wäre nicht auch das Erstere – der Nihilismus? – Dies ist *unser* Fragezeichen.

347.

Die Gläubigen und ihr Bedürfnis nach Glauben. – Wieviel einer *Glauben* nötig hat, um zu gedeihen, wieviel »Festes«, an dem er nicht gerüttelt haben will, weil er sich daran *hält*, – ist ein Gradmesser seiner Kraft (oder, deutlicher geredet, seiner Schwäche). Christentum haben, wie mir scheint, im alten Europa auch heute noch die Meisten nötig: deshalb findet es auch immer noch Glauben. Denn so ist der Mensch: ein Glaubenssatz könnte ihm tausendfach widerlegt sein – gesetzt, er hätte ihn nötig, so würde er ihn auch immer wieder für »wahr« halten, – gemäß jenem berühmten »Beweise der Kraft«, von dem die Bibel redet. Metaphysik haben Einige noch nötig; aber auch jenes ungestüme *Verlangen nach Gewißheit*, welches sich heute in breiten Massen wissenschaftlich-positivistisch entladet, das Verlangen, durchaus etwas fest haben zu *wollen* (während man es wegen der Hitze dieses Verlangens mit der Begründung der Sicherheit leichter und läßlicher nimmt): auch Das ist noch das Verlangen nach Halt, Stütze, kurz jener *Instinkt der Schwäche*, welcher Religionen, Metaphysiken, Überzeugungen aller Art zwar nicht schafft, aber – konserviert. In der Tat dampft um alle diese positivistischen Systeme der Qualm einer gewissen pessimistischen Verdüsterung, Etwas von Müdigkeit, Fatalismus, Enttäuschung, Furcht vor neuer Enttäuschung – oder aber zur Schau getragener Ingrimm, schlechte Laune, Entrüstungs-Anarchismus und was es alles für Symptome oder Maskeraden des Schwächegefühls gibt. Selbst die Heftigkeit, mit der sich unsre gescheitesten Zeitgenossen in ärmliche Ecken und Engen verlieren, zum Beispiel in die Vaterländerei (so heiße ich Das, was man in Frankreich *chauvinisme*, in Deutschland »deutsch« nennt) oder in ästhetische Winkel-Bekenntnisse nach Art des Pariser *naturalisme* (der von der Natur nur *den* Teil hervorzieht und entblößt, welcher Ekel zugleich und Erstaunen macht – man heißt diesen Teil heute gern *la verité vraie*) oder in Nihilismus nach Petersburger Muster (das heißt in den *Glauben an den Unglauben,* bis zum Martyrium dafür), zeigt immer vorerst das *Bedürfnis* nach Glauben, Halt, Rückgrat, Rückhalt ... Der Glaube ist immer dort am meisten begehrt, am dringlichsten nötig, wo es an Willen fehlt: denn der Wille ist, als Affekt des Befehls, das entscheidende Abzeichen der Selbstherrlichkeit und Kraft. Das heißt, je weniger Einer zu befehlen weiß, um so dringlicher begehrt er nach Einem, der befiehlt, streng befiehlt, nach einem Gott, Fürsten, Stand, Arzt, Beichtvater, Dogma, Partei-Gewissen. Woraus vielleicht anzunehmen wäre, daß die beiden Weltreligionen, der Buddhismus und das Christentum, ihren Entstehungsgrund, ihr plötzliches Um-sich-Greifen zumal, in einer ungeheuren *Erkrankung des Willens* gehabt haben möchten. Und so ist es in Wahrheit gewesen: beide Religionen fanden ein durch Willens-Erkrankung ins Unsinnige aufgetürmtes, bis zur Verzweiflung gehendes Verlangen nach einem »du sollst« vor, beide Religionen waren Lehrerinnen des Fanatismus in Zeiten der Willens-Erschlaffung und boten damit Unzähligen einen Halt, eine neue Möglichkeit zu wollen, einen Genuß am Wollen. Der Fanatismus ist nämlich die einzige »Willensstärke«, zu der auch die Schwachen und Unsichern gebracht werden können, als eine Art Hypnotisierung des ganzen sinnlich-intellektuellen Systems zugunsten der überreichlichen Ernährung (Hypertrophie) eines einzelnen Gesichts- und Gefühlspunktes, der nunmehr dominiert – der Christ heißt ihn seinen *Glauben.* Wo ein Mensch zu der Grundüberzeugung kommt, daß ihm befohlen werden *muß,* wird er »gläubig«; umgekehrt wäre eine Lust und Kraft der Selbstbestimmung, eine *Freiheit* des Willens denkbar, bei der ein Geist jedem Glauben, jedem Wunsch nach Gewißheit den Abschied gibt, geübt, wie er ist, auf leichten Seilen und Möglichkeiten sich halten zu können und selbst an Abgründen noch zu tanzen. Ein solcher Geist wäre der *freie Geist par excellence.*

348.

Von der Herkunft der Gelehrten. – Der Gelehrte wächst in Europa aus aller Art Stand und gesellschaftlicher Bedingung heraus, als eine Pflanze, die keines spezifischen Erdreichs bedarf: darum gehört er, wesentlich und unfreiwillig, zu den Trägern des demokratischen Gedankens. Aber diese Herkunft verrät sich. Hat man seinen Blick etwas dafür eingeschult, an einem gelehrten Buche, einer wissenschaftlichen Abhandlung die intellektuelle *Idiosynkrasie* des Gelehrten – jeder Gelehrte hat eine solche – herauszuerkennen und auf der Tat zu ertappen, so wird man fast immer hinter ihr die »Vorgeschichte« des Gelehrten, seine Familie, insonderheit deren Berufsarten und Handwerke zu Gesicht bekommen. Wo das Gefühl zum Ausdruck kommt »das ist nunmehr bewiesen, hiermit bin ich fertig«, da ist es gemeinhin der Vorfahr im Blute und Instinkte des Gelehrten, welcher von seinem Gesichtswinkel aus die »gemachte Arbeit« gutheißt, – der Glaube an den Beweis ist nur ein Symptom davon, was in einem arbeitsamen Geschlechte von alters her als »gute Arbeit« angesehn worden ist. Ein Beispiel: die Söhne von Registratoren und Büroschreibern jeder Art, deren Hauptaufgabe immer war, ein vielfältiges Material zu ordnen, in Schubfächer zu verteilen, überhaupt zu schematisieren, zeigen, falls sie Gelehrte werden, eine Vorneigung dafür, ein Problem beinahe damit für gelöst zu halten, daß sie es schematisiert haben. Es gibt Philosophen, welche im Grunde nur schematische Köpfe sind, – ihnen ist das Formale des väterlichen Handwerks zum Inhalte geworden. Das Talent zu Klassifikationen, zu Kategorientafeln verrät Etwas; man ist nicht ungestraft das Kind seiner Eltern. Der Sohn eines Advokaten wird auch als Forscher ein Advokat sein müssen: er will mit seiner Sache in erster Rücksicht recht behalten, in zweiter, vielleicht, recht haben. Die Söhne von protestantischen Geistlichen und Schullehrern erkennt man an der naiven Sicherheit, mit der sie als Gelehrte ihre Sache schon als bewiesen nehmen, wenn sie von ihnen eben erst nur herzhaft und mit Wärme vorgebracht worden ist: sie sind eben gründlich daran gewöhnt, daß man ihnen *glaubt*, – das gehörte bei ihren Vätern zum »Handwerk«! Ein Jude umgekehrt ist, gemäß dem Geschäftskreis und der Vergangenheit seines Volks, gerade daran – daß man ihm glaubt – am wenigsten gewöhnt: man sehe sich darauf die jüdischen Gelehrten an, – sie Alle halten große Stücke auf die Logik, das heißt auf das *Erzwingen* der Zustimmung durch Gründe; sie wissen, daß sie mit ihr siegen müssen, selbst wo Rassen- und Klassen-Widerwille gegen sie vorhanden ist, wo man ihnen ungern glaubt. Nichts nämlich ist demokratischer als die Logik: sie kennt kein Ansehn der Person und nimmt auch die krummen Nasen für gerade. (Nebenbei bemerkt: Europa ist gerade in Hinsicht auf Logisierung auf *reinlichere* Kopf-Gewohnheiten den Juden nicht wenig Dank schuldig; voran die Deutschen, als eine beklagenswert deraisonnable Rasse, der man auch heute immer noch zuerst »den Kopf zu waschen« hat. Überall, wo Juden zu Einfluß gekommen sind, haben sie feiner zu scheiden, schärfer zu folgern, heller und sauberer zu schreiben gelehrt: ihre Aufgabe war es immer, ein Volk »zur *raison*« zu bringen.)

349.

Noch einmal die Herkunft der Gelehrten. – Sich selbst erhalten wollen ist der Ausdruck einer Notlage, einer Einschränkung des eigentlichen Lebens-Grundtriebes, der auf *Machterweiterung* hinausgeht und in diesem Willen oft genug die Selbsterhaltung in Frage stellt und opfert. Man nehme es als symptomatisch, wenn einzelne Philosophen, wie zum Beispiel der schwindsüchtige Spinoza, gerade im sogenannten Selbsterhaltungs-Trieb das Entscheidende sahen, sehen mußten: – es waren eben Menschen in Notlagen. Daß unsre modernen Naturwissenschaften sich dermaßen mit dem Spinozistischen Dogma verwickelt haben (zuletzt noch und am gröbsten im Darwinismus mit seiner unbegreiflich einseitigen Lehre vom »Kampf ums Dasein«), das liegt wahrscheinlich an der Herkunft der meisten Naturforscher: sie gehören in dieser Hinsicht zum »Volk«, ihre Vorfahren waren arme und geringe Leute, welche die Schwierigkeit, sich durchzubringen, allzusehr aus der Nähe kannten. Um den ganzen englischen Darwinismus herum haucht Etwas wie englische Übervölkerungs-Stickluft, wie Kleiner-Leute-Geruch von Not und Enge. Aber man sollte, als Naturforscher, aus seinem menschlichen Winkel herauskommen: und in der Natur *herrscht* nicht die Notlage, sondern der Überfluß, die Verschwendung, sogar bis ins Unsinnige. Der Kampf ums Dasein ist nur eine *Ausnahme*, eine zeitweilige Restriktion des Lebenswillens; der große und kleine Kampf dreht sich allenthalben ums Übergewicht, um Wachstum und Ausbreitung, um Macht, gemäß dem Willen zur Macht, der eben der Wille des Lebens ist.

350.

Zu Ehren der homines religiosi. – Der Kampf gegen die Kirche ist ganz gewiß unter anderem – denn er bedeutet Vielerlei – auch der Kampf der gemeineren, vergnügteren, vertraulicheren, oberflächlicheren Naturen gegen die Herrschaft der schwereren, tieferen, beschaulicheren, das heißt böseren und argwöhnerischen Menschen, welche mit einem langen Verdachte über den Wert des Daseins, auch über den eignen Wert brüteten: – der gemeine Instinkt des Volkes, seine Sinnen-Lustigkeit, sein »gutes Herz« empörte sich gegen sie. Die ganze römische Kirche ruht auf einem südländischen Argwohne über die Natur des Menschen, der vom Norden aus immer falsch verstanden wird: in welchem Argwohne der europäische Süden die Erbschaft des tiefen Orients, des uralten geheimnisreichen Asien und seiner Kontemplation gemacht hat. Schon der

Protestantismus ist ein Volksaufstand zugunsten der Biederen, Treuherzigen, Oberflächlichen (der Norden war immer gutmütiger und flacher als der Süden); aber erst die französische Revolution hat dem »guten Menschen« das Szepter vollends und feierlich in die Hand gegeben (dem Schaf, dem Esel, der Gans und Allem, was unheilbar flach und Schreihals und reif für das Narrenhaus der »modernen Ideen« ist).

351.

Zu Ehren der priesterlichen Naturen. – Ich denke, von Dem, was das Volk unter Weisheit versteht (und wer ist heute nicht »Volk«? –), von jener klugen kuhmäßigen Gemütsstille, Frömmigkeit und Landpfarrer-Sanftmut, welche auf der Wiese liegt und dem Leben ernst und wiederkäuend *zuschaut*, – davon haben gerade die Philosophen sich immer am fernsten gefühlt, wahrscheinlich weil sie dazu nicht »Volk« genug, nicht Landpfarrer genug waren. Auch werden wohl sie gerade am spätesten daran glauben lernen, daß das Volk Etwas von Dem verstehn *dürfte*, was ihm am fernsten liegt, von der großen *Leidenschaft* des Erkennenden, der beständig in der Gewitterwolke der höchsten Probleme und der schwersten Verantwortlichkeiten lebt, leben muß (also ganz und gar nicht zuschauend, außerhalb, gleichgültig, sicher, objektiv ...). Das Volk verehrt eine ganz andre Art Mensch, wenn es seinerseits sich ein Ideal des »Weisen« macht, und hat tausendfach Recht dazu, gerade dieser Art Mensch mit den besten Worten und Ehren zu huldigen: das sind die milden, ernst-einfältigen und keuschen Priester-Naturen und was ihnen verwandt ist – denen gilt das Lob in jener Volks-Ehrfurcht vor der Weisheit. Und wem hätte das Volk auch Grund, dankbarer sich zu erweisen als diesen Männern, die zu ihm gehören und aus ihm kommen, aber wie Geweihte, Ausgelesene, seinem Wohl *Geopferte* – sie selber glauben sich Gott geopfert –, vor denen es ungestraft sein Herz ausschütten, an die es seine Heimlichkeiten, seine Sorgen und Schlimmeres *loswerden* kann (– denn der Mensch, der »sich mitteilt«, wird sich selber los, und wer »bekannt« hat, vergißt). Hier gebietet eine große Notdurft: es bedarf nämlich auch für den seelischen Unrat der Abzugsgräben und der reinlichen, reinigenden Gewässer drin, es bedarf rascher Ströme der Liebe und starker, demütiger, reiner Herzen, die zu einem solchen Dienste der nichtöffentlichen Gesundheitspflege sich bereit machen und opfern – denn es *ist* eine Opferung, ein Priester ist und bleibt ein Menschenopfer ... Das Volk empfindet solche geopferte, still gewordne, ernste Menschen des »Glaubens« als *weise*, das heißt als Wissend-Gewordene, als »Sichere« im Verhältnis zur eignen Unsicherheit: wer würde ihm das Wort und diese Ehrfurcht nehmen mögen? – Aber, wie es umgekehrt billig ist, unter Philosophen gilt auch ein Priester immer noch als »Volk« und *nicht* als Wissender, vor Allem, weil sie selbst nicht an »Wissende« glauben und eben in diesem Glauben und Aberglauben schon »Volk« riechen. Die *Bescheidenheit* war es, welche in Griechenland das Wort »Philosoph« erfunden hat und den prachtvollen Übermut, sich weise zu nennen, den Schauspielern des Geistes überließ, – die Bescheidenheit solcher Ungetüme von Stolz und Selbstherrlichkeit, wie Pythagoras, wie Plato –.

352.

Inwiefern Moral kaum entbehrlich ist. – Der nackte Mensch ist im allgemeinen ein schändlicher Anblick – ich rede von uns Europäern (und nicht einmal von den Europäerinnen!). Angenommen, die froheste Tischgesellschaft sähe sich plötzlich durch die Tücke eines Zauberers enthüllt und ausgekleidet, ich glaube, daß nicht nur der Frohsinn dahin und der stärkste Appetit entmutigt wäre, – es scheint, wir Europäer können jener Maskerade durchaus nicht entbehren, die Kleidung heißt. Soll-

te aber die Verkleidung der »moralischen Menschen«, ihre Ver-
hüllung unter moralische Formeln und Anstandsbegriffe, das
ganze wohlwollende Verstecken unsrer Handlungen unter die
Begriffe Pflicht, Tugend, Gemeinsinn, Ehrenhaftigkeit, Selbst-
verleugnung nicht seine ebenso guten Gründe haben? Nicht
daß ich vermeinte, hierbei sollte etwa die menschliche Bosheit
und Niederträchtigkeit, kurz das schlimme wilde Tier in uns
vermummt werden; mein Gedanke ist umgekehrt, daß wir gerade als *zahme Tiere* ein schändlicher Anblick sind und die Mo-
ral-Verkleidung brauchen – daß der »inwendige Mensch« in
Europa eben lange nicht schlimm genug ist, um sich damit »sehen lassen« zu können (um damit *schön* zu sein –). Der Europäer verkleidet sich *in die Moral,* weil er ein krankes, kränkli-
ches, krüppelhaftes Tier geworden ist, das gute Gründe hat,
»zahm« zu sein, weil er beinahe eine Mißgeburt, etwas Halbes,
Schwaches, Linkisches ist ... Nicht die Furchtbarkeit des
Raubtiers findet eine moralische Verkleidung nötig, sondern
das Herdentier mit seiner tiefen Mittelmäßigkeit, Angst und
Langeweile an sich selbst. *Moral putzt den Europäer auf* – geste-
hen wir es ein! – ins Vornehmere, Bedeutendere, Ansehnliche-
re, ins »Göttliche« –

353.

Vom Ursprung der Religionen. – Die eigentliche Erfindung der
Religionsstifter ist einmal: eine bestimmte Art Leben und Alltag der Sitte anzusetzen, welche als *disciplina voluntatis* wirkt
und zugleich die Langeweile wegschafft; sodann: gerade diesem Leben eine *Interpretation* zu geben, vermöge deren es vom
höchsten Werte umleuchtet scheint, so daß es nunmehr zu einem Gute wird, für das man kämpft und, unter Umständen,
sein Leben läßt. In Wahrheit ist von diesen zwei Erfindungen
die zweite die wesentlichere: die erste, die Lebensart, war gewöhnlich schon da, aber neben andren Lebensarten und ohne
Bewußtsein davon, was für ein Wert ihr innewohne. Die Be-

deutung, die Originalität des Religionsstifters kommt gewöhnlich darin zutage, daß er sie *sieht*, daß er sie *auswählt*, daß er zum ersten Male *errät*, wozu sie gebraucht, wie sie interpretiert werden kann. Jesus (oder Paulus) zum Beispiel fand das Leben der kleinen Leute in der römischen Provinz vor, ein bescheidnes, tugendhaftes, gedrücktes Leben: er legte es aus, er legte den höchsten Sinn und Wert hinein – und damit den Mut, jede andre Art Leben zu verachten, den stillen Herrenhuter-Fanatismus, das heimliche unterirdische Selbstvertrauen, welches wächst und wächst und endlich bereit ist, »die Welt zu überwinden« (das heißt Rom und die höheren Stände im ganzen Reiche). Buddha insgleichen fand jene Art Menschen vor, und zwar zerstreut unter alle Stände und gesellschaftliche Stufen seines Volks, welche aus Trägheit gut und gütig (vor Allem inoffensiv) sind, die, ebenfalls aus Trägheit abstinent, beinahe bedürfnislos leben: er verstand, wie eine solche Art Menschen mit Unvermeidlichkeit, mit der ganzen *vis inertiae*, in einen Glauben hineinrollen müsse, der die Wiederkehr der irdischen Mühsal (das heißt der Arbeit, des Handelns überhaupt) zu *verhüten* verspricht, – dies »Verstehen« war sein Genie. Zum Religionsstifter gehört psychologische Unfehlbarkeit im Wissen um eine bestimmte Durchschnitts-Art von Seelen, die sich noch nicht als zusammengehörig *erkannt* haben. Er ist es, der sie zusammenbringt; die Gründung einer Religion wird insofern immer zu einem langen Erkennungs-Feste.

354.

Vom »Genius der Gattung«. – Das Problem des Bewußtseins (richtiger: des Sich-Bewußt-Werdens) tritt erst dann vor uns hin, wenn wir zu begreifen anfangen, inwiefern wir seiner entraten könnten: und an diesen Anfang des Begreifens stellt uns jetzt Physiologie und Tiergeschichte (welche also zwei Jahrhunderte nötig gehabt haben, um den vorausfliegenden Argwohn *Leibnizens* einzuholen). Wir könnten nämlich denken, fühlen, wollen, uns erinnern, wir könnten ebenfalls »handeln« in jedem Sinne des Wortes: und trotzdem brauchte das Alles nicht uns »ins Bewußtsein zu treten« (wie man im Bilde sagt). Das ganze Leben wäre möglich, ohne daß es sich gleichsam im Spiegel sähe: wie ja tatsächlich auch jetzt noch bei uns der bei weitem überwiegende Teil dieses Lebens sich ohne diese Spiegelung abspielt – und zwar auch unsres denkenden, fühlenden, wollenden Lebens, so beleidigend dies einem älteren Philosophen klingen mag. *Wozu* überhaupt Bewußtsein, wenn es in der Hauptsache *überflüssig* ist? – Nun scheint mir, wenn man meiner Antwort auf diese Frage und ihrer vielleicht ausschweifenden Vermutung Gehör geben will, die Feinheit und Stärke des Bewußtseins immer im Verhältnis zur *Mitteilungs-Fähigkeit* eines Menschen (oder Tiers) zu stehn, die Mitteilungs-Fähigkeit wiederum im Verhältnis zur *Mitteilungs-Bedürftigkeit*: letzteres nicht so verstanden, als ob gerade der einzelne Mensch selbst, welcher gerade Meister in der Mitteilung und Verständlichmachung seiner Bedürfnisse ist, zugleich auch mit seinen Bedürfnissen am meisten auf die Andern angewiesen sein müßte. Wohl aber scheint es mir so in bezug auf ganze Rassen und Geschlechter-Ketten zu stehn: wo das Bedürfnis, die Not die Menschen lange gezwungen hat, sich mitzuteilen, sich gegenseitig rasch und fein zu verstehen, da ist endlich ein Überschuß dieser Kraft und Kunst der Mitteilung da, gleichsam ein Vermögen, das sich allmählich aufgehäuft hat und nun eines Erben wartet, der es verschwenderisch ausgibt (– die sogenannten Künstler sind diese Erben, insgleichen die Redner, Prediger, Schriftsteller: alles Menschen, welche immer am Ende einer langen Kette kommen, »Spätgeborne« jedesmal im besten Verstande des Wortes, und wie gesagt ihrem Wesen nach *Verschwender*). Gesetzt, diese Beobachtung ist richtig, so darf ich zu der Vermutung weitergehn, daß *Bewußtsein überhaupt sich nur unter dem Druck des Mitteilungs-Bedürfnisses entwickelt hat,* – daß es von vornherein nur zwischen Mensch und Mensch (zwischen Befehlenden und Gehorchenden insonderheit) nötig war, nützlich war, und auch nur im Verhältnis zum Grade dieser Nützlichkeit sich entwickelt hat. Bewußtsein ist eigentlich nur ein Verbindungsnetz zwischen Mensch und Mensch, – nur als solches hat es sich entwickeln müssen: der einsiedlerische und raubtierhafte Mensch hätte seiner nicht bedurft. Daß uns unsre Handlungen, Gedanken, Gefühle, Bewegungen selbst ins Bewußtsein kommen – wenigstens ein Teil derselben –, das ist die Folge eines furchtbaren langen über dem Menschen waltenden »Muß«: er *brauchte*, als das gefährdetste Tier, Hilfe, Schutz, er *brauchte* Seines-Gleichen, er mußte seine Not auszudrücken, sich verständlich zu machen wissen – und zu dem Allen hatte er zuerst »Bewußtsein« nötig, also selbst zu »wissen«, was ihm fehlt, zu »wissen«, wie es ihm zumute ist, zu »wissen«, was er denkt. Denn nochmals gesagt: der Mensch, wie jedes lebende Geschöpf, denkt immerfort, aber weiß es nicht; das *bewußt* werdende Denken ist nur der kleinste Teil davon, sagen wir: der oberflächlichste, der schlechteste Teil: – denn allein dieses bewußte Denken *geschieht in Worten, das heißt in Mitteilungszeichen*, womit sich die Herkunft des Bewußtseins selber aufdeckt. Kurz gesagt, die Entwicklung der Sprache und die Entwicklung des Bewußtseins (*nicht* der Vernunft, sondern allein des Sich-bewußt-Werdens der Vernunft) gehen Hand in Hand. Man nehme hinzu, daß nicht nur die Sprache zur Brücke zwischen Mensch und Mensch dient, sondern auch der Blick, der Druck, die Gebärde; das Bewußtwerden unsrer Sinneseindrücke bei uns selbst, die Kraft, sie fixieren zu können und gleichsam außer uns zu stellen, hat in dem Maße zugenommen, als die Nötigung wuchs, sie *Andern* durch Zeichen zu übermitteln. Der Zeichen-erfindende Mensch ist zugleich der immer schärfer seiner selbst bewußte Mensch; erst als soziales Tier lernte der Mensch seiner selbst bewußt werden, – er tut es noch, er tut es immer mehr. – Mein Gedanke ist, wie man sieht: daß das Bewußtsein nicht eigentlich zur Individual-Existenz des Menschen gehört, vielmehr zu Dem, was an

ihm Gemeinschafts- und Herden-Natur ist; daß es, wie daraus
folgt, auch nur in bezug auf Gemeinschafts- und Herden-
Nützlichkeit fein entwickelt ist und daß folglich Jeder von uns,
beim besten Willen, sich selbst so individuell wie möglich zu
verstehen, »sich selbst zu kennen«, doch immer nur gerade das
Nicht-Individuelle an sich zum Bewußtsein bringen wird, sein
»Durchschnittliches«, – daß unser Gedanke selbst fortwährend
durch den Charakter des Bewußtseins – durch den in ihm ge-
bietenden »Genius der Gattung« – gleichsam *majorisiert* und in
die Herden-Perspektive zurück-übersetzt wird. Unsre Handlungen sind im Grunde allesamt auf eine unvergleichliche Weise persönlich, einzig, unbegrenzt-individuell, es ist kein Zweifel; aber sobald wir sie ins Bewußtsein übersetzen, *scheinen sie
es nicht mehr* ... Dies ist der eigentliche Phänomenalismus und
Perspektivismus, wie ich ihn verstehe: die Natur des *tierischen
Bewußtseins* bringt es mit sich, daß die Welt, deren wir bewußt
werden können, nur eine Oberflächen- und Zeichenwelt ist, eine verallgemeinerte, eine vergemeinerte Welt, – daß Alles, was
bewußt wird, ebendamit flach, dünn, relativ-dumm, generell,
Zeichen, Herden-Merkzeichen *wird*, daß mit allem Bewußtwerden eine große gründliche Verderbnis, Fälschung, Verober-
flächlichung und Generalisation verbunden ist. Zuletzt ist das
wachsende Bewußtsein eine Gefahr; und wer unter den be-
wußtesten Europäern lebt, weiß sogar, daß es eine Krankheit
ist. Es ist, wie man errät, nicht der Gegensatz von Subjekt und
Objekt, der mich hier angeht: diese Unterscheidung überlasse
ich den Erkenntnistheoretikern, welche in den Schlingen der
Grammatik (der Volks-Metaphysik) hängengeblieben sind. Es
ist erst recht nicht der Gegensatz von »Ding an sich« und Er-
scheinung: denn wir »erkennen« bei weitem nicht genug, um
auch nur so *scheiden* zu dürfen. Wir haben eben gar kein Organ
für das *Erkennen*, für die »Wahrheit«: wir »wissen« (oder glauben oder bilden uns ein) gerade so viel, als es im Interesse der
Menschen-Herde, der Gattung, *nützlich* sein mag: und selbst,
was hier »Nützlichkeit« genannt wird, ist zuletzt auch nur ein

Glaube, eine Einbildung und vielleicht gerade jene verhängnisvolle Dummheit, an der wir einst zugrunde gehn.

355.

Der Ursprung unsres Begriffs »Erkenntnis«. – Ich nehme diese Erklärung von der Gasse; ich hörte Jemanden aus dem Volke sagen »er hat mich erkannt« –: dabei fragte ich mich: was versteht eigentlich das Volk unter Erkenntnis? was will es, wenn es »Erkenntnis« will? Nichts weiter als dies: etwas Fremdes soll auf etwas *Bekanntes* zurückgeführt werden. Und wir Philosophen – haben wir unter Erkenntnis eigentlich *mehr* verstanden? Das Bekannte, das heißt: das woran wir gewöhnt sind, so daß wir uns nicht mehr darüber wundern, unser Alltag, irgendeine Regel, in der wir stecken, Alles und Jedes, in dem wir uns zu Hause wissen: – wie? ist unser Bedürfnis nach Erkennen nicht eben dies Bedürfnis nach Bekanntem? der Wille, unter allem Fremden, Ungewöhnlichen, Fragwürdigen Etwas aufzudecken, das uns nicht mehr beunruhigt? Sollte es nicht der *Instinkt der Furcht* sein, der uns erkennen heißt? Sollte das Frohlocken des Erkennenden nicht eben das Frohlocken des wiedererlangten Sicherheitsgefühls sein? ... Dieser Philosoph wähnte die Welt »erkannt«, als er sie auf die »Idee« zurückgeführt hatte: ach, war es nicht deshalb, weil ihm die »Idee« so bekannt, so gewohnt war? Weil er sich so wenig mehr vor der »Idee« fürchtete? – Oh über diese Genügsamkeit der Erkennenden! man sehe sich doch ihre Prinzipien und Welträtsel-Lösungen darauf an! Wenn Sie Etwas an den Dingen, unter den Dingen, hinter den Dingen wiederfinden, das uns leider sehr bekannt ist, zum Beispiel unser Einmaleins oder unsre Logik oder unser Wollen und Begehren, wie glücklich sind sie sofort! Denn »was bekannt ist, ist erkannt«: darin stimmen sie überein. Auch die Vorsichtigsten unter ihnen meinen, zum mindesten sei das Bekannte *leichter erkennbar* als das Fremde; es sei zum Beispiel methodisch geboten, vor der »inneren Welt«, von den »Tatsachen des Bewußtseins« auszugehen, weil sie die *uns bekanntere* Welt sei! Irrtum der Irrtümer! Das Bekannte ist das Gewohnte; und das Gewohnte ist am schwersten zu »erkennen«, das heißt als Problem zu sehen, das heißt als fremd, als fern als »außer uns« zu sehn ... Die große Sicherheit der natürlichen Wissenschaften im Verhältnis zur Psychologie und Kritik der Bewußtseins-Elemente – *unnatürlichen* Wissenschaften, wie man beinahe sagen dürfte – ruht gerade darauf, daß sie das *Fremde* als Objekt nehmen: während es fast etwas Widerspruchsvolles und Widersinniges ist, das Nicht-Fremde überhaupt als Objekt nehmen zu *wollen* ...

356.

Inwiefern es in *Europa immer »künstlerischer« zugehen wird.* – Die Lebens-Fürsorge zwingt auch heute noch – in unsrer Übergangszeit, wo so Vieles aufhört zu zwingen – fast allen männlichen Europäern eine bestimmte *Rolle* auf, ihren sogenannten Beruf; Einigen bleibt dabei die Freiheit, eine anscheinende Freiheit, diese Rolle selbst zu wählen, den Meisten wird sie gewählt. Das Ergebnis ist seltsam genug: fast alle Europäer verwechseln sich in einem vorgerückteren Alter mit ihrer Rolle, sie selbst sind die Opfer ihres »guten Spiels«, sie selbst haben vergessen, wie sehr Zufall, Laune, Willkür damals über sie verfügt haben, als sich ihr »Beruf« entschied – und wie viele andre Rollen sie vielleicht hätten spielen *können*: denn es ist nunmehr zu spät! Tiefer angesehn, ist aus der Rolle wirklich Charakter *geworden*, aus der Kunst Natur. Es gab Zeitalter, in denen man mit steifer Zuversichtlichkeit, ja mit Frömmigkeit an seine Vorherbestimmung für gerade dies Geschäft, gerade diesen Broterwerb glaubte und den Zufall darin, die Rolle, das Willkürliche schlechterdings nicht anerkennen wollte: Stände, Zünfte, erhebliche Gewerbs-Vorrechte haben mit Hilfe dieses

Glaubens es zustande gebracht, jene Ungeheuer von breiten Gesellschafts-Türmen aufzurichten, welche das Mittelalter auszeichnen, und denen jedenfalls Eins nachzurühmen bleibt: Dauerfähigkeit (– und Dauer ist auf Erden ein Wert ersten Ranges!). Aber es gibt umgekehrte Zeitalter, die eigentlich demokratischen, wo man diesen Glauben mehr und mehr verlernt und ein gewisser kecker Glaube und Gesichtspunkt des Gegenteils in den Vordergrund tritt, jener Athener-Glaube, der in der Epoche des Perikles zuerst bemerkt wird, jener Amerikaner-Glaube von heute, der immer mehr auch Europäer-Glaube werden will: wo der Einzelne überzeugt ist, ungefähr Alles zu können, ungefähr *jeder Rolle gewachsen* zu sein, wo Jeder mit sich versucht, improvisiert, neu versucht, mit Lust versucht, wo alle Natur aufhört und Kunst wird ... Die Griechen, erst in diesen *Rollen-Glauben* – einen Artisten-Glauben, wenn man will – eingetreten, machten, wie bekannt, Schritt für Schritt eine wunderliche und nicht in jedem Betracht nachahmenswerte Verwandlung durch: *sie wurden wirklich Schauspieler*; als solche bezauberten sie, überwanden sie alle Welt – und zuletzt selbst die »Weltüberwinderin« (denn der *Graeculus histrio* hat Rom besiegt, und *nicht*, wie die Unschuldigen zu sagen pflegen, die griechische Kultur ...). Aber was ich fürchte, was man heute schon mit Händen greift, falls man Lust hätte, darnach zu greifen, wir modernen Menschen sind ganz schon auf dem gleichen Wege; und jedesmal, wenn der Mensch anfängt zu entdecken, inwiefern er eine Rolle spielt und inwieweit er Schauspieler sein *kann, wird* er Schauspieler ... Damit kommt dann eine neue Flora und Fauna von Menschen herauf, die in festeren, beschränkteren Zeitaltern nicht wachsen können – oder »unten« gelassen werden, unter dem Banne und Verdachte der Ehrlosigkeit –, es kommen damit jedesmal die interessantesten und tollsten Zeitalter der Geschichte herauf, in denen die »Schauspieler«, *alle* Arten Schauspieler, die eigentlichen Herren sind. Eben dadurch wird eine andre Gattung Mensch immer tiefer benachteiligt, endlich unmöglich gemacht, vor Allem die großen »Baumeister«; jetzt erlahmt die bauende Kraft; der Mut, auf lange Fernen hin Pläne zu machen, wird entmutigt; die organisatorischen Genies fangen an zu fehlen: – wer wagt es nunmehr noch, Werke zu unternehmen, zu deren Vollendung man auf Jahrtausende *rechnen* müßte? Es stirbt eben jener Grundglaube aus, auf welchen hin Einer dergestalt rechnen, versprechen, die Zukunft im Plane vorwegnehmen, seinem Plane zum Opfer bringen kann, daß nämlich der Mensch nur insofern Wert hat, Sinn hat, als er *ein Stein in einem großen Baue* ist: wozu er zuallererst *fest* sein muß, »Stein« sein muß ... Vor Allem nicht – Schauspieler! Kurz gesagt – ach, es wird lang genug noch verschwiegen werden! –: was von nun an nicht mehr gebaut wird, nicht mehr gebaut werden *kann*, das ist – eine Gesellschaft im alten Verstande des Wortes; um diesen Bau zu bauen, fehlt Alles, voran das Material. *Wir alle sind kein Material mehr für eine Gesellschaft*: das ist eine Wahrheit, die an der Zeit ist! Es dünkt mich gleichgültig, daß einstweilen noch die kurzsichtigste, vielleicht ehrlichste, jedenfalls lärmendste Art Mensch, die es heute gibt, unsre Herrn Sozialisten, ungefähr das Gegenteil glaubt, hofft, träumt, vor Allem schreit und schreibt; man liest ja ihr Zukunftswort »freie Gesellschaft« bereits auf allen Tischen und Wänden. Freie Gesellschaft? Ja! Ja! Aber ihr wißt doch, ihr Herren, woraus man die baut? Aus hölzernem Eisen! Aus dem berühmten hölzernen Eisen! Und noch nicht einmal aus hölzernem ...

357.

Zum alten Probleme: »was ist deutsch?« – Man rechne bei sich die eigentlichen Errungenschaften des philosophischen Gedankens nach, welche deutschen Köpfen verdankt werden: sind sie in irgendeinem erlaubten Sinne auch noch der ganzen Rasse zugute zu rechnen? Dürfen wir sagen: sie sind zugleich das Werk der »deutschen Seele«, mindestens deren Symptom, in dem

Sinne, in welchem wir etwa Platos Ideomanie, seinen fast religiösen Formen-Wahnsinn zugleich als ein Ereignis und Zeugnis der »griechischen Seele« zu nehmen gewohnt sind? Oder wäre das Umgekehrte wahr? wären sie gerade so individuell, so sehr *Ausnahme* vom Geiste der Rasse, wie es zum Beispiel Goethes Heidentum mit gutem Gewissen war? Oder wie es Bismarcks Macchiavellismus mit gutem Gewissen, seine sogenannte »Realpolitik«, unter Deutschen ist? Widersprächen unsre Philosophen vielleicht sogar dem *Bedürfnisse* der »deutschen Seele«? Kurz, waren die deutschen Philosophen wirklich – philosophische *Deutsche*? – Ich erinnere an drei Fälle. Zuerst an *Leibnizens* unvergleichliche Einsicht, mit der er nicht nur gegen Descartes, sondern gegen Alles, was bis zu ihm philosophiert hatte, recht bekam, – daß die Bewußtheit nur ein *accidens* der Vorstellung ist, *nicht* deren notwendiges und wesentliches Attribut, daß also das, was wir Bewußtsein nennen, nur einen Zustand unsrer geistigen und seelischen Welt ausmacht (vielleicht einen krankhaften Zustand) und *bei weitem nicht sie selbst:* – ist an diesem Gedanken, dessen Tiefe auch heute noch nicht ausgeschöpft ist, etwas Deutsches? Gibt es einen Grund zu mutmaßen, daß nicht leicht ein Lateiner auf diese Umdrehung des Augenscheins verfallen sein würde? – denn es ist eine Umdrehung. Erinnern wir uns zweitens an *Kants* ungeheures Fragezeichen, welches er an den Begriff »Kausalität« schrieb, – nicht daß er wie Hume dessen Recht überhaupt bezweifelt hätte: er begann vielmehr vorsichtig das Reich abzugrenzen, innerhalb dessen dieser Begriff überhaupt Sinn hat (man ist auch jetzt noch nicht mit dieser Grenzabsteckung fertig geworden). Nehmen wir drittens den erstaunlichen Griff *Hegels*, der damit durch alle logischen Gewohnheiten und Verwöhnungen durchgriff, als er zu lehren wagte, daß die Artbegriffe sich *auseinander* entwickeln: mit welchem Satze die Geister in Europa zur letzten großen wissenschaftlichen Bewegung präformiert wurden, zum Darwinismus – denn ohne Hegel kein Darwin. Ist an dieser Hegelschen Neuerung, die erst den entscheidenden Begriff »Entwicklung« in die Wissenschaft gebracht hat, etwas Deutsches? – Ja, ohne allen Zweifel: in allen drei Fällen fühlen wir Etwas von uns selbst »aufgedeckt« und erraten und sind dankbar dafür und überrascht zugleich, jeder dieser drei Sätze ist ein nachdenkliches Stück deutscher Selbsterkenntnis, Selbsterfahrung, Selbsterfassung. »Unsre *innre* Welt ist viel reicher, umfänglicher, verborgener«, so empfinden wir mit Leibniz; als Deutsche zweifeln wir mit Kant an der Letztgültigkeit naturwissenschaftlicher Erkenntnisse und überhaupt an Allem, was sich *causaliter* erkennen *läßt*: das Erkenn*bare* scheint uns als solches schon *geringen* Wertes. Wir Deutsche sind Hegelianer, auch wenn es nie einen Hegel gegeben hätte, insofern wir (im Gegensatz zu allen Lateinern) dem Werden, der Entwicklung instinktiv einen tieferen Sinn und reicheren Wert zumessen als Dem, was »ist« – wir glauben kaum an die Berechtigung des Begriffs »Sein« –; ebenfalls insofern wir unsrer menschlichen Logik nicht geneigt sind einzuräumen, daß sie die Logik an sich, die einzige Art Logik sei (wir möchten vielmehr uns überreden, daß sie nur ein Spezialfall sei, und vielleicht einer der wunderlichsten und dümmsten –). Eine vierte Frage wäre, ob auch *Schopenhauer* mit seinem Pessimismus, das heißt dem Problem vom *Wert des Daseins*, gerade ein Deutscher gewesen sein müßte. Ich glaube nicht. Das Ereignis, *nach* welchem dies Problem mit Sicherheit zu erwarten stand, so daß ein Astronom der Seele Tag und Stunde dafür hätte ausrechnen können, der Niedergang des Glaubens an den christlichen Gott, der Sieg des wissenschaftlichen Atheismus, ist ein gesamt-europäisches Ereignis, an dem alle Rassen ihren Anteil von Verdienst und Ehre haben sollen. Umgekehrt wäre gerade den Deutschen zuzurechnen – jenen Deutschen, mit welchen Schopenhauer gleichzeitig lebte –, diesen Sieg des Atheismus am längsten und gefährlichsten *verzögert* zu haben; Hegel namentlich war sein Verzögerer *par excellence*, gemäß dem grandiosen Versuche, den er machte, uns zur Göttlichkeit des Daseins zuallerletzt noch mit Hilfe unsres sechsten Sinnes, des »historischen

Sinnes«, zu überreden. Schopenhauer war als Philosoph der *erste* eigenständliche und unbeugsame Atheist, den wir Deutschen gehabt haben: seine Feindschaft gegen Hegel hatte hier ihren Hintergrund. Die Ungöttlichkeit des Daseins galt ihm als etwas Gegebnes, Greifliches, Undiskutierbares; er verlor jedesmal seine Philosophen-Besonnenheit und geriet in Entrüstung, wenn er Jemanden hier zögern und Umschweife machen sah. An dieser Stelle liegt seine ganze Rechtschaffenheit: der unbedingte redliche Atheismus ist eben die *Voraussetzung* seiner Problemstellung, als ein endlich und schwer errungener Sieg des europäischen Gewissens, als der folgenreichste Akt einer zweitausendjährigen Zucht zur Wahrheit, welche am Schlusse sich die *Lüge* im Glauben an Gott verbietet ... Man sieht, *was* eigentlich über den christlichen Gott gesiegt hat: die christliche Moralität selbst, der immer strenger genommene Begriff der Wahrhaftigkeit, die Beichtväter-Feinheit des christlichen Gewissens, übersetzt und sublimiert zum wissenschaftlichen Gewissen, zur intellektuellen Sauberkeit um jeden Preis. Die Natur ansehn, als ob sie ein Beweis für die Güte und Obhut eines Gottes sei; die Geschichte interpretieren zu Ehren einer göttlichen Vernunft, als beständiges Zeugnis einer sittlichen Weltordnung und sittlicher Schlußabsichten; die eignen Erlebnisse auslegen, wie sie fromme Menschen lange genug ausgelegt haben, wie als ob Alles Fügung, Alles Wink, Alles dem Heil der Seele zu Liebe ausgedacht und geschickt sei: das ist nunmehr *vorbei*, das hat das Gewissen *gegen* sich, das gilt allen feineren Gewissen als unanständig, unehrlich, als Lügnerei, Feminismus, Schwachheit, Feigheit, – mit dieser Strenge, wenn irgendwomit, sind wir eben *gute* Europäer und Erben von Europas längster und tapferster Selbstüberwindung. Indem wir die christliche Interpretation dergestalt von uns stoßen und ihren »Sinn« wie eine Falschmünzerei verurteilen, kommt nun sofort auf eine furchtbare Weise die *Schopenhauerische Frage* zu uns: *hat denn das Dasein überhaupt einen Sinn?* – jene Frage, die ein paar Jahrhunderte brauchen wird, um auch nur vollständig und in alle Tiefe hinein gehört zu werden. Was Schopenhauer selbst auf diese Frage geantwortet hat, war – man vergebe es mir – etwas Voreiliges, Jugendliches, nur eine Abfindung, ein Stehen- und Steckenbleiben in eben den christlich-asketischen Moral-Perspektiven, welchen mit dem Glauben an *Gott der Glaube gekündigt war* ... Aber er hat die Frage *gestellt* – als ein guter Europäer, wie gesagt, und *nicht* als Deutscher. – Oder hätten etwa die Deutschen wenigstens mit der Art, in welcher sie sich der Schopenhauerischen Frage bemächtigen, ihre innere Zugehörigkeit und Verwandtschaft, ihre Vorbereitung, ihr *Bedürfnis* nach seinem Problem bewiesen? Daß nach Schopenhauer auch in Deutschland – übrigens spät genug! – über das von ihm aufgestellte Problem gedacht und gedruckt worden ist, reicht gewiß nicht aus, zugunsten dieser engeren Zugehörigkeit zu entscheiden; man könnte selbst die eigentümliche *Ungeschicktheit* dieses Nach-Schopenhauerischen Pessimismus dagegen geltend machen – die Deutschen benahmen sich ersichtlich nicht dabei wie in ihrem Elemente. Hiermit spiele ich ganz und gar nicht auf Eduard von Hartmann an; im Gegenteil, mein alter Verdacht ist auch heute noch nicht gehoben, daß er für uns *zu geschickt* ist, ich will sagen, daß er als arger Schalk von Anbeginn sich vielleicht nicht nur über den deutschen Pessimismus lustig gemacht hat – daß er am Ende etwa gar es den Deutschen testamentarisch »vermachen« könnte, wieweit man sie selbst, im Zeitalter der Gründungen, hat zum Narren haben können. Aber ich frage: soll man vielleicht den alten Brummkreisel Bahnsen den Deutschen zu Ehren rechnen, der sich mit Wollust sein Leben lang um sein realdialektisches Elend und »persönliches Pech« gedreht hat, – wäre etwa Das gerade deutsch? (Ich empfehle anbei seine Schriften, wozu ich sie selbst gebraucht habe, als antipessimistische Kost, namentlich um seiner *elegantiae psychologicae* willen, mit denen, wie mich dünkt, auch dem verstopftesten Leibe und Gemüte beizukommen ist.) Oder dürfte man solche Dilettanten und alte Jungfern, wie den süßlichen Virginitäts-Apostel Mainländer unter die rechten Deutschen zählen? Zuletzt wird es ein Jude gewesen sein (– alle Juden werden süßlich, wenn sie moralisieren). Weder Bahnsen, noch Mainländer, noch gar Eduard von Hartmann geben eine sichere Handhabe für die Frage ab, ob der Pessimismus Schopenhauers, sein entsetzter Blick in eine entgöttlichte, dumm, blind, verrückt und fragwürdig gewordene Welt, sein *ehrliches* Entsetzen ... nicht nur ein Ausnahme-Fall unter Deutschen, sondern ein *deutsches* Ereignis gewesen ist: während Alles, was sonst im Vordergrunde steht, unsre tapfere Politik, unsre fröhliche Vaterländerei, welche entschlossen genug alle Dinge auf ein wenig philosophisches Prinzip hin (»Deutschland, Deutschland über Alles«) betrachtet, also *sub specie speciei*, nämlich der deutschen *species*, mit großer Deutlichkeit das Gegenteil bezeugt. Nein! Die Deutschen von heute sind *keine* Pessimisten! Und Schopenhauer war Pessimist, nochmals gesagt, als guter Europäer und *nicht* als Deutscher.

358.

Der Bauernaufstand des Geistes. – Wir Europäer befinden uns im Anblick einer ungeheuren Trümmerwelt, wo Einiges noch hoch ragt, wo Vieles morsch und unheimlich dasteht, das Meiste aber schon am Boden liegt, malerisch genug – wo gab es je schönere Ruinen? – Und überwachsen mit großem und kleinem Unkraute. Die Kirche ist diese Stadt des Untergangs: wir sehen die religiöse Gesellschaft des Christentums bis in die untersten Fundamente erschüttert, – der Glaube an Gott ist umgestürzt, der Glaube an das christlich-asketische Ideal kämpft eben noch seinen letzten Kampf. Ein solches lang und gründlich gebautes Werk wie das Christentum – es war der letzte Römerbau! – konnte freilich nicht mit Einem Male zerstört werden; alle Art Erdbeben hat da rütteln, alle Art Geist, die anbohrt, gräbt, nagt, feuchtet, hat da helfen müssen. Aber was das Wunderlichste ist: Die, welche sich am meisten darum bemüht haben, das Christentum zu halten, zu erhalten, sind gerade seine besten Zerstörer geworden – die Deutschen. Es scheint, die Deutschen verstehen das Wesen einer Kirche nicht. Sind sie dazu nicht geistig genug? nicht mißtrauisch genug? Der Bau der Kirche ruht jedenfalls auf einer *südländischen Freiheit* und Freisinnigkeit des Geistes und ebenso auf einem südländischen Verdachte gegen Natur, Mensch und Geist – er ruht auf einer ganz andren Kenntnis des Menschen, Erfahrung vom Menschen, als der Norden gehabt hat. Die Lutherische Reformation war in ihrer ganzen Breite die Entrüstung der Einfalt gegen etwas »Vielfältiges«, um vorsichtig zu reden, ein grobes biederes Mißverständnis, an dem Viel zu verzeihen ist, – man begriff den Ausdruck einer *siegreichen* Kirche nicht und sah nur Korruption, man mißverstand die vornehme Skepsis, jenen *Luxus* von Skepsis und Toleranz, welchen sich jede siegreiche selbstgewisse Macht gestattet ... Man übersieht heute gut genug, wie Luther in allen kardinalen Fragen der Macht verhängnisvoll kurz, oberflächlich, unvorsichtig angelegt war, vor Allem als Mann aus dem Volke, dem alle Erbschaft einer herrschenden Kaste, aller Instinkt für Macht abging: so daß sein Werk, sein Wille zur Wiederherstellung jenes Römer-Werks, ohne daß er es wollte und wußte, nur der Anfang eines Zerstörungswerks wurde. Er dröselte auf, er riß zusammen, mit ehrlichem Ingrimme, wo die alte Spinne am sorgsamsten und längsten gewoben hatte. Er lieferte die heiligen Bücher an Jedermann aus, – damit gerieten sie endlich in die Hände der Philologen, das heißt der Vernichter jeden Glaubens, der auf Büchern ruht. Er zerstörte den Begriff »Kirche«, indem er den Glauben an die Inspiration der Konzilien wegwarf: denn nur unter der Voraussetzung, daß der inspirierende Geist, der die Kirche gegründet hat, in ihr noch lebe, noch baue, noch fortfahre, sein Haus zu bauen, behält der Begriff »Kirche« Kraft. Er gab dem Priester den Geschlechtsverkehr mit dem Weibe zurück: aber drei Viertel der Ehrfurcht, deren das Volk, vor Allem das Weib aus dem Volke fähig ist, ruht auf dem Glauben, daß ein Ausnahme-Mensch in diesem Punkte auch in andren Punkten eine Ausnahme sein wird, – hier gerade hat der Volksglaube an etwas Übermenschliches im Menschen, an das Wunder, an den erlösenden Gott im Menschen, seinen feinsten und verfänglichsten Anwalt. Luther mußte dem Priester, nachdem er ihm das Weib gegeben hatte, die Ohrenbeichte *nehmen*, das war psychologisch richtig: aber damit war im Grunde der christliche Priester selbst abgeschafft, dessen tiefste Nützlichkeit immer *die* gewesen ist, ein heiliges Ohr, ein verschwiegener Brunnen, ein Grab für Geheimnisse zu sein. »Jedermann sein eigner Priester« – hinter solchen Formeln und ihrer bäurischen Verschlagenheit versteckte sich bei Luther der abgründliche Haß auf den »höheren Menschen« und die Herrschaft des »höheren Menschen«, wie ihn die Kirche konzipiert hatte: – er zerschlug ein Ideal, das er nicht zu erreichen wußte, während er die Entartung dieses Ideals zu bekämpfen und zu verabscheuen schien. Tatsächlich stieß er, der unmögliche Mönch, die *Herrschaft* der *homines religiosi* von sich; er machte also gerade Das selber innerhalb der kirchlichen Gesellschafts-Ordnung, was er in Hinsicht auf die bürgerliche Ordnung so unduldsam bekämpfte, – einen »Bauernaufstand«. – Was hinterdrein Alles aus seiner Reformation gewachsen ist, Gutes und Schlimmes, und heute ungefähr überrechnet werden kann, – wer wäre wohl naiv genug, Luthern um dieser Folgen willen einfach zu loben oder zu tadeln? Er ist an Allem unschuldig, er wußte nicht was er tat. Die Verflachung des europäischen Geistes, namentlich im Norden, seine *Vergutmütigung*, wenn man's lieber mit einem moralischen Worte bezeichnet hört, tat mit der Lutherischen Reformation einen tüchtigen Schritt vorwärts, es ist kein Zweifel; und ebenso wuchs durch sie die Beweglichkeit und Unruhe des Geistes, sein Durst nach Unabhängigkeit, sein Glaube an ein Recht auf Freiheit, seine »Natürlichkeit«. Will man ihr in letzterer Hinsicht den Wert zugestehn, Das vorbereitet und begünstigt zu haben, was wir heute als »moderne Wissenschaft« verehren, so muß man freilich hinzufügen, daß sie auch an der Entartung des modernen Gelehrten mitschuldig ist, an seinem Mangel an Ehrfurcht, Scham und Tiefe, an der ganzen naiven Treuherzigkeit und Biedermännerei in Dingen der Erkenntnis, kurz an jenem *Plebejismus des Geistes,* der den letzten beiden Jahrhunderten eigentümlich ist und von dem uns auch der bisherige Pessimismus noch keineswegs erlöst hat, – auch die »modernen Ideen« gehören noch zu diesem Bauernaufstand des Nordens gegen den kälteren, zweideutigeren, mißtrauischeren Geist des Südens, der sich in der christlichen Kirche sein größtes Denkmal gebaut hat. Vergessen wir es zuletzt nicht, was eine Kirche ist, und zwar im Gegensatz zu jedem »Staate«: eine Kirche ist vor Allem ein Herrschafts-Gebilde, das den *geistigeren* Menschen den obersten Rang sichert und an die Macht der Geistigkeit soweit *glaubt,* um sich alle gröberen Gewaltmittel zu verbieten, – damit allein ist die Kirche unter allen Umständen eine *vornehmere* Institution als der Staat.

359.

Die Rache am Geist und andre Hintergründe der Moral. – Die Moral – wo glaubt ihr wohl, daß sie ihre gefährlichsten und tückischsten Anwälte hat? ... Da ist ein mißratener Mensch, der nicht genug Geist besitzt, um sich dessen freuen zu können, und gerade Bildung genug, um das zu wissen; gelangweilt, überdrüssig, ein Selbstverächter; durch etwas ererbtes Vermögen leider noch um den letzten Trost betrogen, den »Segen der Arbeit«, die Selbstvergessenheit im »Tagewerk«; ein solcher, der sich seines Daseins im Grunde schämt – vielleicht herbergt er dazu ein paar kleine Laster – und andrerseits nicht umhin kann, durch Bücher, auf die er kein Recht hat, oder geistigere Gesellschaft, als er verdauen kann, sich immer schlimmer zu verwöhnen und eitel-reizbar zu machen: ein solcher durch und durch vergifteter Mensch – denn Geist wird Gift, Bildung wird

Gift, Besitz wird Gift, Einsamkeit wird Gift bei dergestalt Mißratenen – gerät schließlich in einen habituellen Zustand der Rache, des Willens zur Rache ... *was* glaubt ihr wohl, daß er nötig, unbedingt nötig hat, um sich bei sich selbst den Anschein
von Überlegenheit über geistigere Menschen, um sich die Lust
der *vollzogenen Rache*, wenigstens für seine Einbildung, zu
schaffen? Immer *die Moralität*, darauf darf man wetten, immer
die großen Moral-Worte, immer das Bumbum von Gerechtigkeit, Weisheit, Heiligkeit, Tugend, immer den Stoizismus der
Gebäude (– wie gut versteckt der Stoizismus, was Einer *nicht*
hat! ...), immer den Mantel des klugen Schweigens, der Leut-
seligkeit, der Milde, und wie alle die Idealisten-Mäntel heißen,
unter denen die unheilbaren Selbstverächter, auch die unheilbar Eitlen, herumgehn. Man verstehe mich nicht falsch: aus
solchen geborenen *Feinden des Geistes* entsteht mitunter jenes
seltene Stück Menschtum, das vom Volke unter dem Namen
des Heiligen, des Weisen verehrt wird; aus solchen Menschen
kommen jene Untiere der Moral her, welche Lärm machen,
Geschichte machen, – der heilige Augustin gehört zu ihnen.
Die Furcht vor dem Geist, die Rache am Geist – oh wie oft
wurden diese triebkräftigen Laster schon zur Wurzel von Tugenden! Ja *zur* Tugend! – Und, unter uns gefragt, selbst jener
Philosophen-Anspruch auf *Weisheit*, der hier und da einmal auf
Erden gemacht worden ist, der tollste und unbescheidenste aller Ansprüche, – war er nicht immer bisher, in Indien wie in
Griechenland, *vor Allem ein Versteck*? Mitunter vielleicht im
Gesichtspunkte der Erziehung, der so viele Lügen heiligt, als
zarte Rücksicht auf Werdende, Wachsende, auf Jünger, welche
oft durch den Glauben an die Person (durch einen Irrtum) gegen sich selbst verteidigt werden müssen ... In den häufigeren
Fällen aber ein Versteck des Philosophen, hinter welches er sich
aus Ermüdung, Alter, Erkaltung, Verhärtung rettet, als Gefühl
vom nahen Ende, als Klugheit jenes Instinkts, den die Tiere vor
dem Tode haben, – sie gehen beiseite, werden still, wählen die

Einsamkeit, verkriechen sich in Höhlen, werden *weise* ...
Wie? Weisheit ein Versteck des Philosophen vor – dem Geiste?

360.

Zwei Arten Ursache, die man verwechselt. – Das erscheint mir
als einer meiner wesentlichsten Schritte und Fortschritte: ich
lernte die Ursache des Handelns unterscheiden von der Ursache des So- und So-Handelns, des In-dieser-Richtung-, Auf-
dieses-Ziel-hin-Handelns. Die erste Art Ursache ist ein Quantum von aufgestauter Kraft, welches darauf wartet, irgendwie,
irgendwozu verbraucht zu werden; die zweite Art ist dagegen
etwas, an dieser Kraft gemessen, ganz Unbedeutendes, ein kleiner Zufall zumeist, gemäß dem jenes Quantum sich nunmehr
auf Eine und bestimmte Weise »auslöst«: das Streichholz im
Verhältnis zur Pulvertonne. Unter diese kleinen Zufälle und
Streichhölzer rechne ich alle sogenannten »Zwecke«, ebenso
die noch viel sogenannteren »Lebensberufe«: sie sind relativ
beliebig, willkürlich, fast gleichgültig im Verhältnis zu dem ungeheuren Quantum Kraft, welches darnach drängt, wie gesagt,
irgendwie aufgebraucht zu werden. Man sieht es gemeinhin anders an: man ist gewohnt, gerade in dem Ziele (Zwecke, Berufe
usw.) die *treibende* Kraft zu sehn, gemäß einem uralten Irrtume, – aber er ist nur die *dirigierende* Kraft, man hat dabei den
Steuermann und den Dampf verwechselt. Und noch nicht einmal immer den Steuermann, die dirigierende Kraft ... Ist das
»Ziel«, der »Zweck« nicht oft genug nur ein beschönigender
Vorwand, eine nachträgliche Selbstverblendung der Eitelkeit,
die es nicht Wort haben will, daß das Schiff der Strömung *folgt*,
in die es zufällig geraten ist? Daß es dorthin »will«, *weil* es
dorthin – *muß*? Daß es wohl eine Richtung hat, aber ganz und
gar – keinen Steuermann? – Man bedarf noch einer Kritik des
Begriffs »Zweck«.

361.

Vom Probleme des Schauspielers. – Das Problem des Schauspielers hat mich am längsten beunruhigt; ich war im Ungewissen darüber (und bin es mitunter jetzt noch), ob man nicht erst von da aus dem gefährlichen Begriff »Künstler« – einem mit unverzeihlicher Gutmütigkeit bisher behandelten Begriff – beikommen wird. Die Falschheit mit gutem Gewissen; die Lust an der Verstellung als Macht herausbrechend, den sogenannten »Charakter« beiseite schiebend, überflutend, mitunter auslöschend; das innere Verlangen in eine Rolle und Maske, in einen *Schein* hinein; ein Überschuß von Anpassungs-Fähigkeiten aller Art, welche sich nicht mehr im Dienste des nächsten engsten Nutzens zu befriedigen wissen: Alles das ist vielleicht nicht *nur* der Schauspieler an sich? ... Ein solcher Instinkt wird sich am leichtesten bei Familien des niederen Volks ausgebildet haben, die unter wechselndem Druck und Zwang, in tiefer Abhängigkeit ihr Leben durchsetzen mußten, welche sich geschmeidig nach ihrer Decke zu strecken, auf neue Umstände immer neu einzurichten, immer wieder anders zu geben und zu stellen hatten, befähigt allmählich, den Mantel nach *jedem* Winde zu hängen und dadurch fast zum Mantel werdend, als Meister jener einverleibten und eingefleischten Kunst des ewigen Verstecken-Spielens, das man bei Tieren *mimicry* nennt: bis zum Schluß dieses ganze von Geschlecht zu Geschlecht aufgespeicherte Vermögen herrisch, unvernünftig, unbändig wird, als Instinkt andre Instinkte kommandieren lernt und den Schauspieler, den »Künstler« erzeugt (den Possenreißer, Lügenerzähler, Hanswurst, Narren, Clown zunächst, auch den klassischen Bedienten, den Gil Blas: denn in solchen Typen hat man die Vorgeschichte des Künstlers und oft genug sogar des »Genies«). Auch in höheren gesellschaftlichen Bedingungen erwächst unter ähnlichem Drucke eine ähnliche Art Mensch: nur wird dann meistens der schauspielerische Instinkt durch einen andren Instinkt gerade noch im Zaune gehalten, zum Beispiel bei dem »Diplomaten«, – ich würde übrigens glauben, daß es einem guten Diplomaten jeder Zeit noch freistünde, auch einen guten Bühnen-Schauspieler abzugeben, gesetzt daß es ihm eben »freistünde«. Was aber die *Juden* betrifft, jenes Volk der Anpassungskunst *par excellence*, so möchte man in ihnen, diesem Gedankengange nach, von vornherein gleichsam eine welthistorische Veranstaltung zur Züchtung von Schauspielern sehn, eine eigentliche Schauspieler-Brutstätte; und in der Tat ist die Frage reichlich an der Zeit: welcher gute Schauspieler ist heute *nicht* – Jude? Auch der Jude als geborener Literat, als der tatsächliche Beherrscher der europäischen Presse, übt diese seine Macht aufgrund seiner schauspielerischen Fähigkeit aus: denn der Literat ist wesentlich Schauspieler – er spielt nämlich den »Sachkundigen«, den »Fachmann«. – Endlich die *Frauen*: man denke über die ganze Geschichte der Frauen nach, – *müssen* sie nicht zuallererst und -oberst Schauspielerinnen sein? Man höre die Ärzte, welche Frauenzimmer hypnotisiert haben; zuletzt, man liebe sie – man lasse sich von ihnen »hypnotisieren«! Was kommt immer dabei heraus? Daß sie »sich geben«, selbst noch, wenn sie – sich geben . . . Das Weib ist so artistisch . . .

362.

Unser Glauben an eine Vermännlichung Europas. – Napoleon verdankt man's (und ganz und gar nicht der Französischen Revolution, welche auf »Brüderlichkeit« von Volk zu Volk und allgemeinen blumichten Herzens-Austausch ausgewesen ist), daß sich jetzt ein paar kriegerische Jahrhunderte aufeinanderfolgen dürfen, die in der Geschichte nicht ihres Gleichen haben, kurz daß wir ins *klassische Zeitalter des Kriegs* getreten sind, des gelehrten und zugleich volkstümlichen Kriegs im größten Maßstabe (der Mittel, der Begabungen, der Disziplin), auf den alle kommenden Jahrtausende als auf ein Stück Voll-

kommenheit mit Neid und Ehrfurcht zurückblicken werden: –
denn die nationale Bewegung, aus der diese Kriegs-Glorie her-
auswächst, ist nur der Gegen-*choc* gegen Napoleon und wäre
ohne Napoleon nicht vorhanden. Ihm also wird man einmal es
zurechnen dürfen, daß der *Mann* in Europa wieder Herr über
den Kaufmann und Philister geworden ist; vielleicht sogar über
»das Weib«, das durch das Christentum und den schwärmerischen Geist des achtzehnten Jahrhunderts, noch mehr durch
die »modernen Ideen« verhätschelt worden ist. Napoleon, der
in den modernen Ideen und geradewegs in der Zivilisation Etwas wie eine persönliche Feindin sah, hat mit dieser Feindschaft sich als einer der größten Fortsetzer der Renaissance be-
währt: er hat ein ganzes Stück antiken Wesens, das entscheidende vielleicht, das Stück Granit, wieder heraufgebracht. Und
wer weiß, ob nicht dieses Stück antiken Wesens auch endlich
wieder über die nationale Bewegung Herr werden wird und
sich im *bejahenden* Sinne zum Erben und Fortsetzer Napole-
ons machen muß: – der das Eine Europa wollte, wie man weiß,
und dies als *Herrin der Erde.*

363.

Wie jedes Geschlecht über die Liebe sein Vorurteil hat. – Bei allem
Zugeständnisse, welches ich dem monogamischen Vorurteile
zu machen willens bin, werde ich doch niemals zulassen, daß
man bei Mann und Weib von *gleichen* Rechten in der Liebe re-
de: diese gibt es nicht. Das macht, Mann und Weib verstehen
unter Liebe Jeder etwas Anderes, – und es gehört mit unter die
Bedingungen der Liebe bei beiden Geschlechtern, daß das eine
Geschlecht beim andren Geschlechte *nicht* das gleiche Gefühl,
den gleichen Begriff »Liebe« voraussetzt. Was das Weib unter
Liebe versteht, ist klar genug: vollkommne Hingabe (nicht nur
Hingebung) mit Seele und Leib, ohne jede Rücksicht, jeden
Vorbehalt, mit Scham und Schrecken vielmehr vor dem Ge-

danken einer verklausulierten, an Bedingungen geknüpften Hingabe. In dieser Abwesenheit von Bedingungen ist eben seine Liebe ein *Glaube*: das Weib hat keinen anderen. – Der Mann, wenn er ein Weib liebt, *will* von ihm eben diese Liebe, ist folglich für seine Person selbst am entferntesten von der Voraussetzung der weiblichen Liebe; gesetzt aber, daß es auch Männer geben sollte, denen ihrerseits das Verlangen nach vollkommner Hingebung nicht fremd ist, nun, so sind das eben – keine Männer. Ein Mann, der liebt wie ein Weib, wird damit Sklave; ein Weib aber, das liebt wie ein Weib, wird damit ein *vollkommneres* Weib ... Die Leidenschaft des Weibes, in ihrem unbedingten Verzichtleisten auf eigne Rechte, hat gerade zur Voraussetzung, daß auf der andren Seite *nicht* ein gleiches Pathos, ein gleiches Verzichtleisten-Wollen besteht: denn wenn Beide aus Liebe auf sich selbst verzichten, so entstünde daraus – nun, ich weiß nicht was; vielleicht ein leerer Raum? – Das Weib will genommen, angenommen werden als Besitz, will aufgehn in den Begriff »Besitz«, »besessen«; folglich will es Einen, der *nimmt*, der sich nicht selbst gibt und weggibt, der umgekehrt vielmehr gerade reicher an »sich« gemacht werden soll – durch den Zuwachs an Kraft, Glück, Glaube, als welchen ihm das Weib sich selbst gibt. Das Weib gibt sich weg, der Mann nimmt hinzu – ich denke, über diesen Natur-Gegensatz wird man durch keine sozialen Verträge, auch nicht durch den allerbesten Willen zur Gerechtigkeit hinwegkommen: so wünschenswert es sein mag, daß man das Harte, Schreckliche, Rätselhafte, Unmoralische dieses Antagonismus sich nicht beständig vor Augen stellt. Denn die Liebe, ganz, groß, voll gedacht, ist Natur und als Natur in alle Ewigkeit etwas »Unmoralisches«. – Die *Treue* ist demgemäß in die Liebe des Weibes eingeschlossen, sie folgt aus deren Definition; bei dem Manne *kann* sie leicht im Gefolge seiner Liebe entstehn, etwa als Dankbarkeit oder als Idiosynkrasie des Geschmacks und sogenannte Wahlverwandtschaft, aber sie gehört nicht ins *Wesen* seiner Liebe, – und zwar so wenig, daß man beinahe mit einigem

Rechte von einem natürlichen Widerspiel zwischen Liebe und
Treue beim Manne reden dürfte: welche Liebe eben ein Haben-
Wollen ist und *nicht* ein Verzichtleisten und Weggeben; das Ha-
ben-Wollen geht aber jedesmal mit dem *Haben* zu Ende ...
Tatsächlich ist es der feinere und argwöhnischere Besitzdurst
des Mannes, der dies »Haben« sich selten und spät eingesteht,
was seine Liebe fortbestehn macht; insofern ist es selbst möglich, daß sie noch nach der Hingebung wächst, – er gibt nicht
leicht zu, daß ein Weib für ihn Nichts mehr »hinzugeben«
hätte.

364.

Der Einsiedler redet. – Die Kunst, mit Menschen umzugehn,
beruht wesentlich auf der Geschicklichkeit (die eine lange
Übung voraussetzt), eine Mahlzeit anzunehmen, einzuneh-
men, zu deren Küche man kein Vertrauen hat. Gesetzt, daß
man mit einem Wolfshunger zu Tisch kommt, geht Alles leicht
(»die schlechteste Gesellschaft läßt dich *fühlen* –«, wie Mephi-
stopheles sagt); aber man hat ihn nicht, diesen Wolfshunger,
wenn man ihn braucht! Ah, wie schwer sind die Mitmenschen
zu verdauen! Erstes Prinzip: wie bei einem Unglücke seinen
Mut einsetzen, tapfer zugreifen, sich selbst dabei bewundern,
seinen Widerwillen zwischen die Zähne nehmen; seinen Ekel
hinunterstopfen. Zweites Prinzip: seinen Mitmenschen »ver-
bessern«, zum Beispiel durch ein Lob, so daß er sein Glück
über sich selbst auszuschwitzen beginnt; oder einen Zipfel von
seinen guten oder »interessanten« Eigenschaften fassen und
daran ziehn, bis man die ganze Tugend heraushat und den Mitmenschen in deren Falten unterstecken kann. Drittes Prinzip:
Selbsthypnotisierung. Sein Verkehrs-Objekt wie einen gläsernen Knopf fixieren, bis man aufhört, Lust und Unlust dabei zu
empfinden und unbemerkt einschläft, starr wird, Haltung bekommt: ein Hausmittel aus der Ehe und Freundschaft, reich-

lich erprobt, als unentbehrlich gepriesen, aber wissenschaftlich
noch nicht formuliert. Sein populärer Name ist – Geduld.

365.

Der Einsiedler spricht noch einmal. – Auch wir gehn mit »Menschen« um, auch wir ziehn bescheiden das Kleid an, in dem (als
das) man uns kennt, achtet, sucht, und begeben uns damit in
Gesellschaft, das heißt unter Verkleidete, die es nicht heißen
wollen; auch wir machen es wie alle klugen Masken und setzen
jeder Neugierde, die nicht unser »Kleid« betrifft, auf eine höfli-
che Weise den Stuhl vor die Türe. Es gibt aber auch andre Arten und Kunststücke, um unter Menschen, mit Menschen
»umzugehen«: zum Beispiel als Gespenst, – was sehr ratsam
ist, wenn man sie bald los sein und fürchten machen will. Probe: man greift nach uns und bekommt uns nicht zu fassen. Das
erschreckt. Oder: wir kommen durch eine geschlossne Tür.
Oder: wenn alle Lichter ausgelöscht sind. Oder: nachdem wir
bereits gestorben sind. Letzteres ist das Kunststück der *posthumen* Menschen *par excellence*. (»Was denkt ihr auch?« sagte ein
solcher einmal ungeduldig, »würden wir diese Fremde, Kälte,
Grabesstille um uns auszuhalten Lust haben, diese ganze unterirdische, verborgne, stumme, unentdeckte Einsamkeit, die
bei uns Leben heißt und ebensogut Tod heißen könnte, wenn
wir nicht wüßten, was aus uns *wird*, – und daß wir nach dem
Tode erst zu *unserm* Leben kommen und lebendig werden, ah!
sehr lebendig! wir posthumen Menschen!« –)

366.

Angesichts eines gelehrten Buches. – Wir gehören nicht zu Denen, die erst zwischen Büchern, auf den Anstoß von Büchern
zu Gedanken kommen – unsre Gewohnheit ist, im Freien zu

denken, gehend, springend, steigend, tanzend, am liebsten auf einsamen Bergen oder dicht am Meere, da wo selbst die Wege nachdenklich werden. Unsre ersten Wertfragen, in bezug auf Buch, Mensch und Musik, lauten: »kann *er* gehen? mehr noch, kann er tanzen?« ... Wir lesen selten, wir lesen darum nicht schlechter – oh wie rasch erraten wir's, wie Einer auf seine Gedanken gekommen ist, ob sitzend, vor dem Tintenfaß, mit zusammengedrücktem Bauche, den Kopf über das Papier gebeugt: oh wie rasch sind wir auch mit seinem Buche fertig! Das geklemmte Eingeweide verrät sich, darauf darf man wetten, ebenso wie sich Stubenluft, Stubendecke, Stubenenge verrät. – Das waren meine Gefühle, als ich eben ein rechtschaffnes, gelehrtes Buch zuschlug, dankbar, sehr dankbar, aber auch erleichtert ... An dem Buche eines Gelehrten ist fast immer auch etwas Drückendes, Gedrücktes: der »Spezialist« kommt irgendwo zum Vorschein, sein Eifer, sein Ernst, sein Ingrimm, seine Überschätzung des Winkels, in dem er sitzt und spinnt, sein Buckel, – jeder Spezialist hat seinen Buckel. Ein Gelehrten-Buch spiegelt immer auch eine krummgezogne Seele: jedes Handwerk zieht krumm. Man sehe seine Freunde wieder, mit denen man jung war, nachdem sie Besitz von ihrer Wissenschaft ergriffen haben: ach, wie auch immer das Umgekehrte geschehn ist! Ach, wie sie selbst auf immer nunmehr von ihr besetzt und besessen sind! In ihre Ecke eingewachsen, verdrückt bis zur Unkenntlichkeit, unfrei, um ihr Gleichgewicht gebracht, abgemagert und eckig überall, nur an Einer Stelle ausbündig rund, – man ist bewegt und schweigt, wenn man sie so wiederfindet. Jedes Handwerk, gesetzt selbst, daß es einen goldenen Boden hat, hat über sich auch eine bleierne Decke, die auf die Seele drückt und drückt, bis sie wunderlich und krumm gedrückt ist. Daran ist Nichts zu ändern. Man glaube ja nicht, daß es möglich sei, um diese Verunstaltung durch irgendwelche Künste der Erziehung herumzukommen. Jede Art *Meisterschaft* zahlt sich teuer auf Erden, wo vielleicht Alles sich zu teuer zahlt; man ist Mann seines Fachs um den Preis, auch

das Opfer seines Fachs zu sein. Aber ihr wollt es anders haben
– »billiger«, vor Allem bequemer – nicht wahr, meine Herren
Zeitgenossen? Nun wohlan! Aber da bekommt ihr sofort auch
etwas Anderes, nämlich statt des Handwerkers und Meisters
den Literaten, den gewandten »vielgewendeten« Literaten,
dem freilich der Buckel fehlt – jenen abgerechnet, den er vor
euch macht, als der Ladendiener des Geistes und »Träger der
Bildung –, den Literaten, der eigentlich Nichts *ist*, aber fast Alles »repräsentiert«, der den Sachkenner spielt und »vertritt«,
der es auch in aller Bescheidenheit auf sich nimmt, sich an dessen Stelle bezahlt, geehrt, gefeiert zu *machen*. – Nein, meine gelehrten Freunde! Ich segne euch auch noch um eures Buckels
willen! Und dafür, daß ihr gleich mir die Literaten und Bil-
dungs-Schmarotzer verachtet! Und daß ihr nicht mit dem Geiste Handel zu treiben wißt! Und lauter Meinungen habt, die
nicht in Geldeswert auszudrücken sind! Und daß ihr Nichts
vertretet, was ihr nicht *seid*! Daß euer einziger Wille ist, Meister eures Handwerks zu werden, in Ehrfurcht vor jeder Art
Meisterschaft und Tüchtigkeit, und mit rücksichtslosester Ab-
lehnung alles Scheinbaren, Halbechten, Aufgeputzten, Virtuo-
senhaften, Demagogischen, Schauspielerischen *in litteris et arti-
bus* – alles Dessen, was in Hinsicht auf unbedingte *Probität* von
Zucht und Vorschulung sich nicht vor euch ausweisen kann!
(Selbst Genie hilft über einen solchen Mangel nicht hinweg, so
sehr es auch über ihn hinwegzutäuschen versteht: das begreift
man, wenn man einmal unsern begabtesten Malern und Musi-
kern aus der Nähe zugesehn hat, – als welche Alle, fast aus-
nahmslos, sich durch eine listige Erfindsamkeit von Manieren,
von Notbehelfen, selbst von Prinzipien künstlich und nach-
träglich den *Anschein* jener Probität, jener Solidität von Schu-
lung und Kultur anzueignen wissen, freilich ohne damit sich
selbst zu betrügen, ohne damit ihr eigenes schlechtes Gewissen
dauernd mundtot zu machen. Denn, ihr wißt es doch? alle großen modernen Künstler leiden am schlechten Gewissen ...)

57

367.

Wie man zuerst bei Kunstwerken zu unterscheiden hat. – Alles, was gedacht, gedichtet, gemalt, komponiert, selbst gebaut und gebildet wird, gehört entweder zur monologischen Kunst oder zur Kunst vor Zeugen. Unter letztere ist auch noch jene scheinbare Monolog-Kunst einzurechnen, welche den Glauben an Gott in sich schließt, die ganze Lyrik des Gebets: denn für einen Frommen gibt es noch keine Einsamkeit, – diese Erfindung haben erst wir gemacht, wir Gottlosen. Ich kenne keinen tieferen Unterschied der gesamten Optik eines Künstlers als diesen: ob er vom Auge des Zeugen aus nach seinem werdenden Kunstwerke (nach »sich« –) hinblickt oder aber »die Welt vergessen hat«: wie es das Wesentliche jeder monologischen Kunst ist, – sie ruht *auf dem Vergessen*, sie ist die Musik des Vergessens.

368.

Der Zyniker redet. – Meine Einwände gegen die Musik Wagners sind physiologische Einwände: wozu dieselben erst noch unter ästhetische Formeln verkleiden? Meine »Tatsache« ist, daß ich nicht mehr leicht atme, wenn diese Musik erst auf mich wirkt; daß alsbald mein *Fuß* gegen sie böse wird und revoltiert – er hat das Bedürfnis nach Takt, Tanz, Marsch, er verlangt von der Musik vorerst die Entzückungen, welche in *gutem* Gehen, Schreiten, Springen, Tanzen liegen. – Protestiert aber nicht auch mein Magen? mein Herz? mein Blutlauf? mein Eingeweide? Werde ich nicht unvermerkt heiser dabei? – Und so frage ich mich: was *will* eigentlich mein ganzer Leib von der Musik überhaupt? Ich glaube, seine *Erleichterung*: wie als ob alle animalischen Funktionen durch leichte, kühne, ausgelaßne, selbstgewisse Rhythmen beschleunigt werden sollten; wie als ob das eherne, das bleierne Leben durch goldene, gute, zärtliche Harmonien vergoldet werden sollte. Meine Schwermut will in den Verstecken und Abgründen der *Vollkommenheit* ausruhn: dazu brauche ich Musik. Was geht mich das Drama an! Was die Krämpfe seiner sittlichen Ekstasen, an denen das »Volk« seine Genugtuung hat! Was der ganze Gebärden-Hokuspokus des Schauspielers! ... Man errät, ich bin wesentlich antitheatralisch geartet, – aber Wagner war umgekehrt wesentlich Theatermensch und Schauspieler, der begeistertste Mimomane, den es gegeben hat, auch noch als Musiker! ... Und, beiläufig gesagt: wenn es Wagners Theorie gewesen ist »das Drama ist der Zweck, die Musik ist immer nur dessen Mittel«, – seine *Praxis* dagegen war, von Anfang bis zu Ende, »die Attitüde ist der Zweck; das Drama, auch die Musik ist immer nur ihr Mittel«. Die Musik als Mittel zur Verdeutlichung, Verstärkung, Verinnerlichung der dramatischen Gebärde und Schauspieler-Sinnenfälligkeit; und das Wagnerische Drama nur eine Gelegenheit zu vielen dramatischen Attitüden! Er hatte, neben allen anderen Instinkten, die kommandierenden Instinkte eines großen Schauspielers, in Allem und Jedem: und, wie gesagt, auch als Musiker. – Dies machte ich einstmals einem rechtschaffnen Wagnerianer klar, mit einiger Mühe; und ich hatte Gründe, noch hinzuzufügen »seien Sie doch ein wenig ehrlicher gegen sich selbst: wir sind ja nicht im Theater! Im Theater ist man nur als Masse ehrlich; als Einzelner lügt man, belügt man sich. Man läßt sich selbst zu Hause, wenn man ins Theater geht, man verzichtet auf das Recht der eigenen Zunge und Wahl, auf seinen Geschmack, selbst auf seine Tapferkeit, wie man sie zwischen den eigenen vier Wänden gegen Gott und Mensch hat und übt. In das Theater bringt Niemand die feinsten Sinne seiner Kunst mit, auch der Künstler nicht, der für das Theater arbeitet: da ist man Volk, Publikum, Herde, Weib, Pharisäer, Stimmvieh, Demokrat, Nächster, Mitmensch, da unterliegt noch das persönlichste Gewissen dem nivellierenden Zauber der »größten Zahl«, da wirkt die Dummheit als Lüsternheit und Kontagion, da regiert der »Nachbar«, da *wird*

man Nachbar ...« (Ich vergaß zu erzählen, was mir mein aufgeklärter Wagnerianer auf die physiologischen Einwände entgegnete: »Sie sind also eigentlich nur nicht gesund genug für
unsere Musik?« –)

369.

Unser Nebeneinander. – Müssen wir es uns nicht eingestehn,
wir Künstler, daß es eine unheimliche Verschiedenheit in uns
gibt, daß unser Geschmack und andrerseits unsre schöpferische Kraft auf eine wunderliche Weise für sich stehn, für sich
stehnbleiben und ein Wachstum für sich haben, – ich will sagen
ganz verschiedne Grade und *tempi* von Alt, Jung, Reif, Mürbe,
Faul? So daß zum Beispiel ein Musiker zeitlebens Dinge schaffen könnte, die Dem, was sein verwöhntes Zuhörer-Ohr, Zu-
hörer-Herz schätzt, schmeckt, vorzieht, *widersprechen*: – er
brauchte noch nicht einmal um diesen Widerspruch zu wissen!
Man kann, wie eine fast peinlich-regelmäßige Erfahrung zeigt,
leicht mit seinem Geschmack über den Geschmack seiner
Kraft hinauswachsen, selbst ohne daß letztere dadurch gelähmt
und am Hervorbringen gehindert würde; es kann aber auch etwas Umgekehrtes geschehn – und dies gerade ist es, worauf ich
die Aufmerksamkeit der Künstler lenken möchte. Ein Bestän-
dig-Schaffender, eine »Mutter« von Mensch, im großen Sinne
des Wortes, ein Solcher, der von Nichts als von Schwanger-
schaften und Kindsbetten seines Geistes mehr weiß und hört,
der gar keine Zeit hat, sich um sein Werk zu bedenken, zu ver-
gleichen, der auch nicht mehr Willens ist, seinen Geschmack
noch zu üben, und ihn einfach vergißt, nämlich stehn-, liegen-
oder fallenläßt, – vielleicht bringt ein Solcher endlich Werke
hervor, *denen er mit seinem Urteile längst nicht mehr gewachsen
ist:* so daß er über sie und sich Dummheiten sagt – sagt und
denkt. Dies scheint mir bei fruchtbaren Künstlern beinahe das
normale Verhältnis – Niemand kennt ein Kind schlechter als

seine Eltern – und es gilt sogar, um ein ungeheures Beispiel zu nehmen, in bezug auf die ganze griechische Dichter- und Künstler-Welt: sie hat niemals »gewußt«, was sie getan hat ...

370.

Was ist Romantik? – Man erinnert sich vielleicht, zum mindesten unter meinen Freunden, daß ich anfangs mit einigen dicken Irrtümern und Überschätzungen und jedenfalls als *Hoffender* auf diese moderne Welt losgegangen bin. Ich verstand – wer weiß, auf welche persönlichen Erfahrungen hin? – den philosophischen Pessimismus des neunzehnten Jahrhunderts, wie als ob er das Symptom von höherer Kraft des Gedankens, von verwegenerer Tapferkeit, von siegreicherer *Fülle* des Lebens sei, als diese dem achtzehnten Jahrhundert, dem Zeitalter Humes, Kants, Condillacs und der Sensualisten, zu eigen gewesen sind: so daß mir die tragische Erkenntnis wie der eigentliche *Luxus* unsrer Kultur erschien, als deren kostbarste, vornehmste, gefährlichste Art Verschwendung, aber immerhin, auf Grund ihres Überreichtums, als ihr *erlaubter* Luxus. Insgleichen deutete ich mir die deutsche Musik zurecht zum Ausdruck einer dionysischen Mächtigkeit der deutschen Seele: in ihr glaubte ich das Erdbeben zu hören, mit dem eine von alters her aufgestaute Urkraft sich endlich Luft macht – gleichgültig dagegen, ob Alles, was sonst Kultur heißt, dabei ins Zittern gerät. Man sieht, ich verkannte damals, sowohl am philosophischen Pessimismus wie an der deutschen Musik, Das, was ihren eigentlichen Charakter ausmacht – ihre *Romantik*. Was ist Romantik? Jede Kunst, jede Philosophie darf als Heil- und Hilfsmittel im Dienste des wachsenden, kämpfenden Lebens angesehn werden: sie setzen immer Leiden und Leidende voraus. Aber es gibt zweierlei Leidende, einmal die an der *Überfülle des Lebens* Leidenden, welche eine dionysische Kunst wollen und ebenso eine tragische Ansicht und Einsicht in das Leben, –

61

und sodann die an der *Verarmung des Lebens* Leidenden, die Ruhe, Stille, glattes Meer, Erlösung von sich durch die Kunst und Erkenntnis suchen, oder aber den Rausch, den Krampf, die Betäubung, den Wahnsinn. Dem Doppel-Bedürfnis der *Letzteren* entspricht alle Romantik in Künsten und Erkenntnissen, ihnen entsprach (und entspricht) ebenso Schopenhauer als Richard Wagner, um jene berühmtesten und ausdrücklichsten Romantiker zu nennen, welche damals von mir *mißverstanden* wurden – übrigens *nicht* zu ihrem Nachteile, wie man mir in aller Billigkeit zugestehn darf. Der Reichste an Lebensfülle, der dionysische Gott und Mensch, kann sich nicht nur den Anblick des Fürchterlichen und Fragwürdigen gönnen, sondern selbst die fürchterliche Tat und jeden Luxus von Zerstörung, Zersetzung, Verneinung; bei ihm erscheint das Böse, Unsinnige und Häßliche gleichsam erlaubt, infolge eines Überschusses von zeugenden, befruchtenden Kräften, welcher aus jeder Wüste noch ein üppiges Fruchtland zu schaffen imstande ist. Umgekehrt würde der Leidendste, Lebensärmste am meisten die Milde, Friedlichkeit, Güte nötig haben, im Denken und im Handeln, womöglich einen Gott, der ganz eigentlich ein Gott für Kranke, ein »Heiland« wäre; ebenso auch die Logik, die begriffliche Verständlichkeit des Daseins – denn die Logik beruhigt, gibt Vertrauen –, kurz eine gewisse warme furchtabwehrende Enge und Einschließung in optimistische Horizonte. Dergestalt lernte ich allmählich Epikur begreifen, den Gegensatz eines dionysischen Pessimisten, ebenfalls den »Christen«, der in der Tat nur eine Art Epikureer und, gleich jenem, wesentlich Romantiker ist, – und mein Blick schärfte sich immer mehr für jene schwierigste und verfänglichste Form des *Rückschlusses*, in der die meisten Fehler gemacht werden, – des Rückschlusses vom Werk auf den Urheber, von der Tat auf den Täter, vom Ideal auf den, der es *nötig hat*, von jeder Denk- und Wertungsweise auf das dahinter kommandierende *Bedürfnis*. – In Hinsicht auf alle ästhetischen Werte bediene ich mich jetzt dieser Hauptunterscheidung: ich frage in jedem einzelnen Falle

»ist hier der Hunger oder der Überfluß schöpferisch geworden?« Von vornherein möchte sich eine andre Unterscheidung mehr zu empfehlen scheinen – sie ist bei weitem augenscheinlicher – nämlich das Augenmerk darauf, ob das Verlangen nach Starrmachen, Verewigen, nach *Sein* die Ursache des Schaffens ist, oder aber das Verlangen nach Zerstörung, nach Wechsel, nach Neuem, nach Zukunft, nach *Werden.* Aber beide Arten des Verlangens erweisen sich, tiefer angesehn, noch als zweideutig, und zwar deutbar eben nach jenem vorangestellten und mit Recht, wie mich dünkt, vorgezogenen Schema. Das Verlangen nach *Zerstörung,* Wechsel, Werden kann der Ausdruck der übervollen, zukunftsschwangeren Kraft sein (mein *terminus* ist dafür, wie man weiß, das Wort »dionysisch«), aber es kann auch der Haß des Mißratenen, Entbehrenden, Schlechtweggekommenen sein, der zerstört, zerstören *muß,* weil ihn das Bestehende, ja alles Bestehen, alles Sein selbst empört und aufreizt – man sehe sich, um diesen Affekt zu verstehn, unsre Anarchisten aus der Nähe an. Der Wille zum *Verewigen* bedarf gleichfalls einer zwiefachen Interpretation. Er kann einmal aus Dankbarkeit und Liebe kommen: – eine Kunst dieses Ursprungs wird immer eine Apotheosenkunst sein, dithyrambisch vielleicht mit Rubens, selig-spöttisch mit Hafis, hell und gütig mit Goethe, und einen homerischen Licht- und Glorienschein über alle Dinge breitend (in diesem Falle rede ich von *apollinischer* Kunst). Er kann aber auch jener tyrannische Wille eines Schwerleidenden, Kämpfenden, Torturierten sein, welcher das Persönlichste, Einzelnste, Engste, die eigentliche Idiosynkrasie seines Leidens noch zum verbindlichen Gesetz und Zwang stempeln möchte und der an allen Dingen gleichsam Rache nimmt, dadurch daß er ihnen *sein* Bild, das Bild *seiner* Tortur, aufdrückt, einzwängt, einbrennt. Letzteres ist der *romantische Pessimismus* in seiner ausdrucksvollsten Form, sei es als Schopenhauerische Willens-Philosophie, sei es als Wagnerische Musik: – der romantische Pessimismus, das letzte *große* Ereignis im Schicksal unsrer Kultur. (Daß es noch einen ganz

anderen Pessimismus geben *könne*, einen klassischen – diese
Ahnung und Vision gehört zu mir, als unablöslich von mir, als
mein *proprium* und *ipsissimum*: nur daß meine Ohren das Wort
»klassisch« widersteht, es ist bei weitem zu abgebraucht, zu
rund und unkenntlich geworden. Ich nenne jenen Pessimismus
der Zukunft – denn er kommt! ich sehe ihn kommen! – den
dionysischen Pessimismus.)

371.

Wir Unverständlichen. – Haben wir uns je darüber beklagt,
mißverstanden, verkannt, verwechselt, verleumdet, verhört
und überhört zu werden? Eben das ist unser Los – oh für lange
noch! sagen wir, um bescheiden zu sein, bis 1901 – es ist auch
unsre Auszeichnung; wir würden uns selbst nicht genug in Ehren halten, wenn wir's anders wünschten. Man verwechselt
uns – das macht, wir selbst wachsen, wir wechseln fortwährend, wir stoßen alte Rinden ab, wir häuten uns mit jedem
Frühjahre noch, wir werden immer jünger, zukünftiger, höher,
stärker, wir treiben unsre Wurzeln immer mächtiger in die Tiefe – ins Böse –, während wir zugleich den Himmel immer liebe-
voller, immer breiter umarmen und sein Licht immer durstiger
mit allen unsren Zweigen und Blättern in uns hineinsaugen.
Wir wachsen wie Bäume – das ist schwer zu verstehen, wie alles Leben! – nicht an Einer Stelle, sondern überall, nicht in Einer Richtung, sondern ebenso hinauf, hinaus wie hinein und
hinunter, – unsre Kraft treibt zugleich in Stamm, Ästen und
Wurzeln, es steht uns gar nicht mehr frei, irgend Etwas einzeln
zu tun, irgend etwas Einzelnes noch zu *sein* … So ist es unser
Los, wie gesagt: wir wachsen in die *Höhe*; und gesetzt, es wäre
selbst unser Verhängnis – denn wir wohnen den Blitzen immer
näher! – wohlan, wir halten es darum nicht weniger in Ehren,
es bleibt Das, was wir nicht teilen, nicht mitteilen wollen, das
Verhängnis der Höhe, *unser* Verhängnis …

372.

Warum wir keine Idealisten sind. – Ehemals hatten die Philosophen Furcht vor den Sinnen: haben wir – diese Furcht vielleicht allzusehr verlernt? Wir sind heute allesamt Sensualisten,
wir Gegenwärtigen und Zukünftigen in der Philosophie, *nicht*
der Theorie nach, aber der Praxis, der Praktik ... Jene hinge-
gen meinten, durch die Sinne aus *ihrer* Welt, dem kalten Reiche
der »Ideen«, auf ein gefährliches südlicheres Eiland weggelockt
zu werden: woselbst, wie sie fürchteten, ihre Philosophen-Tu-
genden wie Schnee in der Sonne wegschmelzen würden.
»Wachs in den Ohren« war damals beinahe Bedingung des Phi-
losophierens; ein ächter Philosoph hörte das Leben nicht mehr,
insofern Leben Musik ist, er *leugnete* die Musik des Lebens – es
ist ein alter Philosophen-Aberglaube, daß alle Musik Sirenen-
Musik ist. – Nun möchte wir heute geneigt sein, gerade umgekehrt zu urteilen (was an sich noch ebenso falsch sein könnte):
nämlich daß die *Ideen* schlimmere Verführerinnen seien als die
Sinne, mit allem ihrem kalten anämischen Anscheine und nicht
einmal trotz diesem Anscheine – sie lebten immer vom »Blute«
der Philosophen, sie zehrten immer seine Sinne aus, ja, wenn
man uns glauben will, auch sein »Herz«. Diese alten Philosophen waren herzlos: Philosophieren war immer eine Art Vam-
pirismus. Fühlt ihr nicht an solchen Gestalten, wie noch der
Spinozas, etwas tief Änigmatisches und Unheimliches? Seht
ihr das Schauspiel nicht, das sich hier abspielt, das beständige
Blässer-Werden –, die immer idealischer ausgelegte Entsinnli-
chung? Ahnt ihr nicht im Hintergrunde irgendeine lange verborgene Blutaussaugerin, welche mit den Sinnen ihren Anfang
macht und zuletzt Knochen und Geklapper übrigbehält, übrig-
läßt? – ich meine Kategorien, Formeln, *Worte* (denn, man vergebe mir, das, was von Spinoza *übrigblieb, amor intellectualis
dei*, ist ein Geklapper, nichts mehr! was ist *amor*, was *deus*,
wenn ihnen jeder Tropfen Blut fehlt? ...). *In summa*: aller philosophische Idealismus war bisher Etwas wie Krankheit, wo er

nicht, wie im Falle Platos, die Vorsicht einer überreichen und gefährlichen Gesundheit, die Furcht vor *übermächtigen* Sinnen, die Klugheit eines klugen Sokratikers war. – Vielleicht sind wir Modernen nur nicht gesund genug, um Platos Idealismus *nötig zu haben*? Und wir fürchten die Sinne nicht, weil – –

373.

»Wissenschaft« als Vorurteil. – Es folgt aus den Gesetzen der Rangordnung, daß Gelehrte, insofern sie dem geistigen Mittelstande zugehören, die eigentlichen *großen* Probleme und Fragezeichen gar nicht in Sicht bekommen dürfen: zudem reicht ihr Mut und ebenso ihr Blick nicht bis dahin – vor Allem, ihr Bedürfnis, das sie zu Forschern macht, ihr inneres Vorausnehmen und Wünschen, es möchte *so und so* beschaffen sein, ihr Fürchten und Hoffen kommt zu bald schon zur Ruhe, zur Befriedigung. Was zum Beispiel den pedantischen Engländer Herbert Spencer auf seine Weise schwärmen macht und einen Hoffnungs-Strich, eine Horizont-Linie der Wünschbarkeit ziehen heißt, jene endliche Versöhnung von »Egoismus und Altruismus«, von der er fabelt, das macht Unsereinem beinahe Ekel: – eine Menschheit mit solchen Spencerschen Perspektiven als letzten Perspektiven schiene uns der Verachtung, der Vernichtung wert! Aber schon *daß* Etwas als höchste Hoffnung von ihm empfunden werden muß, was Anderen bloß als widerliche Möglichkeit gilt und gelten darf, ist ein Fragezeichen, welches Spencer nicht vorauszusehn vermocht hätte ... Ebenso steht es mit jenem Glauben, mit dem sich jetzt so viele materialistische Naturforscher zufriedengeben, dem Glauben an eine Welt, welche im menschlichen Denken, in menschlichen Wertbegriffen ihr Äquivalent und Maß haben soll, an eine »Welt der Wahrheit«, der man mit Hilfe unsrer viereckigen kleinen Menschenvernunft letztgültig beizukommen vermöchte – wie? wollen wir uns wirklich dergestalt das Dasein zu einer Rechen-

knechts-Übung und Stubenhockerei für Mathematiker herabwürdigen lassen? Man soll es vor Allem nicht seines *vieldeutigen* Charakters entkleiden wollen: das fordert der *gute* Geschmack, meine Herren, der Geschmack der Ehrfurcht vor Allem, was über euren Horizont geht! Daß allein eine Welt-Interpretation im Rechte sei, bei der *ihr* zu Rechte besteht, bei der wissenschaftlich in *eurem* Sinne (– ihr meint eigentlich *mechanistisch*?) geforscht und fortgearbeitet werden kann, eine solche, die Zählen, Rechnen, Wägen, Sehn und Greifen und nichts weiter zuläßt, das ist eine Plumpheit und Naivität, gesetzt daß es keine Geisteskrankheit, kein Idiotismus ist. Wäre es umgekehrt nicht recht wahrscheinlich, daß sich gerade das Oberflächlichste und Äußerlichste vom Dasein – sein Scheinbarstes, seine Haut und Versinnlichung – am ersten fassen ließe? vielleicht sogar allein fassen ließe? Eine »wissenschaftliche« Welt-Interpretation, wie ihr sie versteht, könnte folglich immer noch eine der *dümmsten*, das heißt sinnärmsten aller möglichen Welt-Interpretationen sein: dies den Herrn Mechanikern ins Ohr und Gewissen gesagt, die heute gern unter die Philosophen laufen und durchaus vermeinen, Mechanik sei die Lehre von den ersten und letzten Gesetzen, auf denen wie auf einem Grundstocke alles Dasein aufgebaut sein müsse. Aber eine essentiell mechanische Welt wäre eine essentiell *sinnlose* Welt! Gesetzt, man schätzte den *Wert* einer Musik danach ab, wieviel von ihr gezählt, berechnet, in Formeln gebracht werden könne, – wie absurd wäre eine solche »wissenschaftliche« Abschätzung der Musik! Was hätte man von ihr begriffen, verstanden, erkannt! Nichts, geradezu Nichts von Dem, was eigentlich an ihr »Musik« ist! ...

374.

Unser neues »Unendliches«. – Wie weit der perspektivische Charakter des Daseins reicht oder gar, ob es irgendeinen andren Charakter noch hat, ob nicht ein Dasein ohne Auslegung, ohne »Sinn« eben zum »Unsinn« wird, ob, andrerseits, nicht alles Dasein essentiell ein *auslegendes* Dasein ist – das kann, wie billig, auch durch die fleißigste und peinlich-gewissenhafteste Analysis und Selbstprüfung des Intellekts nicht ausgemacht werden: da der menschliche Intellekt bei dieser Analysis nicht umhinkann, sich selbst unter seinen perspektivischen Formen zu sehn und *nur* in ihnen zu sehn. Wir können nicht um unsre Ecke sehn: es ist eine hoffnungslose Neugierde, wissen zu wollen, was es noch für andre Arten Intellekt und Perspektive geben *könnte*: zum Beispiel, ob irgendwelche Wesen die Zeit zurück oder abwechselnd vorwärts und rückwärts empfinden können (womit eine andre Richtung des Lebens und ein andrer Begriff von Ursache und Wirkung gegeben wäre). Aber ich denke, wir sind heute zum mindesten ferne von der lächerlichen Unbescheidenheit, von unsrer Ecke aus zu dekretieren, daß man nur von dieser Ecke aus Perspektiven haben *dürfe.* Die Welt ist uns vielmehr noch einmal »unendlich« geworden: insofern wir die Möglichkeit nicht abweisen können, daß sie *unendliche Interpretationen in sich schließt.* Noch einmal faßt uns der große Schauder: – aber wer hätte wohl Lust, *dieses* Ungeheure von unbekannter Welt nach alter Weise sofort wieder zu vergöttlichen? Und etwa *das* Unbekannte fürderhin als »*den* Unbekannten« anzubeten? Ach, es sind zu viele *ungöttliche* Möglichkeiten der Interpretation mit in dieses Unbekannte eingerechnet, zu viel Teufelei, Dummheit, Narrheit der Interpretation – unsre eigne menschliche, allzumenschliche selbst, die wir kennen ...

375.

Warum wir Epikureer scheinen. – Wir sind vorsichtig, wir modernen Menschen, gegen letzte Überzeugungen; unser Mißtrauen liegt auf der Lauer gegen die Bezauberungen und Gewissens-Überlistungen, welche in jedem starken Glauben, jedem unbedingten Ja und Nein liegen: wie erklärt sich das? Vielleicht, daß man darin zu einem guten Teil die Behutsamkeit des »gebrannten Kindes«, des enttäuschten Idealisten sehn darf, zu einem andern und bessern Teile aber auch die frohlockende Neugierde eines ehemaligen Eckenstehers, der durch seine Ecke in Verzweiflung gebracht worden ist und nunmehr im Gegensatz der Ecke schwelgt und schwärmt, im Unbegrenzten, im »Freien an sich«. Damit bildet sich ein nahezu epikurischer Erkenntnis-Hang aus, welcher den Fragezeichen-Charakter der Dinge nicht leichten Kaufs fahrenlassen will; insgleichen ein Widerwille gegen die großen Moral-Worte und -Gebärden, ein Geschmack, der alle plumpen vierschrötigen Gegensätze ablehnt und sich seiner Übung in Vorbehalten mit Stolz bewußt ist. Denn Das macht unsern Stolz aus, dieses leichte Zügel-Straffziehen bei unsrem vorwärtsstürmenden Drange nach Gewißheit, diese Selbstbeherrschung des Reiters auf seinen wildesten Ritten: nach wie vor nämlich haben wir tolle feurige Tiere unter uns, und wenn wir zögern, so ist es am wenigsten wohl die Gefahr, die uns zögern macht …

376.

Unsere langsamen Zeiten. – So empfinden alle Künstler und Menschen der »Werke«, die mütterliche Art Mensch: immer glauben sie, bei jedem Abschnitte ihres Lebens – den ein Werk jedesmal abschneidet –, schon am Ziele selbst zu sein, immer würden sie den Tod geduldig entgegennehmen, mit dem Gefühl: »dazu sind wir reif.« Dies ist nicht der Ausdruck der Ermüdung – vielmehr der einer gewissen herbstlichen Sonnigkeit und Milde, welche jedesmal das Werk selbst, das Reifgewordensein eines Werks, bei seinem Urheber hinterläßt. Da verlangsamt sich das *tempo* des Lebens und wird dick und honigflüssig – bis zu langen Fermaten, bis zum Glauben an *die* lange Fermate ...

377.

Wir Heimatlosen. – Es fehlt unter den Europäern von heute nicht an solchen, die ein Recht haben, sich in einem abhebenden und ehrenden Sinne Heimatlose zu nennen, – ihnen gerade sei meine geheime Weisheit und *gaya scienza* ausdrücklich ans Herz gelegt! Denn ihr Los ist hart, ihre Hoffnung ungewiß, es ist ein Kunststück, ihnen einen Trost zu erfinden – aber was hilft es! Wir Kinder der Zukunft, wie *vermöchten* wir in diesem Heute zu Hause zu sein! Wir sind allen Idealen abgünstig, auf welche hin Einer sich sogar in dieser zerbrechlichen, zerbrochnen Übergangzeit noch heimisch fühlen könnte; was aber deren »Realitäten« betrifft, so glauben wir nicht daran, daß sie *Dauer* haben. Das Eis, das heute noch trägt, ist schon sehr dünn geworden: der Tauwind weht, wir selbst, wir Heimatlosen, sind Etwas, das Eis und andre allzudünne »Realitäten« aufbricht ... Wir »konservieren« Nichts, wir wollen auch in keine Vergangenheit zurück, wir sind durchaus nicht »liberal«, wir arbeiten nicht für den »Fortschritt«, wir brauchen unser Ohr nicht ersten gegen die Zukunfts-Sirenen des Marktes zu verstopfen – Das, was sie singen, »gleiche Rechte«, »freie Gesellschaft«, »keine Herrn mehr und keine Knechte«, das lockt uns nicht! – wir halten es schlechterdings nicht für wünschenswert, daß das Reich der Gerechtigkeit und Eintracht auf Erden gegründet werde (weil es unter allen Umständen das Reich der tiefsten Vermittelmäßigung und Chinoiserie sein würde), wir freuen uns an Allen, die gleich uns die Gefahr, den Krieg, das

Abenteuer lieben, die sich nicht abfinden, einfangen, versöhnen und verschneiden lassen, wir rechnen uns selbst unter die Eroberer, wir denken über die Notwendigkeit neuer Ordnungen nach, auch einer neuen Sklaverei – denn zu jeder Verstärkung und Erhöhung des Typus »Mensch« gehört auch eine neue Art Versklavung hinzu – nicht wahr? Mit Alledem müssen wir schlecht in einem Zeitalter zu Hause sein, welches die Ehre in Anspruch zu nehmen liebt, das menschlichste, mildeste, rechtlichste Zeitalter zu heißen, das die Sonne bisher gesehen hat? Schlimm genug, daß wir gerade bei diesen schönen Worten um so häßlichere Hintergedanken haben! Daß wir darin nur den Ausdruck – auch die Maskerade – der tiefen Schwächung, der Ermüdung, des Alters, der absinkenden Kraft sehen! Was kann uns daran gelegen sein, mit was für Flittern ein Kranker sein Schwäche aufputzt! Mag er sie als seine *Tugend* zur Schau tragen – es unterliegt ja keinem Zweifel, daß die Schwäche mild, ach so mild, so rechtlich, so unoffensiv, so »menschlich« macht! – Die »Religion des Mitleidens«, zu der man uns überreden möchte, – oh wir kennen die hysterischen Männlein und Weiblein genug, welche heute gerade diese Religion zum Schleier und Aufputz nötig haben! Wir sind keine Humanitarier; wir würden uns nie zu erlauben wagen, von unsrer »Liebe zur Menschheit« zu reden – dazu ist Unsereins nicht Schauspieler genug! Oder nicht Saint-Simonist genug, nicht Franzose genug! Man muß schon mit einem *gallischen* Übermaß erotischer Reizbarkeit und verliebter Ungeduld behaftet sein, um sich in ehrlicher Weise sogar noch der Menschheit mit seiner Brunst zu nähern ... Der Menschheit! Gab es je noch ein scheußlicheres altes Weib unter allen alten Weibern? (– es müßte denn etwa »die Wahrheit« sein: eine Frage für Philosophen). Nein, wir lieben die Menschheit nicht; andererseits sind wir aber auch lange nicht »deutsch« genug, wie heute das Wort »deutsch« gang und gäbe ist, um dem Nationalismus und dem Rassenhaß das Wort zu reden, um an der nationalen Herzenskrätze und Blutvergiftung Freude haben zu können, derenthalben sich jetzt in Europa Volk gegen Volk wie mit Quarantänen abgrenzt, absperrt. Dazu sind wir zu unbefangen, zu boshaft, zu verwöhnt, auch zu gut unterrichtet, zu »gereist«: wir ziehen es bei weitem vor, auf Bergen zu leben, abseits, »unzeitgemäß«, in vergangnen oder kommenden Jahrhunderten, nur damit wir uns die stille Wut ersparen, zu der wir uns verurteilt wüßten als Augenzeugen einer Politik, die den deutschen Geist öde macht, indem sie ihn eitel macht, und *kleine* Politik außerdem ist: – hat sie nicht nötig, damit ihre eigne Schöpfung nicht sofort wieder auseinanderfällt, sie zwischen zwei Todhasse zu pflanzen? *muß* sie nicht die Verewigung der Kleinstaaterei Europas wollen? ... Wir Heimatlosen, wir sind der Rasse und Abkunft nach zu vielfach und gemischt, als »moderne Menschen«, und folglich wenig versucht, an jener verlognen Rassen-Selbstbewunderung und Unzucht teilzunehmen, welche sich heute in Deutschland als Zeichen deutscher Gesinnung zur Schau trägt und die bei dem Volke des »historischen Sinns« zwiefach falsch und unanständige anmutet. Wir sind, mit Einem Worte – und es soll unser Ehrenwort sein! – *gute Europäer*, die Erben Europas, die reichen, überhäuften, aber auch überreich verpflichteten Erben von Jahrtausenden des europäischen Geistes: als solche auch dem Christentum entwachsen und abhold, und gerade, weil wir *aus* ihm gewachsen sind, weil unsere Vorfahren Christen von rücksichtsloser Rechtschaffenheit des Christentums waren, die ihrem Glauben willig Gut und Blut, Stand und Vaterland zum Opfer gebracht haben. Wir – tun desgleichen. Wofür doch? Für unsern Unglauben? Für jede Art Unglauben? Nein, das wißt ihr besser, meine Freunde! Das verborgene *Ja* in euch ist stärker als alle Neins und Vielleichts, an denen ihr mit eurer Zeit krank seid; und wenn ihr aufs Meer müßt, ihr Auswandrer, so zwingt dazu auch euch – ein *Glaube*! ...

378.

»Und werden wieder hell«. – Wir Freigebigen und Reichen des
Geistes, die wir gleich offnen Brunnen an der Straße stehn und
es Niemandem wehren mögen, daß er aus uns schöpft: wir
wissen uns leider nicht zu wehren, wo wir es möchten, wir
können durch Nichts verhindern, daß man uns *trübt*, finster
macht – daß die Zeit, in der wir leben, ihr »Zeitlichstes«, daß
deren schmutzige Vögel ihren Unrat, die Knaben ihren Krims-
krams und erschöpfte, an uns ausruhende Wandrer ihr kleines
und großes Elend in uns werfen. Aber wir werden es machen,
wie wir es immer gemacht haben: wir nehmen, was man auch
in uns wirft, hinab in unsre Tiefe – denn wir sind tief, wir vergessen nicht – *und werden wieder hell* ...

379.

Zwischenrede des Narren. – Das ist kein Misanthrop, der dies
Buch geschrieben hat: der Menschenhaß bezahlt sich heute zu
teuer. Um zu hassen, wie man ehemals *den* Menschen gehaßt
hat, timonisch, im ganzen, ohne Abzug, aus vollem Herzen,
aus der ganzen *Liebe* des Hasses – dazu müßte man aufs Verachten Verzicht leisten: – und wieviel feine Freude, wieviel Geduld, wieviel Gütigkeit selbst verdanken wir gerade unsrem
Verachten! Zudem sind wir damit die »Auserwählten Gottes«:
das feine Verachten ist unser Geschmack und Vorrecht, unsre
Kunst, unsre Tugend vielleicht, wir Modernsten unter den Modernen! ... Der Haß dagegen stellt gleich, stellt gegenüber, im
Haß ist Ehre, endlich: im Haß ist *Furcht*, ein großer, guter Teil
Furcht. Wir Furchtlosen aber, wir geistigeren Menschen dieses
Zeitalters, wir kennen unsern Vorteil gut genug, um gerade als
die Geistigeren in Hinsicht auf diese Zeit ohne Furcht zu leben.
Man wird uns schwerlich köpfen, einsperren, verbannen; man
wird nicht einmal unsre Bücher verbieten und verbrennen. Das

Zeitalter liebt den Geist, es liebt uns und hat uns nötig, selbst wenn wir es ihm zu verstehn geben müßten, daß wir in der Verachtung Künstler sind; daß uns jeder Umgang mit Menschen einen leichten Schauder macht; daß wir mit aller unsrer Milde, Geduld, Menschenfreundlichkeit, Höflichkeit unsre Nase nicht überreden können, von ihrem Vorurteile abzustehn, welches sie gegen die Nähe eines Menschen hat, daß wir die Natur lieben, je weniger menschlich es in ihr zugeht, und die Kunst, *wenn* sie die Flucht des Künstlers vor dem Menschen oder der Spott des Künstlers über den Menschen oder der Spott des Künstlers über sich selber ist ...

380.

»Der Wanderer« redet. – Um unsrer europäischen Moralität einmal aus der Ferne ansichtig zu werden, um sie an anderen, früheren oder kommenden, Moralitäten zu messen, dazu muß man es machen, wie es ein Wanderer macht, der wissen will, wie hoch die Türme einer Stadt sind: dazu *verläßt* er die Stadt. »Gedanken über moralische Vorurteile«, falls sie nicht Vorurteile über Vorurteile sein sollen, setzen eine Stellung *außerhalb* der Moral voraus, irgendein Jenseits von Gut und Böse, zu dem man steigen, klettern, fliegen muß, – und, im gegebnen Falle, jedenfalls ein Jenseits von *unsrem* Gut und Böse, eine Freiheit von allem »Europa«, letzteres als eine Summe von kommandierenden Werturteilen verstanden, welche uns in Fleisch und Blut übergegangen sind. Daß man gerade dorthinaus, dorthinauf *will*, ist vielleicht eine kleine Tollheit, ein absonderliches, unvernünftiges »du mußt« – denn auch wir Erkennenden haben unsere Idiosynkrasien des »unfreien Willens« –: die Frage ist, ob man wirklich dorthinauf *kann*. Dies mag an vielfachen Bedingungen hängen; in der Hauptsache ist

es die Frage darnach, wie leicht oder wie schwer wir sind, das Problem unsrer »spezifischen Schwere«. Man muß *sehr leicht* sein, um seinen Willen zur Erkenntnis bis in eine solche Ferne und gleichsam über seine Zeit hinaus zu treiben, um sich zum Überblick über Jahrtausende Augen zu schaffen und noch dazu reinen Himmel in diesen Augen! Man muß sich von Vielem losgebunden haben, was gerade uns Europäer von heute drückt, hemmt, niederhält, schwer macht. Der Mensch eines solchen Jenseits, der die obersten Wertmaße seiner Zeit selbst in Sicht bekommen will, hat dazu vorerst nötig, diese Zeit in sich selbst zu »überwinden« – es ist die Probe seiner Kraft – und folglich nicht nur seine Zeit, sondern auch seinen bisherigen Widerwillen und Widerspruch *gegen* diese Zeit, sein Leiden *an* dieser Zeit, seine Zeit-Ungemäßheit, seine *Romantik* ...

381.

Zur Frage der Verständlichkeit. – Man will nicht nur verstanden werden, wenn man schreibt, sondern ebenso gewiß auch *nicht* verstanden werden. Es ist noch ganz und gar kein Einwand gegen ein Buch, wenn irgend Jemand es unverständlich findet: vielleicht gehörte eben dies zur Absicht seines Schreibers, – er *wollte* nicht von »irgend Jemand« verstanden werden. Jeder vornehmere Geist und Geschmack wählt sich, wenn er sich mitteilen will, auch seine Zuhörer; indem er sie wählt, zieht er zugleich gegen »die anderen« seine Schranken. Alle feineren Gesetze eines Stils haben da ihren Ursprung: sie halten zugleich ferne, sie schaffen Distanz, sie verbieten »den Eingang«, das Verständnis, wie gesagt, – während sie Denen die Ohren aufmachen, die uns mit den Ohren verwandt sind. Und daß ich es unter uns sage und in meinem Falle – ich will mich weder durch meine Unwissenheit, noch durch die Munterkeit meines Temperaments verhindern lassen, *euch* verständlich zu sein, meine Freunde: durch die Munterkeit nicht, wie sehr sie auch mich zwingt, einer Sache geschwind beizukommen, um ihr überhaupt beizukommen. Denn ich halte es mit tiefen Problemen wie mit einem kalten Bade – schnell hinein, schnell hinaus. Daß man damit nicht in die Tiefe, nicht tief genug *hinunter* komme, ist der Aberglaube der Wasserscheuen, der Feinde des kalten Wassers; sie reden ohne Erfahrung. Oh! die große Kälte macht geschwind! – Und nebenbei gefragt: bleibt wirklich eine Sache dadurch allein schon unverstanden und unerkannt, daß sie nur im Fluge berührt, angeblickt, angeblitzt wird? Muß man durchaus erst auf ihr festsitzen? auf ihr wie auf einem Ei gebrütet haben? *Diu noctuque incubando*, wie Newton von sich selbst sagte? Zum mindesten gibt es Wahrheiten von einer besonderen Scheu und Kitzlichkeit, deren man nicht anders habhaft wird als plötzlich, – die man *überraschen* oder lassen muß ... Endlich hat meine Kürze noch einen anderen Wert: innerhalb solcher Fragen, wie sie mich beschäftigen, muß ich Vieles kurz sagen, damit es noch kürzer gehört wird. Man hat nämlich als Immoralist zu verhüten, daß man die Unschuld verdirbt, ich meine die Esel und die alten Jungfern beiderlei Geschlechts, die Nichts vom Leben haben als ihre Unschuld; mehr noch, meine Schriften sollen sie begeistern, erheben, zur Tugend ermutigen. Ich wüßte Nichts auf Erden, was lustiger wäre als begeisterte alte Esel zu sehn und Jungfern, welche durch die süßen Gefühle der Tugend erregt werden: und »das habe ich gesehn« – also sprach Zarathustra. Soviel in Absicht der Kürze; schlimmer steht es mit meiner Unwissenheit, deren ich selbst vor mir selber kein Hehl habe. Es gibt Stunden, wo ich mich ihrer schäme; freilich ebenfalls Stunden, wo ich mich dieser Scham schäme. Vielleicht sind wir Philosophen allesamt heute zum Wissen schlimm gestellt: die Wissenschaft wächst, die Gelehrtesten von uns sind nahe daran zu entdecken, daß sie zu wenig wissen. Aber schlimmer wäre es immer noch, wenn es anders stünde, – wenn wir *zu viel* wüßten; unsre Aufgabe ist und bleibt zuerst, uns nicht selber zu verwechseln. Wir *sind* et-

was Anderes als Gelehrte: obwohl es nicht zu umgehn ist, daß
wir auch, unter anderem, gelehrt sind. Wir haben andre Bedürfnisse, ein andres Wachstum, eine andre Verdauung: wir
brauchen mehr, wir brauchen auch weniger. Wieviel ein Geist
zu seiner Ernährung nötig hat, dafür gibt es keine Formel; ist
aber sein Geschmack auf Unabhängigkeit gerichtet, auf schnel-
les Kommen und Gehn, auf Wanderung, auf Abenteuer vielleicht, denen nur die Geschwindesten gewachsen sind, so lebt
er lieber frei mit schmaler Kost als unfrei und gestopft. Nicht
Fett, sondern die größte Geschmeidigkeit und Kraft ist Das,
was ein guter Tänzer von seiner Nahrung will, – und ich wüßte
nicht, was der Geist eines Philosophen mehr zu sein wünschte,
als ein guter Tänzer. Der Tanz nämlich ist sein Ideal, auch seine
Kunst, zuletzt auch seine einzige Frömmigkeit, sein »Gottesdienst« ...

382.

Die große Gesundheit. – Wir Neuen, Namenlosen, Schlechtver-
ständlichen, wir Frühgeburten einer noch unbewiesenen Zukunft – wir bedürfen zu einem neuen Zwecke auch eines neuen
Mittels, nämlich einer neuen Gesundheit, einer stärkeren, ge-
witzteren, zäheren, verwegneren, lustigeren, als alle Gesundheiten bisher waren. Wessen Seele darnach dürstet, den ganzen
Umfang der bisherigen Werte und Wünschbarkeiten erlebt und
alle Küsten dieses idealischen »Mittelmeers« umschifft zu haben, wer aus den Abenteuern der eigensten Erfahrung wissen
will, wie es einem Eroberer und Entdecker des Ideals zumute
ist, insgleichen einem Künstler, einem Heiligen, einem Gesetz-
geber, einem Weisen, einem Gelehrten, einem Frommen, einem
Wahrsager, einem Göttlich-Abseitigen alten Stils: der hat dazu
zuallererst Eins nötig, *die große Gesundheit* – eine solche, welche man nicht nur hat, sondern auch beständig noch erwirbt
und erwerben muß, weil man sie immer wieder preisgibt, preis-

geben muß! ... Und nun, nachdem wir lange dergestalt unterwegs waren, wir Argonauten des Ideals, mutiger vielleicht als klug ist, und oft genug schiffbrüchig und zu Schaden gekommen, aber wie gesagt gesünder, als man es uns erlauben möchte, gefährlich-gesund, immer wieder gesund, – will es uns scheinen, als ob wir, zum Lohn dafür, ein noch unentdecktes Land vor uns haben, dessen Grenzen noch Niemand abgesehn hat, ein Jenseits aller bisherigen Länder und Winkel des Ideals, eine Welt so überreich an Schönem, Fremdem, Fragwürdigem, Furchtbarem und Göttlichem, daß unsre Neugierde ebensowohl wie unser Besitzdurst außer sich geraten sind – ach, daß wir nunmehr durch Nichts mehr zu ersättigen sind! Wie könnten wir uns, nach solchen Ausblicken und mit einem solchen Heißhunger in Gewissen und Wissen, noch *am gegenwärtigen Menschen* genügen lassen? Schlimm genug: aber es ist unvermeidlich, daß wir seinen würdigsten Zielen und Hoffnungen nur mit einem übel aufrecht erhaltenen Ernste zusehn und vielleicht nicht einmal mehr zusehn. Ein andres Ideal läuft vor uns her, ein wunderliches, versucherisches, gefahrenreiches Ideal, zu dem wir Niemanden überreden möchten, weil wir Niemandem so leicht das *Recht darauf* zugestehn: das Ideal eines Geistes, der naiv, das heißt ungewollt und aus überströmender Fülle und Mächtigkeit mit Allem spielt, was bisher heilig, gut, unberührbar, göttlich hieß; für den das Höchste, woran das Volk billigerweise sein Wertmaß hat, bereits soviel wie Gefahr, Verfall, Erniedrigung oder, mindestens, wie Erholung, Blindheit, zeitweiliges Selbstvergessen bedeuten würde; das Ideal eines menschlich-übermenschlichen Wohlseins und Wohlwollens, das oft genug *unmenschlich* erscheinen wird, zum Beispiel wenn es sich neben den ganzen bisherigen Erden-Ernst, neben alle Art Feierlichkeit in Gebärde, Wort, Klang, Blick, Moral und Aufgabe wie deren leibhafteste unfreiwillige Parodie hinstellt – und mit dem, trotzalledem, vielleicht *der große Ernst* erst anhebt, das eigentliche Fragezeichen erst gesetzt wird, das

Schicksal der Seele sich wendet, der Zeiger rückt, die Tragödie *beginnt* ...

383.

Epilog. – Aber indem ich zum Schluß dieses düstere Fragezeichen langsam, langsam hinmale und eben noch Willens bin, meinen Lesern die Tugenden des rechten Lesens – oh was für vergessene und unbekannte Tugenden! – ins Gedächtnis zu rufen, begegnet mir's, daß um mich das boshafteste, munterste, koboldigste Lachen laut wird: die Geister meines Buches selber fallen über mich her, ziehn mich an den Ohren und rufen mich zur Ordnung. »Wir halten es nicht mehr aus« – rufen sie mir zu –; »fort, fort mit dieser rabenschwarzen Musik. Ist es nicht rings heller Vormittag um uns? Und grüner weicher Grund und Rasen, das Königreich des Tanzes? Gab es je eine bessere Stunde, um fröhlich zu sein? Wer singt uns ein Lied, ein Vormittagslied, so sonnig, so leicht, so flügge, daß es die Grillen *nicht* verscheucht, – daß es die Grillen vielmehr einlädt, mitzusingen, mitzutanzen? Und lieber noch einen einfältigen bäurischen Dudelsack als solche geheimnisvolle Laute, solche Unkenrufe, Grabesstimmen und Murmeltierpfiffe, mit denen Sie uns in Ihrer Wildnis bisher regaliert haben, mein Herr Einsiedler und Zukunftsmusikant! Nein! Nicht solche Töne! Sondern laßt uns angenehmere anstimmen und freudvollere!« – Gefällt es euch *so*, meine ungeduldigen Freunde? Wohlan! Wer wäre euch nicht gern zu Willen? Mein Dudelsack wartet schon, meine Kehle auch – sie mag ein wenig rauh klingen, nehmt fürlieb! dafür sind wir im Gebirge. Aber was ihr zu hören bekommt, ist wenigstens neu; und wenn ihr's nicht versteht, wenn ihr den *Sänger* mißversteht, was liegt daran! Das ist nun einmal »des Sängers Fluch«. Um so deutlicher könnt ihr seine Musik und Weise hören, um so besser auch nach seiner Pfeife – tanzen. *Wollt* ihr das? ...

Lieder des Prinzen Vogelfrei

An Goethe

Das Unvergängliche
Ist nur dein Gleichnis!
Gott, der Verfängliche,
Ist Dichter-Erschleichnis ...

Welt-Rad, das rollende,
Streift Ziel auf Ziel:
Not – nennt's der Grollende,
Der Narr nennt's – Spiel ...

Welt-Spiel, das herrische,
Mischt Sein und Schein: –
Das Ewig-Närrische
Mischt *uns* – hinein! ...

Dichters Berufung

Als ich jüngst, mich zu erquicken,
Unter dunklen Bäumen saß,
Hört' ich ticken, leise ticken,
Zierlich, wie nach Takt und Maß.
Böse wurd' ich, zog Gesichter, –
Endlich aber gab ich nach,
Bis ich gar, gleich einem Dichter,
Selber mit im Ticktack sprach.

Wie mir so im Verse-Machen
Silb' um Silb' ihr Hopsa sprang,
Mußt' ich plötzlich lachen, lachen
Eine Viertelstunde lang.
Du ein Dichter? Du ein Dichter?
Steht's mit deinem Kopf so schlecht?
– »Ja, mein Herr, Sie sind ein Dichter«
Achselzuckt der Vogel Specht.

Wessen harr' ich hier im Busche?
Wem doch laur' ich Räuber auf?
Ist's ein Spruch? Ein Bild? Im Husche
Sitzt mein Reim ihm hintendrauf.
Was nur schlüpft und hüpft, gleich sticht der
Dichter sich's zum Vers zurecht.
– »Ja, mein Herr, Sie sind ein Dichter«
Achselzuckt der Vogel Specht.

Reime, mein' ich, sind wie Pfeile?
Wie das zappelt, zittert, springt,
Wenn der Pfeil in edle Teile
Des Lazerten-Leibchens dringt!
Ach, ihr sterbt dran, arme Wichter,
Oder taumelt wie bezecht!
– »Ja, mein Herr, Sie sind ein Dichter«
Achselzuckt der Vogel Specht.

Schiefe Sprüchlein voller Eile,
Trunkne Wörtlein, wie sich's drängt!
Bis ihr Alle, Zeil' an Zeile,
An der Ticktack-Kette hängt.
Und es gibt grausam Gelichter,
Das dies – freut? Sind Dichter – schlecht?
– »Ja, mein Herr, Sie sind ein Dichter«
Achselzuckt der Vogel Specht.

Höhnst du, Vogel? Willst du scherzen?
Steht's mit meinem Kopf schon schlimm,
Schlimmer stünd's mit meinem Herzen?
Fürchte, fürchte meinen Grimm! –
Doch der Dichter – Reime flicht er
Selbst im Grimm noch schlecht und recht.
– »Ja, mein Herr, Sie sind ein Dichter«
Achselzuckt der Vogel Specht.

Im Süden

So häng' ich denn auf krummem Aste
Und schaukle meine Müdigkeit.
Ein Vogel lud mich her zu Gaste,
Ein Vogelnest ist's, drin ich raste.
Wo bin ich doch? Ach, weit! Ach, weit!

Das weiße Meer liegt eingeschlafen,
Und purpurn steht ein Segel drauf.
Fels, Feigenbäume, Turm und Hafen,
Idylle rings, Geblök von Schafen, –
Unschuld des Südens, nimm mich auf!

Nur Schritt für Schritt – das ist kein Leben,
Stets Bein vor Bein macht deutsch und schwer.
Ich hieß den Wind mich aufwärts heben,
Ich lernte mit den Vögeln schweben, –
Nach Süden flog ich übers Meer.

Vernunft! Verdrießliches Geschäfte!
Das bringt uns allzubald ans Ziel!
Im Fliegen lernt' ich, was mich äffte, –
Schön fühl' ich Mut und Blut und Säfte
Zu neuem Leben, neuem Spiel ...

Einsam zu denken nenn' ich weise,
Doch einsam singen – wäre dumm!
So hört ein Lied zu eurem Preise
Und setzt euch still um mich im Kreise,
Ihr schlimmen Vögelchen, herum!

So jung, so falsch, so umgetrieben
Scheint ganz ihr mir gemacht zum Lieben
Und jedem schönen Zeitvertreib?
Im Norden – ich gesteh's mit Zaudern –
Liebt' ich ein Weibchen, alt zum Schaudern:
»Die Wahrheit« hieß dies alte Weib ...

Die fromme Beppa

Solang noch hübsch mein Leibchen,
Lohnt sich's schon, fromm zu sein.
Man weiß, Gott liebt die Weibchen,
Die hübschen obendrein.
Er wird's dem armen Mönchlein
Gewißlich gern verzeihn,
Daß er, gleich manchem Mönchlein,
So gern will bei mir sein.

Kein grauer Kirchenvater!
Nein, jung noch und oft rot,
Oft trotz dem grausten Kater
Voll Eifersucht und Not.
Ich liebe nicht die Greise,
Er liebt die Alten nicht:
Wie wunderlich und weise
Hat Gott dies eingericht!

Die Kirche weiß zu leben,
Sie prüft Herz und Gesicht.

Stets will sie mir vergeben, –
Ja, wer vergibt mir nicht!
Man lispelt mit dem Mündchen,
Man knixt und geht hinaus,
Und mit dem neuen Sündchen
Löscht man das alte aus.

Gelobt sei Gott auf Erden,
Der hübsche Mädchen liebt
Und derlei Herzbeschwerden
Sich selber gern vergibt.
Solang noch hübsch mein Leibchen,
Lohnt sich's schon, fromm zu sein:
Als altes Wackelweibchen
Mag mich der Teufel frein!

Der geheimnisvolle Nachen

Gestern nachts, als Alles schlief,
Kaum der Wind mit ungewissen
Seufzern durch die Gassen lief,
Gab mir Ruhe nicht das Kissen,
Noch der Mohn, noch, was sonst tief
Schlafen macht, – ein gut Gewissen.

Endlich schlug ich mir den Schlaf
Aus dem Sinn und lief zum Strande.
Mondhell war's und mild, – ich traf
Mann und Kahn auf warmem Sande,
Schläfrig beide, Hirt und Schaf: –
Schläfrig stieß der Kahn vom Lande.

Eine Stunde, leicht auch zwei,
Oder war's ein Jahr? – da sanken
Plötzlich mir Sinn und Gedanken

In ein ew'ges Einerlei,
Und ein Abgrund ohne Schranken
Tat sich auf: – da war's vorbei!

– Morgen kam: auf schwarzen Tiefen
Steht ein Kahn und ruht und ruht ...
Was geschah? so rief's, so riefen
Hundert bald: was gab es? Blut? – –
Nichts geschah! Wir schliefen, schliefen
Alle – ach, so gut! so gut!

Liebeserklärung
(bei der aber der Dichter in eine Grube fiel –).

Oh Wunder! Fliegt er noch?
Er steigt empor, und seine Flügel ruhn?
Was hebt und trägt ihn doch?
Was ist ihm Ziel und Zug und Zügel nun?

Gleich Stern und Ewigkeit
Lebt er in Höhn jetzt, die das Leben flieht,
Mitleidig selbst dem Neid –:
Und hoch flog, wer ihn auch nur schweben sieht!

Oh Vogel Albatros!
Zur Höhe treibt's mit ew'gem Triebe mich.
Ich dachte dein: da floß
Mir Trän' um Träne, – ja, ich liebe dich!

Lied eines theokritischen Ziegenhirten

Da lieg' ich, krank im Gedärm, –
Mich fressen die Wanzen.

Und drüben noch Licht und Lärm!
Ich hör's, sie tanzen ...

Sie wollte um diese Stund
Zu mir sich schleichen.
Ich warte wie ein Hund, –
Es kommt kein Zeichen.

Das Kreuz, als sie's versprach?
Wie konnte sie lügen?
– Oder läuft sie Jedem nach,
Wie meine Ziegen?

Woher ihr seidner Rock? –
Ah, meine Stolze?
Es wohnt noch mancher Bock
An diesem Holze?

– Wie kraus und giftig macht
Verliebtes Warten!
So wächst bei schwüler Nacht
Giftpilz im Garten.

Die Liebe zehrt an mir
Gleich sieben Übeln, –
Nichts mag ich essen schier.
Lebt wohl, ihr Zwiebeln!

Der Mond ging schon ins Meer.
Müd sind alle Sterne,
Grau kommt der Tag daher, –
Ich stürbe gerne.

»Diesen ungewissen Seelen«

Diesen ungewissen Seelen
Bin ich grimmig gram.
All ihr Ehren ist ein Quälen,
All ihr Lob ist Selbstverdruß und Scham.

Daß ich nicht an *ihrem* Stricke
Ziehe durch die Zeit,
Dafür grüßt mich ihrer Blicke
Giftig-süßer hoffnungsloser Neid.

Möchten sie mir herzhaft fluchen
Und die Nase drehn!
Dieser Augen hilflos Suchen
Soll bei mir auf ewig irregehn.

Narr in Verzweiflung

Ach! Was ich schrieb auf Tisch und Wand
Mit Narrenherz und Narrenhand,
Das sollte Tisch und Wand mir zieren? ...

Doch *ihr* sagt: »Narrenhände schmieren, –
Und Tisch und Wand soll man purgieren,
Bis auch die letzte Spur verschwand!«

Erlaubt! Ich lege Hand mit an –,
Ich lernte Schwamm und Besen führen
Als Kritiker, als Wassermann.

Doch, wenn die Arbeit abgetan,
Säh' gern ich euch, ihr Überweisen,
Mit Weisheit Tisch und Wand besch...

Rimus remedium
Oder: Wie kranke Dichter sich trösten

Aus deinem Munde,
Du speichelflüssige Hexe Zeit,
Tropft langsam Stund auf Stunde.
Umsonst, daß all mein Ekel schreit:
»Fluch, Fluch dem Schlunde
Der Ewigkeit!«
Welt – ist von Erz:
Ein glühender Stier, – der hört kein Schrein.
Mit fliegenden Dolchen schreibt der Schmerz
Mir ins Gebein:
»Welt hat kein Herz,
Und Dummheit wär's, ihr gram drum sein!«

Gieß alle Mohne,
Gieß, Fieber! Gift mir ins Gehirn!
Zu lang schon prüfst du mir Hand und Stirn.
Was frägst du? Was? »Zu welchem – Lohne?«
– Ha! Fluch der Dirn'
Und ihrem Hohne!

Nein! Komm zurück!
Draußen ist's kalt, ich höre regnen –
Ich sollte dir zärtlicher begegnen?
– Nimm! Hier ist's Gold: wie glänzt das Stück! –
Dich heißen »Glück«?
Dich, Fieber, segnen? –

Die Tür springt auf!
Der Regen sprüht nach meinem Bette!
Wind löscht das Licht, – Unheil in Hauf!
– Wer jetzt nicht hundert *Reime* hätte,
Ich wette, wette,
Der ginge drauf!

»Mein Glück!«

Die Tauben von San Marco seh' ich wieder:
Still ist der Platz, Vormittag ruht darauf.
In sanfter Kühle schick' ich müßig Lieder
Gleich Taubenschwärmen in das Blau hinauf –
    Und locke sie zurück,
Noch einen Reim zu hängen ins Gefieder
– mein Glück! Mein Glück!

Du stilles Himmels-Dach, blau-licht, von Seide,
Wie schwebst du schirmend ob des bunten Baus,
Den ich – was sag' ich? – liebe, fürchte, *neide* ...
Die Seele wahrlich tränk' ich gern ihm aus!
    Gäb' ich sie je zurück? –
Nein, still davon, du Augen-Wunderweide!
– mein Glück! Mein Glück!

Du strenger Turm, mit welchem Löwendrange
Stiegst du empor hier, siegreich, sonder Müh'!
Du überklingst den Platz mit tiefem Klange –:
Französisch, wärst du sein *accent aigu*?
    Blieb ich gleich dir zurück,
Ich wüßte, aus welch seidenweichem Zwange ...
– mein Glück! Mein Glück!

Fort, fort, Musik! Laß erst die Schatten dunkeln
Und wachsen bis zur braunen lauen Nacht!
Zum Tone ist's zu früh am Tag, noch funkeln
Die Gold-Zieraten nicht in Rosen-Pracht,
    Noch blieb viel Tag zurück,
Viel Tag für Dichten, Schleichen, Einsam-Munkeln
– mein Glück! Mein Glück!

Nach neuen Meeren

Dorthin – *will* ich; und ich traue
Mir fortan und meinem Griff.
Offen liegt das Meer, ins Blaue
Treibt mein Genueser Schiff.

Alles glänzt mir neu und neuer,
Mittag schläft auf Raum und Zeit –:
Nur *dein* Auge – ungeheuer
Blickt mich's an, Unendlichkeit!

Sils-Maria

Hier saß ich, wartend, wartend, – doch auf Nichts,
Jenseits von Gut und Böse, bald des Lichts
Genießend, bald des Schattens, ganz nur Spiel,
Ganz See, ganz Mittag, ganz Zeit ohne Ziel.
Da, plötzlich, Freundin! wurde Eins zu Zwei –
– Und Zarathustra ging an mir vorbei ...

An den Mistral
Ein Tanzlied

Mistral-Wind, du Wolken-Jäger,
Trübsal-Mörder, Himmels-Feger,
Brausender, wie lieb' ich dich!
Sind wir Zwei nicht Eines Schoßes
Erstlingsgabe, Eines Loses
Vorbestimmte ewiglich?

Hier auf glatten Felsenwegen
Lauf' ich tanzend dir entgegen,
Tanzend, wie du pfeifst und singst:

Der du ohne Schiff und Ruder
Als der Freiheit freister Bruder
Über wilde Meere springst.

Kaum erwacht, hört' ich dein Rufen,
Stürmte zu den Felsenstufen,
Hin zur gelben Wand am Meer.
Heil! Da kamst du schon gleich hellen
Diamantnen Stromesschnellen
Sieghaft von den Bergen her.

Auf den ebnen Himmels-Tennen
Sah ich deine Rosse rennen,
Sah den Wagen, der dich trägt,
Sah die Hand dir selber zücken,
Wenn sie auf der Rosse Rücken
Blitzesgleich die Geißel schlägt, –

Sah dich aus dem Wagen springen,
Schneller dich hinabzuschwingen,
Sah dich wie zum Pfeil verkürzt
Senkrecht in die Tiefe stoßen, –
Wie ein Goldstrahl durch die Rosen
Erster Morgenröten stürzt.

Tanze nun auf tausend Rücken,
Wellen-Rücken, Wellen-Tücken –
Heil, wer *neue* Tänze schafft!
Tanzen wir in tausend Weisen,
Frei – sei *unsre* Kunst geheißen,
Fröhlich – *unsre* Wissenschaft!

Raffen wir von jeder Blume
Eine Blüte uns zum Ruhme
Und zwei Blätter noch zum Kranz!
Tanzen wir gleich Troubadouren

Zwischen Heiligen und Huren,
Zwischen Gott und Welt den Tanz!

Wer nicht tanzen kann mit Winden,
Wer sich wickeln muß mit Binden,
Angebunden, Krüppel-Greis,
Wer da gleicht dem Heuchel-Hänsen,
Ehren-Tölpeln, Tugend-Gänsen,
Fort aus unsrem Paradeis!

Wirbeln wir den Staub der Straßen
Allen Kranken in die Nasen,
Scheuchen wir die Kranken-Brut!
Lösen wir die ganze Küste
Von dem Odem dürrer Brüste,
Von den Augen ohne Mut!

Jagen wir die Himmels-Trüber,
Welten-Schwärzer, Wolken-Schieber,
Hellen wir das Himmelreich!
Brausen wir ... oh aller freien
Geister Geist, mit dir zu Zweien
Braust mein Glück dem Sturme gleich. –

– Und daß ewig das Gedächtnis
Solchen Glücks, nimm sein Vermächtnis,
Nimm den *Kranz* hier mit hinauf!
Wirf ihn höher, ferner, weiter,
Stürm empor die Himmelsleiter,
Häng ihn – an den Sternen auf!

Also sprach Zarathustra

Ein Buch für Alle und Keinen

ERSTER TEIL

Zarathustras Vorrede

1.

Als Zarathustra dreißig Jahre alt war, verließ er seine Heimat und den See seiner Heimat und ging in das Gebirge. Hier genoß er seines Geistes und seiner Einsamkeit und wurde dessen zehn Jahre nicht müde. Endlich aber verwandelte sich sein Herz, – und eines Morgens stand er mit der Morgenröte auf, trat vor die Sonne hin und sprach zu ihr also:

»Du großes Gestirn! Was wäre dein Glück, wenn du nicht Die hättest, welchen du leuchtest!

Zehn Jahre kamst du hier herauf zu meiner Höhle: du würdest deines Lichtes und dieses Weges satt geworden sein, ohne mich, meinen Adler und meine Schlange.

Aber wir warteten deiner an jedem Morgen, nahmen dir deinen Überfluß ab und segneten dich dafür.

Siehe! Ich bin meiner Weisheit überdrüssig, wie die Biene, die des Honigs zuviel gesammelt hat, ich bedarf der Hände, die sich ausstrecken.

Ich möchte verschenken und austeilen, bis die Weisen unter den Menschen wieder einmal ihrer Torheit und die Armen wieder einmal ihres Reichtums froh geworden sind.

Dazu muß ich in die Tiefe steigen: wie du des Abends tust, wenn du hinter das Meer gehst und noch der Unterwelt Licht bringst, du überreiches Gestirn!

Ich muß, gleich dir, *untergehen*, wie die Menschen es nennen, zu denen ich hinab will.

So segne mich denn, du ruhiges Auge, das ohne Neid auch ein allzu großes Glück sehen kann!

Segne den Becher, welcher überfließen will, daß das Wasser golden aus ihm fließe und überallhin den Abglanz deiner Wonne trage!

Siehe! Dieser Becher will wieder leer werden, und Zarathustra will wieder Mensch werden.«

– Also begann Zarathustras Untergang.

2.

Zarathustra stieg allein das Gebirge abwärts und Niemand begegnete ihm. Als er aber in die Wälder kam, stand auf einmal ein Greis vor ihm, der seine heilige Hütte verlassen hatte, um Wurzeln im Walde zu suchen. Und also sprach der Greis zu Zarathustra:

»Nicht fremd ist mir dieser Wandrer: vor manchem Jahre ging er hier vorbei. Zarathustra hieß er; aber er hat sich verwandelt.

Damals trugst du deine Asche zu Berge: willst du heute dein Feuer in die Täler tragen? Fürchtest du nicht des Brandstifters Strafen?

Ja, ich erkenne Zarathustra. Rein ist sein Auge, und an seinem Munde birgt sich kein Ekel. Geht er nicht daher wie ein Tänzer?

Verwandelt ist Zarathustra, zum Kind ward Zarathustra, ein Erwachter ist Zarathustra; was willst du nun bei den Schlafenden?

Wie im Meere lebtest du in der Einsamkeit, und das Meer trug dich. Wehe, du willst ans Land steigen? Wehe, du willst deinen Leib wieder selber schleppen?«

Zarathustra antwortete: »Ich liebe die Menschen.«

»Warum«, sagte der Heilige, »ging ich doch in den Wald und die Einöde? War es nicht, weil ich die Menschen allzusehr liebte?

Jetzt liebe ich Gott: die Menschen liebe ich nicht. Der

Mensch ist mir eine zu unvollkommene Sache. Liebe zum Menschen würde mich umbringen.«

Zarathustra antwortete: »Was sprach ich von Liebe! Ich bringe den Menschen ein Geschenk.«

»Gib ihnen Nichts«, sagte der Heilige. »Nimm ihnen lieber Etwas ab und trage es mit ihnen – das wird ihnen am wohlsten tun: wenn es dir wohltut!

Und willst du ihnen geben, so gib nicht mehr als ein Almosen, und laß sie noch darum betteln!«

»Nein«, antwortete Zarathustra, »ich gebe kein Almosen. Dazu bin ich nicht arm genug.«

Der Heilige lachte über Zarathustra und sprach also: »So sieh zu, daß sie deine Schätze annehmen! Sie sind mißtrauisch gegen die Einsiedler und glauben nicht, daß wir kommen, um zu schenken.

Unsre Schritte klingen ihnen zu einsam durch die Gassen. Und wie wenn sie nachts in ihren Betten einen Mann gehen hören, lange bevor die Sonne aufsteht, so fragen sie sich wohl: wohin will der Dieb?

Gehe nicht zu den Menschen und bleibe im Walde! Gehe lieber noch zu den Tieren! Warum willst du nicht sein wie ich – ein Bär unter Bären, ein Vogel unter Vögeln?«

»Und was macht der Heilige im Wald?« fragte Zarathustra.

Der Heilige antwortete: »Ich mache Lieder und singe sie, und wenn ich Lieder mache, lache, weine und brumme ich: also lobe ich Gott.

Mit Singen, Weinen, Lachen und Brummen lobe ich den Gott, der mein Gott ist. Doch was bringst du uns zum Geschenke?«

Als Zarathustra diese Worte gehört hatte, grüßte er den Heiligen und sprach: »Was hätte ich euch zu geben! Aber laßt mich schnell davon, daß ich euch Nichts nehme!« – Und so trennten sie sich voneinander, der Greis und der Mann, lachend, gleichwie zwei Knaben lachen.

Als Zarathustra aber allein war, sprach er also zu seinem

Herzen: »Sollte es denn möglich sein! Dieser alte Heilige hat in seinem Walde noch Nichts davon gehört, daß *Gott tot* ist!« –

3.

Als Zarathustra in die nächste Stadt kam, die an den Wäldern lag, fand er daselbst viel Volk versammelt auf dem Markte: denn es war verheißen worden, daß man einen Seiltänzer sehen sollte. Und Zarathustra sprach also zum Volke:

Ich lehre euch den Übermenschen. Der Mensch ist Etwas, das überwunden werden soll. Was habt ihr getan, ihn zu überwinden?

Alle Wesen bisher schufen Etwas über sich hinaus: und ihr wollt die Ebbe dieser großen Flut sein und lieber noch zum Tiere zurückgehn, als den Menschen überwinden?

Was ist der Affe für den Menschen? Ein Gelächter oder eine schmerzliche Scham. Und ebendas soll der Mensch für den Übermenschen sein: ein Gelächter oder eine schmerzliche Scham.

Ihr habt den Weg vom Wurme zum Menschen gemacht, und Vieles ist in euch noch Wurm. Einst wart ihr Affen, und auch jetzt noch ist der Mensch mehr Affe, als irgendein Affe.

Wer aber der Weiseste von euch ist, der ist auch nur ein Zwiespalt und Zwitter von Pflanze und von Gespenst. Aber heiße ich euch zu Gespenstern oder Pflanzen werden?

Seht, ich lehre euch den Übermenschen!

Der Übermensch ist der Sinn der Erde. Euer Wille sage: der Übermensch *sei* der Sinn der Erde!

Ich schwöre euch, meine Brüder, *bleibt der Erde treu* und glaubt Denen nicht, welche euch von überirdischen Hoffnungen reden! Giftmischer sind es, ob sie es wissen oder nicht.

Verächter des Lebens sind es, Absterbende und selber Vergiftete, deren die Erde müde ist: so mögen sie dahinfahren!

Einst war der Frevel an Gott der größte Frevel, aber Gott

starb, und damit starben auch diese Frevelhaften. An der Erde zu freveln ist jetzt das Furchtbarste, und die Eingeweide des Unerforschlichen höher zu achten, als den Sinn der Erde!

Einst blickte die Seele verächtlich auf den Leib: und damals war diese Verachtung das Höchste: – sie wollte ihn mager, gräßlich, verhungert. So dachte sie ihm und der Erde zu entschlüpfen.

Oh diese Seele war selber noch mager, gräßlich und verhungert: und Grausamkeit war die Wollust dieser Seele!

Aber auch ihr noch, meine Brüder, sprecht mir: was kündet euer Leib von eurer Seele? Ist eure Seele nicht Armut und Schmutz und ein erbärmliches Behagen?

Wahrlich, ein schmutziger Strom ist der Mensch. Man muß schon ein Meer sein, um einen schmutzigen Strom aufnehmen zu können, ohne unrein zu werden.

Seht, ich lehre euch den Übermenschen: der ist dies Meer, in ihm kann eure große Verachtung untergehn.

Was ist das Größte, das ihr erleben könnt? Das ist die Stunde der großen Verachtung. Die Stunde, in der euch auch euer Glück zum Ekel wird und ebenso eure Vernunft und eure Tugend.

Die Stunde, wo ihr sagt: »Was liegt an meinem Glücke! Es ist Armut und Schmutz und ein erbärmliches Behagen. Aber mein Glück sollte das Dasein selber rechtfertigen!«

Die Stunde, wo ihr sagt: »Was liegt an meiner Vernunft! Begehrt sie nach Wissen wie der Löwe nach seiner Nahrung? Sie ist Armut und Schmutz und ein erbärmliches Behagen!«

Die Stunde, wo ihr sagt: »Was liegt an meiner Tugend! Noch hat sie mich nicht rasen gemacht. Wie müde bin ich meines Guten und meines Bösen! Alles das ist Armut und Schmutz und ein erbärmliches Behagen!«

Die Stunde, wo ihr sagt: »Was liegt an meiner Gerechtigkeit! Ich sehe nicht, daß ich Glut und Kohle wäre. Aber der Gerechte ist Glut und Kohle!«

Die Stunde, wo ihr sagt: »Was liegt an meinem Mitleiden! Ist nicht Mitleid das Kreuz, an das Der genagelt wird, der die Menschen liebt? Aber mein Mitleiden ist keine Kreuzigung.«

Spracht ihr schon so? Schriet ihr schon so? Ach, daß ich euch schon so schreien gehört hätte!

Nicht eure Sünde – eure Genügsamkeit schreit gen Himmel, euer Geiz selbst in eurer Sünde schreit gen Himmel!

Wo ist doch der Blitz, der euch mit seiner Zunge lecke? Wo ist der Wahnsinn, mit dem ihr geimpft werden müßtet?

Seht, ich lehre euch den Übermenschen: der ist dieser Blitz, der ist dieser Wahnsinn! –

Als Zarathustra so gesprochen hatte, schrie Einer aus dem Volke: »Wir hörten nun genug von dem Seiltänzer; nun laßt uns ihn auch sehen!« Und alles Volk lachte über Zarathustra. Der Seiltänzer aber, welcher glaubte, daß das Wort ihm gälte, machte sich an sein Werk.

4.

Zarathustra aber sahe das Volk an und wunderte sich. Dann sprach er also:

Der Mensch ist ein Seil, geknüpft zwischen Tier und Übermensch, – ein Seil über einem Abgrunde.

Ein gefährliches Hinüber, ein gefährliches Auf-dem-Wege, ein gefährliches Zurückblicken, ein gefährliches Schaudern und Stehenbleiben.

Was groß ist am Menschen, das ist, daß er eine Brücke und kein Zweck ist: was geliebt werden kann am Menschen, das ist, daß er ein *Übergang* und ein *Untergang* ist.

Ich liebe Die, welche nicht zu leben wissen, es sei denn als Untergehende, denn es sind die Hinübergehenden.

Ich liebe die großen Verachtenden, weil sie die großen Verehrenden sind und Pfeile der Sehnsucht nach dem andern Ufer.

Ich liebe Die, welche nicht erst hinter den Sternen einen Grund suchen, unterzugehen und Opfer zu sein: sondern die sich der Erde opfern, daß die Erde einst des Übermenschen werde.

Ich liebe Den, welcher lebt, damit er erkenne, und welcher erkennen will, damit einst der Übermensch lebe. Und so will er seinen Untergang.

Ich liebe Den, welcher arbeitet und erfindet, daß er dem Übermenschen das Haus baue und zu ihm Erde, Tier und Pflanze vorbereite: denn so will er seinen Untergang.

Ich liebe Den, welcher seine Tugend liebt: denn Tugend ist Wille zum Untergang und ein Pfeil der Sehnsucht.

Ich liebe Den, welcher nicht einen Tropfen Geist für sich zurückbehält, sondern ganz der Geist seiner Tugend sein will: so schreitet er als Geist über die Brücke.

Ich liebe Den, welcher aus seiner Tugend seinen Hang und sein Verhängnis macht: so will er um seiner Tugend willen noch leben und nicht mehr leben.

Ich liebe Den, welcher nicht zu viele Tugenden haben will. Eine Tugend ist mehr Tugend als zwei, weil sie mehr Knoten ist, an den sich das Verhängnis hängt.

Ich liebe Den, dessen Seele sich verschwendet, der nicht Dank haben will und nicht zurückgibt: denn er schenkt immer und will sich nicht bewahren.

Ich liebe Den, welcher sich schämt, wenn der Würfel zu seinem Glücke fällt und der dann fragt: bin ich denn ein falscher Spieler? – denn er will zugrunde gehen.

Ich liebe Den, welcher goldne Worte seinen Taten vorauswirft und immer noch mehr hält, als er verspricht: denn er will seinen Untergang.

Ich liebe Den, welcher die Zukünftigen rechtfertigt und die Vergangenen erlöst: denn er will an den Gegenwärtigen zugrunde gehen.

Ich liebe Den, welcher seinen Gott züchtigt, weil er seinen Gott liebt: denn er muß am Zorne seines Gottes zugrunde gehen.

Ich liebe Den, dessen Seele tief ist auch in der Verwundung

und der an einem kleinen Erlebnisse zugrunde gehen kann: so geht er gerne über die Brücke.

Ich liebe Den, dessen Seele übervoll ist, so daß er sich selber vergißt, und alle Dinge in ihm sind: so werden alle Dinge sein Untergang.

Ich liebe Den, der freien Geistes und freien Herzens ist: so ist sein Kopf nur das Eingeweide seines Herzens, sein Herz aber treibt ihn zum Untergang.

Ich liebe alle Die, welche wie schwere Tropfen sind, einzeln fallend aus der dunklen Wolke, die über den Menschen hängt: sie verkündigen, daß der Blitz kommt, und gehn als Verkündiger zugrunde.

Seht, ich bin ein Verkündiger des Blitzes und ein schwerer Tropfen aus der Wolke: dieser Blitz aber heißt *Übermensch*. –

5.

Als Zarathustra diese Worte gesprochen hatte, sahe er wieder das Volk an und schwieg. »Da stehen sie«, sprach er zu seinem Herzen, »da lachen sie: sie verstehen mich nicht, ich bin nicht der Mund für diese Ohren.

Muß man ihnen erst die Ohren zerschlagen, daß sie lernen, mit den Augen hören? Muß man rasseln gleich Pauken und Bußpredigern? Oder glauben sie nur dem Stammelnden?

Sie haben Etwas, worauf sie stolz sind. Wie nennen sie es doch, was sie stolz macht? Bildung nennen sie's, es zeichnet sie aus vor den Ziegenhirten.

Drum hören sie ungern von sich das Wort ›Verachtung‹. So will ich denn zu ihrem Stolze reden.

So will ich ihnen vom Verächtlichsten sprechen: das aber ist der *letzte Mensch*.«

Und also sprach Zarathustra zum Volke:

Es ist an der Zeit, daß der Mensch sich sein Ziel stecke. Es ist an der Zeit, daß der Mensch den Keim seiner höchsten Hoffnung pflanze.

Noch ist sein Boden dazu reich genug. Aber dieser Boden wird einst arm und zahm sein, und kein hoher Baum wird mehr aus ihm wachsen können.

Wehe! Es kommt die Zeit, wo der Mensch nicht mehr den Pfeil seiner Sehnsucht über den Menschen hinaus wirft, und die Sehne seines Bogens verlernt hat, zu schwirren!

Ich sage euch: man muß noch Chaos in sich haben, um einen tanzenden Stern gebären zu können. Ich sage euch: ihr habt noch Chaos in euch.

Wehe! Es kommt die Zeit, wo der Mensch keinen Stern mehr gebären wird. Wehe! Es kommt die Zeit des verächtlichsten Menschen, der sich selber nicht mehr verachten kann.

Seht! Ich zeige euch den *letzten Menschen*.

»Was ist Liebe? Was ist Schöpfung? Was ist Sehnsucht? Was ist Stern?« – so fragt der letzte Mensch und blinzelt.

Die Erde ist dann klein geworden, und auf ihr hüpft der letzte Mensch, der Alles klein macht. Sein Geschlecht ist unaustilgbar wie der Erdfloh; der letzte Mensch lebt am längsten.

»Wir haben das Glück erfunden« – sagen die letzten Menschen und blinzeln.

Sie haben die Gegenden verlassen, wo es hart war zu leben: denn man braucht Wärme. Man liebt noch den Nachbar und reibt sich an ihm: denn man braucht Wärme.

Krankwerden und Mißtrauen-Haben gilt ihnen sündhaft: man geht achtsam einher. Ein Tor, der noch über Steine oder Menschen stolpert!

Ein wenig Gift ab und zu: das macht angenehme Träume. Und viel Gift zuletzt, zu einem angenehmen Sterben.

Man arbeitet noch, denn Arbeit ist eine Unterhaltung. Aber man sorgt, daß die Unterhaltung nicht angreife.

Man wird nicht mehr arm und reich: Beides ist zu beschwerlich. Wer will noch regieren? Wer noch gehorchen? Beides ist zu beschwerlich.

Kein Hirt und Eine Herde! Jeder will das gleiche, Jeder ist gleich: wer anders fühlt, geht freiwillig ins Irrenhaus.

»Ehemals war alle Welt irre« sagen die Feinsten und blinzeln.

Man ist klug und weiß Alles, was geschehn ist: so hat man kein Ende zu spotten. Man zankt sich noch, aber man versöhnt sich bald – sonst verdirbt es den Magen.

Man hat sein Lüstchen für den Tag und sein Lüstchen für die Nacht: aber man ehrt die Gesundheit.

»Wir haben das Glück erfunden« – sagen die letzten Menschen und blinzeln. –

Und hier endete die erste Rede Zarathustras, welche man auch »die Vorrede« heißt: denn an dieser Stelle unterbrach ihn das Geschrei und die Lust der Menge. »Gib uns diesen letzten Menschen, oh Zarathustra«, – so riefen sie – »mache uns zu diesen letzten Menschen! So schenken wir dir den Übermenschen!« Und alles Volk jubelte und schnalzte mit der Zunge. Zarathustra aber wurde traurig und sagte zu seinem Herzen:

»Sie verstehen mich nicht: ich bin nicht der Mund für diese Ohren.

Zu lange wohl lebte ich im Gebirge, zu viel horchte ich auf Bäche und Bäume: nun rede ich ihnen gleich den Ziegenhirten.

Unbewegt ist meine Seele und hell wie das Gebirge am Vormittag. Aber sie meinen, ich sei kalt und ein Spötter in furchtbaren Späßen.

Und nun blicken sie mich an und lachen: und indem sie lachen, hassen sie mich noch. Es ist Eis in ihrem Lachen.«

6.

Da aber geschah Etwas, das jeden Mund stumm und jedes Auge starr machte. Inzwischen nämlich hatte der Seiltänzer sein Werk begonnen: er war aus einer kleinen Tür hinausgetreten und ging über das Seil, welches zwischen zwei Türmen gespannt war, also, daß er über dem Markt und dem Volke hing.

Als er eben in der Mitte seines Weges war, öffnete sich die kleine Tür noch einmal, und ein bunter Gesell, einem Possenreißer gleich, sprang heraus und ging mit schnellen Schritten dem Ersten nach. »Vorwärts, Lahmfuß«, rief seine fürchterliche Stimme, »vorwärts Faultier, Schleichhändler, Bleichgesicht! Daß ich dich nicht mit meiner Ferse kitzle! Was treibst du hier zwischen Türmen? In den Turm gehörst du, einsperren sollte man dich, einem Bessern, als du bist, sperrst du die freie Bahn!« – Und mit jedem Worte kam er ihm näher und näher: als er aber nur noch einen Schritt hinter ihm war, da geschah das Erschreckliche, das jeden Mund stumm und jedes Auge starr machte: – er stieß ein Geschrei aus wie ein Teufel und sprang über Den hinweg, der ihm im Wege war. Dieser aber, als er so seinen Nebenbuhler siegen sah, verlor dabei den Kopf und das Seil; er warf seine Stange weg und schoß schneller als diese, wie ein Wirbel von Armen und Beinen, in die Tiefe. Der Markt und das Volk glich dem Meere, wenn der Sturm hineinfährt: Alles floh auseinander und übereinander, und am meisten dort, wo der Körper niederschlagen mußte.

Zarathustra aber blieb stehen, und gerade neben ihn fiel der Körper hin, übel zugerichtet und zerbrochen, aber noch nicht tot. Nach einer Weile kam dem Zerschmetterten das Bewußtsein zurück, und er sah Zarathustra neben sich knien. »Was machst du da?« sagte er endlich, »ich wußte es lange, daß mir der Teufel ein Bein stellen werde. Nun schleppt er mich zur Hölle: willst du's ihm wehren?«

»Bei meiner Ehre, Freund«, antwortete Zarathustra, »das gibt es Alles nicht, wovon du sprichst: es gibt keinen Teufel und keine Hölle. Deine Seele wird noch schneller tot sein als dein Leib: fürchte nun Nichts mehr!«

Der Mann blickte mißtrauisch auf. »Wenn du die Wahrheit sprichst«, sagte er dann, »so verliere ich Nichts, wenn ich das Leben verliere. Ich bin nicht viel mehr als ein Tier, das man tanzen gelehrt hat, durch Schläge und schmale Bissen.«

»Nicht doch«, sprach Zarathustra; »du hast aus der Gefahr

deinen Beruf gemacht, daran ist Nichts zu verachten. Nun gehst du an deinem Beruf zugrunde: dafür will ich dich mit meinen Händen begraben.«

Als Zarathustra dies gesagt hatte, antwortete der Sterbende nicht mehr; aber er bewegte die Hand, wie als ob er die Hand Zarathustras zum Dank suche. –

7.

Inzwischen kam der Abend, und der Markt barg sich in Dunkelheit: da verlief sich das Volk, denn selbst Neugierde und Schrecken werden müde. Zarathustra aber saß neben dem Toten auf der Erde und war in Gedanken versunken: so vergaß er die Zeit. Endlich aber wurde es Nacht, und ein kalter Wind blies über den Einsamen. Da erhob sich Zarathustra und sagte zu seinem Herzen:

»Wahrlich, einen schönen Fischfang tat heute Zarathustra! Keinen Menschen fing er, wohl aber einen Leichnam.

Unheimlich ist das menschliche Dasein und immer noch ohne Sinn: ein Possenreißer kann ihm zum Verhängnis werden.

Ich will die Menschen den Sinn ihres Seins lehren: welcher ist der Übermensch, der Blitz aus der dunklen Wolke Mensch.

Aber noch bin ich ihnen ferne, und mein Sinn redet nicht zu ihren Sinnen. Eine Mitte bin ich noch den Menschen zwischen einem Narren und einem Leichnam.

Dunkel ist die Nacht, dunkel sind die Wege Zarathustras. Komm, du kalter und steifer Gefährte! Ich trage dich dorthin, wo ich dich mit meinen Händen begrabe.«

8.

Als Zarathustra dies zu seinem Herzen gesagt hatte, lud er den Leichnam auf seinen Rücken und machte sich auf den Weg.

Und noch nicht war er hundert Schritte gegangen, da schlich ein Mensch an ihn heran und flüsterte ihm ins Ohr – und siehe! Der, welcher redete, war der Possenreißer vom Turme. »Geh weg von dieser Stadt, oh Zarathustra«, sprach er; »es hassen dich hier zu Viele. Es hassen dich die Guten und Gerechten, und sie nennen dich ihren Feind und Verächter; es hassen dich die Gläubigen des rechten Glaubens, und sie nennen dich die Gefahr der Menge. Dein Glück war es, daß man über dich lachte: und wahrlich, du redest gleich einem Possenreißer. Dein Glück war es, daß du dich dem toten Hunde geselltest: als du dich so erniedrigtest, hast du dich selber für heute errettet. Geh aber fort aus dieser Stadt – oder morgen springe ich über dich hinweg, ein Lebendiger über einen Toten.« Und als er dies gesagt hatte, verschwand der Mensch; Zarathustra aber ging weiter durch die dunklen Gassen.

Am Tore der Stadt begegneten ihm die Totengräber: sie leuchteten ihm mit der Fackel ins Gesicht, erkannten Zarathustra und spotteten sehr über ihn. »Zarathustra trägt den toten Hund davon: brav, daß Zarathustra zum Totengräber wurde! Denn unsere Hände sind zu reinlich für diesen Braten. Will Zarathustra wohl dem Teufel seinen Bissen stehlen? Nun wohlan! Und gut Glück zur Mahlzeit! Wenn nur nicht der Teufel ein besserer Dieb ist als Zarathustra! – er stiehlt sie Beide, er frißt sie Beide!« Und sie lachten miteinander und steckten die Köpfe zusammen.

Zarathustra sagte dazu kein Wort und ging seines Weges. Als er zwei Stunden gegangen war, an Wäldern und Sümpfen vorbei, da hatte er zu viel das hungrige Geheul der Wölfe gehört, und ihm selber kam der Hunger. So blieb er an einem einsamen Hause stehn, in dem ein Licht brannte.

»Der Hunger überfällt mich«, sagte Zarathustra, »wie ein Räuber. In Wäldern und Sümpfen überfällt mich mein Hunger, und in tiefer Nacht.

Wunderliche Launen hat mein Hunger. Oft kommt er mir

erst nach der Mahlzeit, und heute kam er den ganzen Tag nicht: wo weilte er doch?«

Und damit schlug Zarathustra an das Tor des Hauses. Ein alter Mann erschien; er trug das Licht und fragte: »Wer kommt zu mir und zu meinem schlimmen Schlafe?«

»Ein Lebendiger und ein Toter«, sagte Zarathustra. »Gebt mir zu essen und zu trinken, ich vergaß es am Tage. Der, welcher den Hungrigen speiset, erquickt seine eigene Seele: so spricht die Weisheit.«

Der Alte ging fort, kam aber gleich zurück und bot Zarathustra Brot und Wein. »Eine böse Gegend ist's für Hungernde«, sagte er; »darum wohne ich hier. Tier und Mensch kommen zu mir, dem Einsiedler. Aber heiße auch deinen Gefährten essen und trinken, er ist müder als du.« Zarathustra antwortete: »Tod ist mein Gefährte, ich werde ihn schwerlich dazu überreden.« »Das geht mich Nichts an«, sagte der Alte mürrisch; »wer an meinem Haus anklopft, muß auch nehmen, was ich ihm biete. Eßt und gehabt euch wohl!« –

Darauf ging Zarathustra wieder zwei Stunden und vertraute dem Wege und dem Lichte der Sterne: denn er war ein gewohnter Nachtgänger und liebte es, allem Schlafenden ins Gesicht zu sehn. Als aber der Morgen graute, fand sich Zarathustra in einem tiefen Walde, und kein Weg zeigte sich ihm mehr. Da legte er den Toten in einen hohlen Baum sich zu Häupten – denn er wollte ihn vor den Wölfen schützen – und sich selber auf den Boden und das Moos. Und alsbald schlief er ein, müden Leibes, aber mit einer unbewegten Seele.

9.

Lange schlief Zarathustra, und nicht nur die Morgenröte ging über sein Antlitz, sondern auch der Vormittag. Endlich aber tat sein Auge sich auf: verwundert sah Zarathustra in den Wald und die Stille, verwundert sah er in sich hinein. Dann erhob er sich schnell, wie ein Seefahrer, der mit Einem Male Land sieht, und jauchzte: denn er sah eine neue Wahrheit. Und also redete er dann zu seinem Herzen:

Ein Licht ging mir auf: Gefährten brauche ich, und lebendige – nicht tote Gefährten und Leichname, die ich mit mir trage, wohin ich will.

Sondern lebendige Gefährten brauche ich, die mir folgen, weil sie sich selber folgen wollen – und dorthin, wo ich will.

Ein Licht ging mir auf: nicht zum Volke rede Zarathustra, sondern zu Gefährten! Nicht soll Zarathustra einer Herde Hirt und Hund werden!

Viele wegzulocken von der Herde – dazu kam ich. Zürnen soll mir Volk und Herde: Räuber will Zarathustra den Hirten heißen.

Hirten sage ich, aber sie nennen sich die Guten und Gerechten. Hirten sage ich: aber sie nennen sich die Gläubigen des rechten Glaubens.

Siehe die Guten und Gerechten! Wen hassen sie am meisten? Den, der zerbricht ihre Tafeln der Werte, den Brecher, den Verbrecher: – das aber ist der Schaffende.

Siehe die Gläubigen aller Glauben! Wen hassen sie am meisten? Den, der zerbricht ihre Tafeln der Werte, den Brecher, den Verbrecher: – das aber ist der Schaffende.

Gefährten sucht der Schaffende und nicht Leichname, und auch nicht Herden und Gläubige. Die Mitschaffenden sucht der Schaffende, Die, welche neue Werte auf neue Tafeln schreiben.

Gefährten sucht der Schaffende, und Miterntende: denn Alles steht bei ihm reif zur Ernte. Aber ihm fehlen die hundert Sicheln: so rauft er Ähren aus und ist ärgerlich.

Gefährten sucht der Schaffende, und solche, die ihre Sicheln zu wetzen wissen. Vernichter wird man sie heißen und Verächter des Guten und Bösen. Aber die Erntenden sind es und die Feiernden.

Mitschaffende sucht Zarathustra, Miterntende und Mitfeiernde sucht Zarathustra: was hat er mit Herden und Hirten und Leichnamen zu schaffen!

Und du, mein erster Gefährte, gehab dich wohl! Gut begrub ich dich in deinem hohlen Baume, gut barg ich dich vor den Wölfen.

Aber ich scheide von dir, die Zeit ist um. Zwischen Morgenröte und Morgenröte kam mir eine neue Wahrheit.

Nicht Hirt soll ich sein, nicht Totengräber. Nicht reden einmal will ich wieder mit dem Volke; zum letzten Male sprach ich zu einem Toten.

Den Schaffenden, den Erntenden, den Feiernden will ich mich zugesellen: den Regenbogen will ich ihnen zeigen und alle die Treppen des Übermenschen.

Den Einsiedlern werde ich mein Lied singen und den Zweisiedlern: und wer noch Ohren hat für Unerhörtes, dem will ich sein Herz schwermachen mit meinem Glücke.

Zu meinem Ziele will ich, ich gehe meinen Gang; über die Zögernden und Saumseligen werde ich hinwegspringen. Also sei mein Gang ihr Untergang!

10.

Dies hatte Zarathustra zu seinem Herzen gesprochen, als die Sonne im Mittag stand: da blickte er fragend in die Höhe – denn er hörte über sich den scharfen Ruf eines Vogels. Und siehe! Ein Adler zog in weiten Kreisen durch die Luft, und an ihm hing eine Schlange, nicht einer Beute gleich, sondern einer Freundin: denn sie hielt sich um seinen Hals geringelt.

»Es sind meine Tiere!« sagte Zarathustra und freute sich von Herzen.

»Das stolzeste Tier unter der Sonne und das klügste Tier unter der Sonne – sie sind ausgezogen auf Kundschaft.

Erkunden wollen sie, ob Zarathustra noch lebe. Wahrlich, lebe ich noch?

Gefährlicher fand ich's unter Menschen als unter Tieren, gefährliche Wege geht Zarathustra. Mögen mich meine Tiere führen!«

Als Zarathustra dies gesagt hatte, gedachte er der Worte des Heiligen im Walde, seufzte und sprach also zu seinem Herzen:

»Möchte ich klüger sein! Möchte ich klug von Grund aus sein, gleich meiner Schlange!

Aber Unmögliches bitte ich da: so bitte ich denn meinen Stolz, daß er immer mit meiner Klugheit gehe!

Und wenn mich einst meine Klugheit verläßt: – ach, sie liebt es davonzufliegen! – möge mein Stolz dann noch mit meiner Torheit fliegen!«

– Also begann Zarathustras Untergang.

Die Reden Zarathustras

Von den drei Verwandlungen

Drei Verwandlungen nenne ich euch des Geistes: wie der Geist zum Kamele wird, und zum Löwen das Kamel, und zum Kinde zuletzt der Löwe.

Vieles Schwere gibt es dem Geiste, dem starken, tragsamen Geiste, dem Ehrfurcht innewohnt: nach dem Schweren und Schwersten verlangt seine Stärke.

Was ist schwer? so fragt der tragsame Geist, so kniet er nieder, dem Kamele gleich, und will gut beladen sein.

Was ist das Schwerste, ihr Helden? so fragt der tragsame Geist, daß ich es auf mich nehme und meiner Stärke froh werde.

Ist es nicht das: sich erniedrigen, um seinem Hochmut wehe zu tun? Seine Torheit leuchten lassen, um seiner Weisheit zu spotten?

Oder ist es das: von unserer Sache scheiden, wenn sie ihren Sieg feiert? Auf hohe Berge steigen, um den Versucher zu versuchen?

Oder ist es das: sich von Eicheln und Gras der Erkenntnis nähren und um der Wahrheit willen an der Seele Hunger leiden?

Oder ist es das: krank sein und die Tröster heimschicken und mit Tauben Freundschaft schließen, die niemals hören, was du willst?

Oder ist es das: in schmutziges Wasser steigen, wenn es das Wasser der Wahrheit ist, und kalte Frösche und heiße Kröten nicht von sich weisen?

Oder ist es das: Die lieben, die uns verachten, und dem Gespenste die Hand reichen, wenn es uns fürchten machen will?

Alles dies Schwerste nimmt der tragsame Geist auf sich: dem Kamele gleich, das beladen in die Wüste eilt, also eilt er in seine Wüste.

Aber in der einsamsten Wüste geschieht die zweite Verwandlung: zum Löwen wird hier der Geist, Freiheit will er sich erbeuten und Herr sein in seiner eignen Wüste.

Seinen letzten Herrn sucht er sich hier: feind will er ihm werden und seinem letzten Gotte, um Sieg will er mit dem großen Drachen ringen.

Welches ist der große Drache, den der Geist nicht mehr Herr und Gott heißen mag? »Du-sollst« heißt der große Drache. Aber der Geist des Löwen sagt »ich will«.

»Du-sollst« liegt ihm am Wege, goldfunkelnd, ein Schuppentier, und auf jeder Schuppe glänzt golden »Du-sollst!«

Tausendjährige Werte glänzen an diesen Schuppen, und also spricht der mächtigste aller Drachen: »aller Wert der Dinge – der glänzt an mir.«

»Aller Wert ward schon geschaffen, und aller geschaffene Wert – das bin ich. Wahrlich, es soll kein ›Ich will‹ mehr geben!« Also spricht der Drache.

Meine Brüder, wozu bedarf es des Löwen im Geiste? Was genügt nicht das lastbare Tier, das entsagt und ehrfürchtig ist?

Neue Werte schaffen – das vermag auch der Löwe noch nicht: aber Freiheit sich schaffen zu neuem Schaffen – das vermag die Macht des Löwen.

Freiheit sich schaffen und ein heiliges Nein auch vor der Pflicht: dazu, meine Brüder, bedarf es des Löwen.

Recht sich nehmen zu neuen Werten – das ist das furchtbarste Nehmen für einen tragsamen und ehrfürchtigen Geist. Wahrlich, ein Rauben ist es ihm und eines raubenden Tieres Sache.

Als sein Heiligstes liebte er einst das »Du-sollst«: nun muß er Wahn und Willkür auch noch im Heiligsten finden, daß er sich Freiheit raube von seiner Liebe: des Löwen bedarf es zu diesem Raube.

Aber sagt, meine Brüder, was vermag noch das Kind, das auch der Löwe nicht vermochte? Was muß der raubende Löwe auch noch zum Kinde werden?

Unschuld ist das Kind und Vergessen, ein Neubeginnen, ein Spiel, ein aus sich rollendes Rad, eine erste Bewegung, ein heiliges Ja-Sagen.

Ja, zum Spiele des Schaffens, meine Brüder, bedarf es eines heiligen Ja-Sagens: *seinen* Willen will nun der Geist, *seine* Welt gewinnt sich der Weltverlorene.

Drei Verwandlungen nannte ich euch des Geistes: wie der Geist zum Kamele ward, und zum Löwen das Kamel, und der Löwe zuletzt zum Kinde. –

Also sprach Zarathustra. Und damals weilte er in der Stadt, welche genannt wird: die bunte Kuh.

Von den Lehrstühlen der Tugend

Man rühmte Zarathustra einen Weisen, der gut vom Schlafe und von der Tugend zu reden wisse: sehr werde er geehrt und gelohnt dafür, und alle Jünglinge säßen vor seinem Lehrstuhle. Zu ihm ging Zarathustra, und mit allen Jünglingen saß er vor seinem Lehrstuhle. Und also sprach der Weise:

Ehre und Scham vor dem Schlafe! Das ist das Erste! Und Allen aus dem Wege gehn, die schlecht schlafen und nachts wachen!

Schamhaft ist noch der Dieb vor dem Schlafe: stets stiehlt er sich leise durch die Nacht. Schamlos aber ist der Wächter der Nacht, schamlos trägt er sein Horn.

Keine geringe Kunst ist schlafen: es tut schon not, den ganzen Tag darauf hin zu wachen.

Zehn Mal mußt du des Tages dich selber überwinden: das macht eine gute Müdigkeit und ist Mohn der Seele.

Zehn Mal mußt du dich wieder mit dir selber versöhnen;

denn Überwindung ist Bitternis, und schlecht schläft der Unversöhnte.

Zehn Wahrheiten mußt du des Tages finden: sonst suchst du noch des Nachts nach Wahrheit, und deine Seele bleibt hungrig.

Zehn Mal mußt du lachen am Tage und heiter sein: sonst stört dich der Magen in der Nacht, dieser Vater der Trübsal.

Wenige wissen das: aber man muß alle Tugenden haben, um gut zu schlafen. Werde ich falsch Zeugnis reden? Werde ich ehebrechen?

Werde ich mich gelüsten lassen meines Nächsten Magd? Das Alles vertrüge sich schlecht mit gutem Schlafe.

Und selbst wenn man alle Tugenden hat, muß man sich noch auf Eins verstehn: selber die Tugenden zur rechten Zeit schlafen schicken.

Daß sie sich nicht miteinander zanken, die artigen Weiblein! Und über dich, du Unglückseliger!

Friede mit Gott und dem Nachbar: so will es der gute Schlaf. Und Friede auch noch mit des Nachbars Teufel! Sonst geht er bei dir des Nachts um.

Ehre der Obrigkeit und Gehorsam, und auch der krummen Obrigkeit! So will es der gute Schlaf. Was kann ich dafür, daß die Macht gerne auf krummen Beinen wandelt?

Der soll mir immer der beste Hirt heißen, der sein Schaf auf die grünste Aue führt: so verträgt es sich mit gutem Schlafe.

Viel Ehren will ich nicht, noch große Schätze: das entzündet die Milz. Aber schlecht schläft es sich ohne einen guten Namen und einen kleinen Schatz.

Eine kleine Gesellschaft ist mir willkommener als eine böse: doch muß sie gehn und kommen zur rechten Zeit. So verträgt es sich mit gutem Schlafe.

Sehr gefallen mir auch die Geistig-Armen: sie fördern den Schlaf. Selig sind die, sonderlich wenn man ihnen immer recht gibt.

Also läuft der Tag dem Tugendsamen. Kommt nun die

Nacht, so hüte ich mich wohl, den Schlaf zu rufen! Nicht will er gerufen sein, der Schlaf, der der Herr der Tugenden ist!

Sondern ich denke, was ich des Tages getan und gedacht. Wiederkäuend frage ich mich, geduldsam gleich einer Kuh: welches waren doch deine zehn Überwindungen?

Und welches waren die zehn Versöhnungen und die zehn Wahrheiten und die zehn Gelächter, mit denen sich mein Herz gütlich tat?

Solcherlei erwägend und gewiegt von vierzig Gedanken, überfällt mich auf einmal der Schlaf, der Ungerufne, der Herr der Tugenden.

Der Schlaf klopft mir auf mein Auge: da wird es schwer. Der Schlaf berührt mir den Mund: da bleibt er offen.

Wahrlich, auf weichen Sohlen kommt er mir, der liebste der Diebe, und stiehlt mir meine Gedanken: dumm stehe ich da wie dieser Lehrstuhl.

Aber nicht lange mehr stehe ich dann: da liege ich schon. –

Als Zarathustra den Weisen also sprechen hörte, lachte er bei sich im Herzen: denn ihm war dabei ein Licht aufgegangen. Und also sprach er zu seinem Herzen:

Ein Narr ist mir dieser Weise da mit seinen vierzig Gedanken: aber ich glaube, daß er sich wohl auf das Schlafen versteht.

Glücklich schon, wer in der Nähe dieses Weisen wohnt! Solch ein Schlaf steckt an, noch durch eine dicke Wand hindurch steckt er an.

Ein Zauber wohnt selbst in seinem Lehrstuhle. Und nicht vergebens saßen die Jünglinge vor dem Prediger der Tugend.

Seine Weisheit heißt: wachen, um gut zu schlafen. Und wahrlich, hätte das Leben keinen Sinn, und müßte ich Unsinn wählen, so wäre auch mir dies der wählenswürdigste Unsinn.

Jetzo verstehe ich klar, was einst man vor Allem suchte, wenn man Lehrer der Tugend suchte. Guten Schlaf suchte man sich und mohnblumige Tugenden dazu!

Allen diesen gelobten Weisen der Lehrstühle war Weisheit

der Schlaf ohne Träume; sie kannten keinen bessern Sinn des Lebens.

Auch noch heute wohl gibt es Einige, wie diesen Prediger der Tugend, und nicht immer so Ehrliche: aber ihre Zeit ist um. Und nicht mehr lange stehen sie noch: da liegen sie schon.

Selig sind diese Schläfrigen: denn sie sollen bald einnicken. –

Also sprach Zarathustra.

Von den Hinterweltlern

Einst warf auch Zarathustra seinen Wahn jenseits des Menschen, gleich allen Hinterweltlern. Eines leidenden und zerquälten Gottes Werk schien mir da die Welt.

Traum schien mir da die Welt, und Dichtung eines Gottes; farbiger Rauch vor den Augen eines göttlich Unzufriednen.

Gut und böse und Lust und Leid und Ich und Du – farbiger Rauch dünkte mich's vor schöpferischen Augen. Wegsehn wollte der Schöpfer von sich, – da schuf er die Welt.

Trunkne Lust ist's dem Leidenden, wegzusehn von seinem Leiden und sich zu verlieren. Trunkne Lust und Selbst-sich-Verlieren dünkte mich einst die Welt.

Diese Welt, die ewig unvollkommene, eines ewigen Widerspruches Abbild und unvollkommnes Abbild – eine trunkne Lust ihrem unvollkommnen Schöpfer: – also dünkte mich einst die Welt.

Also warf auch ich einst meinen Wahn jenseits des Menschen, gleich allen Hinterweltlern. Jenseits des Menschen in Wahrheit?

Ach, ihr Brüder, dieser Gott, den ich schuf, war Menschen-Werk und -Wahnsinn, gleich allen Göttern!

Mensch war er, und nur ein armes Stück Mensch und Ich: aus der eigenen Asche und Glut kam es mir, dieses Gespenst, und wahrlich! Nicht kam es mir von Jenseits!

Was geschah, meine Brüder? Ich überwand mich, den Leidenden, ich trug meine eigne Asche zu Berge, eine hellere Flamme erfand ich mir. Und siehe! Da wich das Gespenst von mir!

Leiden wäre es mir jetzt und Qual dem Genesenen, solche Gespenster zu glauben: Leiden wäre es mir jetzt und Erniedrigung. Also rede ich zu den Hinterweltlern.

Leiden war's und Unvermögen – das schuf alle Hinterwelten; und jener kurze Wahnsinn des Glücks, den nur der Leidendste erfährt.

Müdigkeit, die mit Einem Sprunge zum Letzten will, mit einem Todessprunge, eine arme unwissende Müdigkeit, die nicht einmal mehr wollen will: die schuf alle Götter und Hinterwelten.

Glaubt es mir, meine Brüder! Der Leib war's, der am Leibe verzweifelte, – der tastete mit den Fingern des betörten Geistes an die letzten Wände.

Glaubt es mir, meine Brüder! Der Leib war's, der an der Erde verzweifelte, – der hörte den Bauch des Seins zu sich reden.

Und da wollte er mit dem Kopfe durch die letzten Wände, und nicht nur mit dem Kopfe, – hinüber zu »jener Welt«.

Aber »jene Welt« ist gut verborgen vor dem Menschen, jene entmenschte unmenschliche Welt, die ein himmlisches Nichts ist; und der Bauch des Seins redet gar nicht zum Menschen, es sei denn als Mensch.

Wahrlich, schwer zu beweisen ist alles Sein und schwer zum Reden zu bringen. Sagt mir, ihr Brüder, ist nicht das Wunderlichste aller Dinge noch am besten bewiesen?

Ja, dies Ich und des Ichs Widerspruch und Wirrsal redet noch am redlichsten von seinem Sein, dieses schaffende, wollende, wertende Ich, welches das Maß und der Wert der Dinge ist.

Und dies redlichste Sein, das Ich – das redet vom Leibe, und es will noch den Leib, selbst wenn es dichtet und schwärmt und mit zerbrochnen Flügeln flattert.

Immer redlicher lernt es reden, das Ich: und je mehr es lernt, um so mehr findet es Worte und Ehren für Leib und Erde.

Einen neuen Stolz lehrte mich mein Ich, den lehre ich die Menschen: nicht mehr den Kopf in den Sand der himmlischen Dinge zu stecken, sondern frei ihn zu tragen, einen Erden-Kopf, der der Erde Sinn schafft!

Einen neuen Willen lehre ich die Menschen: diesen Weg wollen, den blindlings der Mensch gegangen, und gut ihn heißen und nicht mehr von ihm beiseite schleichen, gleich den Kranken und Absterbenden!

Kranke und Absterbende waren es, die verachteten Leib und Erde und erfanden das Himmlische und die erlösenden Blutstropfen: aber auch noch diese süßen und düstern Gifte nahmen sie von Leib und Erde!

Ihrem Elende wollten sie entlaufen, und die Sterne waren ihnen zu weit. Da seufzten sie: »Oh daß es doch himmlische Wege gäbe, sich in ein andres Sein und Glück zu schleichen!« – da erfanden sie sich ihre Schliche und blutigen Tränklein!

Ihrem Leibe und dieser Erde nun entrückt wähnten sie sich, diese Undankbaren. Doch wem dankten sie ihrer Entrückung Krampf und Wonne? Ihrem Leibe und dieser Erde.

Milde ist Zarathustra den Kranken. Wahrlich, er zürnt nicht ihren Arten des Trostes und Undanks. Mögen sie Genesende werden und Überwindende und einen höheren Leib sich schaffen!

Nicht auch zürnt Zarathustra dem Genesenden, wenn er zärtlich nach seinem Wahne blickt und mitternachts um das Grab seines Gottes schleicht: aber Krankheit und kranker Leib bleiben mir auch seine Tränen noch.

Vieles krankhafte Volk gab es immer unter Denen, welche dichten und gottsüchtig sind; wütend hassen sie den Erkennenden und jene jüngste der Tugenden, welche heißt: Redlichkeit.

Rückwärts blicken sie immer nach dunklen Zeiten: da freilich war Wahn und Glaube ein ander Ding; Raserei der Vernunft war Gottähnlichkeit, und Zweifel Sünde.

Allzugut kenne ich diese Gottähnlichen: sie wollen, daß an sie geglaubt werde, und Zweifel Sünde sei. Allzugut weiß ich auch, woran sie selber am besten glauben.

Wahrlich nicht an Hinterwelten und erlösende Blutstropfen: sondern an den Leib glauben auch sie am besten, und ihr eigner Leib ist ihnen ihr Ding an sich.

Aber ein krankhaftes Ding ist er ihnen: und gerne möchten sie aus der Haut fahren. Darum horchen sie nach den Predigern des Todes und predigen selber Hinterwelten.

Hört mir lieber, meine Brüder, auf die Stimme des gesunden Leibes: eine redlichere und reinere Stimme ist dies.

Redlicher redet und reiner der gesunde Leib, der vollkommne und rechtwinklige: und er redet vom Sinn der Erde. –

Also sprach Zarathustra.

Von den Verächtern des Leibes

Den Verächtern des Leibes will ich mein Wort sagen. Nicht umlernen und umlehren sollen sie mir, sondern nur ihrem eignen Leibe Lebewohl sagen – und also stumm werden.

»Leib bin ich und Seele« – so redet das Kind. Und warum sollte man nicht wie die Kinder reden?

Aber der Erwachte, der Wissende sagt: Leib bin ich ganz und gar, und Nichts außerdem: und Seele ist nur ein Wort für ein Etwas am Leibe.

Der Leib ist eine große Vernunft, eine Vielheit mit Einem Sinne, ein Krieg und ein Frieden, eine Herde und ein Hirt.

Werkzeug deines Leibes ist auch deine kleine Vernunft, mein Bruder, die du »Geist« nennst, ein kleines Werk- und Spielzeug deiner großen Vernunft.

»Ich« sagst du und bist stolz auf dies Wort. Aber das Größe-

re ist – woran du nicht glauben willst – dein Leib und seine große Vernunft: die sagt nicht Ich, aber tut Ich.

Was der Sinn fühlt, was der Geist erkennt, das hat niemals in
sich sein Ende. Aber Sinn und Geist möchten dich überreden,
sie seien aller Dinge Ende: so eitel sind sie.

Werk- und Spielzeuge sind Sinn und Geist: hinter ihnen liegt
noch das Selbst. Das Selbst sucht auch mit den Augen der Sinne, es horcht auch mit den Ohren des Geistes.

Immer horcht das Selbst und sucht: es vergleicht, bezwingt,
erobert, zerstört. Es herrscht und ist auch des Ichs Beherrscher.

Hinter deinen Gedanken und Gefühlen, mein Bruder, steht
ein mächtiger Gebieter, ein unbekannter Weiser – der heißt
Selbst. In deinem Leibe wohnt er, dein Leib ist er.

Es ist mehr Vernunft in deinem Leibe, als in deiner besten
Weisheit. Und wer weiß denn, wozu dein Leib gerade deine beste Weisheit nötig hat?

Dein Selbst lacht über dein Ich und seine stolzen Sprünge.
»Was sind mir diese Sprünge und Flüge des Gedankens?« sagt
es sich. »Ein Umweg zu meinem Zwecke. Ich bin das Gängel-
band des Ichs und der Einbläser seiner Begriffe.«

Das Selbst sagt zum Ich: »hier fühle Schmerz!« Und da leidet es und denkt nach, wie es nicht mehr leide – und dazu eben
soll es denken.

Das Selbst sagt zum Ich: »hier fühle Lust!« Da freut es sich
und denkt nach, wie es noch oft sich freue – und dazu eben *soll*
es denken.

Den Verächtern des Leibes will ich ein Wort sagen. Daß sie
verachten, das macht ihr Achten. Was ist es, das Achten und
Verachten und Wert und Willen schuf?

Das schaffende Selbst schuf sich Achten und Verachten, es
schuf sich Lust und Weh. Der schaffende Leib schuf sich den
Geist als eine Hand seines Willens.

Noch in eurer Torheit und Verachtung, ihr Verächter des
Leibes, dient ihr eurem Selbst. Ich sage euch: euer Selbst selber
will sterben und kehrt sich vom Leben ab.

Nicht mehr vermag es das, was es am liebsten will: – über sich hinaus zu schaffen. Das will es am liebsten, das ist seine ganze Inbrunst.

Aber zu spät ward es jetzt dafür: – so will euer Selbst untergehn, ihr Verächter des Leibes.

Untergehn will euer Selbst, und darum wurdet ihr zu Verächtern des Leibes! Denn nicht mehr vermögt ihr über euch hinaus zu schaffen.

Und darum zürnt ihr nun dem Leben und der Erde. Ein ungewußter Neid ist im scheelen Blick eurer Verachtung.

Ich gehe nicht euren Weg, ihr Verächter des Leibes! Ihr seid mir keine Brücken zum Übermenschen! –

Also sprach Zarathustra.

Von den Freuden- und Leidenschaften

Mein Bruder, wenn du eine Tugend hast, und es deine Tugend ist, so hast du sie mit Niemandem gemeinsam.

Freilich, du willst sie bei Namen nennen und liebkosen; du willst sie am Ohre zupfen und Kurzweil mit ihr treiben.

Und siehe! Nun hast du ihren Namen mit dem Volke gemeinsam und bist Volk und Herde geworden mit deiner Tugend!

Besser tätest du, zu sagen: »unaussprechbar ist und namenlos, was meiner Seele Qual und Süße macht und auch noch der Hunger meiner Eingeweide ist.«

Deine Tugend sei zu hoch für die Vertraulichkeit der Namen: und mußt du von ihr reden, so schäme dich nicht, von ihr zu stammeln.

So sprich und stammle: »Das ist *mein* Gutes, das liebe ich, so gefällt es mir ganz, so allein will *ich* das Gute.

Nicht will ich es als eines Gottes Gesetz, nicht will ich es als

eine Menschen-Satzung und -Notdurft: kein Wegweiser sei es
mir für Über-Erden und Paradiese.

Eine irdische Tugend ist es, die ich liebe: wenig Klugheit ist
darin, und am wenigsten die Vernunft aller.

Aber dieser Vogel baute bei mir sich das Nest: darum liebe
und herze ich ihn, – nun sitzt er bei mir auf seinen goldnen Ei-
ern.«

So sollst du stammeln und deine Tugend loben.

Einst hattest du Leidenschaften und nanntest sie böse. Aber
jetzt hast du nur noch deine Tugenden: die wuchsen aus deinen
Leidenschaften.

Du legtest dein höchstes Ziel diesen Leidenschaften ans
Herz: da wurden sie deine Tugenden und Freudenschaften.

Und ob du aus dem Geschlechte der Jähzornigen wärest
oder aus dem der Wollüstigen oder der Glaubens-Wütigen
oder der Rachsüchtigen:

Am Ende wurden alle deine Leidenschaften zu Tugenden
und alle deine Teufel zu Engeln.

Einst hattest du wilde Hunde in deinem Keller: aber am Ende verwandelten sie sich zu Vögeln und lieblichen Sängerinnen.

Aus deinen Giften brautest du dir deinen Balsam; deine Kuh
Trübsal melktest du, – nun trinkst du die süße Milch ihres Eu-
ters.

Und nichts Böses wächst mehr fürderhin aus dir, es sei denn
das Böse, das aus dem Kampfe deiner Tugenden wächst.

Mein Bruder, wenn du Glück hast, so hast du Eine Tugend
und nicht mehr: so gehst du leichter über die Brücke.

Auszeichnend ist es, viele Tugenden zu haben, aber ein
schweres Los; und Mancher ging in die Wüste und tötete sich,
weil er müde war, Schlacht und Schlachtfeld von Tugenden zu
sein.

Mein Bruder, ist Krieg und Schlacht böse? Aber notwendig
ist dies Böse, notwendig ist der Neid und das Mißtrauen und
die Verleumdung unter deinen Tugenden.

Siehe, wie jede deiner Tugenden begehrlich ist nach dem

Höchsten: sie will deinen ganzen Geist, daß er *ihr* Herold sei, sie will deine ganze Kraft in Zorn, Haß und Liebe.

Eifersüchtig ist jede Tugend auf die andre, und ein furchtbares Ding ist Eifersucht. Auch Tugenden können an der Eifersucht zugrunde gehn.

Wen die Flamme der Eifersucht umringt, der wendet zuletzt, gleich dem Skorpione, gegen sich selber den vergifteten Stachel.

Ach, mein Bruder, sahst du noch nie eine Tugend sich selber verleumden und erstechen?

Der Mensch ist Etwas, das überwunden werden muß: und darum sollst du deine Tugenden lieben –: denn du wirst an ihnen zugrunde gehn. –

Also sprach Zarathustra.

Vom bleichen Verbrecher

Ihr wollt nicht töten, ihr Richter und Opferer, bevor das Tier nicht genickt hat? Seht, der bleiche Verbrecher hat genickt: aus seinem Auge redet die große Verachtung.

»Mein Ich ist Etwas, das überwunden werden soll: mein Ich ist mir die große Verachtung des Menschen«: so redet es aus diesem Auge.

Daß er sich selber richtete, war sein höchster Augenblick: laßt den Erhabenen nicht wieder zurück in sein Niederes!

Es gibt keine Erlösung für Den, der so an sich selber leidet, es sei denn der schnelle Tod.

Euer Töten, ihr Richter, soll ein Mitleid sein und keine Rache. Und indem ihr tötet, seht zu, daß ihr selber das Leben rechtfertiget!

Es ist nicht genug, daß ihr euch mit Dem versöhnt, den ihr tötet. Eure Traurigkeit sei Liebe zum Übermenschen: so rechtfertigt ihr euer Noch-Leben!

»Feind« sollt ihr sagen, aber nicht »Bösewicht«; »Kranker«, sollt ihr sagen, aber nicht »Schuft«; »Tor« sollt ihr sagen, aber nicht »Sünder«.

Und du, roter Richter, wenn du laut sagen wolltest, was du Alles schon in Gedanken getan hast: so würde Jedermann schreien: »Weg mit diesem Unflat und Giftwurm!«

Aber ein Anderes ist der Gedanke, ein Anderes die Tat, ein Anderes das Bild der Tat. Das Rad des Grundes rollt nicht zwischen ihnen.

Ein Bild machte diesen bleichen Menschen bleich. Gleichwüchsig war er seiner Tat, als er sie tat: aber ihr Bild ertrug er nicht, als sie getan war.

Immer sah er sich nun als Einer Tat Täter. Wahnsinn heiße ich dies: die Ausnahme verkehrte sich ihm zum Wesen.

Der Strich bannt die Henne; der Streich, den er führte, bannte seine arme Vernunft – den Wahnsinn *nach* der Tat heiße ich dies.

Hört, ihr Richter! Einen anderen Wahnsinn gibt es noch: und der ist *vor* der Tat. Ach, ihr krocht mir nicht tief genug in diese Seele!

So spricht der rote Richter: »was mordete doch dieser Verbrecher? Er wollte rauben.« Aber ich sage euch: seine Seele wollte Blut, nicht Raub: er dürstete nach dem Glück des Messers!

Seine arme Vernunft aber begriff diesen Wahnsinn nicht und überredete ihn. »Was liegt an Blut!« sprach sie; »willst du nicht zum mindesten einen Raub dabei machen? Eine Rache nehmen?«

Und er horchte auf seine arme Vernunft: wie Blei lag ihre Rede auf ihm, – da raubte er, als er mordete. Er wollte sich nicht seines Wahnsinns schämen.

Und nun wieder liegt das Blei seiner Schuld auf ihm, und wieder ist seine arme Vernunft so steif, so gelähmt, so schwer.

Wenn er nur den Kopf schütteln könnte, so würde seine Last herabrollen: aber wer schüttelt diesen Kopf?

Was ist dieser Mensch? Ein Haufen von Krankheiten, welche durch den Geist in die Welt hinausgreifen: da wollen sie ihre Beute machen.

Was ist dieser Mensch? Ein Knäuel wilder Schlangen, welche selten beieinander Ruhe haben, – da gehn sie für sich fort und suchen Beute in der Welt.

Seht diesen armen Leib! Was er litt und begehrte, das deutete sich diese arme Seele, – sie deutete es als mörderische Lust und Gier nach dem Glück des Messers.

Wer jetzt krank wird, den überfällt das Böse, das jetzt böse ist: wehe will er tun, mit dem, was ihm wehe tut. Aber es gab andre Zeiten und ein andres Böses und Gutes.

Einst war der Zweifel böse und der Wille zum Selbst. Damals wurde der Kranke zum Ketzer und zur Hexe: als Ketzer und Hexe litt er und wollte leiden machen.

Aber dieses will nicht in eure Ohren: euren Guten schade es, sagt ihr mir. Aber was liegt mir an euren Guten!

Vieles an euren Guten macht mir Ekel, und wahrlich nicht ihr Böses. Wollte ich doch, sie hätten einen Wahnsinn, an dem sie zugrunde gingen, gleich diesem bleichen Verbrecher!

Wahrlich, ich wollte, ihr Wahnsinn hieße Wahrheit oder Treue oder Gerechtigkeit: aber sie haben ihre Tugend, um lange zu leben, und in einem erbärmlichen Behagen.

Ich bin ein Geländer am Strome: fasse mich, wer mich fassen kann! Eure Krücke aber bin ich nicht. –

Also sprach Zarathustra.

Vom Lesen und Schreiben

Von allem Geschriebenen liebe ich nur Das, was Einer mit seinem Blute schreibt. Schreibe mit Blut: und du wirst erfahren, daß Blut Geist ist.

Es ist nicht leicht möglich, fremdes Blut zu verstehen: ich hasse die lesenden Müßiggänger.

Wer den Leser kennt, der tut Nichts mehr für den Leser. Noch ein Jahrhundert Leser – und der Geist selber wird stinken.

Daß Jedermann lesen lernen darf, verdirbt auf die Dauer nicht allein das Schreiben, sondern auch das Denken.

Einst war der Geist Gott, dann wurde er zum Menschen, und jetzt wird er gar noch Pöbel.

Wer in Blut und Sprüchen schreibt, der will nicht gelesen, sondern auswendig gelernt werden.

Im Gebirge ist der nächste Weg von Gipfel zu Gipfel: aber dazu mußt du lange Beine haben. Sprüche sollen Gipfel sein: und Die, zu denen gesprochen wird, Große und Hochwüchsige.

Die Luft dünn und rein, die Gefahr nahe und der Geist voll einer fröhlichen Bosheit: so paßt es gut zueinander.

Ich will Kobolde um mich haben, denn ich bin mutig. Mut, der die Gespenster verscheucht, schafft sich selber Kobolde – der Mut will lachen.

Ich empfinde nicht mehr mit euch: diese Wolke, die ich unter mir sehe, diese Schwärze und Schwere, über die ich lache, – gerade das ist eure Gewitterwolke.

Ihr seht nach Oben, wenn ihr nach Erhebung verlangt. Und ich sehe hinab, weil ich erhoben bin.

Wer von euch kann zugleich lachen und erhoben sein?

Wer auf den höchsten Bergen steigt, der lacht über alle Trauer-Spiele und Trauer-Ernste.

Mutig, unbekümmert, spöttisch, gewalttätig – so will uns die Weisheit: sie ist ein Weib und liebt immer nur einen Kriegsmann.

Ihr sagt mir: »das Leben ist schwer zu tragen.« Aber wozu hättet ihr vormittags euren Stolz und abends eure Ergebung?

Das Leben ist schwer zu tragen: aber so tut mir doch nicht

so zärtlich! Wir sind allesamt hübsche lastbare Esel und Eselinnen.

Was haben wir gemein mit der Rosenknospe, welche zittert, weil ihr ein Tropfen Tau auf dem Leibe liegt?

Es ist wahr: wir lieben das Leben, nicht, weil wir ans Leben, sondern weil wir ans Lieben gewöhnt sind.

Es ist immer etwas Wahnsinn in der Liebe. Es ist aber immer auch etwas Vernunft im Wahnsinn.

Und auch mir, der ich dem Leben gut bin, scheinen Schmetterlinge und Seifenblasen und was ihrer Art unter Menschen ist, am meisten vom Glücke zu wissen.

Diese leichten, törichten, zierlichen, beweglichen Seelchen flattern zu sehen – das verführt Zarathustra zu Tränen und Liedern.

Ich würde nur an einen Gott glauben, der zu tanzen verstünde.

Und als ich meinen Teufel sah, da fand ich ihn ernst, gründlich, tief, feierlich: es war der Geist der Schwere – durch ihn fallen alle Dinge.

Nicht durch Zorn, sondern durch Lachen tötet man. Auf, laßt uns den Geist der Schwere töten!

Ich habe gehen gelernt: seitdem lasse ich mich laufen. Ich habe fliegen gelernt: seitdem will ich nicht erst gestoßen sein, um von der Stelle zu kommen.

Jetzt bin ich leicht, jetzt fliege ich, jetzt sehe ich mich unter mir, jetzt tanzt ein Gott durch mich.

Also sprach Zarathustra.

Vom Baum am Berge

Zarathustras Auge hatte gesehn, daß ein Jüngling ihm auswich. Und als er eines Abends allein durch die Berge ging, welche die Stadt umschließen, die genannt wird »die bunte Kuh«: siehe, da fand er im Gehen diesen Jüngling, wie er an einem Baum gelehnt saß und müden Blickes in das Tal schaute. Zarathustra faßte den Baum an, bei welchem der Jüngling saß, und sprach also:

»Wenn ich diesen Baum da mit meinen Händen schütteln wollte, ich würde es nicht vermögen.

Aber der Wind, den wir nicht sehen, der quält und biegt ihn, wohin er will. Wir werden am schlimmsten von unsichtbaren Händen gebogen und gequält.«

Da erhob sich der Jüngling bestürzt und sagte: »ich höre Zarathustra und eben dachte ich an ihn.«

Zarathustra entgegnete:

»Was erschrickst du deshalb? – Aber es ist mit dem Menschen wie mit dem Baume.

Je mehr er hinauf in die Höhe und Helle will, um so stärker streben seine Wurzeln erdwärts, abwärts, ins Dunkle, Tiefe – ins Böse.«

»Ja, ins Böse!« rief der Jüngling. »Wie ist es möglich, daß du meine Seele entdecktest?«

Zarathustra lächelte und sprach: »Manche Seele wird man nie entdecken, es sei denn, daß man sie zuerst erfindet.«

»Ja, ins Böse!« rief der Jüngling nochmals.

»Du sagtest die Wahrheit, Zarathustra. Ich traue mir selber nicht mehr, seitdem ich in die Höhe will, und Niemand traut mir mehr, – wie geschieht dies doch?

Ich verwandele mich zu schnell: mein Heute widerlegt mein Gestern. Ich überspringe oft die Stufen, wenn ich steige, – das verzeiht mir keine Stufe.

Bin ich oben, so finde ich mich immer allein. Niemand redet mit mir, der Frost der Einsamkeit macht mich zittern. Was will ich doch in der Höhe?

Meine Verachtung und meine Sehnsucht wachsen miteinander; je höher ich steige, um so mehr verachte ich Den, der steigt. Was will er doch in der Höhe?

Wie schäme ich mich meines Steigens und Stolperns! Wie

spotte ich meines heftigen Schnaubens! Wie hasse ich den Fliegenden! Wie müde bin ich in der Höhe!«

Hier schwieg der Jüngling. Und Zarathustra betrachtete den Baum, an dem sie standen, und sprach also:

»Dieser Baum steht einsam hier am Gebirge; er wuchs hoch hinweg über Mensch und Tier.

Und wenn er reden wollte, er würde Niemanden haben, der ihn verstünde: so hoch wuchs er.

Nun wartet er und wartet – worauf wartet er doch? Er wohnt dem Sitze der Wolken zu nahe: er wartet wohl auf den ersten Blitz?«

Als Zarathustra dies gesagt hatte, rief der Jüngling mit heftigen Gebärden: »Ja, Zarathustra, du sprichst die Wahrheit. Nach meinem Untergange verlangte ich, als ich in die Höhe wollte, und du bist der Blitz, auf den ich wartete! Siehe, was bin ich noch, seitdem du uns erschienen bist? Der *Neid* auf dich ist's, der mich zerstört hat!« – So sprach der Jüngling und weinte bitterlich. Zarathustra aber legte seinen Arm um ihn und führte ihn mit sich fort.

Und als sie eine Weile miteinander gegangen waren, hob Zarathustra also an zu sprechen:

Es zerreißt mir das Herz. Besser als deine Worte es sagen, sagt mir dein Auge alle deine Gefahr.

Noch bist du nicht frei, du *suchst* noch nach Freiheit. Übernächtig machte dich dein Suchen und überwach.

In die freie Höhe willst du, nach Sternen dürstet deine Seele. Aber auch deine schlimmen Triebe dürsten nach Freiheit.

Deine wilden Hunde wollen in die Freiheit; sie bellen vor Lust in ihrem Keller, wenn dein Geist alle Gefängnisse zu lösen trachtet.

Noch bist du mir ein Gefangner, der sich Freiheit ersinnt: ach, klug wird solchen Gefangnen die Seele, aber auch arglistig und schlecht.

Reinigen muß sich auch noch der Befreite des Geistes. Viel

Gefängnis und Moder ist noch in ihm zurück: rein muß noch sein Auge werden.

Ja, ich kenne deine Gefahr. Aber bei meiner Liebe und Hoffnung beschwöre ich dich: wirf deine Liebe und Hoffnung nicht weg!

Edel fühlst du dich noch, und edel fühlen dich auch die Andern noch, die dir gram sind und böse Blicke senden. Wisse, daß Allen ein Edler im Wege steht.

Auch den Guten steht ein Edler im Wege: und selbst wenn sie ihn einen Guten nennen, so wollen sie ihn damit beiseite bringen.

Neues will der Edle schaffen und eine neue Tugend. Altes will der Gute, und daß Altes erhalten bleibe.

Aber nicht Das ist die Gefahr des Edlen, daß er ein Guter werde, sondern ein Frecher, ein Höhnender, ein Vernichter.

Ach, ich kannte Edle, die verloren ihre höchste Hoffnung. Und nun verleumdeten sie alle hohen Hoffnungen.

Nun lebten sie frech in kurzen Lüsten, und über den Tag hin warfen sie kaum noch Ziele.

»Geist ist auch Wollust« – so sagten sie. Da zerbrachen ihrem Geiste die Flügel: nun kriecht er herum und beschmutzt im Nagen.

Einst dachten sie Helden zu werden: Lüstlinge sind es jetzt. Ein Gram und ein Grauen ist ihnen der Held.

Aber bei meiner Liebe und Hoffnung beschwöre ich dich: wirf den Helden in deiner Seele nicht weg! Halte heilig deine höchste Hoffnung! –

Also sprach Zarathustra.

Von den Predigern des Todes

Es gibt Prediger des Todes: und die Erde ist voll von Solchen, denen Abkehr gepredigt werden muß vom Leben.

Voll ist die Erde von Überflüssigen, verdorben ist das Leben durch die Viel-zu-Vielen. Möge man sie mit dem »ewigen Leben« aus diesem Leben weglocken!

»Gelbe«: so nennt man die Prediger des Todes, oder »Schwarze«. Aber ich will sie euch noch in andern Farben zeigen.

Da sind die Fürchterlichen, welche in sich das Raubtier herumtragen und keine Wahl haben, es sei denn Lüste oder Selbstzerfleischung. Und auch ihre Lüste sind noch Selbstzerfleischung.

Sie sind noch nicht einmal Mensch geworden, diese Fürchterlichen: mögen sie Abkehr predigen vom Leben und selber dahinfahren!

Da sind die Schwindsüchtigen der Seele: kaum sind sie geboren, so fangen sie schon an zu sterben und sehnen sich nach Lehren der Müdigkeit und Entsagung.

Sie wollen gerne tot sein, und wir sollten ihren Willen gutheißen! Hüten wir uns, diese Toten zu erwecken und diese lebendigen Särge zu versehren!

Ihnen begegnet ein Kranker oder ein Greis oder ein Leichnam; und gleich sagen sie »das Leben ist widerlegt!«

Aber nur sie sind widerlegt und ihr Auge, welches nur das Eine Gesicht sieht am Dasein.

Eingehüllt in dicke Schwermut und begierig auf die kleinen Zufälle, welche den Tod bringen: so warten sie und beißen die Zähne aufeinander.

Oder aber: sie greifen nach Zuckerwerk und spotten ihrer Kinderei dabei: sie hängen an ihrem Strohhalm Leben und spotten, daß sie noch an einem Strohhalm hängen.

Ihre Weisheit lautet: »Ein Tor, der leben bleibt, aber so sehr sind wir die Toren! Und das eben ist das Törichste am Leben!« –

»Das Leben ist nur Leiden« – so sagen Andre und lügen nicht: so sorgt doch, daß *ihr* aufhört! So sorgt doch, daß das Leben aufhört, welches nur Leiden ist!

Und also laute die Lehre eurer Tugend »du sollst dich selber töten! Du sollst dich selber davonstehlen!« –

»Wollust ist Sünde« – so sagen die Einen, welche den Tod predigen – »laßt uns beiseite gehn und keine Kinder zeugen!«

»Gebären ist mühsam« – sagen die Andren – »Wozu noch gebären? Man gebiert nur Unglückliche!« Und auch sie sind Prediger des Todes.

»Mitleid tut not« – so sagen die Dritten. »Nehmt hin, was ich habe! Nehmt hin, was ich bin! Um so weniger bindet mich das Leben!«

Wären sie Mitleidige von Grund aus, so würden sie ihren Nächsten das Leben verleiden. Böse sein – das wäre ihre rechte Güte.

Aber sie wollen loskommen vom Leben: was schiert es sie, daß sie Andre mit ihren Ketten und Geschenken noch fester binden! –

Und auch ihr, denen das Leben wilde Arbeit und Unruhe ist; seid ihr nicht sehr müde des Lebens? Seid ihr nicht sehr reif für die Predigt des Todes?

Ihr Alle, denen die wilde Arbeit lieb ist und das Schnelle, Neue, Fremde, – ihr ertragt euch schlecht, euer Fleiß ist Flucht und Wille, sich selber zu vergessen.

Wenn ihr mehr an das Leben glaubtet, würdet ihr weniger euch dem Augenblicke hinwerfen. Aber ihr habt zum Warten nicht Inhalt genug in euch – und selbst zur Faulheit nicht!

Überall ertönt die Stimme Derer, welche den Tod predigen: und die Erde ist voll von Solchen, welchen der Tod gepredigt werden muß.

Oder »das ewige Leben«: das gilt mir gleich, – wofern sie nur schnell dahinfahren!

Also sprach Zarathustra.

Vom Krieg und Kriegsvolke

Von unsern besten Feinden wollen wir nicht geschont sein, und auch von Denen nicht, welche wir von Grund aus lieben. So laßt mich denn euch die Wahrheit sagen!

Meine Brüder im Kriege! Ich liebe euch von Grund aus, ich bin und war Euresgleichen. Und ich bin auch euer bester Feind. So laßt mich denn euch die Wahrheit sagen!

Ich weiß um den Haß und Neid eures Herzens. Ihr seid nicht groß genug, um Haß und Neid nicht zu kennen. So seid denn groß genug, euch ihrer nicht zu schämen!

Und wenn ihr nicht Heilige der Erkenntnis sein könnt, so seid mir wenigstens deren Kriegsmänner. Das sind die Gefährten und Vorläufer solcher Heiligkeit.

Ich sehe viel Soldaten: möchte ich viel Kriegsmänner sehen! »Ein-form« nennt man's, was sie tragen: möge es nicht Einform sein, was sie damit verstecken!

Ihr sollt mir Solche sein, deren Auge immer nach einem Feinde sucht – nach *eurem* Feinde. Und bei Einigen von euch gibt es einen Haß auf den ersten Blick.

Euren Feind sollt ihr suchen, euren Krieg sollt ihr führen, und für eure Gedanken! Und wenn euer Gedanke unterliegt, so soll eure Redlichkeit darüber noch Triumph rufen!

Ihr sollt den Frieden lieben als Mittel zu neuen Kriegen. Und den kurzen Frieden mehr als den langen.

Euch rate ich nicht zur Arbeit, sondern zum Kampfe. Euch rate ich nicht zum Frieden, sondern zum Siege. Eure Arbeit sei ein Kampf, euer Friede sei ein Sieg!

Man kann nur schweigen und stillsitzen, wenn man Pfeil und Bogen hat: sonst schwätzt und zankt man. Euer Friede sei ein Sieg!

Ihr sagt, die gute Sache sei es, die sogar den Krieg heilige? Ich sage euch: der gute Krieg ist es, der jede Sache heiligt.

Der Krieg und der Mut haben mehr große Dinge getan, als

die Nächstenliebe. Nicht euer Mitleiden, sondern eure Tapferkeit rettete bisher die Verunglückten.

Was ist gut? fragt ihr. Tapfer sein ist gut. Laßt die kleinen Mädchen reden: »gut sein ist, was hübsch zugleich und rührend ist.«

Man nennt euch herzlos: aber euer Herz ist ächt, und ich liebe die Scham eurer Herzlichkeit. Ihr schämt euch eurer Flut, und Andre schämen sich ihrer Ebbe.

Ihr seid häßlich? Nun wohlan, meine Brüder! So nehmt das Erhabne um euch, den Mantel des Häßlichen!

Und wenn eure Seele groß wird, so wird sie übermütig, und in eurer Erhabenheit ist Bosheit. Ich kenne euch.

In der Bosheit begegnet sich der Übermütige mit dem Schwächlinge. Aber sie mißverstehen einander. Ich kenne euch.

Ihr dürft nur Feinde haben, die zu hassen sind, aber nicht Feinde zum Verachten. Ihr müßt stolz auf euern Feind sein: dann sind die Erfolge eures Feindes auch eure Erfolge.

Auflehnung – das ist die Vornehmheit am Sklaven. Eure Vornehmheit sei Gehorsam! Euer Befehlen selber sei ein Gehorchen!

Einem guten Kriegsmanne klingt »du sollst« angenehmer als »ich will«. Und Alles, was euch lieb ist, sollt ihr euch erst noch befehlen lassen.

Eure Liebe zum Leben sei Liebe zu eurer höchsten Hoffnung: und eure höchste Hoffnung sei der höchste Gedanke des Lebens!

Euren höchsten Gedanken aber sollt ihr euch von mir befehlen lassen – und er lautet: der Mensch ist Etwas, das überwunden werden soll.

So lebt euer Leben des Gehorsams und des Krieges! Was liegt am Lang-Leben! Welcher Krieger will geschont sein!

Ich schone euch nicht, ich liebe euch von Grund aus, meine Brüder im Kriege! –

Also sprach Zarathustra.

Vom neuen Götzen

Irgendwo gibt es noch Völker und Herden, doch nicht bei uns, meine Brüder: da gibt es Staaten.

Staat? Was ist das? Wohlan! Jetzt tut mir die Ohren auf, denn jetzt sage ich euch mein Wort vom Tode der Völker.

Staat heißt das kälteste aller kalten Ungeheuer. Kalt lügt es auch; und diese Lüge kriecht aus seinem Munde: »Ich, der Staat, bin das Volk.«

Lüge ist's! Schaffende waren es, die schufen die Völker und hängten einen Glauben und eine Liebe über sie hin: also dienten sie dem Leben.

Vernichter sind es, die stellen Fallen auf für Viele und heißen sie Staat: sie hängen ein Schwert und hundert Begierden über sie hin.

Wo es noch Volk gibt, da versteht es den Staat nicht und haßt ihn als bösen Blick und Sünde an Sitten und Rechten.

Dieses Zeichen gebe ich euch: jedes Volk spricht seine Zunge des Guten und Bösen: die versteht der Nachbar nicht. Seine Sprache erfand es sich in Sitten und Rechten.

Aber der Staat lügt in allen Zungen des Guten und Bösen; und was er auch redet, er lügt – und was er auch hat, gestohlen hat er's.

Falsch ist Alles an ihm; mit gestohlenen Zähnen beißt er, der Bissige. Falsch sind selbst seine Eingeweide.

Sprachverwirrung des Guten und Bösen: dieses Zeichen gebe ich euch als Zeichen des Staates. Wahrlich, den Willen zum Tode deutet dieses Zeichen! Wahrlich, es winkt den Predigern des Todes!

Viel zu Viele werden geboren: für die Überflüssigen ward der Staat erfunden!

Seht mir doch, wie er sie an sich lockt, die Viel-zu-Vielen! Wie er sie schlingt und kaut und wiederkäut!

»Auf der Erde ist nichts Größeres als ich: der ordnende Finger bin ich Gottes« – also brüllt das Untier. Und nicht nur Langgeohrte und Kurzgeäugte sinken auf die Knie!

Ach, auch in euch, ihr großen Seelen, raunt er seine düsteren Lügen! Ach, er errät die reichen Herzen, die gerne sich verschwenden!

Ja, auch euch errät er, ihr Besieger des alten Gottes! Müde wurdet ihr im Kampfe, und nun dient eure Müdigkeit noch dem neuen Götzen!

Helden und Ehrenhafte möchte er um sich aufstellen, der neue Götze! Gerne sonnt er sich im Sonnenschein guter Gewissen – das kalte Untier!

Alles will er *euch* geben, wenn ihr ihn anbetet, der neue Götze: also kauft er sich den Glanz eurer Tugend und den Blick eurer stolzen Augen.

Ködern will er mit euch die Viel-zu-Vielen! Ja, ein Höllenkunststück ward da erfunden, ein Pferd des Todes, klirrend im Putz göttlicher Ehren!

Ja, ein Sterben für Viele ward da erfunden, das sich selber als Leben preist: wahrlich, ein Herzensdienst allen Predigern des Todes!

Staat nenne ich's, wo Alle Gifttrinker sind, Gute und Schlimme: Staat, wo Alle sich selber verlieren, Gute und Schlimme: Staat, wo der langsame Selbstmord aller – »das Leben« heißt.

Seht mir doch diese Überflüssigen! Sie stehlen sich die Werke der Erfinder und die Schätze der Weisen: Bildung nennen sie ihren Diebstahl – und Alles wird ihnen zu Krankheit und Ungemach!

Seht mir doch diese Überflüssigen! Krank sind sie immer, sie erbrechen ihre Galle und nennen es Zeitung. Sie verschlingen einander und können sich nicht einmal verdauen.

Seht mir doch diese Überflüssigen! Reichtümer erwerben sie und werden ärmer damit. Macht wollen sie, und zuerst das Brecheisen der Macht, viel Geld, – diese Unvermögenden!

Seht sie klettern, diese geschwinden Affen! Sie klettern übereinander hinweg und zerren sich also in den Schlamm und die Tiefe.

Hin zum Throne wollen sie Alle: ihr Wahnsinn ist es – als ob das Glück auf dem Throne säße! Oft sitzt der Schlamm auf dem Thron – und oft auch der Thron auf dem Schlamme.

Wahnsinnige sind sie mir Alle und kletternde Affen und Überheiße. Übel riecht mir ihr Götze, das kalte Untier: übel riechen sie mir alle zusammen, diese Götzendiener.

Meine Brüder, wollt ihr denn ersticken im Dunste ihrer Mäuler und Begierden! Lieber zerbrecht doch die Fenster und springt ins Freie!

Geht doch dem schlechten Geruche aus dem Wege! Geht fort von der Götzendienerei der Überflüssigen!

Geht doch dem schlechten Geruche aus dem Wege! Geht fort von dem Dampfe dieser Menschenopfer!

Frei steht großen Seelen auch jetzt noch die Erde. Leer sind noch viele Sitze für Einsame und Zweisame, um die der Geruch stiller Meere weht.

Frei steht noch großen Seelen ein freies Leben. Wahrlich, wer wenig besitzt, wird um so weniger besessen: gelobt sei die kleine Armut!

Dort, wo der Staat aufhört, da beginnt erst der Mensch, der nicht überflüssig ist: da beginnt das Lied des Notwendigen, die einmalige und unersetzliche Weise.

Dort, wo der Staat *aufhört*, – so seht mir doch hin, meine Brüder! Seht ihr ihn nicht, den Regenbogen und die Brücken des Übermenschen? –

Also sprach Zarathustra.

Von den Fliegen des Marktes

Fliehe, mein Freund, in deine Einsamkeit! Ich sehe dich betäubt vom Lärme der großen Männer und zerstochen von den Stacheln der kleinen.

Würdig wissen Wald und Fels mit dir zu schweigen. Gleiche wieder dem Baume, den du liebst, dem breitästigen: still und aufhorchend hängt er über dem Meere.

Wo die Einsamkeit aufhört, da beginnt der Markt; und wo der Markt beginnt, da beginnt auch der Lärm der großen Schauspieler und das Geschwirr der giftigen Fliegen.

In der Welt taugen die besten Dinge noch Nichts, ohne Einen, der sie erst aufführt: große Männer heißt das Volk diese Aufführer.

Wenig begreift das Volk das Große, das ist: das Schaffende. Aber Sinne hat es für alle Aufführer und Schauspieler großer Sachen.

Um die Erfinder von neuen Werten dreht sich die Welt: – unsichtbar dreht sie sich. Doch um die Schauspieler dreht sich das Volk und der Ruhm: so ist es »der Welt Lauf«.

Geist hat der Schauspieler, doch wenig Gewissen des Geistes. Immer glaubt er an Das, womit er am stärksten glauben macht – glauben an *sich* macht!

Morgen hat er einen neuen Glauben und übermorgen einen neueren. Rasche Sinne hat er, gleich dem Volke, und veränderliche Witterungen.

Umwerfen – das heißt ihm: beweisen. Toll machen – das heißt ihm: überzeugen. Und Blut gilt ihm als aller Gründe bester.

Eine Wahrheit, die nur in feine Ohren schlüpft, nennt er Lüge und Nichts. Wahrlich, er glaubt nur an Götter, die großen Lärm in der Welt machen!

Voll von feierlichen Possenreißern ist der Markt – und das Volk rühmt sich seiner großen Männer! Das sind ihm die Herrn der Stunde.

Aber die Stunde drängt sie: so drängen sie dich. Und auch von dir wollen sie Ja oder Nein. Wehe, du willst zwischen Für und Wider deinen Stuhl setzen?

Dieser Unbedingten und Drängenden halber sei ohne Eifersucht, du Liebhaber der Wahrheit! Niemals noch hängte sich die Wahrheit an den Arm eines Unbedingten.

Dieser Plötzlichen halber gehe zurück in deine Sicherheit: nur auf dem Markt wird man mit Ja? oder Nein? überfallen.

Langsam ist das Erleben allen tiefen Brunnen: lange müssen sie warten, bis sie wissen, *was* in ihre Tiefe fiel.

Abseits vom Markte und Ruhme begibt sich alles Große: abseits vom Markte und Ruhme wohnten von je die Erfinder neuer Werte.

Fliehe, mein Freund, in deine Einsamkeit: ich sehe dich von giftigen Fliegen zerstochen. Fliehe dorthin, wo rauhe, starke Luft weht!

Fliehe in deine Einsamkeit! Du lebtest den Kleinen und Erbärmlichen zu nahe. Fliehe vor ihrer unsichtbaren Rache! Gegen dich sind sie Nichts als Rache.

Hebe nicht mehr den Arm gegen sie! Unzählbar sind sie, und es ist nicht dein Los, Fliegenwedel zu sein.

Unzählbar sind diese Kleinen und Erbärmlichen; und manchem stolzen Baue gereichten schon Regentropfen und Unkraut zum Untergange.

Du bist kein Stein, aber schon wurdest du hohl von vielen Tropfen. Zerbrechen und zerbersten wirst du mir noch von vielen Tropfen.

Ermüdet sehe ich dich durch giftige Fliegen, blutig geritzt sehe ich dich an hundert Stellen; und dein Stolz will nicht einmal zürnen.

Blut möchten sie von dir in aller Unschuld, Blut begehren ihre blutlosen Seelen – und sie stechen daher in aller Unschuld.

Aber du Tiefer, du leidest zu tief, auch an kleinen Wunden; und ehe du dich noch geheilt hast, kroch dir der gleiche Giftwurm über die Hand.

Zu stolz bist du mir dafür, diese Naschhaften zu töten. Hüte dich aber, daß es nicht dein Verhängnis werde, all ihr giftiges Unrecht zu tragen!

Sie summen um dich auch mit ihrem Lobe: Zudringlichkeit ist ihr Loben. Sie wollen die Nähe deiner Haut und deines Blutes.

Sie schmeicheln dir wie einem Gotte oder Teufel; sie winseln vor dir wie vor einem Gotte oder Teufel. Was macht es! Schmeichler sind es und Winsler, und nicht mehr.

Auch geben sie sich dir oft als Liebenswürdige. Aber das war immer die Klugheit der Feigen. Ja, die Feigen sind klug!

Sie denken viel über dich mit ihrer engen Seele – bedenklich bist du ihnen stets! Alles, was viel bedacht wird, wird bedenklich.

Sie bestrafen dich für alle deine Tugenden. Sie verzeihen dir von Grund aus nur – deine Fehlgriffe.

Weil du milde bist und gerechten Sinnes, sagst du: »unschuldig sind sie an ihrem kleinen Dasein.« Aber ihre enge Seele denkt: »Schuld ist alles große Dasein.«

Auch wenn du ihnen milde bist, fühlen sie sich noch von dir verachtet; und sie geben dir deine Wohltat zurück mit versteckten Wehtaten.

Dein wortloser Stolz geht immer wider ihren Geschmack; sie frohlocken, wenn du einmal bescheiden genug bist, eitel zu sein.

Das, was wir an einem Menschen erkennen, das entzünden wir an ihm auch. Also hüte dich vor den Kleinen!

Vor dir fühlen sie sich klein, und ihre Niedrigkeit glimmt und glüht gegen dich in unsichtbarer Rache.

Merktest du nicht, wie oft sie stumm wurden, wenn du zu ihnen tratest, und wie ihre Kraft von ihnen ging, wie der Rauch von einem erlöschenden Feuer?

Ja, mein Freund, das böse Gewissen bist du deinen Nächsten: denn sie sind deiner unwert. Also hassen sie dich und möchten gerne an deinem Blute saugen.

Deine Nächsten werden immer giftige Fliegen sein; Das, was groß an dir ist, – das selber muß sie giftiger machen und immer fliegenhafter.

Fliehe, mein Freund, in deine Einsamkeit und dorthin, wo eine rauhe, starke Luft weht. Nicht ist es dein Los, Fliegenwedel zu sein. –

Also sprach Zarathustra.

Von der Keuschheit

Ich liebe den Wald. In den Städten ist schlecht zu leben: da gibt es zu Viele der Brünstigen.

Ist es nicht besser, in die Hände eines Mörders zu geraten, als in die Träume eines brünstigen Weibes?

Und seht mir doch diese Männer an: ihr Auge sagt es – sie wissen nichts Besseres auf Erden, als bei einem Weibe zu liegen.

Schlamm ist auf dem Grunde ihrer Seele; und wehe, wenn ihr Schlamm gar noch Geist hat!

Daß ihr doch wenigstens als Tiere vollkommen wäret! Aber zum Tiere gehört die Unschuld.

Rate ich euch, eure Sinne zu töten? Ich rate euch zur Unschuld der Sinne.

Rate ich euch zur Keuschheit? Die Keuschheit ist bei Einigen eine Tugend, aber bei Vielen beinahe ein Laster.

Diese enthalten sich wohl: aber die Hündin Sinnlichkeit blickt mit Neid aus Allem, was sie tun.

Noch in die Höhen ihrer Tugend und bis in den kalten Geist hinein folgt ihnen dies Getier und sein Unfrieden.

Und wie artig weiß die Hündin Sinnlichkeit um ein Stück Geist zu betteln, wenn ihr ein Stück Fleisch versagt wird!

Ihr liebt Trauerspiele und Alles, was das Herz zerbricht? Aber ich bin mißtrauisch gegen eure Hündin.

Ihr habt mir zu grausame Augen und blickt lüstern nach Leidenden. Hat sich nicht nur eure Wollust verkleidet und heißt sich Mitleiden?

Und auch dies Gleichnis gebe ich euch: nicht Wenige, die ihren Teufel austreiben wollten, fuhren dabei selber in die Säue.

Wem die Keuschheit schwerfällt, dem ist sie zu widerraten: daß sie nicht der Weg zur Hölle werde – das ist zu Schlamm und Brunst der Seele.

Rede ich von schmutzigen Dingen? Das ist mir nicht das Schlimmste.

Nicht, wenn die Wahrheit schmutzig ist, sondern wenn sie seicht ist, steigt der Erkennende ungern in ihr Wasser.

Wahrlich, es gibt Keusche von Grund aus: sie sind milder von Herzen, sie lachen lieber und reichlicher als ihr.

Sie lachen auch über die Keuschheit und fragen: »was ist Keuschheit!

Ist Keuschheit nicht Torheit? Aber diese Torheit kam zu uns, und nicht wir zu ihr.

Wir boten diesem Gaste Herberge und Herz: nun wohnt er bei uns – mag er bleiben, wie lange er will!«

Also sprach Zarathustra.

Vom Freunde

»Einer ist immer zuviel um mich« – also denkt der Einsiedler. »Immer Einmal Eins – das gibt auf die Dauer Zwei!«

Ich und Mich sind immer zu eifrig im Gespräche: wie wäre es auszuhalten, wenn es nicht einen Freund gäbe?

Immer ist für den Einsiedler der Freund der Dritte: der Dritte ist der Kork, der verhindert, daß das Gespräch der Zweie in die Tiefe sinkt.

Ach, es gibt zu viele Tiefen für alle Einsiedler. Darum sehnen sie sich so nach einem Freunde und nach seiner Höhe.

Unser Glaube an Andre verrät, worin wir gerne an uns selber glauben möchten. Unsre Sehnsucht nach einem Freunde ist unser Verräter.

Und oft will man mit der Liebe nur den Neid überspringen. Und oft greift man an und macht sich einen Feind, um zu verbergen, daß man angreifbar ist.

»Sei wenigstens mein Feind!« – so spricht die wahre Ehrfurcht, die nicht um Freundschaft zu bitten wagt.

Will man einen Freund haben, so muß man auch für ihn Krieg führen wollen: und um Krieg zu führen, muß man Feind sein *können*.

Man soll in seinem Freunde noch den Feind ehren. Kannst du an deinen Freund dicht herantreten, ohne zu ihm überzutreten?

In seinem Freunde soll man seinen besten Feind haben. Du sollst ihm am nächsten mit dem Herzen sein, wenn du ihm widerstrebst.

Du willst vor deinem Freunde kein Kleid tragen? Es soll deines Freundes Ehre sein, daß du dich ihm gibst, wie du bist? Aber er wünscht dich darum zum Teufel!

Wer aus sich kein Hehl macht, empört: so sehr habt ihr Grund, die Nacktheit zu fürchten! Ja, wenn ihr Götter wäret, da dürftet ihr euch eurer Kleider schämen!

Du kannst dich für deinen Freund nicht schön genug putzen: denn du sollst ihm ein Pfeil und eine Sehnsucht nach dem Übermenschen sein.

Sahst du deinen Freund schon schlafen – damit du erfahrest, wie er aussieht? Was ist doch sonst das Gesicht deines Freundes? Es ist dein eignes Gesicht, auf einem rauhen und unvollkommnen Spiegel.

Sahst du deinen Freund schon schlafen? Erschrakst du nicht, daß dein Freund so aussieht? Oh, mein Freund, der Mensch ist Etwas, das überwunden werden muß.

Im Erraten und Stillschweigen soll der Freund Meister sein: nicht Alles mußt du sehn wollen. Dein Traum soll dir verraten, was dein Freund im Wachen tut.

Ein Erraten sei dein Mitleiden: daß du erst wissest, ob dein Freund Mitleiden wolle. Vielleicht liebt er an dir das ungebrochne Auge und den Blick der Ewigkeit.

Das Mitleiden mit dem Freunde berge sich unter einer harten Schale, an ihm sollst du dir einen Zahn ausbeißen. So wird es seine Feinheit und Süße haben.

Bist du reine Luft und Einsamkeit und Brot und Arznei deinem Freunde? Mancher kann seine eignen Ketten nicht lösen und doch ist er dem Freunde ein Erlöser.

Bist du ein Sklave? So kannst du nicht Freund sein. Bist du ein Tyrann? So kannst du nicht Freunde haben.

Allzulange war im Weibe ein Sklave und ein Tyrann versteckt. Deshalb ist das Weib noch nicht der Freundschaft fähig: es kennt nur die Liebe.

In der Liebe des Weibes ist Ungerechtigkeit und Blindheit gegen Alles, was es nicht liebt. Und auch in der wissenden Liebe des Weibes ist immer noch Überfall und Blitz und Nacht neben dem Lichte.

Noch ist das Weib nicht der Freundschaft fähig: Katzen sind immer noch die Weiber, und Vögel. Oder, besten Falles, Kühe.

Noch ist das Weib nicht der Freundschaft fähig. Aber sagt mir, ihr Männer, wer von euch ist denn fähig der Freundschaft?

Oh über eure Armut, ihr Männer, und euren Geiz der Seele! Wieviel ihr dem Freunde gebt, das will ich noch meinem Feinde geben, und will auch nicht ärmer damit geworden sein.

Es gibt Kameradschaft: möge es Freundschaft geben!

Also sprach Zarathustra.

Von tausend und Einem Ziele

Viele Länder sah Zarathustra und viele Völker: so entdeckte er vieler Völker Gutes und Böses. Keine größere Macht fand Zarathustra auf Erden, als Gut und Böse.

Leben könnte kein Volk, das nicht erst schätzte; will es sich aber erhalten, so darf es nicht schätzen, wie der Nachbar schätzt.

Vieles, das diesem Volke gut hieß, hieß einem andern Hohn und Schmach: also fand ich's. Vieles fand ich hier böse genannt und dort mit purpurnen Ehren geputzt.

Nie verstand ein Nachbar den andern: stets verwunderte sich seine Seele ob des Nachbarn Wahn und Bosheit.

Eine Tafel der Güter hängt über jedem Volke. Siehe, es ist seiner Überwindungen Tafel; siehe, es ist die Stimme seines Willens zur Macht.

Löblich ist, was ihm schwer gilt; was unerläßlich und schwer, heißt gut; und was aus der höchsten Not noch befreit, das Seltene, Schwerste, – das preist es heilig.

Was da macht, daß es herrscht und siegt und glänzt, seinem Nachbarn zu Grauen und Neide: das gilt ihm das Hohe, das Erste, das Messende, der Sinn aller Dinge.

Wahrlich, mein Bruder, erkanntest du erst eines Volkes Not und Land und Himmel und Nachbar: so errätst du wohl das Gesetz seiner Überwindungen, und warum es auf dieser Leiter zu seiner Hoffnung steigt.

»Immer sollst du der Erste sein und den Andern vorragen: Niemanden soll deine eifersüchtige Seele lieben, es sei denn den Freund« – dies machte einem Griechen die Seele zittern: dabei ging er seinen Pfad der Größe.

»Wahrheit reden und gut mit Bogen und Pfeil verkehren« – so dünkte es jenem Volke zugleich lieb und schwer, aus dem mein Name kommt – der Name, welcher mir zugleich lieb und schwer ist.

»Vater und Mutter ehren und bis in die Wurzel der Seele hinein ihnen zu Willen sein«: diese Tafel der Überwindung hängte ein andres Volk über sich auf und wurde mächtig und ewig damit.

»Treue üben und um der Treue willen Ehre und Blut auch an böse und gefährliche Sachen setzen«: also sich lehrend bezwang sich ein anderes Volk, und also sich bezwingend wurde es schwanger und schwer von großen Hoffnungen.

Wahrlich, die Menschen gaben sich alles ihr Gutes und Böses. Wahrlich, sie nahmen es nicht, sie fanden es nicht, nicht fiel es ihnen als Stimme vom Himmel.

Werte legte erst der Mensch in die Dinge, sich zu erhalten, – er schuf erst den Dingen Sinn, einen Menschen-Sinn! Darum nennt er sich »Mensch«, das ist: der Schätzende.

Schätzen ist Schaffen: hört es, ihr Schaffenden! Schätzen selber ist aller geschätzten Dinge Schatz und Kleinod.

Durch das Schätzen erst gibt es Wert: und ohne das Schätzen wäre die Nuß des Daseins hohl. Hört es, ihr Schaffenden!

Wandel der Werte – das ist Wandel der Schaffenden. Immer vernichtet, wer ein Schöpfer sein muß.

Schaffende waren erst Völker, und spät erst Einzelne; wahrlich, der Einzelne selber ist noch die jüngste Schöpfung.

Völker hängten sich einst eine Tafel des Guten über sich. Liebe, die herrschen will, und Liebe, die gehorchen will, erschufen sich zusammen solche Tafeln.

Älter ist an der Herde die Lust, als die Lust am Ich: und solange das gute Gewissen Herde heißt, sagt nur das schlechte Gewissen: Ich.

Wahrlich, das schlaue Ich, das lieblose, das seinen Nutzen im Nutzen Vieler will: das ist nicht der Herde Ursprung, sondern ihr Untergang.

Liebende waren es stets und Schaffende, die schufen Gut und Böse. Feuer der Liebe glüht in aller Tugenden Namen und Feuer des Zorns.

Viele Länder sah Zarathustra und viele Völker: keine größere Macht fand Zarathustra auf Erden, als die Werke der Liebenden: »gut« und »böse« ist ihr Name.

Wahrlich, ein Ungetüm ist die Macht dieses Lobens und Tadelns. Sagt, wer bezwingt es mir, ihr Brüder? Sagt, wer wirft diesem Tier die Fessel über die tausend Nacken?

Tausend Ziele gab es bisher, denn tausend Völker gab es. Nur die Fessel der tausend Nacken fehlt noch, es fehlt das Eine Ziel. Noch hat die Menschheit kein Ziel.

Aber sagt mir doch, meine Brüder: wenn der Menschheit das Ziel noch fehlt, fehlt da nicht auch – sie selber noch? –

Also sprach Zarathustra.

Von der Nächstenliebe

Ihr drängt euch um den Nächsten und habt schöne Worte dafür. Aber ich sage euch: eure Nächstenliebe ist eure schlechte Liebe zu euch selber.

Ihr flüchtet zum Nächsten vor euch selber und möchtet euch daraus eine Tugend machen: aber ich durchschaue euer »Selbstloses«.

Das Du ist älter als das Ich; das Du ist heilig gesprochen, aber noch nicht das Ich: so drängt sich der Mensch hin zum Nächsten.

Rate ich euch zur Nächstenliebe? Lieber noch rate ich euch zur Nächsten-Flucht und zur Fernsten-Liebe!

Höher als die Liebe zum Nächsten steht die Liebe zum Fernsten und Künftigen; höher noch als die Liebe zu Menschen gilt mir die Liebe zu Sachen und Gespenstern.

Dies Gespenst, das vor dir herläuft, mein Bruder, ist schöner als du; warum gibst du ihm nicht dein Fleisch und deine Knochen? Aber du fürchtest dich und läufst zu deinem Nächsten.

Ihr haltet es mit euch selber nicht aus und liebt euch nicht genug: nun wollt ihr den Nächsten zur Liebe verführen und euch mit seinem Irrtum vergolden.

Ich wollte, ihr hieltet es nicht aus mit allerlei Nächsten und deren Nachbarn; so müßtet ihr aus euch selber euren Freund und sein überwallendes Herz schaffen.

Ihr ladet euch einen Zeugen ein, wenn ihr von euch gut reden wollt; und wenn ihr ihn verführt habt, gut von euch zu denken, denkt ihr selber gut von euch.

Nicht nur Der lügt, welcher wider sein Wissen redet, sondern erst recht Der, welcher wider sein Nichtwissen redet. Und so redet ihr von euch im Verkehre und belügt mit euch den Nachbar.

Also spricht der Narr: »Der Umgang mit Menschen verdirbt den Charakter, sonderlich wenn man keinen hat.«

Der Eine geht zum Nächsten, weil er sich sucht, und der Andre, weil er sich verlieren möchte. Eure schlechte Liebe zu euch selber macht euch aus der Einsamkeit ein Gefängnis.

Die Ferneren sind es, welche eure Liebe zum Nächsten bezahlen; und schon wenn ihr zu fünfen miteinander seid, muß immer ein sechster sterben.

Ich liebe auch eure Feste nicht: zu viel Schauspieler fand ich dabei, und auch die Zuschauer gebärdeten sich oft gleich Schauspielern.

Nicht den Nächsten lehre ich euch, sondern den Freund. Der Freund sei euch das Fest der Erde und ein Vorgefühl des Übermenschen.

Ich lehre euch den Freund und sein übervolles Herz. Aber man muß verstehn, ein Schwamm zu sein, wenn man von übervollen Herzen geliebt sein will.

Ich lehre euch den Freund, in dem die Welt fertig dasteht, eine Schale des Guten, – den schaffenden Freund, der immer eine fertige Welt zu verschenken hat.

Und wie ihm die Welt auseinanderrollte, so rollt sie ihm wieder in Ringen zusammen, als das Werden des Guten durch das Böse, als das Werden der Zwecke aus dem Zufalle.

Die Zukunft und das Fernste sei dir die Ursache deines Heute: in deinem Freunde sollst du den Übermenschen als deine Ursache lieben.

Meine Brüder, zur Nächstenliebe rate ich euch nicht: ich rate euch zur Fernsten-Liebe.

Also sprach Zarathustra.

Vom Wege des Schaffenden

Willst du, mein Bruder, in die Vereinsamung gehen? Willst du den Weg zu dir selber suchen? Zaudere noch ein Wenig und höre mich.

»Wer sucht, der geht leicht selber verloren. Alle Vereinsamung ist Schuld«: also spricht die Herde. Und du gehörst lange zur Herde.

Die Stimme der Herde wird auch in dir noch tönen. Und wenn du sagen wirst »ich habe nicht mehr Ein Gewissen mit euch«, so wird es eine Klage und ein Schmerz sein.

Siehe, diesen Schmerz selber gebar noch das Eine Gewissen: und dieses Gewissens letzter Schimmer glüht noch auf deiner Trübsal.

Aber du willst den Weg deiner Trübsal gehen, welches ist der Weg zu dir selber? So zeige mir dein Recht und deine Kraft dazu!

Bist du eine neue Kraft und ein neues Recht? Eine erste Bewegung? Ein aus sich rollendes Rad? Kannst du auch Sterne zwingen, daß sie um dich sich drehen?

Ach, es gibt so viel Lüsternheit nach Höhe! Es gibt so viele Krämpfe der Ehrgeizigen! Zeige mir, daß du keiner der Lüsternen und Ehrgeizigen bist!

Ach, es gibt so viele große Gedanken, die tun nicht mehr als ein Blasebalg: sie blasen auf und machen leerer.

Frei nennst du dich? Deinen herrschenden Gedanken will ich hören und nicht, daß du einem Joche entronnen bist.

Bist du ein Solcher, der einem Joche entrinnen *durfte*? Es gibt Manchen, der seinen letzten Wert wegwarf, als er seine Dienstbarkeit wegwarf.

Frei wovon? Was schiert das Zarathustra! Hell aber soll mir dein Auge künden: frei *wozu*?

Kannst du dir selber dein Böses und dein Gutes geben und deinen Willen über dich aufhängen wie ein Gesetz? Kannst du dir selber Richter sein und Rächer deines Gesetzes?

Furchtbar ist das Alleinsein mit dem Richter und Rächer des eignen Gesetzes. Also wird ein Stern hinausgeworfen in den öden Raum und in den eisigen Atem des Alleinseins.

Heute noch leidest du an den Vielen, du Einer: heute noch hast du deinen Mut ganz und deine Hoffnungen.

Aber einst wird dich die Einsamkeit müde machen, einst wird dein Stolz sich krümmen und dein Mut knirschen. Schreien wirst du einst »ich bin allein!«

Einst wirst du dein Hohes nicht mehr sehn und dein Niedriges allzunahe; dein Erhabnes selbst wird dich fürchten machen wie ein Gespenst. Schreien wirst du einst: »Alles ist falsch!«

Es gibt Gefühle, die den Einsamen töten wollen; gelingt es ihnen nicht, nun, so müssen sie selber sterben! Aber vermagst du das, Mörder zu sein?

Kennst du, mein Bruder, schon das Wort »Verachtung«? Und die Qual deiner Gerechtigkeit, Solchen gerecht zu sein, die dich verachten?

Du zwingst Viele, über dich umzulernen; das rechnen sie dir hart an. Du kamst ihnen nahe und gingst doch vorüber: das verzeihen sie dir niemals.

Du gehst über sie hinaus: aber je höher du steigst, um so kleiner sieht dich das Auge des Neides. Am meisten aber wird der Fliegende gehaßt.

»Wie wolltet ihr gegen mich gerecht sein!« – mußt du sprechen – »ich erwähle mir eure Ungerechtigkeit als den mir zugemeßnen Teil.«

Ungerechtigkeit und Schmutz werfen sie nach dem Einsamen: aber, mein Bruder, wenn du ein Stern sein willst, so mußt du ihnen deshalb nicht weniger leuchten!

Und hüte dich vor den Guten und Gerechten! Sie kreuzigen gerne Die, welche sich ihre eigne Tugend erfinden, – sie hassen den Einsamen.

Hüte dich auch vor der heiligen Einfalt! Alles ist ihr unheilig, was nicht einfältig ist; sie spielt auch gerne mit dem Feuer – der Scheiterhaufen.

Und hüte dich auch vor den Anfällen deiner Liebe! Zu schnell streckt der Einsame Dem die Hand entgegen, der ihm begegnet.

Manchem Menschen darfst du nicht die Hand geben, sondern nur die Tatze: und ich will, daß deine Tatze auch Krallen habe.

Aber der schlimmste Feind, dem du begegnen kannst, wirst du immer dir selber sein; du selber lauerst dir auf in Höhlen und Wäldern.

Einsamer, du gehst den Weg zu dir selber! Und an dir selber führt dein Weg vorbei, und an deinen sieben Teufeln!

Ketzer wirst du dir selber sein und Hexe und Wahrsager und Narr und Zweifler und Unheiliger und Bösewicht.

Verbrennen mußt du dich wollen in deiner eignen Flamme: wie wolltest du neu werden, wenn du nicht erst Asche geworden bist!

Einsamer, du gehst den Weg des Schaffenden: einen Gott willst du dir schaffen aus deinen sieben Teufeln!

Einsamer, du gehst den Weg des Liebenden: dich selber liebst du und deshalb verachtest du dich, wie nur Liebende verachten.

Schaffen will der Liebende, weil er verachtet! Was weiß Der von Liebe, der nicht gerade verachten mußte, was er liebte!

Mit deiner Liebe gehe in deine Vereinsamung und mit deinem Schaffen, mein Bruder; und spät erst wird die Gerechtigkeit dir nachhinken.

Mit meinen Tränen gehe in deine Vereinsamung, mein Bruder. Ich liebe Den, der über sich selber hinaus schaffen will und so zugrunde geht. –

Also sprach Zarathustra.

Von alten und jungen Weiblein

»Was schleichst du so scheu durch die Dämmerung, Zarathu-stra? Und was birgst du behutsam unter deinem Mantel?«

»Ist es ein Schatz, der dir geschenkt? Oder ein Kind, das dir geboren wurde? Oder gehst du jetzt selber auf den Wegen der Diebe, du Freund der Bösen?« –

Wahrlich, mein Bruder! sprach Zarathustra, es ist ein Schatz, der mir geschenkt wurde: eine kleine Wahrheit ist's, die ich trage.

Aber sie ist ungebärdig wie ein junges Kind; und wenn ich ihr nicht den Mund halte, so schreit sie überlaut.

Als ich heute allein meines Weges ging, zur Stunde, wo die Sonne sinkt, begegnete mir ein altes Weiblein und redete also zu meiner Seele:

»Vieles sprach Zarathustra auch zu uns Weibern, doch nie sprach er uns über das Weib.«

Und ich entgegnete ihr: »über das Weib soll man nur zu Männern reden.«

»Rede auch zu mir vom Weibe«, sprach sie; »ich bin alt ge-nug, um es gleich wieder zu vergessen.«

Und ich willfahrte dem alten Weiblein und sprach also zu ihm:

Alles am Weibe ist ein Rätsel, und Alles am Weibe hat Eine Lösung: sie heißt Schwangerschaft.

Der Mann ist für das Weib ein Mittel: der Zweck ist immer das Kind. Aber was ist das Weib für den Mann?

Zweierlei will der ächte Mann: Gefahr und Spiel. Deshalb will er das Weib, als das gefährlichste Spielzeug.

Der Mann soll zum Kriege erzogen werden, und das Weib zur Erholung des Kriegers: alles Andre ist Torheit.

Allzu süße Früchte – die mag der Krieger nicht. Darum mag er das Weib; bitter ist auch noch das süßeste Weib.

Besser als ein Mann versteht das Weib die Kinder, aber der Mann ist kindlicher als das Weib.

Im ächten Manne ist ein Kind versteckt: das will spielen. Auf, ihr Frauen, so entdeckt mir doch das Kind im Manne!

Ein Spielzeug sei das Weib, rein und fein, dem Edelsteine gleich, bestrahlt von den Tugenden einer Welt, welche noch nicht da ist.

Der Strahl eines Sternes glänze in eurer Liebe! Eure Hoffnung heiße: »möge ich den Übermenschen gebären!«

In eurer Liebe sei Tapferkeit! Mit eurer Liebe sollt ihr auf Den losgehn, der euch Furcht einflößt.

In eurer Liebe sei eure Ehre! Wenig versteht sich sonst das Weib auf Ehre. Aber dies sei eure Ehre, immer mehr zu lieben, als ihr geliebt werdet, und nie die Zweiten zu sein.

Der Mann fürchte sich vor dem Weibe, wenn es liebt: da bringt es jedes Opfer, und jedes andre Ding gilt ihm ohne Wert.

Der Mann fürchte sich vor dem Weibe, wenn es haßt: denn der Mann ist im Grunde der Seele nur böse, das Weib aber ist dort schlecht.

Wen haßt das Weib am meisten? – Also sprach das Eisen zum Magneten: »ich hasse dich am meisten, weil du anziehst, aber nicht stark genug bist, an dich zu ziehen.«

Das Glück des Mannes heißt: ich will. Das Glück des Weibes heißt: er will.

»Siehe, jetzt eben ward die Welt vollkommen!« – also denkt ein jedes Weib, wenn es aus ganzer Liebe gehorcht.

Und gehorchen muß das Weib und eine Tiefe finden zu seiner Oberfläche. Oberfläche ist des Weibes Gemüt, eine bewegliche stürmische Haut auf einem seichten Gewässer.

Des Mannes Gemüt aber ist tief, sein Strom rauscht in unterirdischen Höhlen: das Weib ahnt seine Kraft, aber begreift sie nicht. –

Da entgegnete mir das alte Weiblein: »Vieles Artige sagte Zarathustra und sonderlich für Die, welche jung genug dazu sind.

Seltsam ist's, Zarathustra kennt wenig die Weiber, und doch hat er über sie recht! Geschieht dies deshalb, weil beim Weibe kein Ding unmöglich ist?

Und nun nimm zum Danke eine kleine Wahrheit! Bin ich doch alt genug für sie!

Wickle sie ein und halte ihr den Mund: sonst schreit sie überlaut, diese kleine Wahrheit.«

»Gib mir, Weib, deine kleine Wahrheit!« sagte ich. Und also sprach das alte Weiblein:

»Du gehst zu Frauen? Vergiß die Peitsche nicht!« –

Also sprach Zarathustra.

Vom Biß der Natter

Eines Tages war Zarathustra unter einem Feigenbaume eingeschlafen, da es heiß war, und hatte seine Arme über das Gesicht gelegt. Da kam eine Natter und biß ihn in den Hals, so daß Zarathustra vor Schmerz aufschrie. Als er den Arm vom Gesicht genommen hatte, sah er die Schlange an: da erkannte sie die Augen Zarathustras, wand sich ungeschickt und wollte davon. »Nicht doch«, sprach Zarathustra; »noch nahmst du meinen Dank nicht an! Du wecktest mich zur Zeit, mein Weg ist noch lang.« – »Dein Weg ist noch kurz«, sagte die Natter traurig; »mein Gift tötet.« Zarathustra lächelte. »Wann starb wohl je ein Drache am Gift einer Schlange?« – sagte er. »Aber nimm dein Gift zurück! Du bist nicht reich genug, es mir zu schenken.« Da fiel ihm die Natter von neuem um den Hals und leckte ihm seine Wunde.

Als Zarathustra dies einmal seinen Jüngern erzählte, fragten sie: »Und was, oh Zarathustra, ist die Moral deiner Geschichte?« Zarathustra antwortete darauf also:

Den Vernichter der Moral heißen mich die Guten und Gerechten: meine Geschichte ist unmoralisch.

So ihr aber einen Feind habt, so vergeltet ihm nicht Böses mit Gutem: denn das würde beschämen. Sondern beweist, daß er euch etwas Gutes angetan hat.

Und lieber zürnt noch, als daß ihr beschämt! Und wenn euch geflucht wird, so gefällt es mir nicht, daß ihr dann segnen wollt. Lieber ein Wenig mitfluchen!

Und geschah euch ein großes Unrecht, so tut mir geschwind fünf kleine dazu! Gräßlich ist Der anzusehn, den allein das Unrecht drückt.

Wußtet ihr dies schon? Geteiltes Unrecht ist halbes Recht. Und Der soll das Unrecht auf sich nehmen, der es tragen kann!

Eine kleine Rache ist menschlicher als gar keine Rache. Und wenn die Strafe nicht auch ein Recht und eine Ehre ist für den Übertretenden, so mag ich auch euer Strafen nicht.

Vornehmer ist's, sich Unrecht zu geben als Recht zu behalten, sonderlich wenn man recht hat. Nur muß man reich genug dazu sein.

Ich mag eure kalte Gerechtigkeit nicht; und aus dem Auge eurer Richter blickt mir immer der Henker und sein kaltes Eisen.

Sagt, wo findet sich die Gerechtigkeit, welche Liebe mit sehenden Augen ist?

So erfindet mir doch die Liebe, welche nicht nur alle Strafe, sondern auch alle Schuld trägt!

So erfindet mir doch die Gerechtigkeit, die Jeden freispricht, ausgenommen den Richtenden!

Wollt ihr auch dies noch hören? An Dem, der von Grund aus gerecht sein will, wird auch noch die Lüge zur Menschen-Freundlichkeit.

Aber wie wollte ich gerecht sein von Grund aus! Wie kann ich Jedem das Seine geben! Dies sei mir genug: ich gebe Jedem das Meine.

Endlich, meine Brüder, hütet euch, Unrecht zu tun allen Einsiedlern! Wie könnte ein Einsiedler vergessen! Wie könnte er vergelten!

Wie ein tiefer Brunnen ist ein Einsiedler. Leicht ist es, einen Stein hineinzuwerfen; sank er aber bis zum Grunde, sagt, wer will ihn wieder hinausbringen?

Hütet euch, den Einsiedler zu beleidigen! Tatet ihr's aber, nun, so tötet ihn auch noch!

Also sprach Zarathustra.

Von *Kind und Ehe*

Ich habe eine Frage für dich allein, mein Bruder: wie ein Senkblei werfe ich diese Frage in deine Seele, daß ich wisse, wie tief sie sei.

Du bist jung und wünschest dir ein Kind und Ehe. Aber ich frage dich: bist du ein Mensch, der ein Kind sich wünschen *darf*?

Bist du der Siegreiche, der Selbstbezwinger, der Gebieter der Sinne, der Herr deiner Tugenden? Also frage ich dich.

Oder redet aus deinem Wunsche das Tier und die Notdurft? Oder Vereinsamung? Oder Unfriede mit dir?

Ich will, daß dein Sieg und deine Freiheit sich nach einem Kinde sehne. Lebendige Denkmale sollst du bauen deinem Siege und deiner Befreiung.

Über dich sollst du hinausbauen. Aber erst mußt du mir selber gebaut sein, rechtwinklig an Leib und Seele.

Nicht nur fort sollst du dich pflanzen, sondern hinauf! Dazu helfe dir der Garten der Ehe!

Einen höheren Leib sollst du schaffen, eine erste Bewegung, ein aus sich rollendes Rad – einen Schaffenden sollst du schaffen.

Ehe: so heiße ich den Willen zu Zweien, das Eine zu schaffen, das mehr ist, als die es schufen. Ehrfurcht voreinander nenne ich Ehe als vor den Wollenden eines solchen Willens.

Dies sei der Sinn und die Wahrheit deiner Ehe. Aber Das, was die Viel-zu-Vielen Ehe nennen, diese Überflüssigen, – ach, wie nenne ich das?

Ach, diese Armut der Seele zu Zweien! Ach, dieser Schmutz

der Seele zu Zweien! Ach, dies erbärmliche Behagen zu Zweien!

Ehe nennen sie dies Alles; und sie sagen, ihre Ehen seien im Himmel geschlossen.

Nun, ich mag ihn nicht, diesen Himmel der Überflüssigen! Nein, ich mag sie nicht, diese im himmlischen Netz verschlungenen Tiere!

Ferne bleibe mir auch der Gott, der heranhinkt, zu segnen, was er nicht zusammenfügte!

Lacht mir nicht über solche Ehen! Welches Kind hätte nicht Grund, über seine Eltern zu weinen?

Würdig schien mir dieser Mann und reif für den Sinn der Erde: aber als ich sein Weib sah, schien mir die Erde ein Haus für Unsinnige.

Ja, ich wollte, daß die Erde in Krämpfen bebte, wenn sich ein Heiliger und eine Gans miteinander paaren.

Dieser ging wie ein Held auf Wahrheiten aus und endlich erbeutete er sich eine kleine geputzte Lüge. Seine Ehe nennt er's.

Jener war spröde im Verkehre und wählte wählerisch. Aber mit Einem Male verdarb er für alle Male seine Gesellschaft: seine Ehe nennt er's.

Jener suchte eine Magd mit den Tugenden eines Engels. Aber mit Einem Male wurde er die Magd eines Weibes, und nun täte es not, daß er darüber noch zum Engel werde.

Sorgsam fand ich jetzt alle Käufer, und Alle haben listige Augen. Aber seine Frau kauft auch der Listigste noch im Sack.

Viele kurze Torheiten – das heißt bei euch Liebe. Und eure Ehe macht vielen kurzen Torheiten ein Ende, als Eine lange Dummheit.

Eure Liebe zum Weibe und des Weibes Liebe zum Manne: ach, möchte sie doch Mitleiden sein mit leidenden und verhüllten Göttern! Aber zumeist erraten zwei Tiere einander.

Aber auch noch eure beste Liebe ist nur ein verzücktes Gleichnis und eine schmerzhafte Glut. Eine Fackel ist sie, die euch zu höheren Wegen leuchten soll.

Über euch hinaus sollt ihr einst lieben! So *lernt* erst lieben! Und darum mußtet ihr den bittern Kelch eurer Liebe trinken.

Bitternis ist im Kelch auch der besten Liebe: so macht sie Sehnsucht zum Übermenschen, so macht sie Durst dir, dem Schaffenden!

Durst dem Schaffenden, Pfeil und Sehnsucht zum Übermenschen: sprich, mein Bruder, ist dies dein Wille zur Ehe?

Heilig heißt mir solch ein Wille und solche Ehe. –

Also sprach Zarathustra.

Vom freien Tode

Viele sterben zu spät, und Einige sterben zu früh. Noch klingt fremd die Lehre: »stirb zur rechten Zeit!«

Stirb zur rechten Zeit: also lehrt es Zarathustra.

Freilich, wer nie zur rechten Zeit lebt, wie sollte der je zur rechten Zeit sterben? Möchte er doch nie geboren sein! – Also rate ich den Überflüssigen.

Aber auch die Überflüssigen tun noch wichtig mit ihrem Sterben, und auch die hohlste Nuß will noch geknackt sein.

Wichtig nehmen Alle das Sterben: aber noch ist der Tod kein Fest. Noch erlernten die Menschen nicht, wie man die schönsten Feste weiht.

Den vollbringenden Tod zeige ich euch, der den Lebenden ein Stachel und ein Gelöbnis wird.

Seinen Tod stirbt der Vollbringende, siegreich, umringt von Hoffenden und Gelobenden.

Also sollte man sterben lernen; und es sollte kein Fest geben, wo ein solcher Sterbender nicht der Lebenden Schwüre weihte!

Also zu sterben ist das Beste; das Zweite aber ist: im Kampfe zu sterben und eine große Seele zu verschwenden.

Aber dem Kämpfenden gleich verhaßt wie dem Sieger ist euer grinsender Tod, der heranschleicht wie ein Dieb – und doch als Herr kommt.

Meinen Tod lobe ich euch, den freien Tod, der mir kommt, weil *ich* will.

Und wann werde ich wollen? – Wer ein Ziel hat und einen Erben, der will den Tod zur rechten Zeit für Ziel und Erben.

Und aus Ehrfurcht vor Ziel und Erben wird er keine dürren Kränze mehr im Heiligtum des Lebens aufhängen.

Wahrlich, nicht will ich den Seildrehern gleichen: sie ziehen ihren Faden in die Länge und gehen dabei selber immer rückwärts.

Mancher wird auch für seine Wahrheiten und Siege zu alt; ein zahnloser Mund hat nicht mehr das Recht zu jeder Wahrheit.

Und Jeder, der Ruhm haben will, muß sich beizeiten von der Ehre verabschieden und die schwere Kunst üben, zur rechten Zeit zu – gehn.

Man muß aufhören, sich essen zu lassen, wenn man am besten schmeckt: das wissen Die, welche lange geliebt werden wollen.

Saure Äpfel gibt es freilich, deren Los will, daß sie bis auf den letzten Tag des Herbstes warten: und zugleich werden sie reif, gelb und runzelig.

Andern altert das Herz zuerst und Andern der Geist. Und Einige sind greis in der Jugend: aber spät jung erhält lang jung.

Manchem mißrät das Leben: ein Giftwurm frißt sich ihm ans Herz. So möge er zusehn, daß ihm das Sterben um so mehr gerate.

Mancher wird nie süß, er fault im Sommer schon. Feigheit ist es, die ihn an seinem Aste festhält.

Viel zu Viele leben und viel zu lange hängen sie an ihren Ästen. Möchte ein Sturm kommen, der all dies Faule und Wurmfreßne vom Baume schüttelt!

Möchten Prediger kommen des *schnellen* Todes! Das wären mir die rechten Stürme und Schüttler an Lebensbäumen! Aber ich höre nur den langsamen Tod predigen und Geduld mit allem »Irdischen«.

Ach, ihr predigt Geduld mit dem Irdischen? Dieses Irdische ist es, das zu viel Geduld mit euch hat, ihr Lästermäuler!

Wahrlich, zu früh starb jener Hebräer, den die Prediger des langsamen Todes ehren: und Vielen ward es seitdem zum Verhängnis, daß er zu früh starb.

Noch kannte er nur Tränen und die Schwermut des Hebräers, samt dem Hasse der Guten und Gerechten, – der Hebräer Jesus: da überfiel ihn die Sehnsucht zum Tode.

Wäre er doch in der Wüste geblieben und ferne von den Guten und Gerechten! Vielleicht hätte er leben gelernt und die Erde lieben gelernt – und das Lachen dazu!

Glaubt es mir, meine Brüder! Er starb zu früh; er selber hätte seine Lehre widerrufen, wäre er bis zu meinem Alter gekommen! Edel genug war er zum Widerrufen!

Aber ungereift war er noch. Unreif liebt der Jüngling, und unreif haßt er auch Mensch und Erde. Angebunden und schwer ist ihm noch Gemüt und Geistesflügel.

Aber im Manne ist mehr Kind als im Jünglinge, und weniger Schwermut: besser versteht er sich auf Tod und Leben.

Frei zum Tode und frei im Tode, ein heiliger Nein-Sager, wenn es nicht Zeit mehr ist zum Ja: also versteht er sich auf Tod und Leben.

Daß euer Sterben keine Lästerung sei auf Mensch und Erde, meine Freunde: das erbitte ich mir von dem Honig eurer Seele.

In eurem Sterben soll noch euer Geist und eure Tugend glühn, gleich einem Abendrot um die Erde: oder aber das Sterben ist euch schlecht geraten.

Also will ich selber sterben, daß ihr Freunde um meinetwillen die Erde mehr liebt; und zur Erde will ich wieder werden, daß ich in Der Ruhe habe, die mich gebar.

Wahrlich, ein Ziel hatte Zarathustra, er warf seinen Ball: nun seid ihr Freunde meines Zieles Erbe, euch werfe ich den goldenen Ball zu.

Lieber als Alles sehe ich euch, meine Freunde, den goldenen Ball werfen! Und so verziehe ich noch ein Wenig auf Erden: verzeiht es mir!

Also sprach Zarathustra.

Von der schenkenden Tugend

1.

Als Zarathustra von der Stadt Abschied genommen hatte, welcher sein Herz zugetan war und deren Name lautet: »die bunte Kuh« – folgten ihm Viele, die sich seine Jünger nannten, und gaben ihm das Geleit. Also kamen sie an einen Kreuzweg: da sagte ihnen Zarathustra, daß er nunmehr allein gehen wolle; denn er war ein Freund des Alleingehens. Seine Jünger aber reichten ihm zum Abschiede einen Stab, an dessen goldnem Griffe sich eine Schlange um die Sonne ringelte. Zarathustra freute sich des Stabes und stützte sich darauf; dann sprach er also zu seinen Jüngern:

Sagt mir doch: wie kam Gold zum höchsten Werte? Darum, daß es ungemein ist und unnützlich und leuchtend und mild im Glanze; es schenkt sich immer.

Nur als Abbild der höchsten Tugend kam Gold zum höchsten Werte. Goldgleich leuchtet der Blick dem Schenkenden. Goldes-Glanz schließt Friede zwischen Mond und Sonne.

Ungemein ist die höchste Tugend und unnützlich, leuchtend ist sie und mild im Glanze: eine schenkende Tugend ist die höchste Tugend.

Wahrlich, ich errate euch wohl, meine Jünger: ihr trachtet, gleich mir, nach der schenkenden Tugend. Was hättet ihr mit Katzen und Wölfen gemeinsam?

Das ist euer Durst, selber zu Opfern und Geschenken zu

werden: und darum habt ihr den Durst, alle Reichtümer in eure Seele zu häufen.

Unersättlich trachtet eure Seele nach Schätzen und Kleinodien, weil eure Tugend unersättlich ist im Verschenken-Wollen.

Ihr zwingt alle Dinge zu euch und in euch, daß sie aus eurem Borne zurückströmen sollen als die Gaben eurer Liebe.

Wahrlich, zum Räuber an allen Werten muß solche schenkende Liebe werden; aber heil und heilig heiße ich diese Selbstsucht.

Eine andre Selbstsucht gibt es, eine allzuarme, eine hungernde, die immer stehlen will, jene Selbstsucht der Kranken, die kranke Selbstsucht.

Mit dem Auge des Diebes blickt sie auf alles Glänzende; mit der Gier des Hungers mißt sie Den, der reich zu essen hat; und immer schleicht sie um den Tisch der Schenkenden.

Krankheit redet aus solcher Begierde und unsichtbare Entartung; von siechem Leibe redet die diebische Gier dieser Selbstsucht.

Sagt mir, meine Brüder: was gilt uns als Schlechtes und Schlechtestes? Ist es nicht *Entartung*? – Und auf Entartung raten wir immer, wo die schenkende Seele fehlt.

Aufwärts geht unser Weg, von der Art hinüber zur Über-Art. Aber ein Grauen ist uns der entartende Sinn, welcher spricht: »Alles für mich.«

Aufwärts fliegt unser Sinn: so ist er ein Gleichnis unsres Leibes, einer Erhöhung Gleichnis. Solcher Erhöhungen Gleichnisse sind die Namen der Tugenden.

Also geht der Leib durch die Geschichte, ein Werdender und ein Kämpfender. Und der Geist – was ist er ihm? Seiner Kämpfe und Siege Herold, Genoß und Widerhall.

Gleichnisse sind alle Namen von Gut und Böse: sie sprechen nicht aus, sie winken nur. Ein Tor, welcher von ihnen Wissen will!

Achtet mir, meine Brüder, auf jede Stunde, wo euer Geist in Gleichnissen reden will: da ist der Ursprung eurer Tugend.

Erhöht ist da euer Leib und auferstanden; mit seiner Wonne entzückt er den Geist, daß er Schöpfer wird und Schätzer und Liebender und aller Dinge Wohltäter.

Wenn euer Herz breit und voll wallt, dem Strome gleich, ein Segen und eine Gefahr den Anwohnenden: da ist der Ursprung eurer Tugend.

Wenn ihr erhaben seid über Lob und Tadel, und euer Wille allen Dingen befehlen will, als eines Liebenden Wille: da ist der Ursprung eurer Tugend.

Wenn ihr das Angenehme verachtet und das weiche Bett, von den Weichlichen euch nicht weit genug betten könnt: da ist der Ursprung eurer Tugend.

Wenn ihr Eines Willens Wollende seid, und diese Wende aller Not euch Notwendigkeit heißt: da ist der Ursprung eurer Tugend.

Wahrlich, ein neues Gutes und Böses ist sie! Wahrlich, ein neues tiefes Rauschen und eines neuen Quelles Stimme!

Macht ist sie, diese neue Tugend; ein herrschender Gedanke ist sie, und um ihn eine kluge Seele: eine goldene Sonne, und um sie die Schlange der Erkenntnis.

2.

Hier schwieg Zarathustra eine Weile und sah mit Liebe auf seine Jünger. Dann fuhr er also fort zu reden: – und seine Stimme hatte sich verwandelt.

Bleibt mir der Erde treu, meine Brüder, mit der Macht eurer Tugend! Eure schenkende Liebe und eure Erkenntnis diene dem Sinn der Erde! Also bitte und beschwöre ich euch.

Laßt sie nicht davonfliegen vom Irdischen und mit den Flügeln gegen ewige Wände schlagen! Ach, es gab immer so viel verflogene Tugend!

Führt, gleich mir, die verflogene Tugend zur Erde zurück – ja, zurück zu Leib und Leben: daß sie der Erde ihren Sinn gebe, einen Menschen-Sinn!

Hundertfältig verflog und vergriff sich bisher so Geist wie Tugend. Ach, in unsrem Leibe wohnt jetzt noch all dieser Wahn und Fehlgriff: Leib und Wille ist er da geworden.

Hundertfältig versuchte und verirrte sich bisher so Geist wie Tugend. Ja, ein Versuch war der Mensch. Ach, viel Unwissen und Irrtum ist an uns Leib geworden!

Nicht nur die Vernunft von Jahrtausenden – auch ihr Wahnsinn bricht an uns aus. Gefährlich ist es, Erbe zu sein.

Noch kämpfen wir Schritt um Schritt mit dem Riesen Zufall, und über der ganzen Menschheit waltete bisher noch der Unsinn, der Ohne-Sinn.

Euer Geist und eure Tugend diene dem Sinn der Erde, meine Brüder: und aller Dinge Wert werde neu von euch gesetzt! Darum sollt ihr Kämpfende sein! Darum sollt ihr Schaffende sein!

Wissend reinigt sich der Leib; mit Wissen versuchend erhöht er sich; dem Erkennenden heiligen sich alle Triebe; dem Erhöhten wird die Seele fröhlich.

Arzt, hilf dir selber: so hilfst du auch deinem Kranken noch. Das sei seine beste Hilfe, daß er Den mit Augen sehe, der sich selber heil macht.

Tausend Pfade gibt es, die nie noch gegangen sind, tausend Gesundheiten und verborgene Eilande des Lebens. Unerschöpft und unentdeckt ist immer noch Mensch und Menschen-Erde.

Wachet und horcht, ihr Einsamen! Von der Zukunft her kommen Winde mit heimlichem Flügelschlagen; und an feine Ohren ergeht gute Botschaft.

Ihr Einsamen von heute, ihr Ausscheidenden, ihr sollt einst ein Volk sein: aus euch, die ihr euch selber auswähltet, soll ein auserwähltes Volk erwachsen: – und aus ihm der Übermensch.

Wahrlich, eine Stätte der Genesung soll noch die Erde werden! Und schon liegt ein neuer Geruch um sie, ein heilbringender – und eine neue Hoffnung!

3.

Als Zarathustra diese Worte gesagt hatte, schwieg er, wie Einer, der nicht sein letztes Wort gesagt hat; lange wog er den Stab zweifelnd in seiner Hand. Endlich sprach er also: – und seine Stimme hatte sich verwandelt.

Allein gehe ich nun, meine Jünger! Auch ihr geht nun davon und allein! So will ich es.

Wahrlich, ich rate euch: geht fort von mir und wehrt euch gegen Zarathustra! Und besser noch: schämt euch seiner! Vielleicht betrog er euch.

Der Mensch der Erkenntnis muß nicht nur seine Feinde lieben, sondern auch seine Freunde hassen können.

Man vergilt einem Lehrer schlecht, wenn man immer nur der Schüler bleibt. Und warum wollt ihr nicht an meinem Kranze rupfen?

Ihr verehrt mich; aber wie, wenn eure Verehrung eines Tages umfällt? Hütet euch, daß euch nicht eine Bildsäule erschlage!

Ihr sagt, ihr glaubt an Zarathustra? Aber was liegt an Zarathustra! Ihr seid meine Gläubigen: aber was liegt an allen Gläubigen!

Ihr hattet euch noch nicht gesucht: da fandet ihr mich. So tun alle Gläubigen; darum ist es so wenig mit allem Glauben.

Nun heiße ich euch, mich verlieren und euch finden; und erst, wenn ihr mich Alle verleugnet habt, will ich euch wiederkehren.

Wahrlich, mit andern Augen, meine Brüder, werde ich mir dann meine Verlorenen suchen; mit einer andern Liebe werde ich euch dann lieben.

Und einst noch sollt ihr mir Freunde geworden sein und

Kinder Einer Hoffnung: dann will ich zum dritten Male bei euch sein, daß ich den großen Mittag mit euch feiere.

Und das ist der große Mittag, da der Mensch auf der Mitte seiner Bahn steht zwischen Tier und Übermensch und seinen Weg zum Abende als seine höchste Hoffnung feiert: denn es ist der Weg zu einem neuen Morgen.

Alsda wird sich der Untergehende selber segnen, daß er ein Hinübergehender sei; und die Sonne seiner Erkenntnis wird ihm im Mittage stehn.

»Tot sind alle Götter: nun wollen wir, daß der Übermensch lebe.« – Dies sei einst am großen Mittage unser letzter Wille! –

Also sprach Zarathustra.

ZWEITER TEIL

Also sprach Zarathustra

> – und erst, wenn ihr mich Alle verleug-
> net habt, will ich euch wiederkehren.
> Wahrlich, mit andern Augen, meine
> Brüder, werde ich mir dann meine Ver-
> lorenen suchen; mit einer andern Liebe
> werde ich euch dann lieben.
>
> *Zarathustra,*
> Von der schenkenden Tugend (S. 165).

Das Kind mit dem Spiegel

Hierauf ging Zarathustra wieder zurück in das Gebirge und in die Einsamkeit seiner Höhle und entzog sich den Menschen: wartend gleich einem Sämann, der seinen Samen ausgeworfen hat. Seine Seele aber wurde voll von Ungeduld und Begierde nach Denen, welche er liebte: denn er hatte ihnen noch Viel zu geben. Dies nämlich ist das Schwerste: aus Liebe die offne Hand schließen und als Schenkender die Scham bewahren.

Also vergingen dem Einsamen Monde und Jahre; seine Weisheit aber wuchs und machte ihm Schmerzen durch ihre Fülle.

Eines Morgens aber wachte er schon vor der Morgenröte auf, besann sich lange auf seinem Lager und sprach endlich zu seinem Herzen:

»Was erschrak ich doch so in meinem Traume, daß ich auf-wachte? Trat nicht ein Kind zu mir, das einen Spiegel trug?

›Oh Zarathustra‹ – sprach das Kind zu mir – ›schaue Dich an im Spiegel!‹

Aber als ich in den Spiegel schaute, da schrie ich auf, und

mein Herz war erschüttert: denn nicht mich sahe ich darin, sondern eines Teufels Fratze und Hohnlachen.

Wahrlich, allzugut verstehe ich des Traumes Zeichen und Mahnung: meine *Lehre* ist in Gefahr, Unkraut will Weizen heißen!

Meine Feinde sind mächtig worden und haben meiner Lehre Bildnis entstellt, also, daß meine Liebsten sich der Gaben schämen müssen, die ich ihnen gab.

Verloren gingen mir meine Freunde; die Stunde kam mir, meine Verlornen zu suchen!« –

Mit diesen Worten sprang Zarathustra auf, aber nicht wie ein Geängstigter, der nach Luft sucht, sondern eher wie ein Seher und Sänger, welchen der Geist anfällt. Verwundert sahen sein Adler und seine Schlange auf ihn hin: denn gleich dem Morgenrote lag ein kommendes Glück auf seinem Antlitze.

Was geschah mir doch, meine Tiere? – sagte Zarathustra. Bin ich nicht verwandelt? Kam mir nicht die Seligkeit wie ein Sturmwind?

Töricht ist mein Glück und Törichtes wird es reden: zu jung noch ist es – so habt Geduld mit ihm!

Verwundet bin ich von meinem Glücke: alle Leidenden sollen mir Ärzte sein!

Zu meinen Freunden darf ich wieder hinab und auch zu meinen Feinden! Zarathustra darf wieder reden und schenken und Lieben das Liebste tun!

Meine ungeduldige Liebe fließt über in Strömen, abwärts, nach Aufgang und Niedergang. Aus schweigsamem Gebirge und Gewittern des Schmerzes rauscht meine Seele in die Täler.

Zu lange sehnte ich mich und schaute in die Ferne. Zu lange gehörte ich der Einsamkeit: so verlernte ich das Schweigen.

Mund bin ich worden ganz und gar, und Brausen eines Bachs aus hohen Felsen: hinab will ich meine Rede stürzen in die Täler.

Und mag mein Strom der Liebe in Unwegsames stürzen! Wie sollte ein Strom nicht endlich den Weg zum Meere finden!

Wohl ist ein See in mir, ein einsiedlerischer, selbstgenugsamer; aber mein Strom der Liebe reißt ihn mit sich hinab – zum Meere!

Neue Wege gehe ich, eine neue Rede kommt mir; müde wurde ich, gleich allen Schaffenden, der alten Zungen. Nicht will mein Geist mehr auf abgelaufnen Sohlen wandeln.

Zu langsam läuft mir alles Reden: – in deinen Wagen springe ich, Sturm! Und auch dich will ich noch peitschen mit meiner Bosheit!

Wie ein Schrei und ein Jauchzen will ich über weite Meere hinfahren, bis ich die glückseligen Inseln finde, wo meine Freunde weilen: –

Und meine Feinde unter ihnen! Wie liebe ich nun Jeden, zu dem ich nur reden darf! Auch meine Feinde gehören zu meiner Seligkeit.

Und wenn ich auf mein wildestes Pferd steigen will, so hilft mir mein Speer immer am besten hinauf: der ist meines Fußes allzeit bereiter Diener: –

Der Speer, den ich gegen meine Feinde schleudere! Wie danke ich es meinen Feinden, daß ich endlich ihn schleudern darf!

Zu groß war die Spannung meiner Wolke: zwischen Gelächtern der Blitze will ich Hagelschauer in die Tiefe werfen.

Gewaltig wird sich da meine Brust heben, gewaltig wird sie ihren Sturm über die Berge hinblasen: so kommt ihr Erleichterung.

Wahrlich, einem Sturme gleich kommt mein Glück und meine Freiheit! Aber meine Feinde sollen glauben, *der Böse* rase über ihren Häuptern.

Ja, auch ihr werdet erschreckt sein, meine Freunde, ob meiner wilden Weisheit; und vielleicht flieht ihr davon samt meinen Feinden.

Ach, daß ich's verstünde, euch mit Hirtenflöten zurückzulocken! Ach, daß meine Löwin Weisheit zärtlich brüllen lernte! Und Vieles lernten wir schon miteinander!

Meine wilde Weisheit wurde trächtig auf einsamen Bergen; auf rauhen Steinen gebar sie ihr Junges, Jüngstes.

Nun läuft sie närrisch durch die harte Wüste und sucht und sucht nach sanftem Rasen – meine alte wilde Weisheit!

Auf eurer Herzen sanften Rasen, meine Freunde! – auf eure Liebe möchte sie ihr Liebstes betten! –

Also sprach Zarathustra.

Auf den glückseligen Inseln

Die Feigen fallen von den Bäumen, sie sind gut und süß; und indem sie fallen, reißt ihnen die rote Haut. Ein Nordwind bin ich reifen Feigen.

Also, gleich Feigen, fallen euch diese Lehren zu, meine Freunde: nun trinkt ihren Saft und ihr süßes Fleisch! Herbst ist es umher und reiner Himmel und Nachmittag.

Seht, welche Fülle ist um uns! Und aus dem Überflusse heraus ist es schön hinauszublicken auf ferne Meere.

Einst sagte man Gott, wenn man auf ferne Meere blickte; nun aber lehrte ich euch sagen: Übermensch.

Gott ist eine Mutmaßung; aber ich will, daß euer Mutmaßen nicht weiter reiche, als euer schaffender Wille.

Könntet ihr einen Gott *schaffen*? – So schweigt mir doch von allen Göttern! Wohl aber könntet ihr den Übermenschen schaffen.

Nicht ihr vielleicht selber, meine Brüder! Aber zu Vätern und Vorfahren könntet ihr euch umschaffen des Übermenschen: und Dies sei euer bestes Schaffen! –

Gott ist eine Mutmaßung: aber ich will, daß euer Mutmaßen begrenzt sei in der Denkbarkeit.

Könntet ihr einen Gott *denken*? – Aber dies bedeute euch Wille zur Wahrheit, daß Alles verwandelt werde in Menschen-

Denkbares, Menschen-Sichtbares, Menschen-Fühlbares! Eure eignen Sinne sollt ihr zu Ende denken!

Und was ihr Welt nanntet, das soll erst von euch geschaffen werden: eure Vernunft, euer Bild, euer Wille, eure Liebe soll es selber werden! Und wahrlich, zu eurer Seligkeit, ihr Erkennenden!

Und wie wolltet ihr das Leben ertragen ohne diese Hoffnung, ihr Erkennenden? Weder ins Unbegreifliche dürftet ihr eingeboren sein, noch ins Unvernünftige.

Aber daß ich euch ganz mein Herz offenbare, ihr Freunde: *wenn* es Götter gäbe, wie hielte ich's aus, kein Gott zu sein! *Also* gibt es keine Götter.

Wohl zog ich den Schluß; nun aber zieht er mich. –

Gott ist eine Mutmaßung: aber wer tränke alle Qual dieser Mutmaßung, ohne zu sterben? Soll dem Schaffenden sein Glaube genommen sein und dem Adler sein Schweben in Adler-Fernen?

Gott ist ein Gedanke, der macht alles Gerade krumm und Alles, was steht, drehend. Wie? Die Zeit wäre hinweg, und alles Vergängliche nur Lüge?

Dies zu denken ist Wirbel und Schwindel menschlichen Gebeinen, und noch dem Magen ein Erbrechen: wahrlich, die drehende Krankheit heiße ich's, Solches zu mutmaßen.

Böse heiße ich's und menschenfeindlich: all dies Lehren vom Einen und Vollen und Unbewegten und Satten und Unvergänglichen!

Alles Unvergängliche – das ist nur ein Gleichnis! Und die Dichter lügen zuviel. –

Aber von Zeit und Werden sollen die besten Gleichnisse reden: ein Lob sollen sie sein und eine Rechtfertigung aller Vergänglichkeit!

Schaffen – das ist die große Erlösung vom Leiden, und des Lebens Leichtwerden. Aber daß der Schaffende sei, dazu selber tut Leid not und viel Verwandelung.

Ja, viel bitteres Sterben muß in eurem Leben sein, ihr Schaffenden! Also seid ihr Fürsprecher und Rechtfertiger aller Vergänglichkeit.

Daß der Schaffende selber das Kind sei, das neu geboren werde, dazu muß er auch die Gebärerin sein wollen und der Schmerz der Gebärerin.

Wahrlich, durch hundert Seelen ging ich meinen Weg und durch hundert Wiegen und Geburtswehen. Manchen Abschied nahm ich schon, ich kenne die herzbrechenden letzten Stunden.

Aber so will's mein schaffender Wille, mein Schicksal. Oder, daß ich's euch redlicher sage: solches Schicksal gerade – will mein Wille.

Alles Fühlende leidet an mir und ist in Gefängnissen: aber mein Wollen kommt mir stets als mein Befreier und Freudebringer.

Wollen befreit: das ist die wahre Lehre von Wille und Freiheit – so lehrt sie euch Zarathustra.

Nicht-mehr-Wollen und Nicht-mehr-Schätzen und Nicht-mehr-Schaffen! ach, daß diese große Müdigkeit mir stets ferne bleibe!

Auch im Erkennen fühle ich nur meines Willens Zeuge- und Werde-Lust; und wenn Unschuld in meiner Erkenntnis ist, so geschieht dies, weil Wille zur Zeugung in ihr ist.

Hinweg von Gott und Göttern lockte mich dieser Wille; was wäre denn zu schaffen, wenn Götter – da wären!

Aber zum Menschen treibt er mich stets von neuem, mein inbrünstiger Schaffens-Wille; so treibt's den Hammer hin zum Steine.

Ach, ihr Menschen, im Steine schläft mir ein Bild, das Bild meiner Bilder! Ach, daß es im härtesten, häßlichsten Steine schlafen muß!

Nun wütet mein Hammer grausam gegen sein Gefängnis. Vom Steine stäuben Stücke: was schiert mich das?

Vollenden will ich's: denn ein Schatten kam zu mir – aller Dinge Stillstes und Leichtestes kam einst zu mir!

Des Übermenschen Schönheit kam zu mir als Schatten. Ach, meine Brüder! Was gehen mich noch – die Götter an! –

Also sprach Zarathustra.

Von den Mitleidigen

Meine Freunde, es kam eine Spottrede zu eurem Freunde: »seht nur Zarathustra! Wandelt er nicht unter uns wie unter Tieren?«

Aber so ist es besser geredet: »der Erkennende wandelt unter Menschen *als* unter Tieren.«

Der Mensch selber aber heißt dem Erkennenden: das Tier, das rote Backen hat.

Wie geschah ihm das? Ist es nicht, weil er sich zu oft hat schämen müssen?

Oh meine Freunde! So spricht der Erkennende: Scham, Scham, Scham – das ist die Geschichte des Menschen!

Und darum gebeut sich der Edle, nicht zu beschämen: Scham gebeut er sich vor Allem Leidenden.

Wahrlich, ich mag sie nicht, die Barmherzigen, die selig sind in ihrem Mitleiden: zu sehr gebricht es ihnen an Scham.

Muß ich mitleidig sein, so will ich's doch nicht heißen; und wenn ich's bin, dann gern aus der Ferne.

Gerne verhülle ich auch das Haupt und fliehe davon, bevor ich noch erkannt bin: und also heiße ich euch tun, meine Freunde!

Möge mein Schicksal mir immer Leidlose, gleich euch, über den Weg führen, und Solche, mit denen mir Hoffnung und Mahl und Honig gemein sein *darf*!

Wahrlich, ich tat wohl Das und Jenes an Leidenden: aber Besseres schien ich mir stets zu tun, wenn ich lernte, mich besser freuen.

Seit es Menschen gibt, hat der Mensch sich zu wenig gefreut: Das allein, meine Brüder, ist unsre Erbsünde!

Und lernen wir besser uns freuen, so verlernen wir am besten, Andern wehe zu tun und Wehes auszudenken.

Darum wasche ich mir die Hand, die dem Leidenden half, darum wische ich mir auch noch die Seele ab.

Denn daß ich den Leidenden leidend sah, dessen schämte ich mich um seiner Scham willen; und als ich ihm half, da verging ich mich hart an seinem Stolze.

Große Verbindlichkeiten machen nicht dankbar, sondern rachsüchtig; und wenn die kleine Wohltat nicht vergessen wird, so wird noch ein Nage-Wurm daraus.

»Seid spröde im Annehmen! Zeichnet aus damit, daß ihr annehmt!« – also rate ich Denen, die Nichts zu verschenken haben.

Ich aber bin ein Schenkender: gern schenke ich, als Freund den Freunden. Fremde aber und Arme mögen sich die Frucht selber von meinem Baume pflücken: so beschämt es weniger.

Bettler aber sollte man ganz abschaffen! Wahrlich, man ärgert sich, ihnen zu geben, und ärgert sich, ihnen nicht zu geben.

Und insgleichen die Sünder und bösen Gewissen! Glaubt mir, meine Freunde: Gewissensbisse erziehn zum Beißen.

Das Schlimmste aber sind die kleinen Gedanken. Wahrlich, besser noch bös getan, als klein gedacht!

Zwar ihr sagt: »die Lust an kleinen Bosheiten erspart uns manche große böse Tat.« Aber hier sollte man nicht sparen wollen.

Wie ein Geschwür ist die böse Tat: sie juckt und kratzt und bricht heraus – sie redet ehrlich.

»Siehe, ich bin Krankheit« – so redet die böse Tat; das ist ihre Ehrlichkeit.

Aber dem Pilze gleich ist der kleine Gedanke: er kriecht und duckt sich und will nirgendswo sein – bis der ganze Leib morsch und welk ist vor kleinen Pilzen.

Dem aber, der vom Teufel besessen ist, sage ich dies Wort ins Ohr: »besser noch, du ziehest deinen Teufel groß! Auch für dich gibt es noch einen Weg der Größe!« –

Ach, meine Brüder! Man weiß von Jedermann Etwas zu viel! Und Mancher wird uns durchsichtig, aber deshalb können wir noch lange nicht durch ihn hindurch.

Es ist schwer mit Menschen zu leben, weil Schweigen so schwer ist.

Und nicht gegen Den, der uns zuwider ist, sind wir am unbilligsten, sondern gegen Den, welcher uns gar Nichts angeht.

Hast du aber einen leidenden Freund, so sei seinem Leiden eine Ruhestätte, doch gleichsam ein hartes Bett, ein Feldbett: so wirst du ihm am besten nützen.

Und tut dir ein Freund Übles, so sprich: »ich vergebe dir, was du mir tatest; daß du es aber *dir* tatest – wie könnte ich das vergeben!«

Also redet alle große Liebe: die überwindet auch noch Vergebung und Mitleiden.

Man soll sein Herz festhalten; dann läßt man es gehn, wie bald geht Einem da der Kopf durch!

Ach, wo in der Welt geschahen größere Torheiten, als bei den Mitleidigen? Und was in der Welt stiftete mehr Leid, als die Torheiten der Mitleidigen?

Wehe allen Liebenden, die nicht noch eine Höhe haben, welche über ihrem Mitleiden ist!

Also sprach der Teufel einst zu mir: »auch Gott hat seine Hölle: das ist seine Liebe zu den Menschen.«

Und jüngst hörte ich ihn dies Wort sagen: »Gott ist tot; an seinem Mitleiden mit den Menschen ist Gott gestorben.« –

So seid mir gewarnt vor dem Mitleiden: *daher* kommt noch den Menschen eine schwere Wolke! Wahrlich, ich verstehe mich auf Wetterzeichen!

Merket aber auch dies Wort: alle große Liebe ist noch über all ihrem Mitleiden: denn sie will das Geliebte noch – schaffen!

»Mich selber bringe ich meiner Liebe dar, *und meinen Nächsten gleich mir*« – so geht die Rede allen Schaffenden.

Alle Schaffenden aber sind hart. –

Also sprach Zarathustra.

Von den Priestern

Und einstmals gab Zarathustra seinen Jüngern ein Zeichen und sprach diese Worte zu ihnen:

»Hier sind Priester: und wenn es auch meine Feinde sind, geht mir still an ihnen vorüber und mit schlafendem Schwerte!

Auch unter ihnen sind Helden; Viele von ihnen litten zuviel –: so wollen sie Andre leiden machen.

Böse Feinde sind sie: Nichts ist rachsüchtiger als ihre Demut. Und leicht besudelt sich Der, welcher sie angreift.

Aber mein Blut ist mit dem ihren verwandt; und ich will mein Blut auch noch in dem ihren geehrt wissen.« –

Und als sie vorübergegangen waren, fiel Zarathustra der Schmerz an; und nicht lange hatte er mit seinem Schmerze gerungen, da hob er also an zu reden:

Es jammert mich dieser Priester. Sie gehen mir auch wider den Geschmack; aber das ist mir das Geringste, seit ich unter Menschen bin.

Aber ich leide und litt mit ihnen: Gefangene sind es mir und Abgezeichnete. Der, welchen sie Erlöser nennen, schlug sie in Banden: –

In Banden falscher Werte und Wahn-Worte! Ach, daß Einer sie noch von ihrem Erlöser erlöste!

Auf einem Eilande glaubten sie einst zu landen, als das Meer sie herumriß; aber siehe, es war ein schlafendes Ungeheuer!

Falsche Werte und Wahn-Worte: das sind die schlimmsten Ungeheuer für Sterbliche, – lange schläft und wartet in ihnen das Verhängnis.

Aber endlich kommt es und wacht und frißt und schlingt, was auf ihm sich Hütten baute.

Oh seht mir doch diese Hütten an, die sich diese Priester bauten! Kirchen heißen sie ihre süßduftenden Höhlen.

Oh über dies verfälschte Licht, diese verdumpfte Luft! Hier, wo die Seele zu ihrer Höhe hinauf – nicht fliegen darf!

Sondern also gebietet ihr Glaube: »auf den Knien die Treppe hinan, ihr Sünder!«

Wahrlich, lieber sehe ich noch den Schamlosen, als die verrenkten Augen ihrer Scham und Andacht!

Wer schuf sich solche Höhlen und Buß-Treppen? Waren es nicht Solche, die sich verbergen wollten und sich vor dem reinen Himmel schämten?

Und erst wenn der reine Himmel wieder durch zerbrochne Decken blickt, und hinab auf Gras und roten Mohn an zerbrochnen Mauern, – will ich den Stätten dieses Gottes wieder mein Herz zuwenden.

Sie nannten Gott, was ihnen widersprach und wehe tat: und wahrlich, es war viel Helden-Art in ihrer Anbetung!

Und nicht anders wußten sie ihren Gott zu lieben, als indem sie den Menschen ans Kreuz schlugen!

Als Leichname gedachten sie zu leben, schwarz schlugen sie ihren Leichnam aus; auch aus ihren Reden rieche ich noch die üble Würze von Totenkammern.

Und wer ihnen nahe lebt, der lebt schwarzen Teichen nahe, aus denen heraus die Unke ihr Lied mit süßem Tiefsinne singt.

Bessere Lieder müßten sie mir singen, daß ich an ihren Erlöser glauben lerne: erlöster müßten mir seine Jünger aussehen!

Nackt möchte ich sie sehn: denn allein die Schönheit sollte Buße predigen. Aber wen überredet wohl diese vermummte Trübsal!

Wahrlich, ihre Erlöser selber kamen nicht aus der Freiheit und der Freiheit siebentem Himmel! Wahrlich, sie selber wandelten niemals auf den Teppichen der Erkenntnis!

Aus Lücken bestand der Geist dieser Erlöser; aber in jede

Lücke hatten sie ihren *Wahn* gestellt, ihren Lückenbüßer, den sie Gott nannten.

In ihrem Mitleiden war ihr Geist ertrunken, und wenn sie schwollen und überschwollen von Mitleiden, schwamm immer obenauf eine große Torheit.

Eifrig trieben sie und mit Geschrei ihre Herde über ihren Steg: wie als ob es zur Zukunft nur Einen Steg gäbe! Wahrlich, auch diese Hirten gehörten noch zu den Schafen!

Kleine Geister und umfängliche Seelen hatten diese Hirten: aber, meine Brüder, was für kleine Länder waren bisher auch die umfänglichsten Seelen!

Blutzeichen schrieben sie auf den Weg, den sie gingen, und ihre Torheit lehrte, daß man mit Blut die Wahrheit beweise.

Aber Blut ist der schlechtestes Zeuge der Wahrheit; Blut vergiftet die reinste Lehre noch zu Wahn und Haß der Herzen.

Und wenn Einer durchs Feuer geht für seine Lehre, – was beweist dies! Mehr ist's wahrlich, daß aus eignem Brande die eigene Lehre kommt!

Schwüles Herz und kalter Kopf: wo dies zusammentrifft, da entsteht der Brausewind, der »Erlöser«.

Größere gab es wahrlich und Höher-Geborene, als Die, welche das Volk Erlöser nennt, diese hinreißenden Brausewinde!

Und noch von Größeren, als alle Erlöser waren, müßt ihr, meine Brüder, erlöst werden, wollt ihr zur Freiheit den Weg finden!

Niemals noch gab es einen Übermenschen. Nackt sah ich Beide, den größten und den kleinsten Menschen: –

Allzuähnlich sind sie noch einander. Wahrlich, auch den Größten fand ich – allzumenschlich! –

Also sprach Zarathustra.

Von den Tugendhaften

Mit Donnern und himmlischen Feuerwerken muß man zu schlaffen und schlafenden Sinnen reden.

Aber der Schönheit Stimme redet leise: sie schleicht sich nur in die aufgewecktesten Seelen.

Leise erbebte und lachte mir heut mein Schild; das ist der Schönheit heiliges Lachen und Beben.

Über euch, ihr Tugendhaften, lachte heut meine Schönheit. Und also kam ihre Stimme zu mir: »sie wollen noch – bezahlt sein!«

Ihr wollt noch bezahlt sein, ihr Tugendhaften! Wollt Lohn für Tugend und Himmel für Erden und Ewiges für euer Heute haben?

Und nun zürnt ihr mir, daß ich lehre, es gibt keinen Lohn- und Zahlmeister? Und wahrlich, ich lehre nicht einmal, daß Tugend ihr eigner Lohn ist.

Ach, das ist meine Trauer: in den Grund der Dinge hat man Lohn und Strafe hineingelogen – und nun auch noch in den Grund eurer Seelen, ihr Tugendhaften!

Aber dem Rüssel des Ebers gleich soll mein Wort den Grund eurer Seelen aufreißen; Pflugschar will ich euch heißen.

Alle Heimlichkeiten eures Grundes sollen ans Licht; und wenn ihr aufgewühlt und zerbrochen in der Sonne liegt, wird auch eure Lüge von eurer Wahrheit ausgeschieden sein.

Denn dies ist eure Wahrheit: ihr seid zu *reinlich* für den Schmutz der Worte: Rache, Strafe, Lohn, Vergeltung.

Ihr liebt eure Tugend, wie die Mutter ihr Kind; aber wann hörte man, daß eine Mutter bezahlt sein wollte für ihre Liebe?

Es ist euer Liebstes selbst, eure Tugend. Des Ringes Durst ist in euch: sich selber wieder zu erreichen, dazu ringt und dreht sich jeder Ring.

Und dem Sterne gleich, der erlischt, ist jedes Werk eurer Tugend: immer ist sein Licht noch unterwegs und wandert – und wann wird es nicht mehr unterwegs sein?

Also ist das Licht eurer Tugend noch unterwegs, auch wenn das Werk getan ist. Mag es nun vergessen und tot sein: sein Strahl von Licht lebt noch und wandert.

Daß eure Tugend euer Selbst sei, und nicht ein Fremdes, eine Haut, eine Bemäntelung: das ist die Wahrheit aus dem Grunde eurer Seele, ihr Tugendhaften! –

Aber wohl gibt es Solche, denen Tugend der Krampf unter einer Peitsche heißt: und ihr habt mir zuviel auf Deren Geschrei gehört!

Und Andre gibt es, die heißen Tugend das Faulwerden ihrer Laster; und wenn ihr Haß und ihre Eifersucht einmal die Glieder strecken, wird ihre »Gerechtigkeit« munter und reibt sich die verschlafenen Augen.

Und Andre gibt es, die werden abwärts gezogen: ihre Teufel ziehn sie. Aber je mehr sie sinken, um so glühender leuchtet ihr Auge und die Begierde nach ihrem Gotte.

Ach, auch Deren Geschrei drang zu euren Ohren, ihr Tugendhaften: »was ich *nicht* bin, Das, Das ist mir Gott und Tugend!«

Und Andre gibt es, die kommen schwer und knarrend daher, gleich Wagen, die Steine abwärts fahren: Die reden viel von Würde und Tugend – ihren Hemmschuh heißen sie Tugend!

Und Andre gibt es, die sind gleich Alltags-Uhren, die aufgezogen wurden; sie machen ihr Ticktack und wollen, daß man Ticktack – Tugend heiße.

Wahrlich, an Diesen habe ich meine Lust: wo ich solche Uhren finde, werde ich sie mit meinem Spotte aufziehn; und sie sollen mir dabei noch schnurren!

Und Andre sind stolz über ihre Handvoll Gerechtigkeit und begehen um ihrer willen Frevel an allen Dingen: also daß die Welt in ihrer Ungerechtigkeit ertränkt wird.

Ach, wie übel ihnen das Wort »Tugend« aus dem Munde läuft! Und wenn sie sagen: »ich bin gerecht«, so klingt es immer gleich wie: »ich bin gerächt!«

Mit ihrer Tugend wollen sie ihren Feinden die Augen aus-
kratzen; und sie erheben sich nur, um Andre zu erniedrigen.

Und wiederum gibt es Solche, die sitzen in ihrem Sumpfe
und reden also heraus aus dem Schilfrohr: »Tugend – das ist
still im Sumpfe sitzen.

Wir beißen Niemanden und gehen Dem aus dem Wege, der
beißen will; und in Allem haben wir die Meinung, die man uns
gibt.«

Und wiederum gibt es Solche, die lieben Gebärden und denken: Tugend ist eine Art Gebärde.

Ihre Knie beten immer an, und ihre Hände sind Lobpreisun-
gen der Tugend, aber ihr Herz weiß Nichts davon.

Und wiederum gibt es Solche, die halten es für Tugend, zu
sagen: »Tugend ist notwendig«; aber sie glauben im Grunde
nur daran, daß Polizei notwendig ist.

Und Mancher, der das Hohe an den Menschen nicht sehen
kann, nennt es Tugend, daß er ihr Niedriges allzunahe sieht; also heißt er seinen bösen Blick Tugend.

Und Einige wollen erbaut und aufgerichtet sein und heißen
es Tugend; und Andre wollen umgeworfen sein – und heißen
es auch Tugend.

Und derart glauben fast Alle daran, Anteil zu haben an der
Tugend; und zum mindesten will ein Jeder Kenner sein über
»Gut« und »Böse«.

Aber nicht dazu kam Zarathustra, allen diesen Lügnern und
Narren zu sagen: »was wißt *ihr* von Tugend! Was *könntet* ihr
von Tugend wissen!« –

Sondern, daß ihr, meine Freunde, der alten Worte müde
würdet, welche ihr von den Narren und Lügnern gelernt habt:

Müde würdet der Worte »Lohn«, »Vergeltung«, »Strafe«,
»Rache in der Gerechtigkeit« –

Müde würdet zu sagen: »daß eine Handlung gut ist, das
macht, sie ist selbstlos.«

Ach, meine Freunde! Daß *euer* Selbst in der Handlung sei,
wie die Mutter im Kinde ist: das sei mir *euer* Wort von Tugend!

Wahrlich, ich nahm euch wohl hundert Worte und eurer Tugend liebste Spielwerke; und nun zürnt ihr mir, wie Kinder zürnen.

Sie spielten am Meere – da kam die Welle und riß ihnen ihr Spielwerk in die Tiefe: nun weinen sie.

Aber dieselbe Welle soll ihnen neue Spielwerke bringen und neue bunte Muscheln vor sie hin ausschütten!

So werden sie getröstet sein; und gleich ihnen sollt auch ihr, meine Freunde, eure Tröstungen haben – und neue bunte Muscheln! –

Also sprach Zarathustra.

Vom Gesindel

Das Leben ist ein Born der Lust; aber wo das Gesindel mittrinkt, da sind alle Brunnen vergiftet.

Allem Reinlichen bin ich hold; aber ich mag die grinsenden Mäuler nicht sehn und den Durst der Unreinen.

Sie warfen ihr Auge hinab in den Brunnen: nun glänzt mir ihr widriges Lächeln herauf aus dem Brunnen.

Das heilige Wasser haben sie vergiftet mit ihrer Lüsternheit; und als sie ihre schmutzigen Träume Lust nannten, vergifteten sie auch noch die Worte.

Unwillig wird die Flamme, wenn sie ihre feuchten Herzen ans Feuer legen; der Geist selber brodelt und raucht, wo das Gesindel ans Feuer tritt.

Süßlich und übermürbe wird in ihrer Hand die Frucht: windfällig und wipfeldürr macht ihr Blick den Fruchtbaum.

Und Mancher, der sich vom Leben abkehrte, kehrte sich nun vom Gesindel ab: er wollte nicht Brunnen und Flamme und Frucht mit dem Gesindel teilen.

Und Mancher, der in die Wüste ging und mit Raubtieren

Durst litt, wollte nur nicht mit schmutzigen Kameltreibern um die Zisterne sitzen.

Und Mancher, der wie ein Vernichter daherkam und wie ein Hagelschlag allen Fruchtfeldern, wollte nur seinen Fuß dem Gesindel in den Rachen setzen und also seinen Schlund stopfen.

Und nicht Das ist der Bissen, an dem ich am meisten würgte, zu wissen, daß das Leben selber Feindschaft nötig hat und Sterben und Marterkreuze: –

Sondern ich fragte einst und erstickte fast an meiner Frage: wie? hat das Leben auch das Gesindel *nötig*?

Sind vergiftete Brunnen nötig und stinkende Feuer und beschmutzte Träume und Maden im Lebensbrode?

Nicht mein Haß, sondern mein Ekel fraß mir hungrig am Leben! Ach, des Geistes wurde ich oft müde, als ich auch das Gesindel geistreich fand!

Und den Herrschenden wandt' ich den Rücken, als ich sah, was sie jetzt Herrschen nennen: Schachern und Markten um Macht – mit dem Gesindel!

Unter Völkern wohnte ich fremder Zunge, mit verschlossenen Ohren: daß mir ihres Schacherns Zunge fremd bliebe und ihr Markten um Macht.

Und die Nase mir haltend, ging ich unmutig durch alles Gestern und Heute: wahrlich, übel riecht alles Gestern und Heute nach dem schreibenden Gesindel!

Einem Krüppel gleich, der taub und blind und stumm wurde: also lebte ich lange, daß ich nicht mit Macht- und Schreibund Lust-Gesindel lebte.

Mühsam stieg mein Geist Treppen und vorsichtig; Almosen der Lust waren sein Labsal; am Stabe schlich dem Blinden das Leben.

Was geschah mir doch? Wie erlöste ich mich vom Ekel? Wer verjüngte mein Auge? Wie erflog ich die Höhe, wo kein Gesindel mehr am Brunnen sitzt?

Schuf mein Ekel selber mir Flügel und quellenahnende Kräfte? Wahrlich, ins Höchste mußte ich fliegen, daß ich den Born der Lust wiederfände!

Oh, ich fand ihn, meine Brüder! Hier im Höchsten quillt mir der Born der Lust! Und es gibt ein Leben, an dem kein Gesindel mittrinkt!

Fast zu heftig strömst du mir, Quell der Lust! Und oft leerst du den Becher wieder, dadurch daß du ihn füllen willst!

Und noch muß ich lernen, bescheidener dir zu nahen: allzuheftig strömt dir noch mein Herz entgegen: –

Mein Herz, auf dem mein Sommer brennt, der kurze, heiße, schwermütige, überselige: wie verlangt mein Sommer-Herz nach deiner Kühle!

Vorbei die zögernde Trübsal meines Frühlings! Vorüber die Bosheit meiner Schneeflocken im Juni! Sommer wurde ich ganz und Sommer-Mittag!

Ein Sommer im Höchsten mit kalten Quellen und seliger Stille: oh kommt, meine Freunde, daß die Stille noch seliger werde!

Denn dies ist *unsre* Höhe und unsre Heimat: zu hoch und steil wohnen wir hier allen Unreinen und ihrem Durste.

Werft nur eure reinen Augen in den Born meiner Lust, ihr Freunde! Wie sollt er darob trübe werden! Entgegenlachen soll er euch mit *seiner* Reinheit.

Auf dem Baume Zukunft bauen wir unser Nest; Adler sollen uns Einsamen Speise bringen in ihren Schnäbeln!

Wahrlich, keine Speise, an der Unsaubere mitessen dürften! Feuer würden sie zu fressen wähnen und sich die Mäuler verbrennen!

Wahrlich, keine Heimstätten halten wir hier bereit für Unsaubere! Eishöhle würde ihren Leibern unser Glück heißen und ihren Geistern!

Und wie starke Winde wollen wir über ihnen leben, Nachbarn den Adlern, Nachbarn dem Schnee, Nachbarn der Sonne: also leben starke Winde.

Und einem Winde gleich will ich einst noch zwischen sie

blasen und mit meinem Geiste ihrem Geiste den Atem nehmen: so will es meine Zukunft.

Wahrlich, ein starker Wind ist Zarathustra allen Niederungen; und solchen Rat rät er seinen Feinden und Allem, was
spuckt und speit: »hütet euch, *gegen* den Wind zu speien!« –

Also sprach Zarathustra.

Von den Taranteln

Siehe, das ist der Tarantel Höhle! Willst du sie selber sehn?
Hier hängt ihr Netz: rühre daran, daß es erzittert.

Da kommt sie willig: willkommen, Tarantel! Schwarz sitzt
auf deinem Rücken dein Dreieck und Wahrzeichen; und ich
weiß auch, was in deiner Seele sitzt.

Rache sitzt in deiner Seele: wohin du beißest, da wächst
schwarzer Schorf; mit Rache macht dein Gift die Seele drehend!

Also rede ich zu euch im Gleichnis, die ihr die Seelen drehend macht, ihr Prediger der *Gleichheit*! Taranteln seid ihr mir
und versteckte Rachsüchtige!

Aber ich will eure Verstecke schon ans Licht bringen: darum
lache ich euch ins Antlitz mein Gelächter der Höhe.

Darum reiße ich an eurem Netze, daß eure Wut euch aus eurer Lügen-Höhle locke, und eure Rache hervorspringe hinter
eurem Wort »Gerechtigkeit«.

Denn *daß der Mensch erlöst werde von der Rache*: das ist mir
die Brücke zur höchsten Hoffnung und ein Regenbogen nach
langen Unwettern.

Aber anders wollen es freilich die Taranteln. »Das gerade
heiße uns Gerechtigkeit, daß die Welt voll werde von den Unwettern unsrer Rache« – also reden sie miteinander.

»Rache wollen wir üben und Beschimpfung an Allen, die
uns nicht gleich sind« – so geloben sich die Tarantel-Herzen.

»Und ›Wille zur Gleichheit‹ – das selber soll fürderhin der Name für Tugend werden; und gegen Alles, was Macht hat, wollen wir unser Geschrei erheben!«

Ihr Prediger der Gleichheit, der Tyrannen-Wahnsinn der Ohnmacht schreit also aus euch nach »Gleichheit«: eure heimlichsten Tyrannen-Gelüste vermummen sich also in Tugend-Worte!

Vergrämter Dünkel, verhaltener Neid, vielleicht eurer Väter Dünkel und Neid: aus euch bricht's als Flamme heraus und Wahnsinn der Rache.

Was der Vater schwieg, das kommt im Sohne zum Reden; und oft fand ich den Sohn als des Vaters entblößtes Geheimnis.

Den Begeisterten gleichen sie: aber nicht das Herz ist es, was sie begeistert, – sondern die Rache. Und wenn sie fein und kalt werden, ist's nicht der Geist, sondern der Neid, der sie fein und kalt macht.

Ihre Eifersucht führt sie auch auf der Denker Pfade; und dies ist das Merkmal ihrer Eifersucht – immer gehn sie zu weit: daß ihre Müdigkeit sich zuletzt noch auf Schnee schlafen legen muß.

Aus jeder ihrer Klagen tönt Rache, in jedem ihrer Lobsprüche ist ein Wehetun; und Richter-sein scheint ihnen Seligkeit.

Also aber rate ich euch, meine Freunde: mißtraut Allen, in welchen der Trieb, zu strafen, mächtig ist!

Das ist Volk schlechter Art und Abkunft; aus ihren Gesichtern blickt der Henker und der Spürhund.

Mißtraut allen Denen, die viel von ihrer Gerechtigkeit reden! Wahrlich, ihren Seelen fehlt es nicht nur an Honig.

Und wenn sie sich selber »die Guten und Gerechten« nennen, so vergeßt nicht, daß ihnen zum Pharisäer Nichts fehlt als – Macht!

Meine Freunde, ich will nicht vermischt und verwechselt werden.

Es gibt Solche, die predigen meine Lehre vom Leben: und zugleich sind sie Prediger der Gleichheit und Taranteln.

Daß sie dem Leben zu Willen reden, ob sie gleich in ihrer Höhle sitzen, diese Gift-Spinnen, und abgekehrt vom Leben: das macht, sie wollen damit wehe tun.

Solchen wollen sie damit wehe tun, die jetzt die Macht haben: denn bei Diesen ist noch die Predigt vom Tode am besten zu Hause.

Wäre es anders, so würden die Taranteln anders lehren: und gerade sie waren ehemals die besten Welt-Verleumder und Ketzer-Brenner.

Mit diesen Predigern der Gleichheit will ich nicht vermischt und verwechselt sein. Denn so redet *mir* die Gerechtigkeit: »Die Menschen sind nicht gleich.«

Und sie sollen es auch nicht werden! Was wäre denn meine Liebe zum Übermenschen, wenn ich anders spräche?

Auf tausend Brücken und Stegen sollen sie sich drängen zur Zukunft, und immer mehr Krieg und Ungleichheit soll zwischen sie gesetzt sein: so läßt mich meine große Liebe reden!

Erfinder von Bildern und Gespenstern sollen sie werden in ihren Feindschaften, und mit ihren Bildern und Gespenstern sollen sie noch gegeneinander den höchsten Kampf kämpfen!

Gut und Böse, und Reich und Arm, und Hoch und Gering, und alle Namen der Werte: Waffen sollen es sein und klirrende Merkmale davon, daß das Leben sich immer wieder selber überwinden muß!

In die Höhe will es sich bauen mit Pfeilern und Stufen, das Leben selber: in weite Fernen will es blicken und hinaus nach seligen Schönheiten – *darum* braucht es Höhe!

Und weil es Höhe braucht, braucht es Stufen und Widerspruch der Stufen und Steigenden! Steigen will das Leben und steigend sich überwinden.

Und seht mir doch, meine Freunde! Hier, wo der Tarantel Höhle ist, heben sich eines alten Tempels Trümmer aufwärts, – seht mir doch mit erleuchteten Augen hin!

Wahrlich, wer hier einst seine Gedanken in Stein nach Oben

türmte, um das Geheimnis alles Lebens wußte er gleich dem Weisesten!

Daß Kampf und Ungleiches auch noch in der Schönheit sei, und Krieg um Macht und Übermacht: das lehrt er uns hier im deutlichsten Gleichnis.

Wie sich göttlich hier Gewölbe und Bogen brechen, im Ringkampfe: wie mit Licht und Schatten sie widereinander streben, die Göttlich-Strebenden –

Also sicher und schön laßt uns auch Feinde sein, meine Freunde! Göttlich wollen wir *wider*einander streben! –

Wehe! Da biß mich selber die Tarantel, meine alte Feindin! Göttlich sicher und schön biß sie mich in den Finger!

»Strafe muß sein und Gerechtigkeit« – so denkt sie: »nicht umsonst soll er hier der Feindschaft zu Ehren Lieder singen!«

Ja, sie hat sich gerächt! Und wehe! nun wird sie mit Rache auch noch meine Seele drehend machen!

Daß ich mich aber *nicht* drehe, meine Freunde, bindet mich fest hier an diese Säule! Lieber noch Säulen-Heiliger will ich sein, als Wirbel der Rachsucht!

Wahrlich, kein Dreh- und Wirbelwind ist Zarathustra; und wenn er ein Tänzer ist, nimmermehr doch ein Tarantel-Tänzer! –

Also sprach Zarathustra.

Von den berühmten Weisen

Dem Volke habt ihr gedient und des Volkes Aberglauben, ihr berühmten Weisen alle! – und *nicht* der Wahrheit! Und gerade darum zollte man euch Ehrfurcht.

Und darum auch ertrug man euren Unglauben, weil er ein Witz und Umweg war zum Volke. So läßt der Herr seine Sklaven gewähren und ergötzt sich noch an ihrem Übermute.

Aber wer dem Volke verhaßt ist wie ein Wolf den Hunden:

das ist der freie Geist, der Fessel-Feind, der Nicht-Anbeter, der in Wäldern Hausende.

Ihn zu jagen aus seinem Schlupfe – das hieß immer dem Volke »Sinn für das Rechte«: gegen ihn hetzt es noch immer seine scharfzahnigsten Hunde.

»Denn die Wahrheit ist da: ist das Volk doch da! Wehe, wehe den Suchenden!« – also scholl es von jeher.

Eurem Volke wolltet ihr Recht schaffen in seiner Verehrung: das hießet ihr »Wille zur Wahrheit«, ihr berühmten Weisen!

Und euer Herz sprach immer zu sich: »vom Volke kam ich: von dort her kam mir auch Gottes Stimme.«

Hart-nackig und klug, dem Esel gleich, wart ihr immer als des Volkes Fürsprecher.

Und mancher Mächtige, der gut fahren wollte mit dem Volke, spannte vor seine Rosse noch – ein Eselein, einen berühmten Weisen.

Und nun wollte ich, ihr berühmten Weisen, ihr würfet endlich das Fell des Löwen ganz von euch!

Das Fell des Raubtiers, das buntgefleckte, und die Zotten des Forschenden, Suchenden, Erobernden!

Ach, daß ich an eure »Wahrhaftigkeit« glauben lerne, dazu müßtet ihr mir erst euren verehrenden Willen zerbrechen.

Wahrhaftig – so heiße ich Den, der in götterlose Wüsten geht und sein verehrendes Herz zerbrochen hat.

Im gelben Sande und verbrannt von der Sonne schielt er wohl durstig nach den quellenreichen Eilanden, wo Lebendiges unter dunkeln Bäumen ruht.

Aber sein Durst überredet ihn nicht, diesen Behaglichen gleich zu werden: denn wo Oasen sind, da sind auch Götzenbilder.

Hungernd, gewalttätig, einsam, gottlos: so will sich selber der Löwen-Wille.

Frei von dem Glück der Knechte, erlöst von Göttern und Anbetungen, furchtlos und fürchterlich, groß und einsam: so ist der Wille des Wahrhaftigen.

In der Wüste wohnten von je die Wahrhaftigen, die freien Geister, als der Wüste Herren; aber in den Städten wohnen die gut gefütterten, berühmten Weisen – die Zugtiere.

Immer nämlich ziehen sie, als Esel – des *Volkes* Karren!

Nicht daß ich ihnen darob zürne: aber Dienende bleiben sie mir und Angeschirrte, auch wenn sie von goldnem Geschirre glänzen.

Und oft waren sie gute Diener und preiswürdige. Denn so spricht die Tugend: »mußt du Diener sein, so suche Den, welchem dein Dienst am besten nützt!«

»Der Geist und die Tugend deines Herrn sollen wachsen, dadurch, daß du sein Diener bist: so wächsest du selber mit seinem Geiste und seiner Tugend!«

Und wahrlich, ihr berühmten Weisen, ihr Diener des Volkes! Ihr selber wuchset mit des Volkes Geist und Tugend – und das Volk durch euch! Zu euren Ehren sage ich das!

Aber Volk bleibt ihr mir auch noch in euren Tugenden, Volk mit blöden Augen – Volk, das nicht weiß, was *Geist* ist!

Geist ist das Leben, das selber ins Leben schneidet, an der eignen Qual mehrt es sich das eigne Wissen – wußtet ihr das schon?

Und des Geistes Glück ist dies: gesalbt zu sein und durch Tränen geweiht zum Opfertier – wußtet ihr das schon?

Und die Blindheit des Blinden und sein Suchen und Tappen soll noch von der Macht der Sonne zeugen, in die er schaute – wußtet ihr das schon?

Und mit Bergen soll der Erkennende *bauen* lernen! Wenig ist es, daß der Geist Berge versetzt – wußtet ihr das schon?

Ihr kennt nur des Geistes Funken: aber ihr seht den Amboß nicht, der er ist, und nicht die Grausamkeit seines Hammers!

Wahrlich, ihr kennt des Geistes Stolz nicht! Aber noch weniger würdet ihr des Geistes Bescheidenheit ertragen, wenn sie einmal reden wollte!

Und niemals noch durftet ihr euren Geist in eine Grube von

Schnee werfen: ihr seid nicht heiß genug dazu! So kennt ihr auch die Entzückungen seiner Kälte nicht.

In Allem aber tut ihr mir zu vertraulich mit dem Geiste; und aus der Weisheit machtet ihr oft ein Armen- und Krankenhaus für schlechte Dichter.

Ihr seid keine Adler: so erfuhrt ihr auch das Glück im Schrecken des Geistes nicht. Und wer kein Vogel ist, soll sich nicht über Abgründen lagern.

Ihr seid mir Laue: aber kalt strömt jede tiefe Erkenntnis. Eiskalt sind die innersten Brunnen des Geistes: ein Labsal heißen Händen und Handelnden.

Ehrbar steht ihr mir da und steif und mit geradem Rücken, ihr berühmten Weisen! – euch treibt kein starker Wind und Wille.

Saht ihr nie ein Segel über das Meer gehn, geründet und gebläht und zitternd vor dem Ungestüm des Windes?

Dem Segel gleich, zitternd vor dem Ungestüm des Geistes, geht meine Weisheit über das Meer – meine wilde Weisheit!

Aber ihr Diener des Volkes, ihr berühmten Weisen – wie *könntet* ihr mit mir gehn! –

Also sprach Zarathustra.

Das Nachtlied

Nacht ist es: nun reden lauter alle springenden Brunnen. Und auch meine Seele ist ein springender Brunnen.

Nacht ist es: nun erst erwachen alle Lieder der Liebenden. Und auch meine Seele ist das Lied eines Liebenden.

Ein Ungestilltes, Unstillbares ist in mir; das will laut werden. Eine Begierde nach Liebe ist in mir, die redet selber die Sprache der Liebe.

Licht bin ich: ach, daß ich Nacht wäre! Aber dies ist meine Einsamkeit, daß ich von Licht umgürtet bin.

Ach, daß ich dunkel wäre und nächtig! Wie wollte ich an den Brüsten des Lichts saugen!

Und euch selber wollte ich noch segnen, ihr kleinen Funkelsterne und Leuchtwürmer droben! – und selig sein ob eurer Licht-Geschenke.

Aber ich lebe in meinem eignen Lichte, ich trinke die Flammen in mich zurück, die aus mir brechen.

Ich kenne das Glück des Nehmenden nicht; und oft träumte mir davon, daß Stehlen noch seliger sein müsse als Nehmen.

Das ist meine Armut, daß meine Hand niemals ausruht vom Schenken; das ist mein Neid, daß ich wartende Augen sehe und die erhellten Nächte der Sehnsucht.

Oh Unseligkeit aller Schenkenden! Oh Verfinsterung meiner Sonne! Oh Begierde nach Begehren! Oh Heißhunger in der Sättigung!

Sie nehmen von mir: aber rühre ich noch an ihre Seele? Eine Kluft ist zwischen Geben und Nehmen; und die kleinste Kluft ist am letzten zu überbrücken.

Ein Hunger wächst aus meiner Schönheit: wehe tun möchte ich Denen, welchen ich leuchte, berauben möchte ich meine Beschenkten: – also hungere ich nach Bosheit.

Die Hand zurückziehend, wenn sich schon ihr die Hand entgegenstreckt; dem Wasserfalle gleich zögernd, der noch im Sturze zögert: – also hungere ich nach Bosheit.

Solche Rache sinnt meine Fülle aus: solche Tücke quillt aus meiner Einsamkeit.

Mein Glück im Schenken erstarb im Schenken, meine Tugend wurde ihrer selber müde an ihrem Überflusse!

Wer immer schenkt, dessen Gefahr ist, daß er die Scham verliere; wer immer austeilt, dessen Hand und Herz hat Schwielen vor lauter Austeilen.

Mein Auge quillt nicht mehr über vor der Scham der Bittenden; meine Hand wurde zu hart für das Zittern gefüllter Hände.

Wohin kam die Träne meinem Auge und der Flaum meinem

Herzen? Oh Einsamkeit aller Schenkenden! Oh Schweigsamkeit aller Leuchtenden!

Viel Sonnen kreisen im öden Raume: zu Allem, was dunkel ist, reden sie mit ihrem Lichte, – mir schweigen sie.

Oh dies ist die Feindschaft des Lichts gegen Leuchtendes: erbarmungslos wandelt es seine Bahnen.

Unbillig gegen Leuchtendes im tiefsten Herzen, kalt gegen Sonnen – also wandelt jede Sonne.

Einem Sturme gleich fliegen die Sonnen ihre Bahnen, das ist ihr Wandeln. Ihrem unerbittlichen Willen folgen sie, das ist ihre Kälte.

Oh, ihr erst seid es, ihr Dunklen, ihr Nächtigen, die ihr Wärme schafft aus Leuchtendem! Oh, ihr erst trinkt euch Milch und Labsal aus des Lichtes Eutern!

Ach, Eis ist um mich, meine Hand verbrennt sich an Eisigem! Ach, Durst ist in mir, der schmachtet nach eurem Durste!

Nacht ist es: ach daß ich Licht sein muß! Und Durst nach Nächtigem! Und Einsamkeit!

Nacht ist es: nun bricht wie ein Born aus mir mein Verlangen, – nach Rede verlangt mich.

Nacht ist es: nun reden lauter alle springenden Brunnen. Und auch meine Seele ist ein springender Brunnen.

Nacht ist es: nun erwachen alle Lieder der Liebenden. Und auch meine Seele ist das Lied eines Liebenden. –

Also sang Zarathustra.

Das Tanzlied

Eines Abends ging Zarathustra mit seinen Jüngern durch den Wald; und als er nach einem Brunnen suchte, siehe, da kam er auf eine grüne Wiese, die von Bäumen und Gebüsch still umstanden war: auf der tanzten Mädchen miteinander. Sobald die Mädchen Zarathustra erkannten, ließen sie vom Tanze ab; Za-

rathustra aber trat mit freundlicher Gebärde zu ihnen und
sprach diese Worte:

»Laßt vom Tanze nicht ab, ihr lieblichen Mädchen! Kein
Spielverderber kam zu euch mit bösem Blick, kein Mädchen-
Feind.

Gottes Fürsprecher bin ich vor dem Teufel: der aber ist der
Geist der Schwere: Wie sollte ich, ihr Leichten, göttlichen Tän-
zen feind sein? Oder Mädchen-Füßen mit schönen Knöcheln?

Wohl bin ich ein Wald und eine Nacht dunkler Bäume: doch
wer sich vor meinem Dunkel nicht scheut, der findet auch Ro-
senhänge unter meinen Zypressen.

Und auch den kleinen Gott findet er wohl, der den Mädchen
der liebste ist: neben dem Brunnen liegt er, still, mit geschlossenen Augen.

Wahrlich, am hellen Tage schlief er mir ein, der Tagedieb!
Haschte er wohl zu viel nach Schmetterlingen?

Zürnt mir nicht, ihr schönen Tanzenden, wenn ich den kleinen Gott ein wenig züchtige! Schreien wird er wohl und weinen – aber zum Lachen ist er noch im Weinen!

Und mit Tränen im Auge soll er euch um einen Tanz bitten;
und ich selber will ein Lied zu seinem Tanze singen:

Ein Tanz- und Spottlied auf den Geist der Schwere, meinen
allerhöchsten großmächtigsten Teufel, von dem sie sagen, daß
er ›der Herr der Welt‹ sei.« –

Und dies ist das Lied, welches Zarathustra sang, als Cupido
und die Mädchen zusammen tanzten:

In dein Auge schaute ich jüngst, oh Leben! Und ins Unergründliche schien ich mir da zu sinken.

Aber du zogst mich mit goldner Angel heraus; spöttisch
lachtest du, als ich dich unergründlich nannte.

»So geht die Rede aller Fischer«, sprachst du; »was *sie* nicht
ergründen, ist unergründlich.

Aber veränderlich bin ich nur und wild und in Allem ein
Weib, und kein tugendhaftes:

Ob ich schon euch Männern ›die Tiefe‹ heiße oder ›die Treue‹, ›die Ewige‹, ›die Geheimnisvolle‹.

Doch ihr Männer beschenkt uns stets mit den eignen Tugenden – ach, ihr Tugendhaften!«

Also lachte sie, die Unglaubliche; aber ich glaube ihr niemals und ihrem Lachen, wenn sie bös von sich selber spricht.

Und als ich unter vier Augen mit meiner wilden Weisheit redete, sagte sie mir zornig: »Du willst, du begehrst, du liebst, darum allein *lobst* du das Leben!«

Fast hätte ich da bös geantwortet und der Zornigen die Wahrheit gesagt; und man kann nicht böser antworten, als wenn man seiner Weisheit »die Wahrheit sagt«.

So nämlich steht es zwischen uns Dreien. Von Grund aus liebe ich nur das Leben – und, wahrlich, am meisten dann, wenn ich es hasse!

Daß ich aber der Weisheit gut bin und oft zu gut: das macht, sie erinnert mich gar sehr an das Leben!

Sie hat ihr Auge, ihr Lachen und sogar ihr goldnes Angelrütchen: was kann ich dafür, daß die Beiden sich so ähnlich sehn?

Und als mich einmal das Leben fragte: Wer ist denn Das, die Weisheit? – da sagte ich eifrig: »Ach ja! die Weisheit!

Man dürstet um sie und wird nicht satt, man blickt durch Schleier, man hascht durch Netze.

Ist sie schön? Was weiß ich! Aber die ältesten Karpfen werden noch mit ihr geködert.

Veränderlich ist sie und trotzig; oft sah ich sie sich die Lippe beißen und den Kamm wider ihres Haares Strich führen.

Vielleicht ist sie böse und falsch, und in Allem ein Frauenzimmer; aber wenn sie von sich selber schlecht spricht, da gerade verführt sie am meisten.«

Als ich dies zu dem Leben sagte, da lachte es boshaft und machte die Augen zu. »Von wem redest du doch? sagte sie, wohl von mir?

Und wenn du recht hättest, – sagt man *das* mir so ins Gesicht! Aber nun sprich doch auch von deiner Weisheit!«

Ach, und nun machtest du wieder dein Auge auf, oh geliebtes Leben! Und ins Unergründliche schien ich mir wieder zu sinken. –

Also sang Zarathustra. Als aber der Tanz zu Ende und die Mädchen fortgegangen waren, wurde er traurig.

»Die Sonne ist lange schon hinunter«, sagte er endlich; »die Wiese ist feucht, von den Wäldern her kommt Kühle.

Ein Unbekanntes ist um mich und blickt nachdenklich. Was! Du lebst noch, Zarathustra?

Warum? Wofür? Wodurch? Wohin? Wo? Wie? Ist es nicht Torheit, noch zu leben? – Ach meine Freunde, der Abend ist es, der so aus mir fragt. Vergebt mir meine Traurigkeit!

Abend ward es: vergebt mir, daß es Abend ward!«

Also sprach Zarathustra.

Das Grablied

»Dort ist die Gräberinsel, die schweigsame; dort sind auch die Gräber meiner Jugend. Dahin will ich einen immergrünen Kranz des Lebens tragen.«

Also im Herzen beschließend fuhr ich über das Meer. –

Oh ihr, meiner Jugend Gesichte und Erscheinungen! Oh, ihr Blicke der Liebe alle, ihr göttlichen Augenblicke! Wie starbt ihr mir so schnell! Ich gedenke eurer heute wie meiner Toten.

Von euch her, meinen liebsten Toten, kommt mir ein süßer Geruch, ein herz- und tränenlösender. Wahrlich, er erschüttert und löst das Herz dem einsam Schiffenden.

Immer noch bin ich der Reichste und Bestzubeneidende – ich der Einsamste! Denn ich *hatte* euch doch, und ihr habt mich noch: sagt, wem fielen, wie mir, solche Rosenäpfel vom Baume?

Immer noch bin ich eurer Liebe Erbe und Erdreich, blühend

zu eurem Gedächtnisse von bunten wildwachsenden Tugenden, oh ihr Geliebtesten!

Ach, wir waren gemacht, einander nahe zu bleiben, ihr holden fremden Wunder; und nicht schüchternen Vögeln gleich kamt ihr zu mir und meiner Begierde – nein, als Trauende zu dem Trauenden!

Ja, zur Treue gemacht, gleich mir, und zu zärtlichen Ewigkeiten: muß ich nun euch nach eurer Untreue heißen, ihr göttlichen Blicke und Augenblicke: keinen andern Namen lernte ich noch.

Wahrlich, zu schnell starbt ihr mir, ihr Flüchtlinge. Doch floht ihr mich nicht, noch floh ich euch: unschuldig sind wir einander in unsrer Untreue.

Mich zu töten, erwürgte man euch, ihr Singvögel meiner Hoffnungen! Ja, nach euch, ihr Liebsten, schoß immer die Bosheit Pfeile – mein Herz zu treffen!

Und sie traf! Wart ihr doch stets mein Herzlichstes, mein Besitz und mein Besessen-sein: *darum* mußtet ihr jung sterben und allzu frühe!

Nach dem Verwundbarsten, das ich besaß, schoß man den Pfeil: das waret ihr, denen die Haut einem Flaume gleich ist und mehr noch dem Lächeln, das an einem Blick erstirbt!

Aber dies Wort will ich zu meinen Feinden reden: was ist alles Menschen-Morden gegen Das, was ihr mir tatet!

Böseres tatet ihr mir, als aller Menschen-Mord ist; Unwiederbringliches nahmt ihr mit: – also rede ich zu euch, meine Feinde!

Mordet ihr doch meiner Jugend Gesichte und liebste Wunder! Meine Gespielen nahmt ihr mit, die seligen Geister! Ihrem Gedächtnisse lege ich diesen Kranz und diesen Fluch nieder.

Diesen Fluch gegen euch, meine Feinde! Machtet ihr doch mein Ewiges kurz, wie ein Ton zerbricht in kalter Nacht! Kaum als Aufblinken göttlicher Augen kam es mir nur – als Augenblick!

Also sprach zur guten Stunde einst meine Reinheit: »göttlich sollen mir alle Wesen sein.«

Da überfielt ihr mich mit schmutzigen Gespenstern; ach, wohin floh nun jene gute Stunde!

»Alle Tage sollen mir heilig sein« – so redete einst die Weisheit meiner Jugend: wahrlich, einer fröhlichen Weisheit Rede!

Aber da stahlt ihr Feinde mir meine Nächte und verkauftet sie zu schlafloser Qual: ach, wohin floh nun jene fröhliche Weisheit?

Einst begehrte ich nach glücklichen Vogelzeichen: da führtet ihr mir ein Eulen-Untier über den Weg, ein widriges. Ach, wohin floh da meine zärtliche Begierde?

Allem Ekel gelobte ich einst zu entsagen: da verwandeltet ihr meine Nahen und Nächsten in Eiterbeulen. Ach, wohin floh da mein edelstes Gelöbnis?

Als Blinder ging ich einst selige Wege: da warft ihr Unflat auf den Weg des Blinden: und nun ekelt ihn des alten Blinden-Fußsteigs.

Und als ich mein Schwerstes tat und meiner Überwindungen Sieg feierte: da machtet ihr Die, welche mich liebten, schrein, ich tue ihnen am wehesten.

Wahrlich, das war immer euer Tun: ihr vergälltet mir meinen besten Honig und den Fleiß meiner besten Bienen.

Meiner Mildtätigkeit sandtet ihr immer die frechsten Bettler zu; um mein Mitleiden drängtet ihr immer die unheilbar Schamlosen. So verwundetet ihr meine Tugenden in ihrem Glauben.

Und legte ich noch mein Heiligstes zum Opfer hin: flugs stellte eure »Frömmigkeit« ihre fetteren Gaben dazu: also daß im Dampfe eures Fettes noch mein Heiligstes erstickte.

Und einst wollte ich tanzen, wie nie ich noch tanzte: über alle Himmel weg wollte ich tanzen. Da überredetet ihr meinen liebsten Sänger.

Und nun stimmte er eine schaurige dumpfe Weise an; ach, er tutete mir wie ein düsteres Horn zu Ohren!

Mörderischer Sänger, Werkzeug der Bosheit, Unschuldigster! Schon stand ich bereit zum besten Tanze: da mordetest du mit deinen Tönen meine Verzückung!

Nur im Tanze weiß ich der höchsten Dinge Gleichnis zu reden: – und nun blieb mir mein höchstes Gleichnis ungeredet in meinen Gliedern!

Ungeredet und unerlöst blieb mir die höchste Hoffnung! Und es starben mir alle Gesichte und Tröstungen meiner Jugend!

Wie ertrug ich's nur? Wie verwand und überwand ich solche Wunden? Wie erstand meine Seele wieder aus diesen Gräbern?

Ja, ein Unverwundbares, Unbegrabbares ist an mir, ein Felsensprengendes: das heißt *mein Wille*. Schweigsam schreitet es und unverändert durch die Jahre.

Seinen Gang will er gehn auf meinen Füßen, mein alter Wille; herzenshart ist ihm der Sinn und unverwundbar.

Unverwundbar bin ich allein an meiner Ferse. Immer noch lebst du da und bist dir gleich, Geduldigster! Immer noch brachst du dich durch alle Gräber!

In dir lebt auch noch das Unerlöste meiner Jugend; und als Leben und Jugend sitzest du hoffend hier auf gelben Grab-Trümmern.

Ja, noch bist du mir aller Gräber Zertrümmerer: Heil dir, mein Wille! Und nur wo Gräber sind, gibt es Auferstehungen. –

Also sang Zarathustra.

Von der Selbst-Überwindung

»Wille zur Wahrheit« heißt ihr's, ihr Weisesten, was euch treibt und brünstig macht?

Wille zur Denkbarkeit alles Seienden: also heiße *ich* euren Willen!

Alles Seiende wollt ihr erst denkbar *machen*: denn ihr zweifelt mit gutem Mißtrauen, ob es schon denkbar ist.

Aber es soll sich euch fügen und biegen! So will's euer Wille. Glatt soll es werden und dem Geiste untertan, als sein Spiegel und Widerbild.

Das ist euer ganzer Wille, ihr Weisesten, als ein Wille zur Macht; und auch wenn ihr vom Guten und Bösen redet und von den Wertschätzungen.

Schaffen wollt ihr noch die Welt, vor der ihr knien könnt: so ist es eure letzte Hoffnung und Trunkenheit.

Die Unweisen freilich, das Volk – die sind gleich dem Flusse, auf dem ein Nachen weiter schwimmt: und im Nachen sitzen feierlich und vermummt die Wertschätzungen.

Euren Willen und eure Werte setztet ihr auf den Fluß des Werdens; einen alten Willen zur Macht verrät mir, was vom Volke als Gut und Böse geglaubt wird.

Ihr wart es, ihr Weisesten, die solche Gäste in diesen Nachen setzten und ihnen Prunk und stolze Namen gaben – ihr und euer herrschender Wille!

Weiter trägt nun der Fluß euren Nachen: er *muß* ihn tragen. Wenig tut's, ob die gebrochene Welle schäumt und zornig dem Kiele widerspricht!

Nicht der Fluß ist eure Gefahr und das Ende eures Guten und Bösen, ihr Weisesten: sondern jener Wille selber, der Wille zur Macht – der unerschöpfte zeugende Lebens-Wille.

Aber damit ihr mein Wort versteht vom Guten und Bösen: dazu will ich euch noch mein Wort vom Leben sagen und von der Art alles Lebendigen.

Dem Lebendigen ging ich nach, ich ging die größten und die kleinsten Wege, daß ich seine Art erkenne.

Mit hundertfachem Spiegel fing ich noch seinen Blick auf, wenn ihm der Mund geschlossen war: daß sein Auge mir rede. Und sein Auge redete mir.

Aber, wo ich nur Lebendiges fand, da hörte ich auch die Rede vom Gehorsame. Alles Lebendige ist ein Gehorchendes.

Und dies ist das Zweite: Dem wird befohlen, der sich nicht selber gehorchen kann. So ist es des Lebendigen Art.

Dies aber ist das Dritte, was ich hörte: daß Befehlen schwerer ist, als Gehorchen. Und nicht nur, daß der Befehlende die Last aller Gehorchenden trägt, und daß leicht ihn diese Last zerdrückt: –

Ein Versuch und Wagnis erschien mir in allem Befehlen; und stets, wenn es befiehlt, wagt das Lebendige sich selber dran.

Ja noch, wenn es sich selber befiehlt: auch da noch muß es sein Befehlen büßen. Seinem eignen Gesetze muß es Richter und Rächer und Opfer werden.

Wie geschieht dies doch! so fragte ich mich. Was überredet das Lebendige, daß es gehorcht und befiehlt und befehlend noch Gehorsam übt?

Hört mir nun mein Wort, ihr Weisesten! Prüft es ernstlich, ob ich dem Leben selber ins Herz kroch, und bis in die Wurzeln seines Herzens!

Wo ich Lebendiges fand, da fand ich Willen zur Macht; und noch im Willen des Dienenden fand ich den Willen, Herr zu sein.

Daß dem Stärkeren diene das Schwächere, dazu überredet es sein Wille, der über noch Schwächeres Herr sein will: dieser Lust allein mag es nicht entraten.

Und wie das Kleinere sich dem Größeren hingibt, daß es Lust und Macht am Kleinsten habe: also gibt sich auch das Größte noch hin und setzt um der Macht willen – das Leben dran.

Das ist die Hingebung des Größten, daß es Wagnis ist und Gefahr, und um den Tod ein Würfelspielen.

Und wo Opferung und Dienste und Liebesblicke sind: auch da ist Wille, Herr zu sein. Auf Schleichwegen schleicht sich da der Schwächere in die Burg und bis ins Herz dem Mächtigeren – und stiehlt da Macht.

Und dies Geheimnis redete das Leben selber zu mir: »Siehe«, sprach es, »ich bin Das, *was sich immer selber überwinden muß.*

Freilich, ihr heißt es Wille zur Zeugung oder Trieb zum Zwecke, zum Höheren, Ferneren, Vielfacheren: aber all Dies ist Eins und Ein Geheimnis.

Lieber noch gehe ich unter, als daß ich diesem Einen absagte; und wahrlich, wo es Untergang gibt und Blätterfallen, siehe, da opfert sich Leben – um Macht!

Daß ich Kampf sein muß und Werden und Zweck und der Zwecke Widerspruch: ach, wer meinen Willen errät, errät wohl auch, auf welchen *krummen* Wegen er gehen muß!

Was ich auch schaffe und wie ich's auch liebe, – bald muß ich Gegner ihm sein und meiner Liebe: so will es mein Wille.

Und auch du, Erkennender, bist nur ein Pfad und Fußstapfen meines Willens: wahrlich, mein Wille zur Macht wandelt auch auf den Füßen deines Willens zur Wahrheit!

Der traf freilich die Wahrheit nicht, der das Wort nach ihr schoß vom ›Willen zum Dasein‹: diesen Willen – gibt es nicht!

Denn: was nicht ist, das kann nicht wollen; was aber im Dasein ist, wie könnte das noch zum Dasein wollen!

Nur, wo Leben ist, da ist auch Wille: aber nicht Wille zum Leben, sondern – so lehre ich's dich – Wille zur Macht!

Vieles ist dem Lebenden höher geschätzt, als Leben selber; doch aus dem Schätzen selber heraus redet – der Wille zur Macht!« –

Also lehrte mich einst das Leben: und daraus löse ich euch, ihr Weisesten, noch das Rätsel eures Herzens.

Wahrlich, ich sage euch: Gutes und Böses, das unvergänglich wäre – das gibt es nicht! Aus sich selber muß es sich immer wieder überwinden.

Mit euren Werten und Worten von Gut und Böse übt ihr Gewalt, ihr Wertschätzenden: und Dies ist eure verborgene Liebe und eurer Seele Glänzen, Zittern und Überwallen.

Aber eine stärkere Gewalt wächst aus euren Werten und eine neue Überwindung: an der zerbricht Ei und Eierschale.

Und wer ein Schöpfer sein muß im Guten und Bösen: wahrlich, der muß ein Vernichter erst sein und Werte zerbrechen.

Also gehört das höchste Böse zur höchsten Güte: diese aber ist die schöpferische. –

Reden wir nur davon, ihr Weisesten, ob es gleich schlimm ist. Schweigen ist schlimmer; alle verschwiegenen Wahrheiten werden giftig.

Und mag doch Alles zerbrechen, was an unseren Wahrheiten zerbrechen – kann! Manches Haus gibt es noch zu bauen! –

Also sprach Zarathustra.

Von den Erhabenen

Still ist der Grund meines Meeres: wer erriete wohl, daß er scherzhafte Ungeheuer birgt!

Unerschütterlich ist meine Tiefe: aber sie glänzt von schwimmenden Rätseln und Gelächtern.

Einen Erhabenen sah ich heute, einen Feierlichen, einen Büßer des Geistes: oh wie lachte meine Seele ob seiner Häßlichkeit!

Mit erhobener Brust und Denen gleich, welche den Atem an sich ziehn: also stand er da, der Erhabene, und schweigsam:

Behängt mit häßlichen Wahrheiten, seiner Jagdbeute, und reich an zerrissenen Kleidern; auch viele Dornen hingen an ihm – aber noch sah ich keine Rose.

Noch lernte er das Lachen nicht und die Schönheit. Finster kam dieser Jäger zurück aus dem Walde der Erkenntnis.

Vom Kampfe kehrte er heim mit wilden Tieren: aber aus seinem Ernste blickt auch noch ein wildes Tier – ein unüberwundenes!

Wie ein Tiger steht er immer noch da, der springen will; aber ich mag diese gespannten Seelen nicht, unhold ist mein Geschmack allen diesen Zurückgezognen.

Und ihr sagt mir, Freunde, daß nicht zu streiten sei über Geschmack und Schmecken? Aber alles Leben ist Streit um Geschmack und Schmecken!

Geschmack: das ist Gewicht zugleich und Wagschale und Wägender; und wehe allem Lebendigen, das ohne Streit um Gewicht und Wagschale und Wägende leben wollte!

Wenn er seiner Erhabenheit müde würde, dieser Erhabene: dann erst würde seine Schönheit anheben, – und dann erst will ich ihn schmecken und schmackhaft finden.

Und erst, wenn er sich von sich selber abwendet, wird er über seinen eignen Schatten springen – und, wahrlich! hinein in *seine* Sonne.

Allzulange saß er im Schatten, die Wangen bleichten dem Büßer des Geistes; fast verhungerte er an seinen Erwartungen.

Verachtung ist noch in seinem Auge; und Ekel birgt sich an seinem Munde. Zwar ruht er jetzt, aber seine Ruhe hat sich noch nicht in die Sonne gelegt.

Dem Stiere gleich sollte er tun; und sein Glück sollte nach Erde riechen, und nicht nach Verachtung der Erde.

Als weißen Stier möchte ich ihn sehn, wie er schnaubend und brüllend der Pflugschar vorangeht: und sein Gebrüll sollte noch alles Irdische preisen!

Dunkel noch ist sein Antlitz; der Hand Schatten spielt auf ihm. Verschattet ist noch der Sinn seines Auges.

Seine Tat selber ist noch der Schatten auf ihm: die Hand verdunkelt den Handelnden. Noch hat er seine Tat nicht überwunden.

Wohl liebe ich an ihm den Nacken des Stiers: aber nun will ich auch noch das Auge des Engels sehn.

Auch seinen Helden-Willen muß er noch verlernen: ein Gehobener soll er mir sein und nicht nur ein Erhabener: – der Äther selber sollte ihn heben, den Willenlosen!

Er bezwang Untiere, er löste Rätsel: aber erlösen sollte er

auch noch seine Untiere und Rätsel, zu himmlischen Kindern sollte er sie noch verwandeln.

Noch hat seine Erkenntnis nicht lächeln gelernt und ohne Eifersucht sein; noch ist seine strömende Leidenschaft nicht stille geworden in der Schönheit.

Wahrlich, nicht in der Sattheit soll sein Verlangen schweigen und untertauchen, sondern in der Schönheit! Die Anmut gehört zur Großmut des Großgesinnten.

Den Arm über das Haupt gelegt: so sollte der Held ausruhn, so sollte er auch noch sein Ausruhen überwinden.

Aber gerade dem Helden ist das *Schöne* aller Dinge Schwerstes. Unerringbar ist das Schöne allem heftigen Willen.

Ein Wenig mehr, ein Wenig weniger: das gerade ist hier Viel, das ist hier das Meiste.

Mit lässigen Muskeln stehn und mit abgeschirrtem Willen: das ist das Schwerste euch Allen, ihr Erhabenen!

Wenn die Macht gnädig wird und herabkommt ins Sichtbare: Schönheit heiße ich solches Herabkommen.

Und von Niemandem will ich so als von dir gerade Schönheit, du Gewaltiger: deine Güte sei deine letzte Selbst-Überwältigung.

Alles Böse traue ich dir zu: darum will ich von dir das Gute.

Wahrlich, ich lachte oft der Schwächlinge, welche sich gut glauben, weil sie lahme Tatzen haben!

Der Säule Tugend sollst du nachstreben: schöner wird sie immer und zarter, aber inwendig härter und tragsamer, je mehr sie aufsteigt.

Ja, du Erhabener, einst sollst du noch schön sein und deiner eignen Schönheit den Spiegel vorhalten.

Dann wird deine Seele vor göttlichen Begierden schaudern; und Anbetung wird noch in deiner Eitelkeit sein!

Dies nämlich ist das Geheimnis der Seele: erst, wenn sie der Held verlassen hat, naht ihr, im Traume, – der Über-Held. –

Also sprach Zarathustra.

Vom Lande der Bildung

Zu weit hinein flog ich in die Zukunft: ein Grauen überfiel mich.

Und als ich um mich sah, siehe! da war die Zeit mein einziger Zeitgenosse.

Da floh ich rückwärts, heimwärts – und immer eilender: so kam ich zu euch, ihr Gegenwärtigen, und ins Land der Bildung.

Zum ersten Male brachte ich ein Auge mit für euch, und gute Begierde, wahrlich, mit Sehnsucht im Herzen kam ich.

Aber wie geschah mir? So angst mir auch war, – ich mußte lachen! Nie sah mein Auge etwas so Buntgesprenkeltes!

Ich lachte und lachte, während der Fuß mir noch zitterte und das Herz dazu: »hier ist ja die Heimat aller Farbentöpfe!« – sagte ich.

Mit fünfzig Klexen bemalt an Gesicht und Gliedern: so saßet ihr da zu meinem Staunen, ihr Gegenwärtigen!

Und mit fünfzig Spiegeln um euch, die eurem Farbenspiele schmeichelten und nachredeten!

Wahrlich, ihr könntet gar keine bessere Maske tragen, ihr Gegenwärtigen, als euer eignes Gesicht ist! Wer könnte euch – erkennen!

Vollgeschrieben mit den Zeichen der Vergangenheit, und auch diese Zeichen überpinselt mit neuen Zeichen: also habt ihr euch gut versteckt vor allen Zeichendeutern!

Und wenn man auch Nierenprüfer ist: wer glaubt wohl noch, daß ihr Nieren habt! Aus Farben scheint ihr gebacken und aus geleimten Zetteln.

Alle Zeiten und Völker blicken bunt aus euren Schleiern; alle Sitten und Glauben reden bunt aus euren Gebärden.

Wer von euch Schleier und Überwürfe und Farben und Gebärden abzöge: gerade genug würde er übrigbehalten, um die Vögel damit zu erschrecken.

Wahrlich, ich selber bin der erschreckte Vogel, der euch einmal nackt sah und ohne Farbe; und ich flog davon, als das Gerippe mir Liebe zuwinkte.

Lieber wollte ich doch noch Tagelöhner sein in der Unterwelt und bei den Schatten des Ehemals! – Feister und voller als ihr sind ja noch die Unterweltlichen!

Dies, ja dies ist Bitternis meinen Gedärmen, daß ich euch weder nackt noch bekleidet aushalte, ihr Gegenwärtigen!

Alles Unheimliche der Zukunft, und was je verflogenen Vögeln Schauder machte, ist wahrlich heimlicher noch und traulicher als eure »Wirklichkeit«.

Denn so sprecht ihr: »Wirkliche sind wir ganz, und ohne Glauben und Aberglauben«: also brüstet ihr euch – ach, auch noch ohne Brüste!

Ja, wie solltet ihr glauben *können*, ihr Buntgesprenkelten! – die ihr Gemälde seid von Allem, was je geglaubt wurde!

Wandelnde Widerlegungen seid ihr des Glaubens selber, und aller Gedanken Gliederbrechen. *Unglaubwürdige*: also heiße ich euch, ihr Wirklichen!

Alle Zeiten schwätzen widereinander in euren Geistern; und aller Zeiten Träume und Geschwätz waren wirklicher noch, als euer Wachsein ist!

Unfruchtbare seid ihr: *darum* fehlt es euch an Glauben. Aber wer schaffen mußte, der hatte auch immer seine Wahr-Träume und Stern-Zeichen – und glaubte an Glauben! –

Halboffene Tore seid ihr, an denen Totengräber warten. Und das ist *eure* Wirklichkeit: »Alles ist wert, daß es zugrunde geht.«

Ach, wie ihr mir dasteht, ihr Unfruchtbaren, wie mager in den Rippen! Und Mancher von euch hatte wohl dessen selber ein Einsehen.

Und er sprach: »es hat wohl da ein Gott, als ich schlief, mir heimlich Etwas entwendet? Wahrlich, genug, sich ein Weibchen daraus zu bilden!

Wundersam ist die Armut meiner Rippen!« also sprach schon mancher Gegenwärtige.

Ja, zum Lachen seid ihr mir, ihr Gegenwärtigen! Und sonderlich, wenn ihr euch über euch selber wundert!

Und wehe mir, wenn ich nicht lachen könnte über eure Verwunderung, und alles Widrige aus euren Näpfen hinuntertrinken müßte!

So aber will ich's mit euch leichter nehmen, da ich *Schweres* zu tragen habe; und was tut's mir, wenn sich Käfer und Flügelwürmer noch auf mein Bündel setzen!

Wahrlich, es soll mir darob nicht schwerer werden! Und nicht aus euch, ihr Gegenwärtigen, soll mir die große Müdigkeit kommen. –

Ach, wohin soll ich nun noch steigen mit meiner Sehnsucht! Von allen Bergen schaue ich aus nach Vater- und Mutterländern.

Aber Heimat fand ich nirgends: unstet bin ich in allen Städten und ein Aufbruch an allen Toren.

Fremd sind mir und ein Spott die Gegenwärtigen, zu denen mich jüngst das Herz trieb; und vertrieben bin ich aus Vater- und Mutterländern.

So liebe ich allein noch meiner *Kinder Land*, das unentdeckte, im fernsten Meere: nach ihm heiße ich meine Segel suchen und suchen.

An meinen Kindern will ich es gutmachen, daß ich meiner Väter Kind bin: und an aller Zukunft – *diese* Gegenwart! –

Also sprach Zarathustra.

Von der unbefleckten Erkenntnis

Als gestern der Mond aufging, wähnte ich, daß er eine Sonne gebären wolle: so breit und trächtig lag er am Horizonte.

Aber ein Lügner war er mir mit seiner Schwangerschaft; und eher noch will ich an den Mann im Monde glauben als an das Weib.

Freilich, wenig Mann ist er auch, dieser schüchterne Nacht-schwärmer: Wahrlich, mit schlechtem Gewissen wandelt er über die Dächer.

Denn er ist lüstern und eifersüchtig, der Mönch im Monde, lüstern nach der Erde und nach allen Freuden der Liebenden.

Nein, ich mag ihn nicht, diesen Kater auf den Dächern! Widerlich sind mir Alle, die um halbverschloßne Fenster schleichen!

Fromm und schweigsam wandelt er hin auf Sternen-Teppichen: – aber ich mag alle leisetretenden Mannsfüße nicht, an denen auch nicht ein Sporen klirrt.

Jedes Redlichen Schritt redet; die Katze aber stiehlt sich über den Boden weg. Siehe, katzenhaft kommt der Mond daher und unredlich. –

Dieses Gleichnis gebe ich euch, empfindsamen Heuchlern, euch, den »Rein-Erkennenden«! Euch heiße *ich* – Lüsterne!

Auch ihr liebt die Erde und das Irdische: ich erriet euch wohl! – aber Scham ist in eurer Liebe und schlechtes Gewissen, – dem Monde gleicht ihr!

Zur Verachtung des Irdischen hat man euren Geist überredet, aber nicht eure Eingeweide: *die* aber sind das Stärkste an euch!

Und nun schämt sich euer Geist, daß er euren Eingeweiden zu Willen ist, und geht vor seiner eignen Scham Schleich- und Lügenwege.

»Das wäre mir das Höchste« – also redet euer verlogner Geist zu sich – »auf das Leben ohne Begierde zu schaun und nicht, gleich dem Hunde, mit hängender Zunge:

Glücklich zu sein im Schauen, mit erstorbenem Willen, ohne Griff und Gier der Selbstsucht – kalt und aschgrau am ganzen Leibe, aber mit trunkenen Mondesaugen!

Das wäre mir das Liebste«, – also verführt sich selber der Verführte – »die Erde zu lieben, wie der Mond sie liebt, und nur mit dem Auge allein ihre Schönheit zu betasten.

Und das heiße mir aller Dinge *unbefleckte* Erkenntnis, daß

ich von den Dingen Nichts will: außer daß ich vor ihnen daliegen darf wie ein Spiegel mit hundert Augen.« –

Oh, ihr empfindsamen Heuchler, ihr Lüsternen! Euch fehlt die Unschuld in der Begierde: und nun verleumdet ihr drum das Begehren!

Wahrlich, nicht als Schaffende, Zeugende, Werdelustige liebt ihr die Erde!

Wo ist Unschuld? Wo der Wille zur Zeugung ist. Und wer über sich hinaus schaffen will, der hat mir den reinsten Willen.

Wo ist Schönheit? Wo ich mit allem Willen *wollen muß*; wo ich lieben und untergehn will, daß ein Bild nicht nur Bild bleibe.

Lieben und Untergehn: das reimt sich seit Ewigkeiten. Wille zur Liebe: das ist, willig auch sein zum Tode. Also rede ich zu euch Feiglingen!

Aber nun will euer entmanntes Schielen »Beschaulichkeit« heißen! Und was mit feigen Augen sich tasten läßt, soll »schön« getauft werden! Oh ihr Beschmutzer edler Namen!

Aber das soll euer Fluch sein, ihr Unbefleckten, ihr Rein-Erkennenden, daß ihr nie gebären werdet: und wenn ihr auch breit und trächtig am Horizonte liegt!

Wahrlich, ihr nehmt den Mund voll mit edlen Worten: und wir sollen glauben, daß euch das Herz übergehe, ihr Lügenbolde?

Aber *meine* Worte sind geringe, verachtete, krumme Worte: gerne nehme ich auf, was bei eurer Mahlzeit unter den Tisch fällt.

Immer noch kann ich mit ihnen – Heuchlern die Wahrheit sagen! Ja, meine Gräten, Muscheln und Stachelblätter sollen – Heuchlern die Nase kitzeln!

Schlechte Luft ist immer um euch und eure Mahlzeiten: eure lüsternen Gedanken, eure Lügen und Heimlichkeiten sind ja in der Luft!

Wagt es doch erst, euch selber zu glauben – euch und euren Eingeweiden! Wer sich selber nicht glaubt, lügt immer.

Eines Gottes Larve hänget ihr um vor euch selber, ihr »Reinen«: in eines Gottes Larve verkroch sich euer greulicher Ringelwurm.

Wahrlich, ihr täuscht, ihr »Beschaulichen«! Auch Zarathustra war einst der Narr eurer göttlichen Häute; nicht erriet er das Schlangengeringel, mit dem sie gestopft waren.

Eines Gottes Seele wähnte ich einst spielen zu sehn in euren Spielen, ihr Rein-Erkennenden! Keine bessere Kunst wähnte ich einst als eure Künste!

Schlangen-Unflat und schlimmen Geruch verhehlte mir die Ferne: und daß einer Eidechse List lüstern hier herumschlich.

Aber ich kam euch *nah:* da kam mir der Tag – und nun kommt er euch, – zu Ende ging des Mondes Liebschaft!

Seht doch hin! Ertappt und bleich steht er da – vor der Morgenröte!

Denn schon kommt sie, die Glühende, – *ihre* Liebe zur Erde kommt! Unschuld und Schöpfer-Begier ist alle Sonnen-Liebe!

Seht doch hin, wie sie ungeduldig über das Meer kommt! Fühlt ihr den Durst und den heißen Atem ihrer Liebe nicht?

Am Meere will sie saugen und seine Tiefe zu sich in die Höhe trinken: da hebt sich die Begierde des Meeres mit tausend Brüsten.

Geküßt und gesaugt *will* es sein vom Durste der Sonne; Luft *will* es werden und Höhe und Fußpfad des Lichts und selber Licht!

Wahrlich, der Sonne gleich liebe ich das Leben und alle tiefen Meere.

Und dies heißt *mir* Erkenntnis: alles Tiefe soll hinauf – zu meiner Höhe! –

Also sprach Zarathustra.

Von den Gelehrten

Als ich im Schlafe lag, da fraß ein Schaf am Efeukranze meines Hauptes – fraß und sprach dazu: »Zarathustra ist kein Gelehrter mehr.«

Sprach's und ging stotzig davon und stolz. Ein Kind erzählte mir's.

Gerne liege ich hier, wo die Kinder spielen, an der zerbrochnen Mauer, unter Disteln und roten Mohnblumen.

Ein Gelehrter bin ich den Kindern noch und auch den Disteln und roten Mohnblumen. Unschuldig sind sie, selbst noch in ihrer Bosheit.

Aber den Schafen bin ich's nicht mehr: so will es mein Los – gesegnet sei es!

Denn dies ist die Wahrheit: ausgezogen bin ich aus dem Hause der Gelehrten, und die Tür habe ich noch hinter mir zugeworfen.

Zu lange saß meine Seele hungrig an ihrem Tische; nicht, gleich ihnen, bin ich auf das Erkennen abgerichtet wie auf das Nüsseknacken.

Freiheit liebe ich und die Luft über frischer Erde; lieber noch will ich auf Ochsenhäuten schlafen, als auf ihren Würden und Achtbarkeiten.

Ich bin zu heiß und verbrannt von eigenen Gedanken: oft will es mir den Atem nehmen. Da muß ich ins Freie und weg aus allen verstaubten Stuben.

Aber sie sitzen kühl in kühlem Schatten: sie wollen in Allem nur Zuschauer sein und hüten sich, dort zu sitzen, wo die Sonne auf die Stufen brennt.

Gleich Solchen, die auf der Straße stehn und die Leute angaffen, welche vorübergehn: also warten sie auch und gaffen Gedanken an, die Andere gedacht haben.

Greift man sie mit Händen, so stäuben sie um sich gleich Mehlsäcken, und unfreiwillig: aber wer erriete wohl, daß ihr

Staub vom Korne stammt und von der gelben Wonne der Sommerfelder?

Geben sie sich weise, so fröstelt mich ihrer kleinen Sprüche und Wahrheiten: ein Geruch ist oft an ihrer Weisheit, als ob sie aus dem Sumpfe stamme: und wahrlich, ich hörte auch schon den Frosch aus ihr quaken!

Geschickt sind sie, sie haben kluge Finger: was will *meine* Einfalt bei ihrer Vielfalt! Alles Fädeln und Knüpfen und Weben verstehn ihre Finger: also wirken sie die Strümpfe des Geistes!

Gute Uhrwerke sind sie: nur sorge man, sie richtig aufzuziehn! Dann zeigen sie ohne Falsch die Stunde an und machen einen bescheidnen Lärm dabei.

Gleich Mühlwerken arbeiten sie und stampfen: man werfe ihnen nur seine Fruchtkörner zu! – sie wissen schon, Korn klein zu mahlen und weißen Staub daraus zu machen.

Sie sehen einander gut auf die Finger und trauen sich nicht zum Besten. Erfinderisch in kleinen Schlauheiten, warten sie auf Solche, deren Wissen auf lahmen Füßen geht, – gleich Spinnen warten sie.

Ich sah sie immer mit Vorsicht Gift bereiten: und immer zogen sie gläserne Handschuhe dabei an ihre Finger.

Auch mit falschen Würfeln wissen sie zu spielen; und so eifrig fand ich sie spielen, daß sie dabei schwitzten.

Wir sind einander fremd, und ihre Tugenden gehn mir noch mehr wider den Geschmack, als ihre Falschheiten und falschen Würfel.

Und als ich bei ihnen wohnte, da wohnte ich über ihnen. Darüber wurden sie mir gram.

Sie wollen Nichts davon hören, daß Einer über ihren Köpfen wandelt; und so legten sie Holz und Erde und Unrat zwischen mich und ihre Köpfe.

Also dämpften sie den Schall meiner Schritte: und am schlechtesten wurde ich bisher von den Gelehrtesten gehört.

Aller Menschen Fehl und Schwäche legten sie zwischen sich und mich: – »Fehlboden« heißen sie das in ihren Häusern.

213

Aber trotzdem wandle ich mit meinen Gedanken *über* ihren Köpfen; und selbst, wenn ich auf meinen eignen Fehlern wandeln wollte, würde ich noch über ihnen sein und ihren Köpfen.

Denn die Menschen sind *nicht* gleich: so spricht die Gerechtigkeit. Und was ich will, dürfen sie nicht wollen! –

Also sprach Zarathustra.

Von den Dichtern

»Seit ich den Leib besser kenne«, – sagte Zarathustra zu einem seiner Jünger – »ist mir der Geist nur noch gleichsam Geist; und alles das ›Unvergängliche‹ – das ist auch nur ein Gleichnis.«

»So hörte ich dich schon einmal sagen«, antwortete der Jünger; »und damals fügtest du hinzu: ›aber die Dichter lügen zuviel‹. Warum sagtest du doch, daß die Dichter zuviel lügen?«

»Warum?« sagte Zarathustra. »Du fragst warum? Ich gehöre nicht zu Denen, welche man nach ihrem Warum fragen darf.

Ist denn mein Erleben von gestern? Das ist lange her, daß ich die Gründe meiner Meinungen erlebte.

Müßte ich nicht ein Faß sein von Gedächtnis, wenn ich auch meine Gründe bei mir haben wollte?

Schon zuviel ist mir's, meine Meinungen selber zu behalten; und mancher Vogel fliegt davon.

Und mitunter finde ich auch ein zugeflogenes Tier in meinem Taubenschlage, das mir fremd ist, und das zittert, wenn ich meine Hand darauf lege.

Doch was sagte dir einst Zarathustra? Daß die Dichter zuviel lügen? – Aber auch Zarathustra ist ein Dichter.

Glaubst du nun, daß er hier die Wahrheit redete? Warum glaubst du das?«

Der Jünger antwortete: »Ich glaube an Zarathustra.« Aber Zarathustra schüttelte den Kopf und lächelte.

Der Glaube macht mich nicht selig, sagte er, zumal nicht der Glaube an mich.

Aber gesetzt, daß Jemand allen Ernstes sagte, die Dichter lügen zuviel: so hat er recht, – *wir* lügen zuviel.

Wir wissen auch zu wenig und sind schlechte Lerner: so müssen wir schon lügen.

Und wer von uns Dichtern hätte nicht seinen Wein verfälscht? Manch giftiger Mischmasch geschah in unsern Kellern, manches Unbeschreibliche ward da getan.

Und weil wir wenig wissen, so gefallen uns von Herzen die geistig Armen, sonderlich wenn es junge Weibchen sind!

Und selbst nach den Dingen sind wir noch begehrlich, die sich die alten Weibchen abends erzählen. Das heißen wir selber an uns das Ewig-Weibliche.

Und als ob es einen besondren geheimen Zugang zum Wissen gäbe, der sich Denen *verschütte*, welche Etwas lernen: so glauben wir an das Volk und seine »Weisheit«.

Das aber glauben alle Dichter: daß wer im Grase oder an einsamen Gehängen liegend die Ohren spitze, Etwas von den Dingen erfahre, die zwischen Himmel und Erde sind.

Und kommen ihnen zärtliche Regungen, so meinen die Dichter immer, die Natur selber sei in sie verliebt:

Und sie schleiche zu ihrem Ohre, Heimliches hineinzusagen und verliebte Schmeichelreden: dessen brüsten und blähen sie sich vor allen Sterblichen!

Ach, es gibt so viele Dinge zwischen Himmel und Erde, von denen sich nur die Dichter Etwas haben träumen lassen!

Und zumal *über* dem Himmel: denn alle Götter sind Dichter-Gleichnis, Dichter-Erschleichnis!

Wahrlich, immer zieht es uns hinan – nämlich zum Reich der Wolken: auf diese setzen wir unsre bunten Bälge und heißen sie dann Götter und Übermenschen: –

Sind sie doch gerade leicht genug für diese Stühle! – all diese Götter und Übermenschen.

Ach, wie bin ich all des Unzulänglichen müde, das durchaus Ereignis sein soll! Ach, wie bin ich der Dichter müde!

Als Zarathustra so sprach, zürnte ihm sein Jünger, aber er schwieg. Und auch Zarathustra schwieg; und sein Auge hatte sich nach innen gekehrt, gleich als ob es in weite Fernen sähe. Endlich seufzte er und holte Atem.

Ich bin von heute und ehedem, sagte er dann; aber Etwas ist in mir, das ist von morgen und übermorgen und einstmals.

Ich wurde der Dichter müde, der alten und der neuen: Oberflächliche sind sie mir Alle und seichte Meere.

Sie dachten nicht genug in die Tiefe: darum sank ihr Gefühl nicht bis zu den Gründen.

Etwas Wollust und etwas Langeweile: das ist noch ihr bestes Nachdenken gewesen.

Gespenster-Hauch und -Huschen gilt mir all ihr Harfen-Klingklang; was wußten sie bisher von der Inbrunst der Töne! –

Sie sind mir auch nicht reinlich genug: sie trüben Alle ihr Gewässer, daß es tief scheine.

Und gerne geben sie sich damit als Versöhner: aber Mittler und Mischer bleiben sie mir, und Halb-und-Halbe und Unreinliche! –

Ach, ich warf wohl mein Netz in ihre Meere und wollte gute Fische fangen; aber immer zog ich eines alten Gottes Kopf herauf.

So gab dem Hungrigen das Meer einen Stein. Und sie selber mögen wohl aus dem Meere stammen.

Gewiß, man findet Perlen in ihnen: um so ähnlicher sind sie selber harten Schaltieren. Und statt der Seele fand ich oft bei ihnen gesalzenen Schleim.

Sie lernten vom Meere auch noch seine Eitelkeit: ist nicht das Meer der Pfau der Pfauen?

Noch vor dem häßlichsten aller Büffel rollt es seinen Schweif hin, nimmer wird es seines Spitzenfächers von Silber und Seide müde.

Trutzig blickt der Büffel dazu, dem Sande nahe in seiner Seele, näher noch dem Dickicht, am nächsten aber dem Sumpfe.

Was ist ihm Schönheit und Meer und Pfauen-Zierat! Dieses Gleichnis sage ich den Dichtern.

Wahrlich, ihr Geist selber ist der Pfau der Pfauen und ein Meer von Eitelkeit!

Zuschauer will der Geist des Dichters: sollten's auch Büffel sein! –

Aber dieses Geistes wurde ich müde: und ich sehe kommen, daß er seiner selber müde wird.

Verwandelt sah ich schon die Dichter und gegen sich selber den Blick gerichtet.

Büßer des Geistes sah ich kommen: die wuchsen aus ihnen. –

Also sprach Zarathustra.

Von großen Ereignissen

Es gibt eine Insel im Meere – unweit den glückseligen Inseln Zarathustras – auf welcher beständig ein Feuerberg raucht; von der sagt das Volk, und sonderlich sagen es die alten Weibchen aus dem Volke, daß sie wie ein Felsblock vor das Tor der Unterwelt gestellt sei: durch den Feuerberg selber aber führe der schmale Weg abwärts, der zu diesem Tore der Unterwelt geleite.

Um jene Zeit nun, als Zarathustra auf den glückseligen Inseln weilte, geschah es, daß ein Schiff an der Insel Anker warf, auf welcher der rauchende Berg steht; und seine Mannschaft ging ans Land, um Kaninchen zu schießen. Gegen die Stunde des Mittags aber, da der Kapitän und seine Leute wieder beisammen waren, sahen sie plötzlich durch die Luft einen Mann auf sich zukommen, und eine Stimme sagte deutlich: »Es ist Zeit! Es ist die höchste Zeit!« Wie die Gestalt ihnen aber am nächsten war – sie flog aber schnell gleich einem Schatten vorbei, in der Richtung, wo der Feuerberg lag – da erkannten sie mit größter Bestürzung, daß es Zarathustra sei; denn sie hatten ihn Alle schon gesehn, ausgenommen der Kapitän selber, und sie liebten ihn, wie das Volk liebt: also daß zu gleichen Teilen Liebe und Scheu beisammen sind.

»Seht mir an!« sagte der alte Steuermann, »da fährt Zarathustra zur Hölle!« –

Um die gleiche Zeit, als diese Schiffer an der Feuerinsel landeten, lief das Gerücht umher, daß Zarathustra verschwunden sei; und als man seine Freunde fragte, erzählten sie, er sei bei Nacht zu Schiff gegangen, ohne zu sagen, wohin er reisen wolle.

Also entstand eine Unruhe; nach drei Tagen aber kam zu dieser Unruhe die Geschichte der Schiffsleute hinzu – und nun sagte alles Volk, daß der Teufel Zarathustra geholt habe. Seine Jünger lachten zwar ob dieses Geredes; und einer von ihnen sagte sogar: »eher glaube ich noch, daß Zarathustra sich den Teufel geholt hat.« Aber im Grunde der Seele waren sie Alle voll Besorgnis und Sehnsucht: so war ihre Freude groß, als am fünften Tage Zarathustra unter ihnen erschien.

Und dies ist die Erzählung von Zarathustras Gespräch mit dem Feuerhunde:

Die Erde, sagte er, hat eine Haut; und diese Haut hat Krankheiten. Eine dieser Krankheiten heißt zum Beispiel: »Mensch«.

Und eine andere dieser Krankheiten heißt »Feuerhund«. Über *den* haben sich die Menschen Viel vorgelogen und vorlügen lassen.

Dies Geheimnis zu ergründen ging ich über das Meer: und ich habe die Wahrheit nackt gesehn, wahrlich! barfuß bis zum Halse.

Was es mit dem Feuerhund auf sich hat, weiß ich nun; und

insgleichen mit all den Auswurf- und Umsturz-Teufeln, vor denen sich nicht nur alte Weibchen fürchten.

Heraus mit dir, Feuerhund, aus deiner Tiefe! rief ich, und bekenne, wie tief diese Tiefe ist! Woher ist das, was du da heraufschnaubst?

Du trinkst reichlich am Meere: das verrät deine versalzte Beredsamkeit! Fürwahr, für einen Hund der Tiefe nimmst du deine Nahrung zu sehr von der Oberfläche!

Höchstens für den Bauchredner der Erde halt ich dich: und immer, wenn ich Umsturz- und Auswurf-Teufel reden hörte, fand ich sie gleich dir: gesalzen, lügnerisch und flach.

Ihr versteht zu brüllen und mit Asche zu verdunkeln! Ihr seid die besten Großmäuler und lerntet sattsam die Kunst, Schlamm heiß zu sieden.

Wo ihr seid, da muß stets Schlamm in der Nähe sein, und viel Schwammichtes, Höhlichtes, Eingezwängtes: das will in die Freiheit.

»Freiheit« brüllt ihr Alle am liebsten: aber ich verlernte den Glauben an »große Ereignisse«, sobald viel Gebrüll und Rauch um sie herum ist.

Und glaube mir nur, Freund Höllenlärm! Die größten Ereignisse – das sind nicht unsre lautesten, sondern unsre stillsten Stunden.

Nicht um die Erfinder von neuem Lärme: um die Erfinder von neuen Werten dreht sich die Welt; *unhörbar* dreht sie sich.

Und gesteh es nur! Wenig war immer nur geschehn, wenn dein Lärm und Rauch sich verzog. Was liegt daran, daß eine Stadt zur Mumie wurde, und eine Bildsäule im Schlamme liegt!

Und dies Wort sage ich noch den Umstürzern von Bildsäulen. Das ist wohl die größte Torheit, Salz ins Meer und Bildsäulen in den Schlamm zu werfen.

Im Schlamme eurer Verachtung lag die Bildsäule: aber Das ist gerade ihr Gesetz, daß ihr aus der Verachtung wieder Leben und lebende Schönheit wächst!

Mit göttlicheren Zügen steht sie nun auf, und leidendverführerisch; und wahrlich! sie wird euch noch Dank sagen, daß ihr sie umstürzet, ihr Umstürzer!

Diesen Rat aber rate ich Königen und Kirchen und Allem, was alters- und tugendschwach ist – laßt euch nur umstürzen! Daß ihr wieder zum Leben kommt, und zu euch – die Tugend! –

Also redete ich vor dem Feuerhunde: da unterbrach er mich mürrisch und fragte: »Kirche? Was ist denn das?«

»Kirche?« antwortete ich, »das ist eine Art von Staat, und zwar die verlogenste. Doch schweig still, du Heuchelhund! Du kennst deine Art wohl am besten schon!

Gleich dir selbst ist der Staat ein Heuchelhund; gleich dir redet er gern mit Rauch und Gebrülle, – daß er glauben mache, gleich dir, er rede aus dem Bauch der Dinge.

Denn er will durchaus das wichtigste Tier auf Erden sein, der Staat; und man glaubt's ihm auch.« –

Als ich das gesagt hatte, gebärdete sich der Feuerhund wie unsinnig vor Neid. »Wie?« schrie er, »das wichtigste Tier auf Erden? Und man glaubt's ihm auch?« Und so viel Dampf und gräßliche Stimmen kamen ihm aus dem Schlunde, daß ich meinte, er werde vor Ärger und Neid ersticken.

Endlich wurde er stiller, und sein Keuchen ließ nach; sobald er aber stille war, sagte ich lachend:

»Du ärgerst dich, Feuerhund: also habe ich über dich recht!

Und daß ich auch noch recht behalte, so höre von einem andern Feuerhunde: der spricht wirklich aus dem Herzen der Erde.

Gold haucht sein Atem und goldigen Regen: so will's das Herz ihm. Was ist ihm Asche und Rauch und heißer Schleim noch! Lachen flattert aus ihm wie ein buntes Gewölke; abgünstig ist er deinem Gurgeln und Speien und Grimmen der Eingeweide!

Das Gold aber und das Lachen – das nimmt er aus dem Herzen der Erde: denn daß du's nur weißt, – *das Herz der Erde ist von Gold.*«

Als dies der Feuerhund vernahm, hielt er's nicht mehr aus, mir zuzuhören. Beschämt zog er seinen Schwanz ein, sagte auf eine kleinlaute Weise Wau! Wau! und kroch hinab in seine Höhle. – Also erzählte Zarathustra. Seine Jünger aber hörten ihm kaum zu: so groß war ihre Begierde, ihm von den Schiffsleuten, den Kaninchen und dem fliegenden Manne zu erzählen.

»Was soll ich davon denken!« sagte Zarathustra. »Bin ich denn ein Gespenst?

Aber es wird mein Schatten gewesen sein. Ihr hörtet wohl schon einiges vom Wandrer und seinem Schatten?

Sicher aber ist Das: ich muß ihn kürzer halten, – er verdirbt mir sonst noch den Ruf.«

Und nochmals schüttelte Zarathustra den Kopf und wunderte sich. »Was soll ich davon denken!« sagte er nochmals.

»Warum schrie denn das Gespenst: ›Es ist Zeit! Es ist die höchste Zeit!‹

Wozu ist es denn – höchste Zeit?« –

Also sprach Zarathustra.

Der Wahrsager

»– und ich sahe eine große Traurigkeit über die Menschen kommen. Die Besten wurden ihrer Werke müde.

Eine Lehre erging, ein Glauben lief neben ihr: ›Alles ist leer, Alles ist gleich, Alles war!‹

Und von allen Hügeln klang es wieder: ›Alles ist leer, Alles ist gleich, Alles war!‹

Wohl haben wir geerntet: aber warum wurden alle Früchte uns faul und braun? Was fiel vom bösen Monde bei der letzten Nacht hernieder?

Umsonst war alle Arbeit, Gift ist unser Wein geworden, böser Blick sengte unsre Felder und Herzen gelb.

Trocken wurden wir Alle; und fällt Feuer auf uns, so stäuben wir der Asche gleich: – ja das Feuer selber machten wir müde.

Alle Brunnen versiechten uns, auch das Meer wich zurück. Aller Grund will reißen, aber die Tiefe will nicht schlingen!

›Ach, wo ist noch ein Meer, in dem man ertrinken könnte‹: so klingt unsre Klage – hinweg über flache Sümpfe.

Wahrlich, zum Sterben wurden wir schon zu müde; nun wachen wir noch und leben fort – in Grabkammern!« –

Also hörte Zarathustra einen Wahrsager reden; und seine Weissagung ging ihm zu Herzen und verwandelte ihn. Traurig ging er umher und müde; und er wurde Denen gleich, von welchen der Wahrsager geredet hatte.

Wahrlich, so sagte er zu seinen Jüngern, es ist um ein Kleines, so kommt diese lange Dämmerung. Ach, wie soll ich mein Licht hinüberretten!

Daß es mir nicht ersticke in dieser Traurigkeit! Ferneren Welten soll es ja Licht sein, und noch fernsten Nächten!

Dergestalt im Herzen bekümmert ging Zarathustra umher; und drei Tage lang nahm er nicht Trank und Speise zu sich, hatte keine Ruhe und verlor die Rede. Endlich geschah es, daß er in einen tiefen Schlaf verfiel. Seine Jünger aber saßen um ihn in langen Nachtwachen und warteten mit Sorge, ob er wach werde und wieder rede und genesen sei von seiner Trübsal.

Dies aber ist die Rede, welche Zarathustra sprach, als er aufwachte; seine Stimme aber kam zu seinen Jüngern wie aus weiter Ferne:

»Hört mir doch den Traum, den ich träumte, ihr Freunde, und helft mir seinen Sinn raten!

Ein Rätsel ist er mir noch, dieser Traum; sein Sinn ist verborgen in ihm und eingefangen und fliegt noch nicht über ihn hin mit freien Flügeln.

Allem Leben hatte ich abgesagt, so träumte mir. Zum Nacht- und Grabwächter war ich worden, dort auf der einsamen Berg-Burg des Todes.

Droben hütete ich seine Särge: voll standen die dumpfen Gewölbe von solchen Siegeszeichen. Aus gläsernen Särgen blickte mich überwundenes Leben an.

Den Geruch verstaubter Ewigkeiten atmete ich: schwül und verstaubt lag meine Seele. Und wer hätte dort auch seine Seele lüften können!

Helle der Mitternacht war immer um mich, Einsamkeit kauerte neben ihr; und, zu dritt, röchelnde Todesstille, die schlimmste meiner Freundinnen.

Schlüssel führte ich, die rostigsten aller Schlüssel; und ich verstand es, damit das knarrendste aller Tore zu öffnen.

Einem bitterbösen Gekrächze gleich lief der Ton durch die langen Gänge, wenn sich des Tores Flügel hoben: unhold schrie dieser Vogel, ungern wollte er geweckt sein.

Aber furchtbarer noch und herzzuschnürender war es, wenn es wieder schwieg und rings stille ward und ich allein saß in diesem tückischen Schweigen.

So ging mir und schlich die Zeit, wenn Zeit es noch gab: was weiß ich davon! Aber endlich geschah das, was mich weckte.

Dreimal schlugen Schläge ans Tor, gleich Donnern, es hallten und heulten die Gewölbe dreimal wieder: da ging ich zum Tore.

Alpa! rief ich, wer trägt seine Asche zu Berge? Alpa! Alpa! Wer trägt seine Asche zu Berge?

Und ich drückte den Schlüssel und hob am Tore und mühte mich. Aber noch keinen Fingerbreit stand es offen:

Da riß ein brausender Wind seine Flügel auseinander: pfeifend, schrillend und schneidend warf er mir einen schwarzen Sarg zu:

Und im Brausen und Pfeifen und Schrillen zerbarst der Sarg und spie tausendfältiges Gelächter aus.

Und aus tausend Fratzen von Kindern, Engeln, Eulen, Narren und kindergroßen Schmetterlingen lachte und höhnte und brauste es wider mich.

Gräßlich erschrak ich darob: es warf mich nieder. Und ich schrie vor Grausen, wie nie ich schrie.

Aber der eigne Schrei weckte mich auf: – und ich kam zu mir. –«

Also erzählte Zarathustra seinen Traum und schwieg dann: denn er wußte noch nicht die Deutung seines Traumes. Aber der Jünger, den er am meisten lieb hatte, erhob sich schnell, faßte die Hand Zarathustras und sprach:

»Dein Leben selber deutet uns diesen Traum, oh Zarathustra!

Bist du nicht selber der Wind mit schrillem Pfeifen, der den Burgen des Todes die Tore aufreißt?

Bist du nicht selber der Sarg voll bunter Bosheiten und Engelsfratzen des Lebens?

Wahrlich, gleich tausendfältigem Kindsgelächter kommt Zarathustra in alle Totenkammern, lachend über diese Nacht- und Grabwächter, und wer sonst mit düstern Schlüsseln rasselt.

Schrecken und umwerfen wirst du sie mit deinem Gelächter; Ohnmacht und Wachwerden wird deine Macht über sie beweisen.

Und auch, wenn die lange Dämmerung kommt und die Todesmüdigkeit, wirst du an unserm Himmel nicht untergehn, du Fürsprecher des Lebens!

Neue Sterne ließest du uns sehen und neue Nachtherrlichkeiten; wahrlich, das Lachen selber spanntest du wie ein buntes Gezelt über uns.

Nun wird immer Kindes-Lachen aus Särgen quellen; nun wird immer siegreich ein starker Wind kommen aller Todesmüdigkeit: dessen bist du uns selber Bürge und Wahrsager!

Wahrlich, *sie selber träumtest du*, deine Feinde: das war dein schwerster Traum!

Aber wie du von ihnen aufwachtest und zu dir kamst, also sollen sie selber von sich aufwachen – und zu dir kommen!« –

So sprach der Jünger; und alle Anderen drängten sich nun um Zarathustra und ergriffen ihn bei den Händen und wollten ihn bereden, daß er vom Bette und von der Traurigkeit lasse und zu ihnen zurückkehre. Zarathustra aber saß aufgerichtet auf seinem Lager, und mit fremdem Blicke. Gleichwie Einer, der aus langer Fremde heimkehrt, sah er auf seine Jünger und prüfte ihre Gesichter; und noch erkannte er sie nicht. Als sie aber ihn hoben und auf die Füße stellten, siehe, da verwandelte sich mit Einem Male sein Auge; er begriff Alles, was geschehn war, strich sich den Bart und sagte mit starker Stimme:

»Wohlan! Dies nun hat seine Zeit; sorgt mir aber dafür, meine Jünger, daß wir eine gute Mahlzeit machen, und in Kürze! Also gedenke ich Buße zu tun für schlimme Träume!

Der Wahrsager aber soll an meiner Seite essen und trinken: und wahrlich, ich will ihm noch ein Meer zeigen, in dem er ertrinken kann!«

Also sprach Zarathustra. Darauf aber blickte er dem Jünger, welcher den Traumdeuter abgegeben hatte, lange ins Gesicht und schüttelte dabei den Kopf. –

Von der Erlösung

Als Zarathustra eines Tages über die große Brücke ging, umringten ihn die Krüppel und Bettler, und ein Bucklichter redete also zu ihm:

»Siehe, Zarathustra! Auch das Volk lernt von dir und gewinnt Glauben an deine Lehre: aber daß es ganz dir glauben soll, dazu bedarf es noch Eines – du mußt erst noch uns Krüppel überreden! Hier hast du nun eine schöne Auswahl und wahrlich, eine Gelegenheit mit mehr als Einem Schopfe! Blinde kannst du heilen und Lahme laufen machen; und Dem, der zuviel hinter sich hat, könntest du wohl auch ein Wenig abnehmen: – Das, meine ich, wäre die rechte Art, die Krüppel an Zarathustra glauben zu machen!«

Zarathustra aber erwiderte Dem, der da redete, also: Wenn

man dem Bucklichten seinen Buckel nimmt, so nimmt man ihm seinen Geist – also lehrt das Volk. Und wenn man dem Blinden seine Augen gibt, so sieht er zuviel schlimme Dinge auf Erden: also daß er den verflucht, der ihn heilte. Der aber, welcher den Lahmen laufen macht, der tut ihm den größten Schaden an: denn kaum kann er laufen, so gehn seine Laster mit ihm durch – also lehrt das Volk über Krüppel. Und warum sollte Zarathustra nicht auch vom Volke lernen, wenn das Volk von Zarathustra lernt?

Das ist mir aber das Geringste, seit ich unter Menschen bin, daß ich sehe: »Diesem fehlt ein Auge und Jenem ein Ohr und einem Dritten das Bein, und Andre gibt es, die verloren die Zunge oder die Nase oder den Kopf.«

Ich sehe und sah Schlimmeres und mancherlei so Abscheuliches, daß ich nicht von Jeglichem reden und von Einigem nicht einmal schweigen möchte: nämlich Menschen, denen es an allem fehlt, außer daß sie Eins zuviel haben – Menschen, welche Nichts weiter sind, als ein großes Auge oder ein großes Maul oder ein großer Bauch oder irgendetwas Großes, – umgekehrte Krüppel heiße ich Solche.

Und als ich aus meiner Einsamkeit kam und zum ersten Male über diese Brücke ging: da traute ich meinen Augen nicht und sah hin, und wieder hin, und sagte endlich: »das ist ein Ohr! Ein Ohr, so groß wie ein Mensch!« Ich sah noch besser hin: und wirklich, unter dem Ohre bewegte sich noch Etwas, das zum Erbarmen klein und ärmlich und schmächtig war. Und wahrhaftig, das ungeheure Ohr saß auf einem kleinen dünnen Stiele, – der Stiel aber war ein Mensch! Wer ein Glas vor das Auge nahm, konnte sogar noch ein kleines neidisches Gesichtchen erkennen; auch, daß ein gedunsenes Seelchen am Stiele baumelte. Das Volk sagte mir aber, das große Ohr sei nicht nur ein Mensch, sondern ein großer Mensch, ein Genie. Aber ich glaubte dem Volke niemals, wenn es von großen Menschen redete – und behielt meinen Glauben bei, daß es ein umgekehrter Krüppel sei, der an Allem zu wenig und an Einem zu viel habe.

Als Zarathustra so zu dem Bucklichten geredet hatte und zu Denen, welchen er Mundstück und Fürsprecher war, wandte er sich mit tiefem Unmute zu seinen Jüngern und sagte:

Wahrlich, meine Freunde, ich wandle unter den Menschen wie unter den Bruchstücken und Gliedmaßen von Menschen!

Dies ist meinem Auge das Fürchterliche, daß ich den Menschen zertrümmert finde und zerstreuet wie über ein Schlacht- und Schlächterfeld hin.

Und flüchtet mein Auge vom Jetzt zum Ehemals: es findet immer das gleiche: Bruchstücke und Gliedmaßen und grause Zufälle – aber keine Menschen!

Das Jetzt und das Ehemals auf Erden – ach! meine Freunde – das ist *mein* Unerträglichstes; und ich wüßte nicht zu leben, wenn ich nicht noch ein Seher wäre, Dessen, was kommen muß.

Ein Seher, ein Wollender, ein Schaffender, eine Zukunft selber und eine Brücke zur Zukunft – und ach, auch noch gleichsam ein Krüppel an dieser Brücke: das Alles ist Zarathustra.

Und auch ihr fragtet euch oft: »wer ist uns Zarathustra? Wie soll er uns heißen?« Und gleich mir selber gabt ihr euch Fragen zur Antwort.

Ist er ein Versprechender? Oder ein Erfüller? Ein Eroberner? Oder ein Erbender? Ein Herbst? Oder eine Pflugschar? Ein Arzt? Oder ein Genesener?

Ist er ein Dichter? Oder ein Wahrhaftiger? Ein Befreier? Oder ein Bändiger? Ein Guter? Oder ein Böser?

Ich wandle unter Menschen als den Bruchstücken der Zukunft: jener Zukunft, die ich schaue.

Und das ist all mein Dichten und Trachten, daß ich in Eins dichte und zusammentrage, was Bruchstück ist und Rätsel und grauser Zufall.

Und wie ertrüge ich es, Mensch zu sein, wenn der Mensch

227

nicht auch Dichter und Rätselrater und der Erlöser des Zufalls wäre!

Die Vergangnen zu erlösen und alles »Es war« umzuschaffen in ein »So wollte ich es!« – das hieße mir erst Erlösung!

Wille – so heißt der Befreier und Freudebringer: also lehrte ich euch, meine Freunde! Aber nun lernt Dies hinzu: der Wille selbst ist noch ein Gefangener.

Wollen befreit: aber wie heißt Das, was auch den Befreier noch in Ketten schlägt?

»Es war«: also heißt des Willens Zähneknirschen und einsamste Trübsal. Ohnmächtig gegen Das, was getan ist – ist er allem Vergangenen ein böser Zuschauer.

Nicht zurück kann der Wille wollen; daß er die Zeit nicht brechen kann und der Zeit Begierde, – das ist des Willens einsamste Trübsal.

Wollen befreit: was ersinnt sich das Wollen selber, daß es los seiner Trübsal werde und seines Kerkers spotte?

Ach, ein Narr wird jeder Gefangene! Närrisch erlöst sich auch der gefangene Wille.

Daß die Zeit nicht zurückläuft, das ist sein Ingrimm; »Das, was war« – so heißt der Stein, den er nicht wälzen kann.

Und so wälzt er Steine aus Ingrimm und Unmut und übt Rache an Dem, was nicht gleich ihm Grimm und Unmut fühlt.

Also wurde der Wille, der Befreier, ein Wehetäter: und an Allem, was leiden kann, nimmt er Rache dafür, daß er nicht zurückkann.

Dies, ja dies allein ist *Rache* selber: des Willens Widerwille gegen die Zeit und ihr »Es war«.

Wahrlich, eine große Narrheit wohnt in unserm Willen; und zum Fluche wurde es allem Menschlichen, daß diese Narrheit Geist lernte!

Der Geist der Rache: meine Freunde, das war bisher der Menschen bestes Nachdenken; und wo Leid war, da sollte immer Strafe sein.

»Strafe«, nämlich, so heißt sich die Rache selber: mit einem Lügenwort heuchelt sie sich ein gutes Gewissen.

Und weil im Wollenden selber Leid ist, darob, daß es nicht zurückwollen kann, – also sollte Wollen selber und alles Leben – Strafe sein!

Und nun wälzte sich Wolke auf Wolke über den Geist: bis endlich der Wahnsinn predigte: »Alles vergeht, darum ist Alles wert zu vergehn!«

»Und dies ist selber Gerechtigkeit, jenes Gesetz der Zeit, daß sie ihre Kinder fressen muß«: also predigte der Wahnsinn.

»Sittlich sind die Dinge geordnet nach Recht und Strafe. Oh wo ist die Erlösung vom Fluß der Dinge und der Strafe ›Dasein‹?« Also predigte der Wahnsinn.

»Kann es Erlösung geben, wenn es ein ewiges Recht gibt? Ach, unwälzbar ist der Stein ›Es war‹: ewig müssen auch alle Strafen sein!« Also predigte der Wahnsinn.

»Keine Tat kann vernichtet werden: wie könnte sie durch die Strafe ungetan werden! Dies, dies ist das Ewige an der Strafe ›Dasein‹, daß das Dasein auch ewig wieder Tat und Schuld sein muß!

Es sei denn, daß der Wille endlich sich selber erlöste und Wollen zu Nicht-Wollen würde –«: doch ihr kennt, meine Brüder, dies Fabellied des Wahnsinns!

Weg führte ich euch von diesen Fabelliedern, als ich euch lehrte: »der Wille ist ein Schaffender.«

Alles »Es war« ist ein Bruchstück, ein Rätsel, ein grauser Zufall – bis der schaffende Wille dazu sagt: »aber so wollte ich es!«

– Bis der schaffende Wille dazu sagt: »Aber so will ich es! So werde ich's wollen!«

Aber sprach er schon so? Und wann geschieht dies? Ist der Wille schon abgeschirrt von seiner eignen Torheit?

Wurde der Wille sich selber schon Erlöser und Freudebringer? Verlernte er den Geist der Rache und alles Zähneknirschen?

Und wer lehrte ihn Versöhnung mit der Zeit, und Höheres, als alle Versöhnung ist?

Höheres als alle Versöhnung muß der Wille wollen, welcher der Wille zur Macht ist –: doch wie geschieht ihm das? Wer lehrte ihn auch noch das Zurückwollen?

– Aber an dieser Stelle seiner Rede geschah es, daß Zarathustra plötzlich innehielt und ganz einem Solchen gleichsah, der auf das Äußerste erschrickt. Mit erschrecktem Auge blickte er auf seine Jünger; sein Auge durchbohrte wie mit Pfeilen ihre Gedanken und Hintergedanken. Aber nach einer kleinen Weile lachte er schon wieder und sagte begütigt:

»Es ist schwer, mit Menschen zu leben, weil Schweigen so schwer ist. Sonderlich für einen Geschwätzigen.« –

Also sprach Zarathustra. Der Bucklichte aber hatte dem Gespräche zugehört und sein Gesicht dabei bedeckt; als er aber Zarathustra lachen hörte, blickte er neugierig auf und sagte langsam:

»Aber warum redet Zarathustra anders zu uns, als zu seinen Jüngern?«

Zarathustra antwortete: »Was ist da zum Verwundern! Mit Bucklichten darf man schon bucklicht reden!«

»Gut«, sagte der Bucklichte; »und mit Schülern darf man schon aus der Schule schwätzen.

Aber warum redet Zarathustra anders zu seinen Schülern – als zu sich selber?« –

Von der Menschen-Klugheit

Nicht die Höhe: der Abhang ist das Furchtbare! Der Abhang, wo der Blick *hinunter* stürzt und die Hand *hinauf* greift. Da schwindelt dem Herzen vor seinem doppelten Willen.

Ach, Freunde, erratet ihr wohl auch meines Herzens doppelten Willen?

Das, Das ist *mein* Abhang und meine Gefahr, daß mein Blick in die Höhe stürzt, und daß meine Hand sich halten und stützen möchte – an der Tiefe!

An den Menschen klammert sich mein Wille, mit Ketten binde ich mich an den Menschen, weil es mich hinaufreißt zum Übermenschen: denn dahin will mein andrer Wille.

Und *dazu* lebe ich blind unter den Menschen; gleich als ob ich sie nicht kennte: daß meine Hand ihren Glauben an Festes nicht ganz verliere.

Ich kenne euch Menschen nicht: diese Finsternis und Tröstung ist oft um mich gebreitet.

Ich sitze am Torwege für jeden Schelm und frage: wer will mich betrügen?

Das ist meine erste Menschen-Klugheit, daß ich mich betrügen lasse, um nicht auf der Hut zu sein vor Betrügern.

Ach, wenn ich auf der Hut wäre vor dem Menschen: wie könnte meinem Balle der Mensch ein Anker sein! Zu leicht risse es mich hinauf und hinweg!

Diese Vorsehung ist über meinem Schicksal, daß ich ohne Vorsicht sein muß.

Und wer unter Menschen nicht verschmachten will, muß lernen, aus allen Gläsern zu trinken; und wer unter Menschen rein bleiben will, muß verstehn, sich auch mit schmutzigem Wasser zu waschen.

Und also sprach ich oft mir zum Troste: »Wohlan! Wohlauf! Altes Herz! Ein Unglück mißriet dir: genieße dies als dein – Glück!«

Dies aber ist meine andre Menschen-Klugheit: ich schone die *Eitlen* mehr als die Stolzen.

Ist nicht verletzte Eitelkeit die Mutter aller Trauerspiele? Wo aber Stolz verletzt wird, da wächst wohl etwas Besseres noch, als Stolz ist.

Damit das Leben gut anzuschaun sei, muß sein Spiel gut gespielt werden: dazu aber bedarf es guter Schauspieler.

Gute Schauspieler fand ich alle Eitlen: sie spielen und wollen, daß ihnen gern zugeschaut werde, – all ihr Geist ist bei diesem Willen.

Sie führen sich auf, sie erfinden sich; in ihrer Nähe liebe ich's, dem Leben zuzuschaun, – es heilt von der Schwermut.

Darum schone ich die Eitlen, weil sie mir Ärzte sind meiner Schwermut und mich am Menschen festhalten als an einem Schauspiele.

Und dann: wer ermißt am Eitlen die ganze Tiefe seiner Bescheidenheit! Ich bin ihm gut und mitleidig ob seiner Bescheidenheit.

Von euch will er seinen Glauben an sich lernen; er nährt sich an euren Blicken, er frißt das Lob aus euren Händen.

Euren Lügen glaubt er noch, wenn ihr gut über ihn lügt: denn im Tiefsten seufzt sein Herz: »Was bin *ich*!«

Und wenn Das die rechte Tugend ist, die nicht um sich selber weiß: nun, der Eitle weiß nicht um seine Bescheidenheit! –

Das ist aber meine dritte Menschen-Klugheit, daß ich mir den Anblick der *Bösen* nicht verleiden lasse durch eure Furchtsamkeit.

Ich bin selig, die Wunder zu sehn, welche heiße Sonne ausbrütet: Tiger und Palmen und Klapperschlangen.

Auch unter Menschen gibt es schöne Brut heißer Sonne und viel Wunderwürdiges an den Bösen.

Zwar, wie eure Weisesten mir nicht gar so weise erschienen: so fand ich auch der Menschen Bosheit unter ihrem Rufe.

Und oft fragte ich mit Kopfschütteln: Warum noch klappern, ihr Klapperschlangen?

Wahrlich, es gibt auch für das Böse noch eine Zukunft! Und der heißeste Süden ist noch nicht entdeckt für den Menschen.

Wie Manches heißt jetzt schon ärgste Bosheit, was doch nur zwölf Schuhe breit und drei Monate lang ist! Einst aber werden größere Drachen zur Welt kommen.

Denn daß dem Übermenschen sein Drache nicht fehle, der Über-Drache, der seiner würdig ist: dazu muß viel heiße Sonne noch auf feuchten Urwald glühn!

Aus euren Wildkatzen müssen erst Tiger geworden sein und aus euren Giftkröten Krokodile: denn der gute Jäger soll eine gute Jagd haben!

Und wahrlich, ihr Guten und Gerechten! An euch ist Viel zum Lachen und zumal eure Furcht vor dem, was bisher »Teufel« hieß!

So fremd seid ihr dem Großen mit eurer Seele, daß euch der Übermensch *furchtbar* sein würde in seiner Güte!

Und ihr Weisen und Wissenden, ihr würdet vor dem Sonnenbrande der Weisheit flüchten, in dem der Übermensch mit Lust seine Nacktheit badet!

Ihr höchsten Menschen, denen mein Auge begegnete! das ist mein Zweifel an euch und mein heimliches Lachen: ich rate, ihr würdet meinen Übermenschen – Teufel heißen!

Ach, ich ward dieser Höchsten und Besten müde: aus ihrer »Höhe« verlangte mich hinauf, hinaus, hinweg zu dem Übermenschen!

Ein Grausen überfiel mich, als ich diese Besten nackend sah: da wuchsen mir die Flügel, fortzuschweben in ferne Zukünfte.

In fernere Zukünfte, in südlichere Süden, als je ein Bildner träumte: dorthin, wo Götter sich aller Kleider schämen!

Aber verkleidet will ich *euch* sehn, ihr Nächsten und Mitmenschen, und gut geputzt, und eitel, und würdig, als »die Guten und Gerechten«, –

Und verkleidet will ich selber unter euch sitzen, – daß ich euch und mich *verkenne*: das ist nämlich meine letzte Menschen-Klugheit. –

Also sprach Zarathustra.

Die stillste Stunde

Was geschah mir, meine Freunde? Ihr seht mich verstört, fortgetrieben, unwillig-folgsam, bereit zu gehen – ach, *von euch* fortzugehen!

Ja, noch Ein Mal muß Zarathustra in seine Einsamkeit: aber unlustig geht diesmal der Bär zurück in seine Höhle!

Was geschah mir? Wer gebeut dies? – Ach, meine zornige Herrin will es so, sie sprach zu mir; nannte ich je euch schon ihren Namen?

Gestern gen Abend sprach zu mir *meine stillste Stunde*: das ist der Name meiner furchtbaren Herrin.

Und so geschah's, – denn Alles muß ich euch sagen, daß euer Herz sich nicht verhärte gegen den plötzlich Scheidenden!

Kennt ihr den Schrecken des Einschlafenden? –

Bis in die Zehen hinein erschrickt er, darob, daß ihm der Boden weicht und der Traum beginnt.

Dieses sage ich euch zum Gleichnis. Gestern, zur stillsten Stunde, wich mir der Boden: der Traum begann.

Der Zeiger rückte, die Uhr meines Lebens holte Atem –, nie hörte ich solche Stille um mich: also daß mein Herz erschrak.

Dann sprach es ohne Stimme zu mir: »*Du weißt es, Zarathustra?*« –

Und ich schrie vor Schrecken bei diesem Flüstern, und das Blut wich aus meinem Gesichte: aber ich schwieg.

Da sprach es abermals ohne Stimme zu mir: »Du weißt es, Zarathustra, aber du redest es nicht!« –

Und ich antwortete endlich gleich einem Trotzigen: »Ja, ich weiß es, aber ich will es nicht reden!«

Da sprach es wieder ohne Stimme zu mir: »Du *willst* nicht, Zarathustra? Ist dies auch wahr? Verstecke dich nicht in deinen Trotz!« –

Und ich weinte und zitterte wie ein Kind und sprach: »Ach, ich wollte schon, aber wie kann ich es! Erlaß mir Dies nur! Es ist über meine Kraft!«

Da sprach es wieder ohne Stimme zu mir: »Was liegt an dir, Zarathustra! Sprich dein Wort und zerbrich!« –

Und ich antwortete: »Ach, es ist *mein* Wort? Wer bin *ich*? Ich warte des Würdigeren; ich bin nicht wert, an ihm auch nur zu zerbrechen.«

Da sprach es wieder ohne Stimme zu mir: »Was liegt an dir? Du bist mir noch nicht demütig genug. Die Demut hat das härteste Fell.« –

Und ich antwortete: »Was trug nicht schon das Fell meiner Demut! Am Fuße wohne ich meiner Höhe: wie hoch meine Gipfel sind? Niemand sagte es mir noch. Aber gut kenne ich meine Täler.«

Da sprach es wieder ohne Stimme zu mir: »Oh Zarathustra, wer Berge zu versetzen hat, der versetzt auch Täler und Niederungen.« –

Und ich antwortete: »Noch versetzte mein Wort keine Berge, und was ich redete, erreichte die Menschen nicht. Ich ging wohl zu den Menschen, aber noch langte ich nicht bei ihnen an.«

Da sprach es wieder ohne Stimme zu mir: »Was weißt du *davon*! Der Tau fällt auf das Gras, wenn die Nacht am verschwiegensten ist.« –

Und ich antwortete: »Sie verspotteten mich, als ich meinen eigenen Weg fand und ging; und in Wahrheit zitterten damals meine Füße.

Und so sprachen sie zu mir: du verlerntest den Weg, nun verlernst du auch das Gehen!«

Da sprach es wieder ohne Stimme zu mir: »Was liegt an ihrem Spotte! Du bist Einer, der das Gehorchen verlernt hat: nun sollst du befehlen!

Weißt du nicht, wer Allen am nötigsten tut? Der Großes befiehlt.

Großes vollführen ist schwer: aber das Schwerere ist, Großes befehlen.

235

Das ist dein Unverzeihlichstes: du hast die Macht, und du willst nicht herrschen.« –

Und ich antwortete: »Mir fehlt des Löwen Stimme zu allem Befehlen.«

Da sprach es wieder wie ein Flüstern zu mir: »Die stillsten Worte sind es, welche den Sturm bringen. Gedanken, die mit Taubenfüßen kommen, lenken die Welt.

Oh Zarathustra, du sollst gehen als ein Schatten Dessen, was kommen muß: so wirst du befehlen und befehlend vorangehen.« –

Und ich antwortete: »Ich schäme mich.«

Da sprach es wieder ohne Stimme zu mir: »Du mußt noch Kind werden und ohne Scham.

Der Stolz der Jugend ist noch auf dir, spät bist du jung geworden: aber wer zum Kinde werden will, muß auch noch seine Jugend überwinden.« –

Und ich besann mich lange und zitterte. Endlich aber sagte ich, was ich zuerst sagte: »Ich will nicht.«

Da geschah ein Lachen um mich. Wehe, wie dies Lachen mir die Eingeweide zerriß und das Herz aufschlitzte!

Und es sprach zum letzten Male zu mir: »Oh Zarathustra, deine Früchte sind reif, aber du bist nicht reif für deine Früchte!

So mußt du wieder in die Einsamkeit: denn du sollst noch mürbe werden.« –

Und wieder lachte es und floh: dann wurde es stille um mich wie mit einer zwiefachen Stille. Ich aber lag am Boden, und der Schweiß floß mir von den Gliedern.

– Nun hörtet ihr Alles, und warum ich in meine Einsamkeit zurück muß. Nichts verschwieg ich euch, meine Freunde.

Aber auch Dies hörtet ihr von mir, *wer* immer noch aller Menschen Verschwiegenster ist – und es sein will!

Ach, meine Freunde! Ich hätte euch noch Etwas zu sagen, ich hätte euch noch Etwas zu geben! Warum gebe ich es nicht? Bin ich denn geizig?« –

Als Zarathustra aber diese Worte gesprochen hatte, überfiel ihn die Gewalt des Schmerzes und die Nähe des Abschieds von seinen Freunden, also daß er laut weinte; und Niemand wußte ihn zu trösten. Des Nachts aber ging er allein fort und verließ seine Freunde.

Also sprach Zarathustra

> Ihr seht nach Oben, wenn ihr nach Er-
> hebung verlangt. Und ich sehe hinab,
> weil ich erhoben bin.
> Wer von euch kann zugleich lachen
> und erhoben sein?
> Wer auf den höchsten Bergen steigt,
> der lacht über alle Trauer-Spiele und
> Trauer-Ernste.
>
> *Zarathustra,*
> Vom Lesen und Schreiben (S. 126)

Der Wanderer

Um Mitternacht war es, da nahm Zarathustra seinen Weg über
den Rücken der Insel, daß er mit dem frühen Morgen an das
andre Gestade käme: denn dort wollte er zu Schiff steigen. Es
gab nämlich allda eine gute Reede, an der auch fremde Schiffe
gern vor Anker gingen; die nahmen Manchen mit sich, der von
den glückseligen Inseln über das Meer wollte. Als nun Zarathustra so den Berg hinanstieg, gedachte er unterwegs des vielen einsamen Wanderns von Jugend an, und wie viele Berge
und Rücken und Gipfel er schon gestiegen sei.

Ich bin ein Wanderer und ein Bergsteiger, sagte er zu seinem
Herzen, ich liebe die Ebenen nicht, und es scheint, ich kann
nicht lange still sitzen.

Und was mir nun auch noch als Schicksal und Erlebnis
komme, – ein Wandern wird darin sein und ein Bergsteigen:
man erlebt endlich nur noch sich selber.

Die Zeit ist abgeflossen, wo mir noch Zufälle begegnen durften; und was *könnte* jetzt noch zu mir fallen, was nicht schon mein Eigen wäre!

Es kehrt nun zurück, es kommt mir endlich heim – mein eigen Selbst, und was von ihm lange in der Fremde war und zerstreut unter alle Dinge und Zufälle.

Und noch Eins weiß ich: ich stehe jetzt vor meinem letzten Gipfel und vor Dem, was mir am längsten aufgespart war. Ach, meine härtesten Wege muß ich hinan! Ach, ich begann meine einsamste Wanderung!

Wer aber meiner Art ist, der entgeht einer solchen Stunde nicht: der Stunde, die zu ihm redet: »Jetzo erst gehst du deinen Weg der Größe! Gipfel und Abgrund – das ist jetzt in Eins beschlossen!

Du gehst deinen Weg der Größe: nun ist deine letzte Zuflucht worden, was bisher deine letzte Gefahr hieß!

Du gehst deinen Weg der Größe: Das muß nun dein bester Mut sein, daß es hinter dir keinen Weg mehr gibt!

Du gehst deinen Weg der Größe: hier soll dir Keiner nachschleichen! Dein Fuß selber löschte hinter dir den Weg aus, und über ihm steht geschrieben: Unmöglichkeit.

Und wenn dir nunmehr alle Leitern fehlen, so mußt du verstehen, noch auf deinen eigenen Kopf zu steigen: wie wolltest du anders aufwärts steigen?

Auf deinen eigenen Kopf und hinweg über dein eigenes Herz! Jetzt muß das Mildeste an dir noch zum Härtesten werden.

Wer sich stets viel geschont hat, der kränkelt zuletzt an seiner vielen Schonung. Gelobt sei, was hart macht! Ich lobe das Land nicht, wo Butter und Honig – fließt!

Von sich *absehn* lernen ist nötig, um Viel zu sehn: – diese Härte tut jedem Berge-Steigenden not.

Wer aber mit den Augen zudringlich ist als Erkennender, wie sollte Der von allen Dingen mehr als ihre vorderen Gründe sehn!

Du aber, oh Zarathustra, wolltest aller Dinge Grund schaun

239

und Hintergrund: so mußt du schon über dich selber steigen, – hinan, hinauf, bis du auch deine Sterne noch *unter* dir hast!

Ja! Hinab auf mich selber sehn und noch auf meine Sterne: Das erst hieße mir mein *Gipfel*. Das blieb mir noch zurück als mein *letzter* Gipfel!« –

Also sprach Zarathustra im Steigen zu sich, mit harten Sprüchlein sein Herz tröstend: denn er war wund am Herzen wie noch niemals zuvor. Und als er auf die Höhe des Bergrückens kam, siehe, da lag das andre Meer vor ihm ausgebreitet: und er stand still und schwieg lange. Die Nacht aber war kalt in dieser Höhe und klar und hellgestirnt.

Ich erkenne Mein Los, sagte er endlich mit Trauer: Wohlan! Ich bin bereit. Eben begann meine letzte Einsamkeit.

Ach, diese schwarze traurige See unter mir! Ach, diese schwangere nächtliche Verdrossenheit! Ach, Schicksal und See! Zu euch muß ich nun *hinab*steigen!

Vor meinem höchsten Berge stehe ich und vor meiner längsten Wanderung: darum muß ich erst tiefer hinab, als ich jemals stieg:

– tiefer hinab in den Schmerz, als ich jemals stieg, bis hinein in seine schwärzeste Flut! So will es mein Schicksal: Wohlan! Ich bin bereit.

Woher kommen die höchsten Berge? so fragte ich einst. Da lernte ich, daß sie aus dem Meere kommen.

Dies Zeugnis ist in ihr Gestein geschrieben und in die Wände ihrer Gipfel. Aus dem Tiefsten muß das Höchste zu seiner Höhe kommen. –

Also sprach Zarathustra auf der Spitze des Berges, wo es kalt war; als er aber in die Nähe des Meeres kam und zuletzt allein unter den Klippen stand, da war er unterwegs müde geworden und sehnsüchtiger als noch zuvor.

Es schläft jetzt Alles noch, sprach er; auch das Meer schläft. Schlaftrunken und fremd blickt sein Auge nach mir.

Aber es atmet warm, das fühle ich. Und ich fühle auch, daß es träumt. Es windet sich träumend auf harten Kissen.

Horch! Horch! Wie es stöhnt von bösen Erinnerungen! Oder bösen Erwartungen?

Ach, ich bin traurig mit dir, du dunkles Ungeheuer, und mir selber noch gram um deinetwillen.

Ach, daß meine Hand nicht Stärke genug hat! Gerne, wahrlich, möchte ich dich von bösen Träumen erlösen! –

Und indem Zarathustra so sprach, lachte er mit Schwermut und Bitterkeit über sich selber. Wie! Zarathustra! sagte er, willst du noch dem Meere Trost singen?

Ach, du liebreicher Narr Zarathustra, du Vertrauens-Überseliger! Aber so warst du immer: immer kamst du vertraulich zu allem Furchtbaren.

Jedes Ungetüm wolltest du noch streicheln. Ein Hauch warmen Atems, ein Wenig weiches Gezottel an der Tatze –: und gleich warst du bereit, es zu lieben und zu locken.

Die *Liebe* ist die Gefahr des Einsamsten, die Liebe zu Allem, *wenn es nur lebt*! Zum Lachen ist wahrlich meine Narrheit und meine Bescheidenheit in der Liebe! –

Also sprach Zarathustra und lachte dabei zum andern Male: da aber gedachte er seiner verlassenen Freunde –, und wie als ob er sich mit seinen Gedanken an ihnen vergangen habe, zürnte er sich ob seiner Gedanken. Und alsbald geschah es, daß der Lachende weinte: – vor Zorn und Sehnsucht weinte Zarathustra bitterlich.

Vom Gesicht und Rätsel

1.

Als es unter den Schiffsleuten ruchbar wurde, daß Zarathustra auf dem Schiffe sei – denn es war ein Mann zugleich mit ihm an Bord gegangen, der von den glückseligen Inseln kam –, da entstand eine große Neugierde und Erwartung. Aber Zarathustra schwieg zwei Tage und war kalt und taub vor Traurigkeit, also, daß er weder auf Blicke noch auf Fragen antwortete. Am Abend aber des zweiten Tages tat er seine Ohren wieder auf, ob er gleich noch schwieg; denn es gab viel Seltsames und Gefährliches auf diesem Schiffe anzuhören, welches weither kam und noch weiterhin wollte. Zarathustra aber war ein Freund aller Solchen, die weite Reisen tun und nicht ohne Gefahr leben mögen. Und siehe! zuletzt wurde ihm im Zuhören die eigne Zunge gelöst, und das Eis seines Herzens brach: – da begann er also zu reden:

Euch, den kühnen Suchern, Versuchern, und wer je sich mit listigen Segeln auf furchtbare Meere einschiffte, –

euch, den Rätsel-Trunkenen, den Zwielicht-Frohen, deren Seele mit Flöten zu jedem Irr-Schlunde gelockt wird:

– denn nicht wollt ihr mit feiger Hand einem Faden nachtasten; und, wo ihr *erraten* könnt, da haßt ihr es, zu *erschließen* –

euch allein erzähle ich das Rätsel, das ich *sah*, – das Gesicht des Einsamsten. –

Düster ging ich jüngst durch leichenfarbene Dämmerung, – düster und hart, mit gepreßten Lippen. Nicht nur Eine Sonne war mir untergegangen.

Ein Pfad, der trotzig durch Geröll stieg, ein boshafter, einsamer, dem nicht Kraut, nicht Strauch mehr zusprach: ein Berg-Pfad knirschte unter dem Trotz meines Fußes.

Stumm über höhnischem Geklirr von Kieseln schreitend,

den Stein zertretend, der ihn gleiten ließ: also zwang mein Fuß
sich aufwärts.

Aufwärts: – dem Geiste zum Trotz, der ihn abwärts zog, ab-
grundwärts zog, dem Geiste der Schwere, meinem Teufel und
Erzfeinde.

Aufwärts: – obwohl er auf mir saß, halb Zwerg, halb Maulwurf; lahm; lähmend; Blei durch mein Ohr, Bleitropfen-Ge-
danken in mein Hirn träufelnd.

»Oh Zarathustra«, raunte er höhnisch Silb' um Silbe, »du
Stein der Weisheit! Du warfst dich hoch, aber jeder geworfene
Stein muß – fallen!

Oh Zarathustra, du Stein der Weisheit, du Schleuderstein,
du Stern-Zertrümmerer! Dich selber warfst du so hoch, – aber
jeder geworfene Stein – muß fallen!

Verurteilt zu dir selber und zur eignen Steinigung: oh Zarathustra, weit warfst du ja den Stein, – aber auf *dich* wird er zu-
rückfallen!«

Darauf schwieg der Zwerg; und das währte lange. Sein
Schweigen aber drückte mich; und solchermaßen zu Zwein ist
man wahrlich einsamer als zu Einem!

Ich stieg, ich stieg, ich träumte, ich dachte, – aber alles
drückte mich. Einem Kranken glich ich, den seine schlimme
Marter müde macht und den wieder ein schlimmerer Traum
aus dem Einschlafen weckt. –

Aber es gibt Etwas in mir, das ich Mut heiße: das schlug bisher mir jeden Unmut tot. Dieser Mut hieß mich endlich stille
stehn und sprechen: »Zwerg! Du! Oder ich!« –

Mut nämlich ist der beste Totschläger – Mut, welcher *angreift*: denn in jedem Angriffe ist klingendes Spiel.

Der Mensch aber ist das mutigste Tier: damit überwand er
jedes Tier. Mit klingendem Spiele überwand er noch jeden
Schmerz; Menschen-Schmerz aber ist der tiefste Schmerz.

Der Mut schlägt auch den Schwindel tot an Abgründen: und
wo stünde der Mensch nicht an Abgründen! Ist Sehen nicht
selber – Abgründe sehen?

Mut ist der beste Totschläger: der Mut schlägt auch das Mitleiden tot. Mitleiden aber ist der tiefste Abgrund: so tief der Mensch in das Leben sieht, so tief sieht er auch in das Leiden.

Mut aber ist der beste Totschläger, Mut, der angreift: der schlägt noch den Tod tot, denn er spricht: » *War das* das Leben? Wohlan! Noch Ein Mal!«

In solchem Spruche aber ist viel klingendes Spiel. Wer Ohren hat, der höre. –

2.

»Halt! Zwerg!« sprach ich. »Ich! Oder du! Ich aber bin der Stärkere von uns Beiden –: du kennst meinen abgründlichen Gedanken nicht! *Den* – könntest du nicht tragen!« –

Da geschah, was mich leichter machte: denn der Zwerg sprang mir von der Schulter, der Neugierige! Und er hockte sich auf einen Stein vor mich hin. Es war aber gerade da ein Torweg, wo wir hielten.

»Siehe diesen Torweg! Zwerg!« sprach ich weiter: »der hat zwei Gesichter. Zwei Wege kommen hier zusammen: die ging noch Niemand zu Ende.

Diese lange Gasse zurück: die währt eine Ewigkeit. Und jene lange Gasse hinaus – das ist eine andre Ewigkeit.

Sie widersprechen sich, diese Wege; sie stoßen sich gerade vor den Kopf: – und hier, an diesem Torwege, ist es, wo sie zusammenkommen. Der Name des Torwegs steht oben geschrieben: ›Augenblick‹.

Aber wer Einen von ihnen weiter ginge – und immer weiter und immer ferner: glaubst du, Zwerg, daß diese Wege sich ewig widersprechen?« –

»Alles Gerade lügt«, murmelte verächtlich der Zwerg. »Alle Wahrheit ist krumm, die Zeit selber ist ein Kreis.«

»Du Geist der Schwere!« sprach ich zürnend, »mache dir es nicht zu leicht! Oder ich lasse dich hocken, wo du hockst, Lahmfuß, – und ich trug dich *hoch*!

Siehe«, sprach ich weiter, »diesen Augenblick! Von diesem Torwege Augenblick läuft eine lange ewige Gasse *rückwärts*: hinter uns liegt eine Ewigkeit.

Muß nicht, was laufen *kann* von allen Dingen, schon einmal diese Gasse gelaufen sein? Muß nicht, was geschehn *kann* von allen Dingen, schon einmal geschehn, getan, vorübergelaufen sein?

Und wenn Alles schon dagewesen ist: was hältst du Zwerg von diesem Augenblick? Muß auch dieser Torweg nicht schon – dagewesen sein?

Und sind nicht solchermaßen fest alle Dinge verknotet, daß dieser Augenblick *alle* kommenden Dinge nach sich zieht? *Also* – – sich selber noch?

Denn, was laufen *kann* von allen Dingen: auch in dieser langen Gasse *hinaus* – *muß* es einmal noch laufen! –

Und diese langsame Spinne, die im Mondscheine kriecht, und dieser Mondschein selber, und ich und du im Torwege, zusammen flüsternd, von ewigen Dingen flüsternd – müssen wir nicht alle schon dagewesen sein?

– und wiederkommen und in jener anderen Gasse laufen, hinaus, vor uns, in dieser langen schaurigen Gasse – müssen wir nicht ewig wiederkommen? –«

Also redete ich, und immer leiser: denn ich fürchtete mich vor meinen eignen Gedanken und Hintergedanken. Da, plötzlich, hörte ich einen Hund nahe *heulen*.

Hörte ich jemals einen Hund so heulen? Mein Gedanke lief zurück. Ja! Als ich Kind war, in fernster Kindheit:

– da hörte ich einen Hund so heulen. Und sah ihn auch, gesträubt, den Kopf nach Oben, zitternd, in stillster Mitternacht, wo auch Hunde an Gespenster glauben:

– also daß es mich erbarmte. Eben nämlich ging der volle Mond, totschweigsam, über das Haus, eben stand er still, eine runde Glut, – still auf flachem Dache, gleich als auf fremdem Eigentume: –

darob entsetzte sich damals der Hund: denn Hunde glauben

245

an Diebe und Gespenster. Und als ich wieder so heulen hörte, da erbarmte es mich abermals.

Wohin war jetzt Zwerg? Und Torweg? Und Spinne? Und alles Flüstern? Träumte ich denn? Wachte ich auf? Zwischen wilden Klippen stand ich mit Einem Male, allein, öde, im ödesten Mondscheine.

Aber da lag ein Mensch! Und da! Der Hund, springend, gesträubt, winselnd, – jetzt sah er mich kommen – da heulte er wieder, da *schrie* er: – hörte ich je einen Hund so Hilfe schrein?

Und, wahrlich, was ich sah, desgleichen sah ich nie. Einen jungen Hirten sah ich, sich windend, würgend, zuckend, verzerrten Antlitzes, dem eine schwarze schwere Schlange aus dem Mund hing.

Sah ich je so viel Ekel und bleiches Grauen auf Einem Antlitze? Er hatte wohl geschlafen? Da kroch ihm die Schlange in den Schlund – da biß sie sich fest.

Meine Hand riß die Schlange und riß: – umsonst! sie riß die Schlange nicht aus dem Schlunde. Da schrie es aus mir: »Beiß zu! Beiß zu!

Den Kopf ab! Beiß zu!« – so schrie es aus mir, mein Grauen, mein Haß, mein Ekel, mein Erbarmen, all mein Gutes und Schlimmes schrie mit einem Schrei aus mir. –

Ihr Kühnen um mich! Ihr Sucher, Versucher, und wer von euch mit listigen Segeln sich in unerforschte Meere einschiffte! Ihr Rätsel-Frohen!

So ratet mir doch das Rätsel, das ich damals schaute, so deutet mir doch das Gesicht des Einsamsten!

Denn ein Gesicht war's und ein Vorhersehn: – *was* sah ich damals im Gleichnisse? Und *wer* ist, der einst noch kommen muß?

Wer ist der Hirt, dem also die Schlange in den Schlund kroch? *Wer* ist der Mensch, dem also alles Schwerste, Schwärzeste in den Schlund kriechen wird?

– Der Hirt aber biß, wie mein Schrei ihm riet; er biß mit gutem Bisse! Weit weg spie er den Kopf der Schlange –: und sprang empor. –

Nicht mehr Hirt, nicht mehr Mensch – ein Verwandelter, ein Umleuchteter, welcher *lachte*! Niemals noch auf Erden lachte je ein Mensch, wie *er* lachte!

Oh meine Brüder, ich hörte ein Lachen, das keines Menschen Lachen war, – – und nun frißt ein Durst an mir, eine Sehnsucht, die nimmer stille wird.

Meine Sehnsucht nach diesem Lachen frißt an mir: oh wie ertrage ich noch zu leben! Und wie ertrüge ich's, jetzt zu sterben! –

Also sprach Zarathustra.

Von der Seligkeit wider Willen

Mit solchen Rätseln und Bitternissen im Herzen fuhr Zarathustra über das Meer. Als er aber vier Tagereisen fern war von den glückseligen Inseln und von seinen Freunden, da hatte er allen seinen Schmerz überwunden –: siegreich und mit festen Füßen stand er wieder auf seinem Schicksal. Und damals redete Zarathustra also zu seinem frohlockenden Gewissen:

Allein bin ich wieder und will es sein, allein mit reinem Himmel und freiem Meere; und wieder ist Nachmittag um mich.

Des Nachmittags fand ich zum ersten Male einst meine Freunde, des Nachmittags auch zum anderen Male: – zur Stunde, da alles Licht stiller wird.

Denn was von Glück noch unterwegs ist zwischen Himmel und Erde, das sucht sich nun zur Herberge noch eine lichte Seele: *vor Glück* ist alles Licht jetzt stiller worden.

Oh Nachmittag meines Lebens! Einst stieg auch *mein Glück* zu Tale, daß es sich eine Herberge suche: da fand es diese offnen gastfreundlichen Seelen.

Oh Nachmittag meines Lebens! Was gab ich nicht hin, daß ich Eins hätte: diese lebendige Pflanzung meiner Gedanken und dies Morgenlicht meiner höchsten Hoffnung!

Gefährten suchte einst der Schaffende und Kinder *seiner* Hoffnung: und siehe, es fand sich, daß er sie nicht finden könne, es sei denn, er schaffe sie selber erst.

Also bin ich mitten in meinem Werke, zu meinen Kindern gehend und von ihnen kehrend: um seiner Kinder willen muß Zarathustra sich selbst vollenden.

Denn von Grund aus liebt man nur sein Kind und Werk; und wo große Liebe zu sich selber ist, da ist sie der Schwangerschaft Wahrzeichen: so fand ich's.

Noch grünen mir meine Kinder in ihrem ersten Frühlinge, nahe beieinander stehend und gemeinsam von Winden geschüttelt, die Bäume meines Gartens und besten Erdreichs.

Und wahrlich! Wo solche Bäume beieinander stehen, da *sind* glückselige Inseln!

Aber einstmals will ich sie ausheben und einen Jeden für sich allein stellen: daß er Einsamkeit lerne und Trotz und Vorsicht.

Knorrig und gekrümmt und mit biegsamer Härte soll er mir dann am Meere dastehn, ein lebendiger Leuchtturm unbesiegbaren Lebens.

Dort, wo die Stürme hinab ins Meer stürzen, und des Gebirgs Rüssel Wasser trinkt, da soll ein Jeder einmal seine Tag- und Nachtwachen haben, zu *seiner* Prüfung und Erkenntnis.

Erkannt und geprüft soll er werden, darauf, ob er meiner Art und Abkunft ist, – ob er eines langen Willens Herr sei, schweigsam, auch wenn er redet, und nachgebend also, daß er im Geben *nimmt*: –

– daß er einst mein Gefährte werde und ein Mitschaffender und Mitfeiernder Zarathustras –: ein Solcher, der mir meinen Willen auf meine Tafeln schreibt: zu aller Dinge vollerer Vollendung.

Und um seinetwillen und seines Gleichen muß ich selber *mich* vollenden: darum weiche ich jetzt meinem Glücke aus und biete mich allem Unglücke an – zu *meiner* letzten Prüfung und Erkenntnis.

Und wahrlich, Zeit war's, daß ich ging; und des Wandrers Schatten und die längste Weile und die stillste Stunde – alle redeten mir zu: »Es ist höchste Zeit!«

Der Wind blies mir durchs Schlüsselloch und sagte »Komm!« Die Tür sprang mir listig auf und sagte »Geh!«

Aber ich lag angekettet an die Liebe zu meinen Kindern: das Begehren legte mir diese Schlinge, das Begehren nach Liebe, daß ich meiner Kinder Beute würde und mich an sie verlöre.

Begehren – das heißt mir schon: mich verloren haben: *Ich habe euch, meine Kinder*! In diesem Haben soll alles Sicherheit und Nichts Begehren sein.

Aber brütend lag die Sonne meiner Liebe auf mir, im eignen Safte kochte Zarathustra, – da flogen Schatten und Zweifel über mich weg.

Nach Frost und Winter gelüstete mich schon: »oh daß Frost und Winter mich wieder knacken und knirschen machten!« seufzte ich: – da stiegen eisige Nebel aus mir auf.

Meine Vergangenheit brach ihre Gräber, manch lebendig begrabner Schmerz wachte auf –: ausgeschlafen hatte er sich nur, versteckt in Leichen-Gewänder.

Also rief mir alles in Zeichen zu: »es ist Zeit!« Aber ich – hörte nicht: bis endlich mein Abgrund sich rührte und mein Gedanke mich biß.

Ach, abgründlicher Gedanke, der du *mein* Gedanke bist! Wann finde ich die Stärke, dich graben zu hören und nicht mehr zu zittern?

Bis zur Kehle hinauf klopft mir das Herz, wenn ich dich graben höre! Dein Schweigen noch will mich würgen, du abgründlicher Schweigender!

Noch wagte ich niemals, dich *herauf*zurufen: genug schon, daß ich dich mit mir – trug! Noch war ich nicht stark genug, zum letzten Löwen-Übermute und -Mutwillen.

Genug des Furchtbaren war mir immer schon deine Schwere: aber einst soll ich noch die Stärke finden und die Löwen-Stimme, die dich heraufruft!

Wenn ich mich dessen erst überwunden habe, dann will ich mich auch des Größeren noch überwinden; und ein *Sieg* soll meiner Vollendung Siegel sein! –

Inzwischen treibe ich noch auf ungewissen Meeren; der Zufall schmeichelt mir, der glattzüngige; vorwärts und rückwärts schaue ich –, noch schaue ich kein Ende.

Noch kam mir die Stunde meines letzten Kampfes nicht, – oder kommt sie mir wohl eben? Wahrlich, mit tückischer Schönheit schaut mich rings Meer und Leben an!

Oh Nachmittag meines Lebens! Oh Glück vor Abend! Oh Hafen auf hoher See! Oh Friede im Ungewissen! Wie mißtraue ich euch Allen!

Wahrlich, mißtrauisch bin ich gegen eure tückische Schönheit! Dem Liebenden gleiche ich, der allzusamtenem Lächeln mißtraut.

Wie er die Geliebteste vor sich her stößt, zärtlich noch in seiner Härte, der Eifersüchtige –, also stoße ich diese selige Stunde vor mir her.

Hinweg mit dir, du selige Stunde! Mit dir kam mir eine Seligkeit wider Willen! Willig zu meinem tiefsten Schmerze stehe ich hier: – zur Unzeit kamst du!

Hinweg mit dir, du selige Stunde! Lieber nimm Herberge dort – bei meinen Kindern! Eile! und segne sie vor Abend noch mit *meinem* Glücke!

Da naht schon der Abend: die Sonne sinkt. Dahin – mein Glück! –

Also sprach Zarathustra. Und er wartete auf sein Unglück die ganze Nacht: aber er wartete umsonst. Die Nacht blieb hell und still, und das Glück selber kam ihm immer näher und näher. Gegen Morgen aber lachte Zarathustra zu seinem Herzen und sagte spöttisch: »das Glück läuft mir nach. Das kommt davon, daß ich nicht den Weibern nachlaufe. Das Glück aber ist ein Weib.«

Vor Sonnen-Aufgang

Oh Himmel über mir, du Reiner! Tiefer! Du Licht-Abgrund! Dich schauend schaudere ich vor göttlichen Begierden.

In deine Höhe mich zu werfen – das ist *meine* Tiefe! In deine Reinheit mich zu bergen – das ist *meine* Unschuld!

Den Gott verhüllt seine Schönheit: so verbirgst du deine Sterne. Du redest nicht: so kündest du mir deine Weisheit.

Stumm über brausendem Meere bist du heut mir aufgegangen, deine Liebe und deine Scham redet Offenbarung zu meiner brausenden Seele.

Daß du schön zu mir kamst, verhüllt in deine Schönheit, daß du stumm zu mir sprichst, offenbar in deiner Weisheit:

Oh wie erriete ich nicht alles Schamhafte deiner Seele! *Vor* der Sonne kamst du zu mir, dem Einsamsten.

Wir sind Freunde von Anbeginn: uns ist Gram und Grauen und Grund gemeinsam; noch die Sonne ist uns gemeinsam.

Wir reden nicht zueinander, weil wir zu Vieles wissen –: wir schweigen uns an, wir lächeln uns unser Wissen zu.

Bist du nicht das Licht zu meinem Feuer? Hast du nicht die Schwester-Seele zu meiner Einsicht?

Zusammen lernten wir Alles; zusammen lernten wir über uns zu uns selber aufsteigen und wolkenlos lächeln: –

– wolkenlos hinablächeln aus lichten Augen und aus meilenweiter Ferne, wenn unter uns Zwang und Zweck und Schuld wie Regen dampfen.

Und wanderte ich allein: *wes* hungerte meine Seele in Nächten und Irr-Pfaden? Und stieg ich Berge, *wen* suchte ich je, wenn nicht dich, auf Bergen?

Und all mein Wandern und Bergsteigen: eine Not war's nur

und ein Behelf des Unbeholfenen: – *fliegen* allein will mein ganzer Wille, in *dich* hineinfliegen!

Und wen haßte ich mehr, als ziehende Wolken und Alles, was dich befleckt? Und meinen eignen Haß haßte ich noch, weil er dich befleckte!

Den ziehenden Wolken bin ich gram, diesen schleichenden Raub-Katzen: sie nehmen dir und mir, was uns gemein ist, – das ungeheure unbegrenzte Ja- und Amen-Sagen.

Diesen Mittlern und Mischern sind wir gram, den ziehenden Wolken: diesen Halb- und Halben, welche weder segnen lernten, noch von Grund aus fluchen.

Lieber will ich noch unter verschloßnem Himmel in der Tonne sitzen, lieber ohne Himmel im Abgrund sitzen, als dich, Licht-Himmel, mit Zieh-Wolken befleckt sehn!

Und oft gelüstete mich, sie mit zackichten Blitz-Golddrähten festzuheften, daß ich, gleich dem Donner, auf ihrem Kessel-Bauche die Pauke schlüge: –

– ein zorniger Paukenschläger, weil sie mir dein Ja! und Amen! rauben, du Himmel über mir, du Reiner! Lichter! Du Licht-Abgrund! – weil sie dir *mein* Ja! und Amen! rauben.

Denn lieber noch will ich Lärm und Donner und Wetter-Flüche, als diese bedächtige zweifelnde Katzen-Ruhe; und auch unter Menschen hasse ich am besten alle Leisetreter und Halb- und Halben und zweifelnde, zögernde Zieh-Wolken.

Und »wer nicht segnen kann, der soll fluchen *lernen*!« – diese helle Lehre fiel mir aus hellem Himmel, dieser Stern steht auch noch in schwarzen Nächten an meinem Himmel.

Ich aber bin ein Segnender und ein Ja-Sager, wenn du nur um mich bist, du Reiner! Lichter! Du Licht-Abgrund! – in alle Abgründe trage ich da noch mein segnendes Ja-Sagen.

Zum Segnenden bin ich worden und zum Ja-Sagenden: und dazu rang ich lange und war ein Ringer, daß ich einst die Hände frei bekäme zum Segnen.

Das aber ist mein Segnen: über jedwedem Ding als sein

eigner Himmel stehn, als sein rundes Dach, seine azurne Glocke und ewige Sicherheit: und selig ist, wer also segnet!

Denn alle Dinge sind getauft am Borne der Ewigkeit und jenseits von Gut und Böse; Gut und Böse selber aber sind nur Zwischenschatten und feuchte Trübsale und Zieh-Wolken.

Wahrlich, ein Segnen ist es und kein Lästern, wenn ich lehre: »über allen Dingen steht der Himmel Zufall, der Himmel Unschuld, der Himmel Ohngefähr, der Himmel Übermut.«

»Von Ohngefähr« – das ist der älteste Adel der Welt, den gab ich allen Dingen zurück, ich erlöste sie von der Knechtschaft unter dem Zwecke.

Diese Freiheit und Himmels-Heiterkeit stellte ich gleich azurner Glocke über alle Dinge, als ich lehrte, daß über ihnen und durch sie kein »ewiger Wille« – will.

Diesen Übermut und diese Narrheit stellte ich an die Stelle jenes Willens, als ich lehrte: »bei Allem ist Eins unmöglich – Vernünftigkeit!«

Ein *Wenig* Vernunft zwar, ein Same der Weisheit zerstreut von Stern zu Stern, – dieser Sauerteig ist allen Dingen eingemischt: um der Narrheit willen ist Weisheit allen Dingen eingemischt!

Ein Wenig Weisheit ist schon möglich; aber diese selige Sicherheit fand ich an allen Dingen: daß sie lieber noch auf den Füßen des Zufalls – *tanzen.*

Oh Himmel über mir, du Reiner! Hoher! Das ist mir nun deine Reinheit, daß es keine ewige Vernunft-Spinne und -Spinnennetze gibt: –

– daß du mir ein Tanzboden bist für göttliche Zufälle, daß du mir ein Göttertisch bist für göttliche Würfel und Würfelspieler! –

Doch du errötest? Sprach ich Unaussprechbares? Lästerte ich, indem ich dich segnen wollte?

Oder ist es die Scham zu Zweien, welche dich erröten machte? Heißest du mich gehn und schweigen, weil nun – der *Tag* kommt?

Die Welt ist tief –: und tiefer, als je der Tag gedacht hat. Nicht Alles darf vor dem Tage Worte haben. Aber der Tag kommt: so scheiden wir nun!

Oh Himmel über mir, du Schamhafter! Glühender! Oh du mein Glück vor Sonnen-Aufgang! Der Tag kommt: so scheiden wir nun! –

Also sprach Zarathustra.

Von der verkleinernden Tugend

1.

Als Zarathustra wieder auf dem festen Lande war, ging er nicht stracks auf sein Gebirge und seine Höhle los, sondern tat viele Wege und Fragen und erkundete dies und das, also, daß er von sich selber im Scherze sagte: »siehe einen Fluß, der in vielen Windungen zurück zur Quelle fließt!« Denn er wollte in Erfahrung bringen, was sich inzwischen *mit dem Menschen* zugetragen habe: ob er größer oder kleiner geworden sei. Und Ein Mal sah er eine Reihe neuer Häuser; da wunderte er sich und sagte:

Was bedeuten diese Häuser? Wahrlich, keine große Seele stellte sie hin, sich zum Gleichnisse!

Nahm wohl ein blödes Kind sie aus seiner Spielschachtel? Daß doch ein andres Kind sie wieder in seine Schachtel täte!

Und diese Stuben und Kammern: können *Männer* da aus- und eingehen? Gemacht dünken sie mich für Seiden-Puppen; oder für Naschkatzen, die auch wohl an sich naschen lassen.

Und Zarathustra blieb stehn und dachte nach. Endlich sagte er betrübt: »Es ist *Alles* kleiner geworden!

Überall sehe ich niedrigere Tore: wer meiner Art ist, geht da wohl noch hindurch, aber – er muß sich bücken!

Oh wann komme ich wieder in meine Heimat, wo ich mich nicht mehr bücken muß – nicht mehr bücken muß *vor den Kleinen!*« – Und Zarathustra seufzte und blickte in die Ferne. –

Desselbigen Tages aber redete er seine Rede über die verkleinernde Tugend.

2.

Ich gehe durch dies Volk und halte meine Augen offen: sie vergeben mir es nicht, daß ich auf ihre Tugenden nicht neidisch bin.

Sie beißen nach mir, weil ich zu ihnen sage: für kleine Leute sind kleine Tugenden nötig – und weil es mir hart eingeht, daß kleine Leute *nötig* sind!

Noch gleiche ich dem Hahn hier auf fremdem Gehöfte, nach dem auch die Hennen beißen; doch darob bin ich diesen Hennen nicht ungut.

Ich bin höflich gegen sie, wie gegen alles kleine Ärgernis; gegen das Kleine stachlicht zu sein, dünkt mich eine Weisheit für Igel.

Sie reden Alle von mir, wenn sie abends ums Feuer sitzen, – sie reden von mir, aber Niemand denkt – an mich!

Dies ist die neue Stille, die ich lernte: ihr Lärm um mich breitet einen Mantel über meine Gedanken.

Sie lärmen untereinander: »was will uns diese düstere Wolke? sehen wir zu, daß sie uns nicht eine Seuche bringe!«

Und jüngst riß ein Weib sein Kind an sich, das zu mir wollte: »nehmt die Kinder weg!« schrie es; »solche Augen versengen Kinder-Seelen.«

Sie husten, wenn ich rede; sie meinen, Husten sei ein Einwand gegen starke Winde, – sie erraten Nichts vom Brausen meines Glückes!

»Wir haben noch keine Zeit für Zarathustra« – so wenden sie ein; aber was liegt an einer Zeit, die für Zarathustra »keine Zeit hat«?

Und wenn sie gar mich rühmen: wie könnte ich wohl auf *ihrem* Ruhme einschlafen? Ein Stachel-Gürtel ist mir ihr Lob: es kratzt mich noch, wenn ich es von mir tue.

Und auch Das lernte ich unter ihnen: der Lobende stellt sich, als gäbe er zurück, in Wahrheit aber will er mehr beschenkt sein!

Fragt meinen Fuß, ob ihm ihre Lob- und Lock-Weise gefällt! Wahrlich, nach solchem Takt und Ticktack mag er weder tanzen, noch stille stehn.

Zur kleinen Tugend möchten sie mich locken und loben; zum Ticktack des kleinen Glücks möchten sie meinen Fuß überreden.

Ich gehe durch dies Volk und halte die Augen offen: sie sind *kleiner* geworden und werden immer kleiner: – *das macht ihre Lehre von Glück und Tugend.*

Sie sind nämlich auch in der Tugend bescheiden, – denn sie wollen Behagen. Mit Behagen aber verträgt sich nur die bescheidene Tugend.

Wohl lernen auch sie auf ihre Art Schreiten und Vorwärts-Schreiten: das heiße ich ihr *Humpeln* –. Damit werden sie Jedem zum Anstoß, der Eile hat.

Und Mancher von ihnen geht vorwärts und blickt dabei zurück, mit versteiftem Nacken: Dem renne ich gern wider den Leib.

Fuß und Augen sollen nicht lügen, noch sich einander Lügen strafen. Aber es viel Lügnerei bei den kleinen Leuten.

Einige von ihnen wollen, aber die Meisten werden nur gewollt. Einige von ihnen sind ächt, aber die meisten sind schlechte Schauspieler.

Es gibt Schauspieler wider Wissen unter ihnen und Schauspieler wider Willen –, die Ächten sind immer selten, sonderlich die ächten Schauspieler.

Des Mannes ist hier wenig: darum vermännlichen sich ihre Weiber. Denn nur wer Mannes genug ist, wird im Weibe *das Weib – erlösen.*

256

Und diese Heuchelei fand ich unter ihnen am schlimmsten: daß auch Die, welche befehlen, die Tugenden Derer heucheln, welche dienen.

»Ich diene, du dienst, wir dienen« – so betet hier auch die Heuchelei des Herrschenden, – und wehe, wenn der erste Herr *nur* der erste Diener ist!

Ach, auch in ihre Heucheleien verflog sich wohl meines Auges Neugier; und gut erriet ich all ihr Fliegen-Glück und ihr Summen um besonnte Fensterscheiben.

So viel Güte, so viel Schwäche sehe ich. So viel Gerechtigkeit und Mitleiden, so viel Schwäche.

Rund, rechtlich und gütig sind sie miteinander, wie Sandkörnchen rund, rechtlich und gütig mit Sandkörnchen sind.

Bescheiden ein kleines Glück umarmen – das heißen sie »Ergebung«! und dabei schielen sie bescheiden schon nach einem neuen kleinen Glücke aus.

Sie wollen im Grunde einfältiglich Eins am meisten: daß ihnen Niemand wehe tue. So kommen sie Jedermann zuvor und tun ihm wohl.

Dies aber ist *Feigheit*: ob es schon »Tugend« heißt. –

Und wenn sie einmal rauh reden, diese kleinen Leute: *ich* höre darin nur ihre Heiserkeit, – jeder Windzug nämlich macht sie heiser.

Klug sind sie, ihre Tugenden haben kluge Finger. Aber ihnen fehlen die Fäuste, ihre Finger wissen nicht, sich hinter Fäuste zu verkriechen.

Tugend ist ihnen Das, was bescheiden und zahm macht: damit machten sie den Wolf zum Hunde und den Menschen selber zu des Menschen bestem Haustiere.

»Wir setzten unsern Stuhl in die *Mitte* – das sagt mir ihr Schmunzeln – und ebenso weit weg von sterbenden Fechtern wie von vergnügten Säuen.«

Dies aber ist – *Mittelmäßigkeit*: ob es schon Mäßigkeit heißt.

3.

Ich gehe durch dies Volk und lasse manches Wort fallen: aber sie wissen weder zu nehmen noch zu behalten.

Sie wundern sich, daß ich nicht kam, auf Lüste und Laster zu lästern; und wahrlich, ich kam auch nicht, daß ich vor Taschendieben warnte!

Sie wundern sich, daß ich nicht bereit bin, ihre Klugheit noch zu witzigen und zu spitzigen: als ob sie noch nicht genug der Klüglinge hätten, deren Stimme mir gleich Schieferstiften kritzelt!

Und wenn ich rufe: »Flucht allen feigen Teufeln in euch, die gerne winseln und Hände falten und anbeten möchten«: so rufen sie: »Zarathustra ist gottlos.«

Und sonderlich rufen es ihre Lehrer der Ergebung –; aber gerade ihnen liebe ich's, in das Ohr zu schrein: Ja! Ich *bin* Zarathustra, der Gottlose!

Diese Lehrer der Ergebung! Überallhin, wo es klein und krank und grindig ist, kriechen sie, gleich Läusen; und nur mein Ekel hindert mich, sie zu knacken.

Wohlan! Dies ist meine Predigt für *ihre* Ohren: ich bin Zarathustra, der Gottlose, der da spricht »wer ist gottloser denn ich, daß ich mich seiner Unterweisung freue?«

Ich bin Zarathustra, der Gottlose: wo finde ich Meines-Gleichen? Und alle Die sind Meines-Gleichen, die sich selber ihren Willen geben und alle Ergebung von sich abtun.

Ich bin Zarathustra, der Gottlose: ich koche mir noch jeden Zufall in *meinem* Topfe. Und erst, wenn er da gar gekocht ist, heiße ich ihn willkommen, als *meine* Speise.

Und wahrlich, mancher Zufall kam herrisch zu mir: aber herrischer noch sprach zu ihm mein *Wille*, – da lag er schon bittend auf den Knien –

– bittend, daß er Herberge finde und Herz bei mir, und schmeichlerisch zuredend: »sieh doch, oh Zarathustra, wie nur Freund zu Freunde kommt!« –

Doch was rede ich, wo Niemand *meine* Ohren hat! Und so will ich es hinaus in alle Winde rufen:

Ihr werdet immer kleiner, ihr kleinen Leute! Ihr bröckelt ab, ihr Behaglichen! Ihr geht mir noch zugrunde –

– an euren vielen kleinen Tugenden, an eurem vielen kleinen Unterlassen, an eurer vielen kleinen Ergebung!

Zu viel schonend, zu viel nachgebend: so ist euer Erdreich! Aber daß ein Baum *groß* werde, dazu will er um harte Felsen harte Wurzeln schlagen!

Auch was ihr unterlaßt, webt am Gewebe aller Menschen-Zukunft; auch euer Nichts ist ein Spinnennetz und eine Spinne, die von der Zukunft Blute lebt.

Und wenn ihr nehmt, so ist es wie Stehlen, ihr kleinen Tugendhaften; aber noch unter Schelmen spricht die *Ehre*: »Man soll nur stehlen, wo man nicht rauben kann.«

»Es gibt sich« – das ist auch eine Lehre der Ergebung. Aber ich sage euch, ihr Behaglichen: *es nimmt sich* und wird immer mehr noch von euch nehmen!

Ach, daß ihr alles halbe Wollen von euch abtätet und entschlossen würdet zur Trägheit wie zur Tat!

Ach, daß ihr mein Wort verstündet: »tut immerhin, was ihr wollt, – aber seid erst Solche, die *wollen können*!«

»Liebt immerhin euren Nächsten gleich euch, – aber seid mir erst Solche, die *sich selber lieben* –

mit der großen Liebe lieben, mit der großen Verachtung lieben!« Also spricht Zarathustra, der Gottlose. –

Doch was rede ich, wo Niemand *meine* Ohren hat! Es ist hier noch eine Stunde zu früh für mich.

Mein eigner Vorläufer bin ich unter diesem Volke, mein eigner Hahnen-Ruf durch dunkle Gassen.

Aber *ihre* Stunde kommt! Und es kommt auch die meine! Stündlich werden sie kleiner, ärmer, unfruchtbarer – armes Kraut! armes Erdreich!

Und *bald* sollen sie mir dastehn wie dürres Gras und Steppe, und wahrlich! ihrer selber müde – und mehr, als nach Wasser, nach *Feuer* lechzend!

Oh gesegnete Stunde des Blitzes! Oh Geheimnis vor Mittag! – Laufende Feuer will ich einst noch aus ihnen machen und Verkünder mit Flammen-Zungen: –

– verkünden sollen sie einst noch mit Flammen-Zungen: Er kommt, er ist nahe, der *große Mittag*!

Also sprach Zarathustra.

Auf dem Ölberge

Der Winter, ein schlimmer Gast, sitzt bei mir zu Hause; blau sind meine Hände von seiner Freundschaft Händedruck.

Ich ehre ihn, diesen schlimmen Gast, aber lasse gerne ihn allein sitzen. Gerne laufe ich ihm davon; und, läuft man *gut*, so entläuft man ihm!

Mit warmen Füßen und warmen Gedanken laufe ich dorthin, wo der Wind stille steht, – zum Sonnen-Winkel meines Ölbergs.

Da lache ich meines gestrengen Gastes und bin ihm noch gut, daß er zu Hause mir die Fliegen wegfängt und vielen kleinen Lärm stille macht.

Er leidet es nämlich nicht, wenn eine Mücke singen will, oder gar zwei; noch die Gasse macht er einsam, daß der Mondschein drin nachts sich fürchtet.

Ein harter Gast ist er, – aber ich ehre ihn, und nicht bete ich, gleich den Zärtlingen, zum dickbäuchichten Feuer-Götzen.

Lieber noch ein wenig Zähneklappern, als Götzen anbeten! – so will's meine Art. Und sonderlich bin ich allen brünstigen, dampfenden, dumpfigen Feuer-Götzen gram.

Wen ich liebe, den liebe ich winters besser als sommers; besser spotte ich jetzt meiner Feinde und herzhafter, seit der Winter mir im Hause sitzt.

Herzhaft wahrlich, selbst dann noch, wenn ich zu Bett *krieche* –: da lacht und mutwillt noch mein verkrochenes Glück; es lacht noch mein Lügen-Traum.

Ich ein – Kriecher? Niemals kroch ich im Leben vor Mächtigen: und log ich je, so log ich aus Liebe. Deshalb bin ich froh auch im Winter-Bette.

Ein geringes Bett wärmt mich mehr als ein reiches, denn ich bin eifersüchtig auf meine Armut. Und im Winter ist sie mir am treusten.

Mit einer Bosheit beginne ich jeden Tag, ich spotte des Winters mit einem kalten Bade: darob brummt mein gestrenger Hausfreund.

Auch kitzle ich ihn gerne mit einem Wachskerzlein: daß er mir endlich den Himmel herauslasse aus aschgrauer Dämmerung.

Sonderlich boshaft bin ich nämlich des Morgens: zur frühen Stunde, da der Eimer am Brunnen klirrt und die Rosse warm durch graue Gassen wiehern: –

Ungeduldig warte ich da, daß mir endlich der lichte Himmel aufgehe, der schneebärtige Winter-Himmel, der Greis und Weißkopf, –

– der Winter-Himmel, der schweigsame, der oft noch seine Sonne verschweigt!

Lernte ich wohl von ihm das lange lichte Schweigen? Oder lernte er's von mir? Oder hat ein Jeder von uns es selbst erfunden?

Aller guten Dinge Ursprung ist tausendfältig, – alle guten mutwilligen Dinge springen vor Lust ins Dasein: wie sollten sie das immer nur – Ein Mal tun!

Ein gutes mutwilliges Ding ist auch das lange Schweigen und gleich dem Winter-Himmel blicken aus lichtem rundäugichtem Antlitze: –

– gleich ihm seine Sonne verschweigen und seinen unbeugsamen Sonnen-Willen: wahrlich, diese Kunst und diesen Winter-Mutwillen lernte ich *gut*!

Meine liebste Bosheit und Kunst ist es, daß mein Schweigen lernte, sich nicht durch Schweigen zu verraten.

Mit Worten und Würfeln klappernd überliste ich mir die feierlichen Warter: allen diesen gestrengen Aufpassern soll mein Wille und Zweck entschlüpfen.

Daß mir Niemand in meinen Grund und letzten Willen hinabsehe, dazu erfand ich mir das lange lichte Schweigen.

So manchen Klugen fand ich: der verschleierte sein Antlitz und trübte sein Wasser, daß Niemand ihm hindurch- und hinuntersehe.

Aber zu ihm gerade kamen die klügeren Mißtrauer und Nußknacker: ihm gerade fischte man seinen verborgensten Fisch heraus!

Sondern die Hellen, die Wackern, die Durchsichtigen – das sind mir die klügsten Schweiger: denen so *tief* ihr Grund ist, daß auch das hellste Wasser ihn nicht – verrät. –

Du schneebärtiger schweigender Winter-Himmel, du rundäugichter Weißkopf über mir! Oh du himmlisches Gleichnis meiner Seele und ihres Mutwillens!

Und *muß* ich mich nicht verbergen, gleich Einem, der Gold verschluckt hat, – daß man mir nicht die Seele aufschlitze?

Muß ich nicht Stelzen tragen, daß sie meine langen Beine *übersehen*, – alle diese Neidbolde und Leidholde, die um mich sind.

Diese räucherigen, stubenwarmen, verbrauchten, vergrünten, vergrämelten Seelen – wie *könnte* ihr Neid mein Glück ertragen!

So zeige ich ihnen nur das Eis und den Winter auf meinen Gipfeln – und *nicht*, daß mein Berg noch alle Sonnengürtel um sich schlingt!

Sie hören nur meine Winter-Stürme pfeifen: und *nicht*, daß ich auch über warme Meere fahre, gleich sehnsüchtigen, schweren, heißen Südwinden.

Sie erbarmen sich noch meiner Unfälle und Zufälle: – aber

mein Wort heißt: »laßt den Zufall zu mir kommen: unschuldig ist er, wie ein Kindlein!«

Wie *könnten* sie mein Glück ertragen, wenn ich nicht Unfälle und Winter-Nöte und Eisbären-Mützen und Schneehimmel-Hüllen um mein Glück legte!

– wenn ich mich nicht selbst ihres *Mitleids* erbarmte: des Mitleids dieser Neidbolde und Leidholde!

– wenn ich nicht selber vor ihnen seufzte und frostklapperte, und mich geduldsam in ihr Mitleid wickeln *ließe*!

Dies ist der weise Mutwille und Wohlwille meiner Seele, daß sie ihren Winter und ihre Froststürme *nicht verbirgt*; sie verbirgt auch ihre Frostbeulen nicht.

Des Einen Einsamkeit ist die Flucht des Kranken; des Andern Einsamkeit die Flucht *vor* den Kranken.

Mögen sie mich klappern und seufzen *hören* vor Winterkälte, alle diese armen scheelen Schelme um mich! Mit solchem Geseufz und Geklapper flüchte ich noch vor ihren geheizten Stuben.

Mögen sie mich bemitleiden und bemitseufzen ob meiner Frostbeulen: »am Eis der Erkenntnis *erfriert* er uns noch!« – so klagen sie.

Inzwischen laufe ich mit warmen Füßen kreuz und quer auf meinem Ölberge: im Sonnen-Winkel meines Ölberges singe und spotte ich alles Mitleids. –

Also sang Zarathustra.

Vom Vorübergehen

Also, durch viel Volk und vielerlei Städte langsam hindurchschreitend, ging Zarathustra auf Umwegen zurück zu seinem Gebirge und seiner Höhle. Und siehe, dabei kam er unversehens auch an das Stadttor der *großen Stadt:* hier aber sprang ein schäumender Narr mit ausgebreiteten Händen auf ihn zu und trat ihm in den Weg. Dies aber war derselbige Narr, welchen das Volk »den Affen Zarathustras« hieß: denn er hatte ihm Etwas vom Satz und Fall der Rede abgemerkt und borgte wohl auch gerne vom Schatze seiner Weisheit. Der Narr aber redete also zu Zarathustra:

»Oh Zarathustra, hier ist die große Stadt: hier hast du Nichts zu suchen und Alles zu verlieren.

Warum wolltest du durch diesen Schlamm waten? Habe doch Mitleiden mit deinem Fuße! Speie lieber auf das Stadttor und – kehre um!

Hier ist die Hölle für Einsiedler-Gedanken: hier werden große Gedanken lebendig gesotten und klein gekocht.

Hier verwesen alle großen Gefühle: hier dürfen nur klapperdürre Gefühlchen klappern!

Riechst du nicht schon die Schlachthäuser und Garküchen des Geistes? Dampft nicht diese Stadt vom Dunst geschlachteten Geistes?

Siehst du nicht die Seelen hängen wie schlaffe schmutzige Lumpen? – Und sie machen noch Zeitungen aus diesen Lumpen!

Hörst du nicht, wie der Geist hier zum Wortspiel wurde? Widriges Wort-Spülicht bricht er heraus! – Und sie machen noch Zeitungen aus diesem Wort-Spülicht.

Sie hetzen einander und wissen nicht, wohin? Sie erhitzen einander und wissen nicht, warum? Sie klimpern mit ihrem Bleche, sie klingeln mit ihrem Golde.

Sie sind kalt und suchen sich Wärme bei gebrannten Wassern; sie sind erhitzt und suchen Kühle bei gefrorenen Geistern; sie sind Alle siech und süchtig an öffentlichen Meinungen.

Alle Lüste und Laster sind hier zu Hause; aber es gibt hier auch Tugendhafte, es gibt viel anstellige angestellte Tugend: –

Viel anstellige Tugend mit Schreibfingern und hartem Sitz- und Warte-Fleische, gesegnet mit kleinen Bruststernen und ausgestopften steißlosen Töchtern.

Es gibt hier auch viel Frömmigkeit und viel gläubige Speichel-Leckerei, Schmeichel-Bäckerei vor dem Gott der Heerscharen.

›Von Oben‹ her träufelt ja der Stern und der gnädige Speichel; nach Oben hin sehnt sich jeder sternenlose Busen.

Der Mond hat seinen Hof, und der Hof hat seine Mondkälber: zu allem aber, was vom Hofe kommt, betet das Bettel-Volk und alle anstellige Bettel-Tugend.

›Ich diene, du dienst, wir dienen‹ – so betet alle anstellige Tugend hinauf zum Fürsten: daß der verdiente Stern sich endlich an den schmalen Busen hefte!

Aber der Mond dreht sich noch um alles Irdische: so dreht sich auch der Fürst noch um das Aller-Irdischste –: das aber ist das Gold der Krämer.

Der Gott der Heerscharen ist kein Gott der Goldbarren; der Fürst denkt, aber der Krämer – lenkt!

Bei Allem, was licht und stark und gut in dir ist, oh Zarathustra! Speie auf diese Stadt der Krämer und kehre um!

Hier fließt alles Blut faulicht und lauicht und schaumicht durch alle Adern: speie auf die große Stadt, welche der große Abraum ist, wo aller Abschaum zusammenschäumt!

Speie auf die Stadt der eingedrückten Seelen und schmalen Brüste, der spitzen Augen, der klebrigen Finger –

– auf die Stadt der Aufdringlinge, der Unverschämten, der Schreib- und Schreihälse, der überheizten Ehrgeizigen: –

– wo alles Anbrüchige, Anrüchige, Lüsterne, Düstere, Übermürbe, Geschwürige, Verschwörerische zusammenschwärt: –

– speie auf die große Stadt und kehre um!« – –

Hier aber unterbrach Zarathustra den schäumenden Narren und hielt ihm den Mund zu.

»Höre endlich auf!« rief Zarathustra, »mich ekelt lange schon deiner Rede und deiner Art!

Warum wohntest du so lange am Sumpfe, daß du selber zum Frosch und zur Kröte werden mußtest?

Fließt dir nicht selber nun ein faulichtes schaumichtes Sumpf-Blut durch die Adern, daß du also quaken und lästern lerntest?

Warum gingst du nicht in den Wald? Oder pflügtest die Erde? Ist das Meer nicht voll von grünen Eilanden?

Ich verachte dein Verachten; und wenn du mich warntest, – warum warntest du dich nicht selber?

Aus der Liebe allein soll mir mein Verachten und mein warnender Vogel auffliegen: aber nicht aus dem Sumpfe! –

Man heißt dich meinen Affen, du schäumender Narr: aber ich heiße dich mein Grunze-Schwein, – durch Grunzen verdirbst du mir noch mein Lob der Narrheit.

Was war es denn, was dich zuerst grunzen machte? Daß Niemand dir genug *geschmeichelt* hat: – darum setztest du dich hin zu diesem Unrate, daß du Grund hättest viel zu grunzen, –

– daß du Grund hättest zu vieler *Rache*! Rache nämlich, du eitler Narr, ist all dein Schäumen, ich erriet dich wohl!

Aber dein Narren-Wort tut *mir* Schaden, selbst wo du recht hast! Und wenn Zarathustras Wort sogar hundertmal recht *hätte*: du würdest mit meinem Wort immer – unrecht *tun*!«

Also sprach Zarathustra; und er blickte die große Stadt an, seufzte und schwieg lange. Endlich redete er also:

Mich ekelt auch dieser großen Stadt und nicht nur dieses Narren. Hier und dort ist Nichts zu bessern, Nichts zu bösern.

Wehe dieser großen Stadt! – Und ich wollte, ich sähe schon die Feuersäule, in der sie verbrannt wird!

Denn solche Feuersäulen müssen dem großen Mittage vorangehn. Doch dies hat seine Zeit und sein eigenes Schicksal. –

Diese Lehre aber gebe ich dir, du Narr, zum Abschiede: wo man nicht mehr lieben kann, da soll man – *vorübergehn!* –

Also sprach Zarathustra und ging an dem Narren und der großen Stadt vorüber.

Von den Abtrünnigen

1.

Ach, liegt Alles schon welk und grau, was noch jüngst auf dieser Wiese grün und bunt stand? Und wie vielen Honig der Hoffnung trug ich von hier in meine Bienenkörbe!

Diese jungen Herzen sind alle schon alt geworden, – und nicht alt einmal! nur müde, gemein, bequem: – sie heißen es »wir sind wieder fromm geworden.«

Noch jüngst sah ich sie in der Frühe auf tapferen Füßen hinauslaufen: aber ihre Füße der Erkenntnis wurden müde, und nun verleumden sie auch noch ihre Morgen-Tapferkeit!

Wahrlich, Mancher von ihnen hob einst die Beine wie ein Tänzer, ihm winkte das Lachen in meiner Weisheit: – da besann er sich. Eben sah ich ihn krumm – zum Kreuze kriechen.

Um Licht und Freiheit flatterten sie einst gleich Mücken und jungen Dichtern. Ein Wenig älter, ein Wenig kälter: und schon sind sie Dunkler und Munkler und Ofenhocker.

Verzagte ihnen wohl das Herz darob, daß mich die Einsamkeit verschlang gleich einem Walfische? Lauschte ihr Ohr wohl sehnsüchtig-lange *umsonst* nach mir und meinen Trompeten- und Herolds-Rufen?

– Ach! Immer sind ihrer nur Wenige, deren Herz einen langen Mut und Übermut hat; und Solchen bleibt auch der Geist geduldsam. Der Rest aber ist *feige*.

Der Rest: das sind immer die Allermeisten, der Alltag, der Überfluß, die Viel-zu-Vielen – diese Alle sind feige! –

Wer meiner Art ist, dem werden auch die Erlebnisse meiner Art über den Weg laufen: also, daß seine ersten Gesellen Leichname und Possenreißer sein müssen.

Seine zweiten Gesellen aber – die werden sich seine *Gläubigen* heißen: ein lebendiger Schwarm, viel Liebe, viel Torheit, viel unbärtige Verehrung.

An diese Gläubigen soll Der nicht sein Herz binden, wer

meiner Art unter Menschen ist; an diese Lenze und bunten Wiesen soll Der nicht glauben, wer die flüchtig-feige Menschenart kennt!

Könnten sie anders, so würden sie auch anders *wollen*. Halb-und Halbe verderben alles Ganze. Daß Blätter welk werden, – was ist da zu klagen!

Laß sie fahren und fallen, oh Zarathustra, und klage nicht! Lieber noch blase mit raschelnden Winden unter sie, –

– blase unter diese Blätter, oh Zarathustra: daß alles *Welke* schneller noch von dir davonlaufe! –

2.

»Wir sind wieder fromm geworden« – so bekennen diese Abtrünnigen; und Manche von ihnen sind noch zu feige, also zu bekennen.

Denen sehe ich ins Auge, – denen sage ich es ins Gesicht und in die Röte ihrer Wangen: ihr seid Solche, welche wieder *beten*!

Es ist aber eine Schmach, zu beten! Nicht für Alle, aber für dich und mich, und wer auch im Kopfe sein Gewissen hat. Für *dich* ist es eine Schmach, zu beten!

Du weißt es wohl: dein feiger Teufel in dir, der gerne Hände-Falten und Hände-in-den-Schoß-Legen und es bequemer haben möchte: – dieser feige Teufel redet dir zu »es *gibt* einen Gott!«

Damit aber gehörst du zur lichtscheuen Art, denen Licht nimmer Ruhe läßt; nun mußt du täglich deinen Kopf tiefer in Nacht und Dunst stecken!

Und wahrlich, du wähltest die Stunde gut: denn eben wieder fliegen die Nachtvögel aus. Die Stunde kam allem lichtscheuen Volke, die Abend- und Feierstunde, wo es nicht – »feiert«.

Ich höre und rieche es: es kam ihre Stunde für Jagd und Umzug, nicht zwar für eine wilde Jagd, sondern für eine zahme, lahme, schnüffelnde Leisetreter- und Leisebeter-Jagd, –

– für eine Jagd auf seelenlose Duckmäuser: alle Herzens-

Mausefallen sind jetzt wieder aufgestellt! Und wo ich einen Vorhang aufhebe, da kommt ein Nachtfalterchen herausgestürzt.

Hockte es da wohl zusammen mit einem andern Nachtfälterchen? Denn überall rieche ich kleine verkrochne Gemeinden; und wo es Kämmerlein gibt, da gibt es neue Bet-Brüder drin und den Dunst von Bet-Brüdern.

Sie sitzen lange Abende beieinander und sprechen: »lasset uns wieder werden wie die Kindlein und ›lieber Gott‹ sagen!« – an Mund und Magen verdorben durch die frommen Zuckerbäcker.

Oder sie sehen lange Abende einer listigen lauernden Kreuzspinne zu, welche den Spinnen selber Klugheit predigt und also lehrt: »unter Kreuzen ist gut spinnen!«

Oder sie sitzen tagsüber mit Angelruten an Sümpfen und glauben sich *tief* damit; aber wer dort fischt, wo es keine Fische gibt, den heiße ich noch nicht einmal oberflächlich!

Oder sie lernen fromm-froh die Harfe schlagen bei einem Lieder-Dichter, der sich gern jungen Weibchen ins Herz harfnen möchte: – *denn* er wurde der alten Weibchen müde und ihres Lobpreisens.

Oder sie lernen gruseln bei einem gelahrten Halb-Tollen, der in dunklen Zimmern wartet, daß ihm die Geister kommen – und der Geist ganz davonläuft!

Oder sie horchen einem alten umgetriebnen Schnurr- und Knurrpfeifer zu, der trüben Winden die Trübsal der Töne ablernte; nun pfeift er nach dem Winde und predigt in trüben Tönen Trübsal.

Und Einige von ihnen sind sogar Nachtwächter geworden: die verstehen jetzt in Hörner zu blasen und nachts umherzugehn und alte Sachen aufzuwecken, die lange schon eingeschlafen sind.

Fünf Worte von alten Sachen hörte ich gestern nachts an der Garten-Mauer: die kamen von solchen alten betrübten trocknen Nachtwächtern.

»Für einen Vater sorgt er nicht genug um seine Kinder: Menschen-Väter tun dies besser!« –

»Er ist zu alt! Er sorgt schon gar nicht mehr um seine Kinder« – also antwortete der andre Nachtwächter.

»*Hat* er denn Kinder? Niemand kann's beweisen, wenn er's selber nicht beweist! Ich wollte längst, er bewiese es einmal gründlich.«

»Beweisen? Als ob *Der* je Etwas bewiesen hätte! Beweisen fällt ihm schwer; er hält große Stücke darauf, daß man ihm *glaubt*.«

»Ja! Ja! Der Glaube macht ihn selig, der Glaube an ihn. Das ist so die Art alter Leute! So geht's uns auch!« –

– Also sprachen zueinander die zwei alten Nachtwächter und Lichtscheuchen, und tuteten darauf betrübt in ihre Hörner: so geschah's gestern nachts an der Garten-Mauer.

Mir aber wand sich das Herz vor Lachen und wollte brechen und wußte nicht, wohin? und sank ins Zwerchfell.

Wahrlich, das wird noch mein Tod sein, daß ich vor Lachen ersticke, wenn ich Esel betrunken sehe und Nachtwächter also an Gott zweifeln höre.

Ist es denn nicht *lange* vorbei, auch für alle solche Zweifel? Wer darf noch solche alte, eingeschlafne, lichtscheue Sachen aufwecken!

Mit den alten Göttern ging es ja lange schon zu Ende: – und wahrlich, ein gutes fröhliches Götter-Ende hatten sie!

Sie »dämmerten« sich nicht zu Tode, – das lügt man wohl! Vielmehr: sie haben sich selber einmal zu Tode – *gelacht*!

Das geschah, als das gottloseste Wort von einem Gotte selber ausging, – das Wort: »Es ist Ein Gott! Du sollst keinen anderen Gott haben neben mir!« –

– ein alter Grimm-Bart von Gott, ein eifersüchtiger, vergaß sich also: –

Und alle Götter lachten damals und wackelten auf ihren Stühlen und riefen: »Ist das nicht eben Göttlichkeit, daß es Götter, aber keinen Gott gibt?«

Wer Ohren hat, der höre. –

Also redete Zarathustra in der Stadt, die er liebte und welche zubenannt ist »die bunte Kuh«. Von hier nämlich hatte er nur noch zwei Tage zu gehen, daß er wieder in seine Höhle käme und zu seinen Tieren; seine Seele aber frohlockte beständig ob der Nähe seiner Heimkehr. –

Die Heimkehr

Oh Einsamkeit! Du meine *Heimat* Einsamkeit! Zu lange lebte ich wild in wilder Fremde, als daß ich nicht mit Tränen zu dir heimkehrte!

Nun drohe mir nur mit dem Finger, wie Mütter drohn, nun lächle mir zu, wie Mütter lächeln, nun sprich nur: »Und wer war das, der wie ein Sturmwind einst von mir davonstürmte? –

– der scheidend rief: zu lange saß ich bei der Einsamkeit, da verlernte ich das Schweigen! *Das* – lerntest du nun wohl?

Oh Zarathustra, Alles weiß ich: und daß du unter den Vielen *verlassener* warst, du Einer, als je bei mir!

Ein Anderes ist Verlassenheit, ein Anderes Einsamkeit: *Das* – lerntest du nun! Und daß du unter Menschen immer wild und fremd sein wirst:

– wild und fremd auch noch, wenn sie dich lieben: denn zuerst von Allem wollen sie *geschont* sein!

Hier aber bist du bei dir zu Heim und Hause; hier kannst du Alles hinausreden und alle Gründe ausschütten, Nichts schämt sich hier versteckter, verstockter Gefühle.

Hier kommen alle Dinge liebkosend zu deiner Rede und schmeicheln dir: denn sie wollen auf deinem Rücken reiten. Auf jedem Gleichnis reitest du hier zu jeder Wahrheit.

Aufrecht und aufrichtig darfst du hier zu allen Dingen reden: und wahrlich, wie Lob klingt es ihren Ohren, daß Einer mit allen Dingen – gerade redet!

Ein Anderes aber ist Verlassensein. Denn, weißt du noch, oh Zarathustra? Als damals dein Vogel über dir schrie, als du im Walde standest, unschlüssig, wohin? unkundig, einem Leichnam nahe: –

– als du sprachst: mögen mich meine Tiere führen! Gefährlicher fand ich's unter Menschen, als unter Tieren: – *Das* war Verlassenheit!

Und weißt du noch, oh Zarathustra? Als du auf deiner Insel saßest, unter leeren Eimern ein Brunnen Weins, gebend und ausgebend, unter Durstigen schenkend und ausschenkend:

– bis du endlich durstig allein unter Trunkenen saßest und nächtlich klagtest ›ist Nehmen nicht seliger als Geben? Und Stehlen noch seliger als Nehmen?‹ – *Das* war Verlassenheit!

Und weißt du noch, oh Zarathustra? Als deine stillste Stunde kam und dich von dir selber forttrieb, als sie mit bösem Flüstern sprach: ›Sprich und zerbrich!‹ –

– als sie dir all dein Warten und Schweigen leid machte und deinen demütigen Mut entmutigte: *Das* war Verlassenheit!« –

Oh Einsamkeit! Du meine Heimat Einsamkeit! Wie selig und zärtlich redet deine Stimme zu mir!

Wir fragen einander nicht, wir klagen einander nicht, wir gehen offen miteinander durch offne Türen.

Denn offen ist es bei dir und hell: und auch die Stunden laufen hier auf leichteren Füßen. Im Dunklen nämlich trägt man schwerer an der Zeit, als im Lichte.

Hier springen mir alles Seins-Worte und Wort-Schreine auf: alles Sein will hier Wort werden, alles Werden will hier von mir reden lernen.

Da unten aber – da ist alles Reden umsonst! Da ist Vergessen und Vorübergehn die beste Weisheit: *Das* – lernte ich nun!

Wer Alles bei den Menschen begreifen wollte, der müßte Alles angreifen. Aber dazu habe ich zu reinliche Hände.

Ich mag schon ihren Atem nicht einatmen; ach, daß ich so lange unter ihrem Lärm und üblem Atem lebte!

Oh selige Stille um mich! Oh reine Gerüche um mich! Oh

wie aus tiefer Brust diese Stille reinen Atem holt! Oh wie sie horcht, diese selige Stille!

Aber da unten – da redet Alles, da wird Alles überhört. Man mag seine Weisheit mit Glocken einläuten: die Krämer auf dem Markte werden sie mit Pfennigen überklingeln!

Alles bei ihnen redet, Niemand weiß mehr zu verstehn. Alles fällt ins Wasser, Nichts fällt mehr in tiefe Brunnen.

Alles bei ihnen redet, Nichts gerät mehr und kommt zu Ende. Alles gackert, aber wer will noch still auf dem Neste sitzen und Eier brüten?

Alles bei ihnen redet, Alles wird zerredet. Und was gestern noch zu hart war für die Zeit selber und ihren Zahn: heute hängt es zerschabt und zernagt aus den Mäulern der Heutigen.

Alles bei ihnen redet, Alles wird verraten. Und was einst Geheimnis hieß und Heimlichkeit tiefer Seelen, heute gehört es zu den Gassen-Trompetern und andern Schmetterlingen.

Oh Menschenwesen, du wunderliches! Du Lärm auf dunklen Gassen! Nun liegst du wieder hinter mir: – meine größte Gefahr liegt hinter mir!

Im Schonen und Mitleiden lag immer meine größte Gefahr; und alles Menschenwesen will geschont und gelitten sein.

Mit verhaltenen Wahrheiten, will Narrenhand und vernarrtem Herzen reich an kleinen Lügen des Mitleidens: – also lebte ich immer unter Menschen.

Verkleidet saß ich unter ihnen, bereit, *mich* zu verkennen, daß ich *sie* ertrüge, und gern mir zuredend »du Narr, du kennst die Menschen nicht!«

Man verlernt die Menschen, wenn man unter Menschen lebt: zu viel Vordergrund ist an allen Menschen, – was sollen *da* weitsichtige, weit-süchtige Augen!

Und wenn sie mich verkannten: ich Narr schonte sie darob mehr als mich: gewohnt zur Härte gegen mich und oft noch an mir selber mich rächend für diese Schonung.

Zerstochen von giftigen Fliegen und ausgehöhlt, dem Steine gleich, von vielen Tropfen Bosheit, so saß ich unter ihnen und redete mir noch zu: »unschuldig ist alles Kleine an seiner Kleinheit!«

Sonderlich Die, welche sich »die Guten« heißen, fand ich als die giftigsten Fliegen: sie stechen in aller Unschuld, sie lügen in aller Unschuld; wie *vermöchten* sie, gegen mich – gerecht zu sein!

Wer unter den Guten lebt, den lehrt Mitleid lügen. Mitleid macht dumpfe Luft allen freien Seelen. Die Dummheit der Guten nämlich ist unergründlich.

Mich selber verbergen und meinen Reichtum – *das* lernte ich da unten: denn Jeden fand ich noch arm am Geiste. Das war der Lug meines Mitleidens, daß ich bei Jedem wußte,

– daß ich Jedem es ansah und anroch, was ihm Geistes *genug* und was ihm schon Geistes *zuviel* war!

Ihre steifen Weisen: ich hieß sie weise, nicht steif, – so lernte ich Worte verschlucken. Ihre Totengräber: ich hieß sie Forscher und Prüfer, – so lernte ich Worte vertauschen.

Die Totengräber graben sich Krankheiten an. Unter altem Schutte ruhn schlimmste Dünste. Man soll den Morast nicht aufrühren. Man soll auf Bergen leben.

Mit seligen Nüstern atme ich wieder Berges-Freiheit! Erlöst ist endlich meine Nase vom Geruch alles Menschenwesens!

Von scharfen Lüften gekitzelt, wie von schäumenden Weinen, *niest* meine Seele – niest und jubelt sich zu: Gesundheit!

Also sprach Zarathustra.

Von den drei Bösen

1.

Im Traum, im letzten Morgentraume stand ich heut auf einem Vorgebirge – jenseits der Welt, hielt eine Waage und *wog* die Welt.

Oh daß zu früh mir die Morgenröte kam: die glühte mich wach, die Eifersüchtige! Eifersüchtig ist sie immer auf meine Morgentraum-Gluten.

Meßbar für Den, der Zeit hat, wägbar für einen guten Wäger, erfliegbar für starke Fittiche, erratbar für göttliche Nüsseknacker: also fand mein Traum die Welt: –

Mein Traum, ein kühner Segler, halb Schiff, halb Windsbraut, gleich Schmetterlingen schweigsam, ungeduldig gleich Edelfalken: wie hatte er doch zum Welt-Wägen heute Geduld und Weile!

Sprach ihm heimlich wohl meine Weisheit zu, meine lachende wache Tags-Weisheit, welche über alle »unendliche Welten« spottet? Denn sie spricht: »wo Kraft ist, wird auch die *Zahl* Meisterin: die hat mehr Kraft.«

Wie sicher schaute mein Traum auf diese endliche Welt, nicht neugierig, nicht altgierig, nicht fürchtend, nicht bittend: –

– als ob ein voller Apfel sich meiner Hand böte, ein reifer Goldapfel, mit kühl-sanfter samtener Haut: – so bot sich mir die Welt: –

– als ob ein Baum mir winkte, ein breitästiger, starkwilliger, gekrümmt zur Lehne und noch zum Fußbrett für den Wegmüden: so stand die Welt auf meinem Vorgebirge: –

– als ob zierliche Hände mir einen Schrein entgegentrügen – einen Schrein offen für das Entzücken schamhafter verehrender Augen: also bot sich mir heute die Welt entgegen: –

– nicht Rätsel genug, um Menschen-Liebe davon zu scheuchen, nicht Lösung genug, um Menschen-Weisheit einzuschlä-

275

fern: – ein menschlich gutes Ding war mir heut die Welt, der man so Böses nachredet!

Wie danke ich es meinem Morgentraum, daß ich also in der Frühe heute die Welt wog! Als ein menschlich gutes Ding kam er zu mir, dieser Traum und Herzenströster!

Und daß ich's ihm gleich tue am Tage und sein Bestes ihm nach- und ablerne: will ich jetzt die drei bösesten Dinge auf die Waage tun und menschlich gut abwägen. –

Wer da segnen lehrte, der lehrte auch fluchen: welches sind in der Welt die drei bestverfluchten Dinge? Diese will ich auf die Waage tun.

Wollust, Herrschsucht, Selbstsucht: diese Drei wurden bisher am besten verflucht und am schlimmsten beleu- und belügen-mundet – diese Drei will ich menschlich gut abwägen.

Wohlauf! Hier ist mein Vorgebirge, und da das Meer: *das* wälzt sich zu mir heran, zottelig, schmeichlerisch, das getreue alte hundertköpfige Hunds-Ungetüm, das ich liebe.

Wohlauf! Hier will ich die Waage halten über gewälztem Meere: und auch einen Zeugen wähle ich, daß er zusehe, – dich, du Einsiedler-Baum, dich starkduftigen, breitgewölbten, den ich liebe! –

Auf welcher Brücke geht zum Dereinst das Jetzt? Nach welchem Zwange zwingt das Hohe sich zum Niederen? Und was heißt auch das Höchste noch – hinaufwachsen? –

Nun steht die Waage gleich und still: drei schwere Fragen warf ich hinein, drei schwere Antworten trägt die andre Waagschale.

2.

Wollust: allen bußhemdigen Leib-Verächtern ihr Stachel und Pfahl, und »Welt« verflucht bei allen Hinterweltlern: denn sie höhnt und narrt alle Wirr- und Irr-Lehrer.

Wollust: dem Gesindel das langsame Feuer, auf dem es verbrannt wird; allem wurmichten Holze, allen stinkenden Lumpen der bereite Brunst- und Brodel-Ofen.

Wollust: für die freien Herzen unschuldig und frei, das Garten-Glück der Erde, aller Zukunft Dankes-Überschwang an das Jetzt.

Wollust: nur dem Welken ein süßlich Gift, für die Löwen-Willigen aber die große Herzstärkung, und der ehrfürchtig geschonte Wein der Weine.

Wollust: das große Gleichnis-Glück für höheres Glück und höchste Hoffnung. Vielem nämlich ist Ehe verheißen und mehr als Ehe, –

– Vielem, das fremder sich ist, als Mann und Weib: – und wer begriff es ganz, *wie fremd* sich Mann und Weib sind!

Wollust: – doch ich will Zäune um meine Gedanken haben und auch noch um meine Worte: daß mir nicht in meine Gärten die Schweine und Schwärmer brechen! –

Herrschsucht: die Glüh-Geißel der härtesten Herzensharten; die grause Marter, dies ich dem Grausamsten selber aufspart; die düstere Flamme lebendiger Scheiterhaufen.

Herrschsucht: die boshafte Bremse, die den eitelsten Völkern aufgesetzt wird; die Verhöhnerin aller ungewissen Tugend; die auf jedem Rosse und jedem Stolze reitet.

Herrschsucht: das Erdbeben, das alles Morsche und Höhlichte bricht und aufbricht; die rollende grollende strafende Zerbrecherin übertünchter Gräber; das blitzende Fragezeichen neben vorzeitigen Antworten.

Herrschsucht: vor deren Blick der Mensch kriecht und duckt und frönt und niedriger wird als Schlange und Schwein: – bis endlich die große Verachtung aus ihm aufschreit –,

Herrschsucht: die furchtbare Lehrerin der großen Verachtung, welche Städten und Reichen ins Antlitz predigt »hinweg mit dir!« – bis es aus ihnen selber aufschreit »hinweg mit *mir*!«

Herrschsucht: die aber lockend auch zu Reinen und Einsamen und hinauf zu selbstgenugsamen Höhen steigt, glühend gleich einer Liebe, welche purpurne Seligkeiten lockend an Erdenhimmel malt.

Herrschsucht: doch wer hieße es *Sucht*, wenn das Hohe hinab nach Macht gelüstet! Wahrlich, nichts Sieches und Süchtiges ist an solchen Gelüsten und Niedersteigen!

Daß die einsame Höhe sich nicht ewig vereinsame und selbst begnüge; daß der Berg zu Tale komme, und die Winde der Höhe zu den Niederungen: –

Oh wer fände den rechten Tauf- und Tugendnamen für solche Sehnsucht! »Schenkende Tugend« – so nannte das Unnennbare einst Zarathustra.

Und damals geschah es auch – und wahrlich, es geschah zum ersten Male! – daß sein Wort die *Selbstsucht* selig pries, die heile, gesunde Selbstsucht, die aus mächtiger Seele quillt: –

– aus mächtiger Seele, zu welcher der hohe Leib gehört, der schöne, sieghafte, erquickliche, um den herum jedwedes Ding Spiegel wird:

– der geschmeidige überredende Leib, der Tänzer, dessen Gleichnis und Auszug die selbst-lustige Seele ist. Solcher Leiber und Seelen Selbst-Lust heißt sich selber: »Tugend«.

Mit ihren Worten von Gut und Schlecht schirmt sich solche Selbst-Lust wie mit heiligen Hainen; mit den Namen ihres Glücks bannt sie von sich alles Verächtliche.

Von sich weg bannt sie alles Feige; sie spricht: Schlecht – *das* ist feige! Verächtlich dünkt ihr der immer Sorgende, Seufzende, Klägliche und wer auch die kleinsten Vorteile aufliest.

Sie verachtet auch alle wehselige Weisheit: denn wahrlich, es gibt auch Weisheit, die im Dunkeln blüht, eine Nachtschatten-Weisheit: als welche immer seufzt: »Alles ist eitel!«

Das scheue Mißtrauen gilt ihr gering, und Jeder, wer Schwüre statt Blicke und Hände will: auch alle allzu mißtrauische Weisheit, – denn solche ist feiger Seelen Art.

Geringer noch gilt ihr der Schnell-Gefällige, der Hündische, der gleich auf dem Rücken liegt, der Demütige; und auch Weis-

heit gibt es, die demütig und hündisch und fromm und schnell-
gefällig ist.

Verhaßt ist ihr gar und ein Ekel, wer nie sich wehren will,
wer giftigen Speichel und böse Blicke hinunterschluckt, der
Allzu-Geduldige, Alles-Dulder, Allgenügsame: das nämlich ist
die knechtische Art.

Ob Einer vor Göttern und göttlichen Fußtritten knechtisch
ist, ob vor Menschen und blöden Menschen-Meinungen: *alle*
Knechts-Art speit sie an, diese selige Selbstsucht!

Schlecht: so heißt sie Alles, was geknickt und knickerisch-
knechtisch ist, unfreie Zwinker-Augen, gedrückte Herzen,
und jene falsche nachgebende Art, welche mit breiten feigen
Lippen küßt.

Und After-Weisheit: so heißt sie Alles, was Knechte und
Greise und Müde witzeln; und sonderlich die ganze schlimme
aberwitzige, überwitzige Priester-Narrheit!

Die After-Weisen aber, alle die Priester, Weltmüden, und
wessen Seele von Weibs- und Knechtsart ist, – oh wie hat ihr
Spiel von jeher der Selbstsucht übel mitgespielt!

Und Das gerade sollte Tugend sein und Tugend heißen, *daß*
man der Selbstsucht übel mitspiele! Und »selbstlos« – so
wünschten sich selber mit gutem Grunde all diese weltmüden
Feiglinge und Kreuzspinnen!

Aber denen Allen kommt nun der Tag, die Wandlung, das
Richtschwert, *der große Mittag*: da soll Vieles offenbar werden!

Und wer das Ich heil und heilig spricht und die Selbstsucht
selig, wahrlich, der spricht auch, was er weiß, ein Weissager:
»*Siehe, er kommt, er ist nahe, der große Mittag*!«

Also sprach Zarathustra.

Vom Geist der Schwere

1.

Mein Mundwerk – ist des Volks: zu grob und herzlich rede ich für die Seidenhasen. Und noch fremder klingt mein Wort allen Tinten-Fischen und Feder-Füchsen.

Meine Hand – ist eine Narrenhand: wehe allen Tischen und Wänden, und was noch Platz hat für Narren-Zierat, Narren-Schmierat!

Mein Fuß – ist ein Pferdefuß; damit trapple und trabe ich über Stock und Stein, kreuz- und quer-feld-ein, und bin des Teufels vor Lust bei allem schnellen Laufen.

Mein Magen – ist wohl eines Adlers-Magen? Denn er liebt am liebsten Lammfleisch. Gewißlich aber ist er eines Vogels Magen.

Von unschuldigen Dingen genährt und von Wenigem, bereit und ungeduldig zu fliegen, davonzufliegen – das ist nun meine Art: wie sollte nicht Etwas daran von Vogel-Art sein!

Und zumal, daß ich dem Geist der Schwere feind bin, das ist Vogel-Art: und wahrlich, todfeind, erzfeind, urfeind! Oh wohin flog und verflog sich nicht schon meine Feindschaft!

Davon könnte ich schon ein Lied singen – – und will es singen: ob ich gleich allein in leerem Hause bin und es meinen eignen Ohren singen muß.

Andre Sänger gibt es freilich, denen macht das volle Haus erst ihre Kehle weich, ihre Hand gesprächig, ihr Auge ausdrücklich, ihr Herz wach: – Denen gleiche ich nicht. –

2.

Wer die Menschen einst fliegen lehrt, der hat alle Grenzsteine verrückt; alle Grenzsteine selber werden ihm in die Luft fliegen, die Erde wird er neu taufen – als »die Leichte«.

Der Vogel Strauß läuft schneller als das schnellste Pferd, aber auch er steckt noch den Kopf schwer in schwere Erde: also der Mensch, der noch nicht fliegen kann.

Schwer heißt ihm Erde und Leben; und so *will* es der Geist der Schwere! Wer aber leicht werden will und ein Vogel, der muß sich selber lieben: – also lehre *ich*.

Nicht freilich mit der Liebe der Siechen und Süchtigen: denn bei denen stinkt auch die Eigenliebe!

Man muß sich selber lieben lernen – also lehre ich – mit einer heilen und gesunden Liebe: daß man es bei sich selber aushalte und nicht umherschweife.

Solches Umherschweifen tauft sich »Nächstenliebe«: mit diesem Worte ist bisher am besten gelogen und geheuchelt worden, und sonderlich von Solchen, die aller Welt schwerfielen.

Und wahrlich, das ist kein Gebot für heute und morgen, sich lieben *lernen*. Vielmehr ist von allen Künsten diese die feinste, listigste, letzte und geduldsamste.

Für seinen Eigener ist nämlich alles Eigene gut versteckt; und von allen Schatzgruben wird die eigne am spätesten ausgegraben, – also schafft es der Geist der Schwere.

Fast in der Wiege gibt man uns schon schwere Worte und Werte mit: »Gut« und »Böse« – so heißt sich diese Mitgift. Um derentwillen vergibt man uns, daß wir leben.

Und dazu läßt man die Kindlein zu sich kommen, daß man ihnen beizeiten wehre, sich selber zu lieben: also schafft es der Geist der Schwere.

Und wir – wir schleppen treulich, was man uns mitgibt, auf harten Schultern und über rauhe Berge! Und schwitzen wir, so sagt man uns: »Ja, das Leben ist schwer zu tragen!«

Aber der Mensch nur ist sich schwer zu tragen! Das macht, er schleppt zu vieles Fremde auf seinen Schultern. Dem Kamele gleich kniet er nieder und läßt sich gut aufladen.

Sonderlich der starke, tragsame Mensch, dem Ehrfurcht innewohnt: zu viele *fremde* schwere Worte und Werte lädt er sich auf, – nun dünkt das Leben ihm eine Wüste!

Und wahrlich! Auch manches *Eigene* ist schwer zu tragen! Und viel Inwendiges am Menschen ist der Auster gleich, nämlich ekel und schlüpfrig und schwer erfaßlich –,

– also daß eine edle Schale mit edler Zierat fürbitten muß. Aber auch diese Kunst muß man lernen: Schale *haben* und schönen Schein und kluge Blindheit!

Abermals trügt über Manches am Menschen, daß manche Schale gering und traurig und zu sehr Schale ist. Viel verborgene Güte und Kraft wird nie erraten; die köstlichen Leckerbissen finden keine Schmecker!

Die Frauen wissen das, die köstlichsten: ein Wenig fetter, ein Wenig magerer – oh wie viel Schicksal liegt in so Wenigem!

Der Mensch ist schwer zu entdecken, und sich selber noch am schwersten; oft lügt der Geist über die Seele. Also schafft es der Geist der Schwere.

Der aber hat sich selber entdeckt, welcher spricht: Das ist *mein* Gutes und Böses: damit hat er den Maulwurf und Zwerg stumm gemacht, welcher spricht: »Allen gut, Allen bös.«

Wahrlich, ich mag auch Solche nicht, denen jegliches Ding gut und diese Welt gar die beste heißt. Solche nenne ich die Allgenügsamen.

Allgenügsamkeit, die alles zu schmecken weiß: das ist nicht der beste Geschmack! Ich ehre die widerspänstigen wählerischen Zungen und Mägen, welche »Ich« und »Ja« und »Nein« sagen lernten.

Alles aber kauen und verdauen – das ist eine rechte Schweine-Art! Immer I-A sagen – das lernte allein der Esel, und wer seines Geistes ist! –

Das tiefe Gelb und das heiße Rot: so will es *mein* Geschmack, – der mischt Blut zu allen Farben.

Wer aber sein Haus weiß tüncht, der verrät mir eine weißgetünchte Seele.

In Mumien verliebt die Einen, die Andern in Gespenster; und Beide gleich feind allem Fleisch und Blute – oh wie gehen beide mir wider den Geschmack! Denn ich liebe Blut.

Und dort will ich nicht wohnen und weilen, wo Jedermann spuckt und speit: das ist nun *mein* Geschmack, – lieber noch lebte ich unter Dieben und Meineidigen. Niemand trägt Gold im Munde.

Widriger aber sind mir noch alle Speichellecker; und das widrigste Tier von Mensch, das ich fand, das taufte ich Schmarotzer: das wollte nicht lieben und doch von Liebe leben.

Unselig heiße ich Alle, die nur Eine Wahl haben: böse Tiere zu werden oder böse Tierbändiger: bei Solchen würde ich mir keine Hütten bauen.

Unselig heiße ich auch Die, welche immer *warten* müssen, – die gehen mir wider den Geschmack: alle die Zöllner und Krämer und Könige und andren Länder- und Ladenhüter.

Wahrlich, ich lernte das Warten auch und von Grund aus, – aber nur das Warten auf *mich*. Und über Allem lernte ich stehn und gehn und laufen und springen und klettern und tanzen.

Das ist aber meine Lehre: wer einst fliegen lernen will, der muß erst stehn und gehn und laufen und klettern und tanzen lernen: – man erfliegt das Fliegen nicht!

Mit Strickleitern lernte ich manches Fenster erklettern, mit hurtigen Beinen klomm ich auf hohe Masten: auf hohen Masten der Erkenntnis sitzen dünkte mich keine geringe Seligkeit, –

– gleich kleinen Flammen flackern auf hohen Masten: ein kleines Licht zwar, aber doch ein großer Trost für verschlagene Schiffer und Schiffbrüchige! –

Auf vielerlei Weg und Weise kam ich zu meiner Wahrheit: nicht auf Einer Leiter stieg ich zur Höhe, wo mein Auge in meine Ferne schweift.

Und ungern nur fragte ich stets nach Wegen, – das ging mir immer wider den Geschmack! Lieber fragte und versuchte ich die Wege selber.

Ein Versuchen und Fragen war all mein Gehen: – und wahrlich, auch antworten muß man *lernen* auf solches Fragen! Das aber – ist mein Geschmack:

– kein guter, kein schlechter, aber *mein* Geschmack, dessen ich weder Scham noch Hehl mehr habe.

»Das – ist nun *mein* Weg, – wo ist der eure?« so antwortete ich Denen, welche mich »nach dem Wege« fragten. *Den Weg* nämlich – den gibt es nicht!

Also sprach Zarathustra.

Von alten und neuen Tafeln

1.

Hier sitze ich und warte, alte zerbrochene Tafeln um mich und auch neue halb beschriebene Tafeln. Wann kommt meine Stunde?

– die Stunde meines Niederganges, Unterganges: denn *noch* Ein Mal will ich zu den Menschen gehn.

Des warte ich nun: denn erst müssen mir die Zeichen kommen, daß es *meine* Stunde sei, – nämlich der lachende Löwe mit dem Taubenschwarme.

Inzwischen rede ich als Einer, der Zeit hat, zu mir selber. Niemand erzählt mir Neues: so erzähle ich mir mich selber. –

2.

Als ich zu den Menschen kam, da fand ich sie sitzen auf einem alten Dünkel: Alle dünkten sich lange schon zu wissen, was dem Menschen gut und böse sei.

Eine alte müde Sache dünkte ihnen alles Reden von Tugend; und wer gut schlafen wollte, der sprach vor Schlafengehen noch von »Gut« und »Böse«.

Diese Schläferei störte ich auf, als ich lehrte: was gut und böse ist, *das weiß noch Niemand*: – es sei denn der Schaffende!

– Das aber ist Der, welcher des Menschen Ziel schafft und der Erde ihren Sinn gibt und ihre Zukunft: Dieser erst *schafft* es, *daß* Etwas gut und böse ist.

Und ich hieß sie ihre alten Lehr-Stühle umwerfen, und wo nur jener alte Dünkel gesessen hatte; ich hieß sie lachen über ihre großen Tugend-Meister und Heiligen und Dichter und Welt-Erlöser.

Über ihre düsteren Wesen hieß ich sie lachen, und wer je als schwarze Vogelscheuche warnend auf dem Baume des Lebens gesessen hatte.

An ihre große Gräberstraße setzte ich mich und selber zu Aas und Geiern – und ich lachte über all ihr Einst und seine mürbe verfallende Herrlichkeit.

Wahrlich, gleich Bußpredigern und Narren schrie ich Zorn und Zeter über all ihr Großes und Kleines, – daß ihr Bestes so gar klein ist! Daß ihr Bösestes so gar klein ist! – also lachte ich.

Meine weise Sehnsucht schrie und lachte also aus mir, die auf Bergen geboren ist, eine wilde Weisheit wahrlich! – meine große flügelbrausende Sehnsucht.

Und oft riß sie mich fort und hinauf und hinweg und mitten im Lachen: da flog ich wohl schaudernd, ein Pfeil, durch sonnentrunkenes Entzücken:

– hinaus in ferne Zukünfte, die kein Traum noch sah, in heißere Süden, als je sich Bildner träumten: dorthin, wo Götter tanzend sich aller Kleider schämen: –

– daß ich nämlich in Gleichnissen rede, und gleich Dichtern hinke und stammle: und wahrlich, ich schäme mich, daß ich noch Dichter sein muß! –

Wo alles Werden mich Götter-Tanz und Götter-Mutwillen dünkte, und die Welt los- und ausgelassen und zu sich selber zurückfliehend: –

– als ein ewiges Sich-Fliehn und -Wiedersuchen vieler Götter, als das selige Sich-Widersprechen, Sich-Wieder-Hören, Sich-Wieder-Zugehören vieler Götter: –

Wo alle Zeit mich ein seliger Hohn auf Augenblicke dünkte,

wo die Notwendigkeit die Freiheit selber war, die selig mit dem Stachel der Freiheit spielte: –

Wo ich auch meinen alten Teufel und Erzfeind wiederfand, den Geist der Schwere, und Alles, was er schuf: Zwang, Satzung, Not und Folge und Zweck und Wille und Gut und Böse: –

Denn muß nicht dasein, *über* das getanzt, hinweggetanzt werde? Müssen nicht um der Leichten, Leichtesten willen – Maulwürfe und schwere Zwerge dasein? –

3.

Dort war's auch, wo ich das Wort »Übermensch« vom Wege auflas, und daß der Mensch Etwas sei, das überwunden werden müsse.

– daß der Mensch eine Brücke sei und kein Zweck: sich selig preisend ob seines Mittags und Abends, als Weg zu neuen Morgenröten:

– das Zarathustra-Wort vom großen Mittage, und was sonst ich über den Menschen aufhängte, gleich purpurnen zweiten Abendröten.

Wahrlich, auch neue Sterne ließ ich sie sehen samt neuen Nächten; und über Wolken und Tag und Nacht spannte ich noch das Lachen aus wie ein buntes Gezelt.

Ich lehrte sie all *mein* Dichten und Trachten: in Eins zu dichten und zusammenzutragen, was Bruchstück ist am Menschen und Rätsel und grauser Zufall, –

– als Dichter, Rätselrater und Erlöser des Zufalls lehrte ich sie an der Zukunft schaffen, und Alles, das *war* –, schaffend zu erlösen.

Das Vergangne am Menschen zu erlösen und alles »Es war« umzuschaffen, bis der Wille spricht: »Aber so wollte ich es! So werde ich's wollen –«

– Dies hieß ich ihnen Erlösung, Dies allein lehrte ich sie Erlösung heißen. – –

Nun warte ich *meiner* Erlösung –, daß ich zum letzten Male zu ihnen gehe.

Denn noch Ein Mal will ich zu den Menschen: *unter* ihnen will ich untergehen, sterbend will ich ihnen meine reichste Gabe geben!

Der Sonne lernte ich das ab, wenn sie hinabgeht, die Überreiche: Gold schüttet sie da ins Meer aus unerschöpflichem Reichtume, –

– also, daß der ärmste Fischer noch mit *goldenem* Ruder rudert! Dies nämlich sah ich einst und wurde der Tränen nicht satt im Zuschauen. – –

Der Sonne gleich will auch Zarathustra untergehn: nun sitzt er hier und wartet, alte zerbrochne Tafeln um sich und auch neue Tafeln, – halbbeschriebene.

4.

Siehe, hier ist eine neue Tafel: aber wo sind meine Brüder, die sie mit mir zu Tale und in fleischerne Herzen tragen? –

Also heischt es meine große Liebe zu den Fernsten: *schone deinen Nächsten nicht*! Der Mensch ist Etwas, das überwunden werden muß.

Es gibt vielerlei Weg und Weise der Überwindung: da siehe *du* zu! Aber nur ein Possenreißer denkt: »Der Mensch kann auch *übersprungen* werden.«

Überwinde dich selber noch in deinem Nächsten: und ein Recht, das du dir rauben kannst, sollst du dir nicht geben lassen!

Was du tust, das kann dir Keiner wieder tun. Siehe, es gibt keine Vergeltung.

Wer sich nicht befehlen kann, der soll gehorchen. Und Mancher *kann* sich befehlen, aber da fehlt noch Viel, daß er sich auch gehorche!

5.

Also will es die Art edler Seelen: sie wollen Nichts *umsonst* haben, am wenigsten das Leben.

Wer vom Pöbel ist, der will umsonst leben; wir Anderen aber, denen das Leben sich gab, – wir sinnen immer darüber, *was* wir am besten *dagegen* geben!

Und wahrlich, dies ist eine vornehme Rede, welche spricht: »was *uns* das Leben verspricht, das wollen *wir* – dem Leben halten!«

Man soll nicht genießen wollen, wo man nicht zu genießen gibt. Und – man soll nicht genießen *wollen*!

Genuß und Unschuld nämlich sind die schamhaftesten Dinge: Beide wollen nicht gesucht sein. Man soll sie *haben* –, aber man soll eher noch nach Schuld und Schmerzen *suchen!* –

6.

Oh meine Brüder, wer ein Erstling ist, der wird immer geopfert. Nun aber sind wir Erstlinge.

Wir bluten Alle an geheimen Opfertischen, wir brennen und braten Alle zu Ehren alter Götzenbilder.

Unser Bestes ist noch jung: das reizt alte Gaumen. Unser Fleisch ist zart, unser Fell ist nur ein Lamm-Fell: – wie sollten wir nicht alte Götzenpriester reizen!

In *uns selber* wohnt er noch, der alte Götzenpriester, der unser Bestes sich zum Schmause brät. Ach, meine Brüder, wie sollten Erstlinge nicht Opfer sein!

Aber so will es unsre Art; und ich liebe Die, welche sich nicht bewahren wollen. Die Untergehenden liebe ich mit meiner ganzen Liebe: denn sie gehn hinüber. –

7.

Wahr sein – das *können* Wenige! Und wer es kann, der will es noch nicht! Am wenigsten aber können es die Guten.

Oh diese Guten! – *Gute Menschen reden nie die Wahrheit*; für den Geist ist solchermaßen gut sein eine Krankheit.

Sie geben nach, diese Guten, sie ergeben sich, ihr Herz spricht nach, ihr Grund gehorcht: wer aber gehorcht, *der hört sich selber nicht*!

Alles, was den Guten böse heißt, muß zusammenkommen, daß Eine Wahrheit geboren werde: oh meine Brüder, seid ihr auch böse genug zu *dieser* Wahrheit?

Der verwegene Wagen, das lange Mißtrauen, das grausame Nein, der Überdruß, das Schneiden ins Lebendige – wie selten kommt *das* zusammen! Aus solchem Samen aber wird – Wahrheit gezeugt!

Neben dem bösen Gewissen wuchs bisher alles *Wissen*! Zerbrecht, zerbrecht mir, ihr Erkennenden, die alten Tafeln!

8.

Wenn das Wasser Balken hat, wenn Stege und Geländer über den Fluß springen: wahrlich, da findet Keiner Glauben, der da spricht: »Alles ist im Fluß.«

Sondern selber die Tölpel widersprechen ihm. »Wie?« sagen die Tölpel, »Alles wäre im Flusse? Balken und Geländer sind doch *über* dem Flusse!«

»*Über* dem Flusse ist Alles fest, alle die Werte der Dinge, die Brücken, Begriffe, alles ›Gut‹ und ›Böse‹: das ist Alles *fest*!« –

Kommt gar der harte Winter, der Fluß-Tierbändiger: dann lernen auch die Witzigsten Mißtrauen; und, wahrlich, nicht nur die Tölpel sprechen dann: »Sollte nicht Alles – *stille stehn*?«

»Im Grunde steht Alles stille« –, das ist eine rechte Winter-Lehre, ein gut Ding für unfruchtbare Zeit, ein guter Trost für Winterschläfer und Ofenhocker.

»Im Grund steht Alles still« –: *dagegen* aber predigt der Tau-wind!

Der Tauwind, ein Stier, der kein pflügender Stier ist, – ein wütender Stier, ein Zerstörer, der mit zornigen Hörnern Eis bricht! Eis aber – – *bricht Stege!*

Oh meine Brüder, ist *jetzt nicht Alles im Flusse?* Sind nicht alle Geländer und Stege ins Wasser gefallen? Wer *hielte* sich noch an »Gut« und »Böse«?

»Wehe uns! Heil uns! Der Tauwind weht!« – Also predigt mir, oh meine Brüder, durch alle Gassen!

9.

Es gibt einen alten Wahn, der heißt Gut und Böse. Um Wahrsa-ger und Sterndeuter drehte sich bisher das Rad dieses Wahns.

Einst *glaubte* man an Wahrsager und Sterndeuter: und *dar-um* glaubte man »Alles ist Schicksal: du sollst, denn du mußt!«

Dann wieder mißtraute man allen Wahrsagern und Stern-deutern: und *darum* glaubte man »Alles ist Freiheit: du kannst, denn du willst!«

Oh meine Brüder, über Sterne und Zukunft ist bisher nur gewähnt, nicht gewußt worden: und *darum* ist über Gut und Böse bisher nur gewähnt, nicht gewußt worden!

10.

»Du sollst nicht rauben! Du sollst nicht totschlagen!« – solche Worte hieß man einst heilig; vor ihnen beugte man Knie und Köpfe und zog die Schuhe aus.

Aber ich frage euch: wo gab es je bessere Räuber und Tot-schläger in der Welt, als es solche heilige Worte waren?

Ist in allem Leben selber nicht – Rauben und Totschlagen? Und daß solche Worte heilig hießen, wurde damit die *Wahrheit* selber nicht – totgeschlagen?

Oder war es eine Predigt des Todes, daß heilig hieß, was allem Leben widersprach und widerriet? – Oh meine Brüder, zerbrecht, zerbrecht mir die alten Tafeln!

11.

Dies ist mein Mitleid mit allem Vergangenen, daß ich sehe: es ist preisgegeben, –

– der Gnade, dem Geiste, dem Wahnsinne jedes Geschlechtes preisgegeben, das kommt und Alles, was war, zu seiner Brücke umdeutet!

Ein großer Gewalt-Herr könnte kommen, ein gewitzter Unhold, der mit seiner Gnade und Ungnade alles Vergangene zwänge und zwängte: bis es ihm Brücke würde und Vorzeichen und Herold und Hahnenschrei.

Dies aber ist die andre Gefahr und mein andres Mitleiden: – wer vom Pöbel ist, dessen Gedenken geht zurück bis zum Großvater, – mit dem Großvater aber hört die Zeit auf.

Also ist alles Vergangene preisgegeben: denn es könnte einmal kommen, daß der Pöbel Herr würde, und in seichten Gewässern alle Zeit ertränke.

Darum, oh meine Brüder, bedarf es eines *neuen Adels*, der allem Pöbel und allem Gewalt-Herrischen Widersacher ist und auf neue Tafeln neu das Wort schreibt »edel«.

Vieler Edlen nämlich bedarf es und vielerlei Edlen, *daß es Adel gebe*! Oder, wie ich einst im Gleichnis sprach: »Das eben ist Göttlichkeit, daß es Götter, aber keinen Gott gibt!«

12.

Oh meine Brüder, ich weihe und weise euch zu einem neuen Adel: ihr sollt mir Zeuger und Züchter werden und Sämänner der Zukunft, –

– wahrlich, nicht zu einem Adel, den ihr kaufen könntet gleich den Krämern und mit Krämer-Golde: denn wenig Wert hat Alles, was seinen Preis hat.

Nicht, woher ihr kommt, mache euch fürderhin eure Ehre, sondern wohin ihr geht! Euer Wille und euer Fuß, der über euch selber hinaus will, – das mache eure neue Ehre!

Wahrlich nicht, daß ihr einem Fürsten gedient habt – was liegt noch an Fürsten! – oder dem, was steht, zum Bollwerk wurdet, daß es fester stünde!

Nicht, daß euer Geschlecht an Höfen höfisch wurde, und ihr lerntet, bunt, einem Flamingo ähnlich, lange Stunden in flachen Teichen stehn.

– Denn Stehen-*Können* ist ein Verdienst bei Höflingen; und alle Höflinge glauben, zur Seligkeit nach dem Tode gehöre – Sitzen-*Dürfen*! –

Nicht auch, daß ein Geist, den sie heilig nennen, eure Vorfahren in gelobte Länder führte, die *ich* nicht lobe: denn wo der schlimmste aller Bäume wuchs, das Kreuz, – an dem Lande ist Nichts zu loben! –

– und wahrlich, wohin dieser »heilige Geist« auch seine Ritter führte, immer liefen bei solchen Zügen – Ziegen und Gänse und Kreuz- und Querköpfe *voran*! –

Oh meine Brüder, nicht zurück soll euer Adel schauen, sondern *hinaus*! Vertriebene sollt ihr sein aus allen Vater- und Urväterländern!

Eurer *Kinder Land* sollt ihr lieben: diese Liebe sei euer neuer Adel, – das unentdeckte, im fernsten Meere! Nach ihm heiße ich eure Segel suchen und suchen!

An euren Kindern sollt ihr *gutmachen*, daß ihr eurer Väter Kinder seid: alles Vergangene sollt ihr so erlösen! Diese neue Tafel stelle ich über euch!

13.

»Wozu leben? Alles ist eitel! Leben – das ist Stroh dreschen; Leben – das ist sich verbrennen und doch nicht warm werden.« –

Solch altertümliches Geschwätz gilt immer noch als »Weisheit«; daß es aber alt ist und dumpfig riecht, *darum* wird es besser geehrt. Auch der Moder adelt. –

Kinder durften so reden: die *scheuen* das Feuer, weil es sie brannte! Es ist viel Kinderei in den alten Büchern der Weisheit.

Und wer immer »Stroh drischt«, wie sollte der auf das Dreschen lästern dürfen! Solchem Narren müßte man doch das Maul verbinden!

Solche setzen sich zu Tisch und bringen Nichts mit, selbst den guten Hunger nicht: – und nun lästern sie »Alles ist eitel!«

Aber gut essen und trinken, oh meine Brüder, ist wahrlich keine eitle Kunst! Zerbrecht, zerbrecht mir die Tafeln der Nimmer-Frohen!

14.

»Dem Reinen ist Alles rein« – so spricht das Volk. Ich aber sage euch: den Schweinen wird Alles Schwein!

Darum predigen die Schwärmer und Kopfhänger, denen auch das Herz niederhängt: »die Welt selber ist ein kotiges Ungeheuer.«

Denn diese Alle sind unsäuberlichen Geistes; sonderlich aber Jene, welche nicht Ruhe noch Rast haben, es sei denn, sie sehen die Welt *von hinten*, – die Hinterweltler!

Denen sage ich ins Gesicht, ob es gleich nicht lieblich klingt: die Welt gleicht darin dem Menschen, daß sie einen Hintern hat, – so *Viel* ist wahr!

Es gibt in der Welt viel Kot: So *Viel* ist wahr! Aber darum ist die Welt selber noch kein kotiges Ungeheuer!

Es ist Weisheit darin, daß Vieles in der Welt übel riecht: der Ekel selber schafft Flügel und quellenahnende Kräfte!

An dem Besten ist noch Etwas zum Ekeln; und der Beste ist noch Etwas, das überwunden werden muß! –

Oh meine Brüder, es ist viel Weisheit darin, daß viel Kot in der Welt ist! –

15.

Solche Sprüche hörte ich fromme Hinterweltler zu ihrem Gewissen reden, und wahrlich, ohne Arg und Falsch, – ob es
schon nichts Falscheres in der Welt gibt, noch Ärgeres.

»Laß doch die Welt die Welt sein! Hebe dawider auch nicht
Einen Finger auf!«

»Laß, wer da wolle, die Leute würgen und stechen und
schinden und schaben: hebe dawider auch nicht Einen Finger
auf! Darob lernen sie noch der Welt absagen.«

»Und deine eigne Vernunft – die sollst du selber görgeln und
würgen; denn es ist eine Vernunft von dieser Welt, – darob
lernst du selber der Welt absagen.« –

– Zerbrecht, zerbrecht mir, oh meine Brüder, diese alten Tafeln der Frommen! Zersprecht mir die Sprüche der Welt-Verleumder!

16.

»Wer viel lernt, der verlernt alles heftige Begehren« – das flü-
stert man heute sich zu auf allen dunklen Gassen.

»Weisheit macht müde, es lohnt sich – Nichts; du sollst nicht
begehren!« – diese neue Tafel fand ich hängen selbst auf offnen
Märkten.

Zerbrecht mir, oh meine Brüder, zerbrecht mir auch diese
neue Tafel! Die Welt-Müden hängten sie hin und die Prediger
des Todes, und auch die Stockmeister: denn seht, es ist auch eine Predigt zur Knechtschaft! –

Daß sie schlecht lernten und das Beste nicht, und Alles zu
früh und Alles zu geschwind: daß sie schlecht *aßen*, daher kam
ihnen jener verdorbene Magen, –

– ein verdorbener Magen ist nämlich ihr Geist: *der* rät zum
Tode! Denn wahrlich, meine Brüder, der *Geist ist* ein Magen!

Das Leben ist ein Born der Lust: aber aus wem der verdorbene Magen redet, der Vater der Trübsal, dem sind alle Quellen vergiftet.

Erkennen: das ist *Lust* dem Löwen-willigen! Aber wer müde wurde, der wird selber nur »gewollt«, mit dem spielen alle Wellen.

Und so ist es immer schwacher Menschen Art: sie verlieren sich auf ihren Wegen. Und zuletzt fragt noch ihre Müdigkeit: »wozu gingen wir jemals Wege! Es ist Alles gleich!«

Denen klingt es lieblich zu Ohren, daß gepredigt wird: »Es verlohnt sich Nichts! Ihr sollt nicht wollen!« Dies aber ist eine Predigt zur Knechtschaft.

Oh meine Brüder, ein frischer Brause-Wind kommt Zarathustra allen Weg-Müden; viele Nasen wird er noch niesen machen!

Auch durch Mauern bläst mein freier Atem, und hinein in Gefängnisse und eingefangne Geister!

Wollen befreit: denn Wollen ist Schaffen: so lehre ich. Und *nur* zum Schaffen sollt ihr lernen!

Und auch das Lernen sollt ihr erst von mir *lernen*, das Gut-Lernen! – Wer Ohren hat, der höre!

17.

Da steht der Nachen, – dort hinüber geht es vielleicht ins große Nichts. – Aber wer will in dies »Vielleicht« einsteigen?

Niemand von euch will in den Todes-Nachen einsteigen! Wieso wollt ihr dann *Welt-Müde* sein!

Weltmüde! Und noch nicht einmal Erd-Entrückte wurdet ihr! Lüstern fand ich euch immer noch nach Erde, verliebt noch in die eigne Erd-Müdigkeit!

Nicht umsonst hängt euch die Lippe herab: – ein kleiner Erden-Wunsch sitzt noch darauf! Und im Auge – schwimmt da nicht ein Wölkchen unvergeßner Erden-Lust?

Es gibt auf Erden viel gute Erfindungen, die einen nützlich, die andern angenehm: derentwegen ist die Erde zu lieben.

Und mancherlei so gut Erfundenes gibt es da, daß es ist wie des Weibes Busen: nützlich zugleich und angenehm.

Ihr Welt-Müden aber! Ihr Erden-Faulen! Euch soll man mit Ruten streichen! Mit Rutenstreichen soll man euch wieder muntre Beine machen.

Denn: seid ihr nicht Kranke und verlebte Wichte, deren die Erde müde ist, so seid ihr schlaue Faultiere oder naschhafte verkrochene Lust-Katzen. Und wollt ihr nicht wieder lustig *laufen*, so sollt ihr – dahinfahren!

An Unheilbaren soll man nicht Arzt sein wollen: also lehrt es Zarathustra: – so sollt ihr dahinfahren!

Aber es gehört mehr *Mut* dazu, ein Ende zu machen, als einen neuen Vers: das wissen alle Ärzte und Dichter. –

18.

Oh meine Brüder, es gibt Tafeln, welche die Ermüdung, und Tafeln, welche die Faulheit schuf, die faulige: ob sie schon gleich reden, so wollen sie doch ungleich gehört sein. –

Seht hier diesen Verschmachtenden! Nur eine Spanne weit ist er noch von seinem Ziele, aber vor Müdigkeit hat er sich trotzig hier in den Staub gelegt: dieser Tapfere!

Vor Müdigkeit gähnt er Weg und Erde und Ziel und sich selber an: keinen Schritt will er noch weiter tun – dieser Tapfere!

Nun glüht die Sonne auf ihn, und die Hunde lecken nach seinem Schweiße: aber er liegt da in seinem Trotze und will lieber verschmachten: –

– eine Spanne weit von seinem Ziele verschmachten! Wahrlich, ihr werdet ihn noch an den Haaren in seinen Himmel ziehen müssen, – diesen Helden!

Besser noch, ihr laßt ihn liegen, wohin er sich gelegt hat, daß der Schlaf ihm komme, der Tröster, mit kühlendem Rausche-Regen:

Laßt ihn liegen, bis er von selber wach wird, – bis er von

selber alle Müdigkeit widerruft und was Müdigkeit aus ihm lehrte!

Nur, meine Brüder, daß ihr die Hunde von ihm scheucht, die faulen Schleicher, und all das schwärmende Geschmeiß: –

– all das schwärmende Geschmeiß der »Gebildeten«, das sich am Schweiße jedes Helden – gütlich tut! –

19.

Ich schließe Kreise um mich und heilige Grenzen; immer Wenigere steigen mit mir auf immer höhere Berge: ich baue ein Gebirge aus immer heiligeren Bergen. –

Wohin ihr aber auch mit mir steigen mögt, oh meine Brüder: seht zu, daß nicht ein *Schmarotzer* mit euch steige!

Schmarotzer: das ist ein Gewürm, ein kriechendes, geschmiegtes, das fett werden will an euren kranken wunden Winkeln.

Und *das* ist seine Kunst, daß er steigende Seelen errät, wo sie müde sind: in euren Gram und Unmut, in eure zarte Scham baut er sein ekles Nest.

Wo der Starke schwach, der Edle allzumild ist, – dahinein baut er sein ekles Nest: der Schmarotzer wohnt, wo der Große kleine wunde Winkel hat.

Was ist die höchste Art alles Seienden und was die geringste? Der Schmarotzer ist die geringste Art; wer aber höchster Art ist, der ernährt die meisten Schmarotzer.

Die Seele nämlich, welche die längste Leiter hat und am tiefsten hinunter kann: wie sollten nicht an der die meisten Schmarotzer sitzen? –

– die umfänglichste Seele, welche am weitesten in sich laufen und irren und schweifen kann; die notwendigste, welche sich aus Lust in den Zufall stürzt: –

– die seiende Seele, welche ins Werden taucht; die habende, welche ins Wollen und Verlangen *will*: –

– die sich selber fliehende, die sich selber im weitesten Kreise

einholt; die weiseste Seele, welcher die Narrheit am süßesten
zuredet: –

– die sich selber liebendste, in der alle Dinge ihr Strömen und
Widerströmen und Ebbe und Flut haben: – oh wie sollte die
höchste Seele nicht die schlimmsten Schmarotzer haben?

20.

Oh meine Brüder, bin ich denn grausam? Aber ich sage: was
fällt, das soll man auch noch stoßen!

Das Alles von heute – das fällt, das verfällt: wer wollte es halten! Aber ich – ich will es noch stoßen!

Kennt ihr die Wollust, die Steine in steile Tiefen rollt? – Diese Menschen von heute: seht sie doch, wie sie in meine Tiefen
rollen!

Ein Vorspiel bin ich besserer Spieler, oh meine Brüder! Ein
Beispiel! *Tut* nach meinem Beispiele!

Und wen ihr nicht fliegen lehrt, den lehrt mir – *schneller fallen*! –

21.

Ich liebe die Tapferen: aber es ist nicht genug, Hau-Degen sein,
– man muß auch wissen Hau-schau-Wen!

Und oft ist mehr Tapferkeit darin, daß Einer an sich hält und
vorübergeht: *damit* er sich dem würdigeren Feinde aufspare!

Ihr sollt nur Feine haben, die zu hassen sind, aber nicht Feinde zum Verachten: ihr müßt stolz auf euren Feind sein: also
lehrte ich schon Ein Mal.

Dem würdigeren Feinde, oh meine Freunde, sollt ihr euch
aufsparen: darum müßt ihr an Vielem vorübergehn, –

– sonderlich an vielem Gesindel, das euch in die Ohren lärmt
von Volk und Völkern.

Haltet euer Auge rein von ihrem Für und Wider! Da gibt es
viel Recht, viel Unrecht: wer da zusieht, wird zornig.

Dreinschaun, dreinhauen – das ist da Eins: darum geht weg in die Wälder und legt euer Schwert schlafen!

Geht *eure* Wege! Und laßt Volk und Völker die ihren gehn! – dunkle Wege wahrlich, auf denen auch nicht Eine Hoffnung mehr wetterleuchtet!

Mag da der Krämer herrschen, wo Alles, was noch glänzt – Krämer-Gold ist! Es ist die Zeit der Könige nicht mehr: was sich heute Volk heißt, verdient keine Könige.

Seht doch, wie diese Völker jetzt selber den Krämern gleich tun: sie lesen sich die kleinsten Vorteile noch aus jedem Kehricht!

Sie lauern einander auf, sie lauern einander Etwas ab, – das heißen sie »gute Nachbarschaft«. Oh selige ferne Zeit, wo ein Volk sich sagte: »Ich will über Völker – *Herr* sein!«

Denn, meine Brüder: das Beste soll herrschen, das Beste *will* auch herrschen! Und wo die Lehre anders lautet, da – *fehlt* es am Besten.

22.

Wenn Die – Brot umsonst hätten, wehe! Wonach würden Die schrein! Ihr Unterhalt – das ist ihre rechte Unterhaltung; und sie sollen es schwer haben!

Raubtiere sind es: in ihrem »Arbeiten« – da ist auch noch Rauben, in ihrem »Verdienen« – da ist auch noch Überlisten! Darum sollen sie es schwer haben!

Bessere Raubtiere sollen sie also werden, feinere, klügere, *menschen-ähnlichere*: der Mensch nämlich ist das beste Raubtier.

Allen Tieren hat der Mensch schon ihre Tugenden abgeraubt: das macht, von allen Tieren hat es der Mensch am schwersten gehabt.

Nur noch die Vögel sind über ihm. Und wenn der Mensch noch fliegen lernte, wehe! *wohinauf* – würde seine Raublust fliegen!

23.

So will ich Mann und Weib: kriegstüchtig den Einen, gebär-
tüchtig das Andere, beide aber tanztüchtig mit Kopf und Beinen.

Und verloren sei uns der Tag, wo nicht Ein Mal getanzt wurde! Und falsch heiße uns jede Wahrheit, bei der es nicht Ein
Gelächter gab!

24.

Euer Eheschließen: seht zu, daß es nicht ein schlechtes *Schließen* sei! Ihr schlosset zu schnell: *so folgt* daraus – Ehebrechen!

Und besser noch Ehebrechen als Ehe-biegen, Ehe-lügen! –
So sprach mir ein Weib: »wohl brach ich die Ehe, aber zuerst
brach die Ehe – mich!«

Schlimm-Gepaarte fand ich immer als die schlimmsten
Rachsüchtigen: sie lassen es aller Welt entgelten, daß sie nicht
mehr einzeln laufen.

Deswillen will ich, daß Redliche zueinander reden: »wir lieben uns: laßt uns *zusehn,* daß wir uns liebbehalten! Oder soll
unser Versprechen ein Versehen sein?«

– »Gebt uns eine Frist und kleine Ehe, daß wir zusehen, ob
wir zur großen Ehe taugen! Es ist ein großes Ding, immer zu
Zwein zu sein!«

Also rate ich allen Redlichen; und was wäre denn meine Liebe zum Übermenschen und zu Allem, was kommen soll, wenn
ich anders riete und redete!

Nicht nur fort euch zu pflanzen, sondern *hinauf* – dazu, oh
meine Brüder, helfe euch der Garten der Ehe!

25.

Wer über alte Ursprünge weise wurde, siehe, der wird zuletzt nach Quellen der Zukunft suchen und nach neuen Ursprüngen. –

Oh meine Brüder, es ist nicht über lange, da werden *neue Völker* entspringen und neue Quellen hinab in neue Tiefen rauschen.

Das Erdbeben nämlich – das verschüttet viel Brunnen, das schafft viel Verschmachten: das hebt auch innre Kräfte und Heimlichkeiten ans Licht.

Das Erdbeben macht neue Quellen offenbar. Im Erdbeben alter Völker brechen neue Quellen aus.

Und wer da ruft: »Siehe hier ein Brunnen für viele Durstige, Ein Herz für viele Sehnsüchtige, Ein Wille für viele Werkzeuge«: – um Den sammelt sich ein *Volk*, das ist: viel Versuchende.

Wer befehlen kann, wer gehorchen muß – *Das wird da versucht*! Ach, mit welch langem Suchen und Raten und Mißraten und Lernen und Neu-Versuchen!

Die Menschen-Gesellschaft: die ist ein Versuch, so lehre ich's, – ein langes Suchen: sie sucht aber den Befehlenden! –

– ein Versuch, oh meine Brüder! Und *kein* »Vertrag«! Zerbrecht, zerbrecht mir solch Wort der Weich-Herzen und Halbund Halben!

26.

Oh meine Brüder! Bei Welchen liegt doch die größte Gefahr aller Menschen-Zukunft? Ist es nicht bei den Guten und Gerechten? –

– als bei Denen, die sprechen und im Herzen fühlen: »wir wissen schon, was gut ist und gerecht, wir haben es auch; wehe Denen, die hier noch suchen!«

Und was für Schaden auch die Bösen tun mögen: der Schaden der Guten ist der schädlichste Schaden!

Und was für Schaden auch die Welt-Verleumder tun mögen: der Schaden der Guten ist der schädlichste Schaden.

Oh meine Brüder, den Guten und Gerechten sah einer Einmal ins Herz, der da sprach: »es sind die Pharisäer.« Aber man verstand ihn nicht.

Die Guten und Gerechten selber durften ihn nicht verstehen: ihr Geist ist eingefangen in ihr gutes Gewissen. Die Dummheit der Guten ist unergründlich klug.

Das aber ist die Wahrheit: Die Guten *müssen* Pharisäer sein, – sie haben keine Wahl!

Die Guten *müssen* Den kreuzigen, der sich seine eigne Tugend erfindet! Das *ist* die Wahrheit.

Der Zweite aber, der ihr Land entdeckte, Land, Herz und Erdreich der Guten und Gerechten: das war, der da fragte: »wen hassen sie am meisten?«

Den *Schaffenden* hassen sie am meisten: den, der Tafeln bricht und alte Werte, den Brecher – Den heißen sie Verbrecher.

Die Guten nämlich – die *können* nicht schaffen: die sind immer der Anfang vom Ende: –

– sie kreuzigen Den, der neue Werte auf neue Tafeln schreibt, sie opfern *sich* die Zukunft – sie kreuzigen alle Menschen-Zukunft!

Die Guten – die waren immer der Anfang vom Ende. –

27.

Oh meine Brüder, verstandet ihr auch dies Wort? Und was ich einst sagte vom »letzten Menschen«? – –

Bei Welchen liegt die größte Gefahr aller Menschen-Zukunft? Ist es nicht bei den Guten und Gerechten?

Zerbrecht, zerbrecht mir die Guten und Gerechten! – Oh meine Brüder, verstandet ihr auch dies Wort?

28.

Ihr flieht von mir? Ihr seid erschreckt? Ihr zittert vor diesem Worte?

Oh meine Brüder, als ich euch die Guten zerbrechen hieß und die Tafeln der Guten: da erst schiffte ich den Menschen ein auf seine hohe See.

Und nun erst kommt ihm der große Schrecken, das große Um-sich-Sehn, die große Krankheit, der große Ekel, die große See-Krankheit.

Falsche Küsten und falsche Sicherheiten lehrten euch die Guten; in Lügen der Guten wart ihr geboren und geborgen. Alles ist in den Grund hinein verlogen und verbogen durch die Guten.

Aber wer das Land »Mensch« entdeckte, entdeckte auch das Land »Menschen-Zukunft«. Nun sollt ihr mir Seefahrer sein, wackere, geduldsame!

Aufrecht geht mir beizeiten, oh meine Brüder, lernt aufrecht gehn! Das Meer stürmt: Viele wollen an euch sich wieder aufrichten.

Das Meer stürmt: Alles ist im Meere. Wohlan! Wohlauf! Ihr alten Seemanns-Herzen!

Was Vaterland! *Dorthin* will unser Steuer, wo unser *Kinder-Land* ist! Dorthinaus, stürmischer als das Meer, stürmt unsre große Sehnsucht! –

29.

»Warum so hart!« – sprach zum Diamanten einst die Küchen-Kohle; »sind wir denn nicht Nah-Verwandte?« –

Warum so weich? Oh meine Brüder, also frage *ich* euch: seid ihr denn nicht – meine Brüder?

Warum so weich, so weichend und nachgebend? Warum ist so viel Leugnung, Verleugnung in eurem Herzen? So wenig Schicksal in eurem Blicke?

Und wollt ihr nicht Schicksale sein und Unerbittliche: wie könntet ihr mit mir – siegen?

Und wenn eure Härte nicht blitzen und scheiden und zerschneiden will: wie könntet ihr einst mit mir – schaffen?

Die Schaffenden nämlich sind hart. Und Seligkeit muß es euch dünken, eure Hand auf Jahrtausende zu drücken wie auf Wachs, –

– Seligkeit, auf dem Willen von Jahrtausenden zu schreiben wie auf Erz, – härter als Erz, edler als Erz. Ganz hart ist allein das Edelste.

Diese neue Tafel, oh meine Brüder, stelle ich über euch: *werdet hart*! –

30.

Oh du mein Wille! Du Wende aller Not, du meine Notwendigkeit! Bewahre mich vor allen kleinen Siegen!

Du Schickung meiner Seele, die ich Schicksal heiße! Du In-mir! Über-mir! Bewahre und spare mich auf zu Einem großen Schicksale!

Und deine letzte Größe, mein Wille, spare dir für dein Letztes auf, – daß du unerbittlich bist *in* deinem Siege! Ach, wer unterlag nicht seinem Siege!

Ach, wessen Auge dunkelte nicht in dieser trunkenen Dämmerung! Ach, wessen Fuß taumelte nicht und verlernte im Siege – stehen! –

– Daß ich einst bereit und reif sei im großen Mittage: bereit und reif gleich glühendem Erze, blitzschwangrer Wolke und schwellendem Milch-Euter: –

– bereit zu mir selber und zu meinem verborgensten Willen: ein Bogen brünstig nach seinem Pfeile, ein Pfeil brünstig nach seinem Sterne: –

– ein Stern, bereit und reif in seinem Mittage, glühend, durchbohrt, selig vor vernichtenden Sonnen-Pfeilen: –

– eine Sonne selber und ein unerbittlicher Sonnen-Wille, zum Vernichten bereit im Siegen!

Oh Wille, Wende aller Not, du *meine* Notwendigkeit! Spare mich auf zu einem großen Siege! – –

Also sprach Zarathustra.

Der Genesende

1.

Eines Morgens, nicht lange nach seiner Rückkehr zur Höhle, sprang Zarathustra von seinem Lager auf wie ein Toller, schrie mit furchtbarer Stimme und gebärdete sich, als ob noch Einer auf dem Lager läge, der nicht davon aufstehn wolle; und also tönte Zarathustras Stimme, daß seine Tiere erschreckt hinzukamen, und daß aus allen Höhlen und Schlupfwinkeln, die Zarathustras Höhle benachbart waren, alles Getier davonhuschte, – fliegend, flatternd, kriechend, springend, wie ihm nur die Art von Fuß und Flügel gegeben war. Zarathustra aber redete diese Worte:

Herauf, abgründlicher Gedanke, aus meiner Tiefe! Ich bin dein Hahn und Morgen-Grauen, verschlafener Wurm: auf! auf! Meine Stimme soll dich schon wach krähen!

Knüpfe die Fessel deiner Ohren los: horche! Denn ich will dich hören! Auf! Auf! Hier ist Donners genug, daß auch Gräber horchen lernen!

Und wische den Schlaf und alles Blöde, Blinde aus deinen Augen! Höre mich auch mit deinen Augen: meine Stimme ist ein Heilmittel noch für Blindgeborne.

Und bist du erst wach, sollst du mir ewig wach bleiben. Nicht ist das *meine* Art, Urgroßmütter aus dem Schlafe wekken, daß ich sie heiße – weiterschlafen!

Du regst dich, dehnst dich, röchelst? Auf! Auf! Nicht röcheln – reden sollst du mir! Zarathustra ruft dich, der Gottlose!

Ich, Zarathustra, der Fürsprecher des Lebens, der Fürsprecher des Leidens, der Fürsprecher des Kreises – dich rufe ich, meinen abgründlichsten Gedanken!

Heil mir! Du kommst, – ich höre dich! Mein Abgrund *redet*, meine letzte Tiefe habe ich ans Licht gestülpt!

Heil mir! Heran! Gib die Hand – – ha! laß! Haha! – – Ekel, Ekel, Ekel – – – wehe mir!

2.

Kaum aber hatte Zarathustra diese Worte gesprochen, da stürzte er nieder gleich einem Toten und blieb lange wie ein Toter. Als er aber wieder zu sich kam, da war er bleich und zitterte und blieb liegen und wollte lange nicht essen noch trinken. Solches Wesen dauerte an ihm sieben Tage; seine Tiere verließen ihn aber nicht bei Tag und Nacht, es sei denn, daß der Adler ausflog, Speise zu holen. Und was er holte und zusammenraubte, das legte er auf Zarathustras Lager: also daß Zarathustra endlich unter gelben und roten Beeren, Trauben, Rosenäpfeln, wohlriechendem Krautwerke und Pinien-Zapfen lag. Zu seinen Füßen aber waren zwei Lämmer gebreitet, welche der Adler mit Mühe ihren Hirten abgeraubt hatte.

Endlich, nach sieben Tagen, richtete sich Zarathustra auf seinem Lager auf, nahm einen Rosenapfel in die Hand, roch daran und fand seinen Geruch lieblich. Da glaubten seine Tiere, die Zeit sei gekommen, mit ihm zu reden.

»Oh Zarathustra«, sagten sie, »nun liegst du schon sieben Tage so, mit schweren Augen: willst du dich nicht endlich wieder auf deine Füße stellen?

Tritt hinaus aus deiner Höhle: die Welt wartet dein wie ein Garten. Der Wind spielt mit schweren Wohlgerüchen, die zu dir wollen; und alle Bäche möchten dir nachlaufen.

Alle Dinge sehnen sich nach dir, dieweil du sieben Tage allein bliebst, – tritt hinaus aus deiner Höhle! Alle Dinge wollen deine Ärzte sein!

Kam wohl eine neue Erkenntnis zu dir, eine saure, schwere? Gleich angesäuertem Teige lagst du, deine Seele ging auf und schwoll über alle ihre Ränder. –«

– Oh meine Tiere, antwortete Zarathustra, schwätzt also weiter und laßt mich zuhören! Es erquickt mich so, daß ihr schwätzt: wo geschwätzt wird, da liegt mir schon die Welt wie ein Garten.

Wie lieblich ist es, daß Worte und Töne da sind: sind nicht Worte und Töne Regenbögen und Schein-Brücken zwischen Ewig-Geschiedenem?

Zu jeder Seele gehört eine andre Welt; für jede Seele ist jede andre Seele eine Hinterwelt.

Zwischen dem Ähnlichsten gerade lügt der Schein am schönsten; denn die kleinste Kluft ist am schwersten zu überbrücken.

Für mich – wie gäbe es ein Außer-mir? Es gibt kein Außen! Aber das vergessen wir bei allen Tönen; wie lieblich ist es, daß wir vergessen!

Sind nicht den Dingen Namen und Töne geschenkt, daß der Mensch sich an den Dingen erquicke? Es ist eine schöne Narretei, das Sprechen: damit tanzt der Mensch über alle Dinge.

Wie lieblich ist alles Reden und alle Lüge der Töne! Mit Tönen tanzt unsre Liebe auf bunten Regenbögen. –

– »Oh Zarathustra«, sagten darauf die Tiere, »Solchen, die denken wie wir, tanzen alle Dinge selber: das kommt und reicht sich die Hand und lacht und flieht – und kommt zurück.

Alles geht, Alles kommt zurück; ewig rollt das Rad des Seins. Alles stirbt, Alles blüht wieder auf, ewig läuft das Jahr des Seins.

Alles bricht, Alles wird neu gefügt; ewig baut sich das gleiche Haus des Seins. Alles scheidet, Alles grüßt sich wieder; ewig bleibt sich treu der Ring des Seins.

In jedem Nu beginnt das Sein; um jedes Hier rollt sich die Kugel Dort. Die Mitte ist überall. Krumm ist der Pfad der Ewigkeit.« –

– Oh ihr Schalks-Narren und Drehorgeln! antwortete Zarathustra und lächelte wieder, wie gut wißt ihr, was sich in sieben Tagen erfüllen mußte: –

– und wie jenes Untier mir in den Schlund kroch und mich würgte! Aber ich biß ihm den Kopf ab und spie ihn weg von mir.

Und ihr, – ihr machtet schon ein Leier-Lied daraus? Nun aber liege ich da, müde noch von diesem Beißen und Wegspein, krank noch von der eigenen Erlösung.

Und ihr schautet dem Allen zu? Oh meine Tiere, seid auch ihr grausam? Habt ihr meinem großen Schmerze zuschaun wollen, wie Menschen tun? Der Mensch nämlich ist das grausamste Tier.

Bei Trauerspielen, Stierkämpfen und Kreuzigungen ist es ihm bisher am wohlsten geworden auf Erden; und als er sich die Hölle erfand, siehe, da war das sein Himmel auf Erden.

Wenn der große Mensch schreit –: flugs läuft der kleine hinzu; und die Zunge hängt ihm aus dem Halse vor Lüsternheit: Er aber heißt es sein »Mitleiden«.

Der kleine Mensch, sonderlich der Dichter – wie eifrig klagt er das Leben in Worten an! Hört hin, aber überhört mir die Lust nicht, die in allem Anklagen ist!

Solche Ankläger des Lebens: die überwindet das Leben mit einem Augenblinzeln. »Du liebst mich?« sagt der Freche; »warte noch ein Wenig, noch habe ich für dich nicht Zeit.«

Der Mensch ist gegen sich selber das grausamste Tier; und bei Allem, was sich »Sünder« und »Kreuzträger« und »Büßer« heißt, überhört mir die Wollust nicht, die in diesem Klagen und Anklagen ist!

Und ich selber – will ich damit des Menschen Ankläger sein? Ach, meine Tiere, Das allein lernte ich bisher, daß dem Menschen sein Bösestes nötig ist zu seinem Besten, –

– daß alles Böseste seine beste *Kraft* ist und der härteste Stein dem höchsten Schaffenden; und daß der Mensch besser *und* böser werden muß: –

Nicht an *dies* Marterholz war ich geheftet, daß ich weiß: der Mensch ist böse, – sondern ich schrie, wie noch Niemand geschrien hat:

»Ach, daß sein Bösestes so gar klein ist! Ach, daß sein Bestes so gar klein ist!«

Der große Überdruß am Menschen – der würgte mich und war mir in den Schlund gekrochen: und was der Wahrsager sagte: »Alles ist gleich, es lohnt sich Nichts, Wissen würgt.«

Eine lange Dämmerung hinkte vor mir her, eine todesmüde, todestrunkene Traurigkeit, welche mit gähnendem Munde redete.

»Ewig kehrt er wieder, der Mensch, des du müde bist, der kleine Mensch« – so gähnte meine Traurigkeit und schleppte den Fuß und konnte nicht einschlafen.

Zur Höhle wandelte sich mir die Menschen-Erde, ihre Brust sank hinein, alles Lebendige ward mir Menschen-Moder und Knochen und morsche Vergangenheit.

Mein Seufzen saß auf allen Menschen-Gräbern und konnte nicht mehr aufstehn; mein Seufzen und Fragen unkte und würgte und nagte und klagte bei Tag und Nacht:

– »ach, der Mensch kehrt ewig wieder! Der kleine Mensch kehrt ewig wieder!« –

Nackt hatte ich einst Beide gesehn, den größten Menschen und den kleinsten Menschen: allzuähnlich einander, – allzumenschlich auch den Größten noch!

Allzuklein der Größte! – Das war mein Überdruß am Menschen! Und ewige Wiederkunft auch des Kleinsten! – Das war mein Überdruß an allem Dasein!

Ach, Ekel! Ekel! Ekel! – – Also sprach Zarathustra und seufzte und schauderte; denn er erinnerte sich seiner Krankheit. Da ließen ihn aber seine Tiere nicht weiterreden.

»Sprich nicht weiter, du Genesender!« – so antworteten ihm seine Tiere, »sondern geh hinaus, wo die Welt auf dich wartet gleich einem Garten.

Geh hinaus zu den Rosen und Bienen und Taubenschwärmen! Sonderlich aber zu den Singe-Vögeln: daß du ihnen das *Singen* ablernst!

Singen nämlich ist für Genesende; der Gesunde mag reden. Und wenn auch der Gesunde Lieder will, will er andre Lieder doch, als der Genesende.«

– »Oh ihr Schalks-Narren und Drehorgeln, so schweigt doch!« – antwortete Zarathustra und lächelte über seine Tiere. »Wie gut ihr wißt, welchen Trost ich mir selber in sieben Tagen erfand!

Daß ich wieder singen müsse, – *den* Trost erfand ich mir und *diese* Genesung: wollt ich auch daraus gleich wieder ein Leier-Lied machen?«

– »Sprich nicht weiter«, antworteten ihm abermals seine Tiere; »lieber noch, du Genesender, mache dir erst eine Leier zurecht, eine neue Leier!

Denn siehe doch, oh Zarathustra! Zu deinen neuen Liedern bedarf es neuer Leiern.

Singe und brause über, oh Zarathustra, heile mit neuen Liedern deine Seele: daß du dein großes Schicksal tragest, das noch keines Menschen Schicksal war!

Denn deine Tiere wissen es wohl, oh Zarathustra, wer du bist und werden mußt: siehe, *du bist der Lehrer der ewigen Wiederkunft* –, das ist nun *dein* Schicksal!

Daß du als der Erste diese Lehre lehren mußt, – wie sollte dies große Schicksal nicht auch deine größte Gefahr und Krankheit sein!

Siehe, wir wissen, was du lehrst: daß alle Dinge ewig wiederkehren und wir selber mit, und daß wir schon ewige Male dagewesen sind, und alle Dinge mit uns.

Du lehrst, daß es ein großes Jahr des Werdens gibt, ein Ungeheuer von großem Jahre: das muß sich, einer Sanduhr gleich, immer wieder von neuem umdrehn, damit es von neuem ablaufe und auslaufe: –

– so daß alle diese Jahre sich selber gleich sind, im Größten und auch im Kleinsten, – so daß wir selber in jedem großen Jahre uns selber gleich sind, im Größten und auch im Kleinsten.

Und wenn du jetzt sterben wolltest, oh Zarathustra: siehe, wir wissen auch, wie du da zu dir sprechen würdest: – aber deine Tiere bitten dich, daß du noch nicht sterbest!

Du würdest sprechen und ohne Zittern, vielmehr aufatmend vor Seligkeit: denn eine große Schwere und Schwüle wäre von dir genommen, du Geduldigster! –

»Nun sterbe und schwinde ich, würdest du sprechen, und im Nu bin ich ein Nichts. Die Seelen sind so sterblich wie die Leiber.

Aber der Knoten von Ursachen kehrt wieder, in den ich verschlungen bin, – der wird mich wieder schaffen! Ich selber gehöre zu den Ursachen der ewigen Wiederkunft.

Ich komme wieder, mit dieser Sonne, mit dieser Erde, mit diesem Adler, mit dieser Schlange – *nicht* zu einem neuen Leben oder besseren Leben oder ähnlichen Leben:

– ich komme ewig wieder zu diesem gleichen und selbigen Leben, im Größten und auch im Kleinsten, daß ich wieder aller Dinge ewige Wiederkunft lehre, –

– daß ich wieder das Wort spreche vom großen Erden- und Menschen-Mittage, daß ich wieder den Menschen den Übermenschen künde.

Ich sprach mein Wort, ich zerbreche an meinem Wort: so will es mein ewiges Los –, als Verkündiger gehe ich zugrunde!

Die Stunde kam nun, daß der Untergehende sich selber segnet. Also – *endet* Zarathustras Untergang.« – –

Als die Tiere diese Worte gesprochen hatten, schwiegen sie und warteten, daß Zarathustra Etwas zu ihnen sagen werde: aber

Zarathustra hörte nicht, daß sie schwiegen. Vielmehr lag er still, mit geschlossenen Augen, einem Schlafenden ähnlich, ob er schon nicht schlief: denn er unterredete sich eben mit seiner Seele. Die Schlange aber und der Adler, als sie ihn solchermaßen schweigsam fanden, ehrten die große Stille um ihn und machten sich behutsam davon.

Von der großen Sehnsucht

Oh meine Seele, ich lehrte dich »Heute« sagen wie »Einst« und »Ehemals« und über alles Hier und Da und Dort deinen Reigen hinwegtanzen.

Oh meine Seele, ich erlöste dich von allen Winkeln, ich kehrte Staub, Spinnen und Zwielicht von dir ab.

Oh meine Seele, ich wusch die kleine Scham und die Winkel-Tugend von dir ab und überredete dich, nackt vor den Augen der Sonne zu stehn.

Mit dem Sturme, welcher »Geist« heißt, blies ich über deine wogende See; alle Wolken blies ich davon, ich erwürgte selbst die Würgerin, die »Sünde« heißt.

Oh meine Seele, ich gab dir das Recht, nein zu sagen wie der Sturm, und ja zu sagen, wie offner Himmel ja sagt: still wie Licht stehst du und gehst du nun durch verneinende Stürme.

Oh meine Seele, ich gab dir die Freiheit zurück über Erschaffnes und Unerschaffnes: und wer kennt, wie du sie kennst, die Wollust des Zukünftigen?

Oh meine Seele, ich lehrte dich das Verachten, das nicht wie ein Wurmfraß kommt, das große, das liebende Verachten, welches am meisten liebt, wo es am meisten verachtet.

Oh meine Seele, ich lehrte dich so überreden, daß du zu dir die Gründe selber überredest: der Sonne gleich, die das Meer noch zu ihrer Höhe überredet.

Oh meine Seele, ich nahm von dir alles Gehorchen, Kniebeugen und Herr-Sagen; ich gab dir selber den Namen »Wende der Not« und »Schicksal«.

Oh meine Seele, ich gab dir neue Namen und bunte Spielwerke, ich hieß dich »Schicksal« und »Umfang der Umfänge« und »Nabelschnur der Zeit« und »azurne Glocke«.

Oh meine Seele, deinem Erdreich gab ich alle Weisheit zu trinken, alle neuen Weine und auch alle unvordenklich alten starken Weine der Weisheit.

Oh meine Seele, jede Sonne goß ich auf dich und jede Nacht und jedes Schweigen und jede Sehnsucht: – da wuchsest du mir auf wie ein Weinstock.

Oh meine Seele, überreich und schwer stehst du nun da, ein Weinstock mit schwellenden Eutern und gedrängten braunen Gold-Weintrauben: –

– gedrängt und gedrückt von deinem Glücke, wartend vor Überflusse und schamhaft noch ob deines Wartens.

Oh meine Seele, es gibt nun nirgends eine Seele, die liebender wäre und umfangender und umfänglicher! Wo wäre Zukunft und Vergangnes näher beisammen als bei dir?

Oh meine Seele, ich gab dir Alles, und alle meine Hände sind an dich leer geworden: – und nun! Nun sagst du mir lächelnd und voll Schwermut: »Wer von uns hat zu danken? –

– hat der Geber nicht zu danken, daß der Nehmende nahm? Ist Schenken nicht eine Notdurft? Ist Nehmen nicht – Erbarmen?« –

Oh meine Seele, ich verstehe das Lächeln deiner Schwermut: dein Über-Reichtum selber streckt nun sehnende Hände aus!

Deine Fülle blickt über brausende Meere hin und sucht und wartet; die Sehnsucht der Über-Fülle blickt aus deinem lächelnden Augen-Himmel!

Und wahrlich, oh meine Seele! Wer sähe dein Lächeln und schmölze nicht vor Tränen? Die Engel selber schmelzen vor Tränen ob der Über-Güte deines Lächelns.

Deine Güte und Über-Güte ist es, die nicht klagen und wei-

nen will: und doch sehnt sich, oh meine Seele, dein Lächeln
nach Tränen und dein zitternder Mund nach Schluchzen.

»Ist alles Weinen nicht ein Klagen? Und alles Klagen nicht
ein Anklagen?« Also redest du zu dir selber, und darum willst
du, oh meine Seele, lieber lächeln, als dein Leid ausschütten

– in stürzende Tränen ausschütten all dein Leid über deine
Fülle und über all die Drängnis des Weinstocks nach Winzer
und Winzermesser!

Aber willst du nicht weinen, nicht ausweinen deine purpurne Schwermut, so wirst du *singen* müssen, oh meine Seele! –
Siehe, ich lächle selber, der ich dir solches vorhersage:

– singen, mit brausendem Gesange, bis alle Meere still werden, daß sie deiner Sehnsucht zuhorchen, –

– bis über stille sehnsüchtige Meere der Nachen schwebt, das
güldene Wunder, um dessen Gold alle guten schlimmen wunderlichen Dinge hüpfen: –

– auch vieles große und kleine Getier und Alles, was leichte
wunderliche Füße hat, daß es auf veilchenblauen Pfaden laufen
kann, –

– hin zu dem güldenen Wunder, dem freiwilligen Nachen
und zu seinem Herrn: das aber ist der Winzer, der mit diaman-
tenem Winzermesser wartet, –

– dein großer Löser, oh meine Seele, der Namenlose – – dem
zukünftige Gesänge erst Namen finden! Und wahrlich, schon
duftet dein Atem nach zukünftigen Gesängen, –

– schon glühst du und träumst, schon trinkst du durstig an
allen tiefen klingenden Trost-Brunnen, schon ruht deine
Schwermut in der Seligkeit zukünftiger Gesänge! – –

Oh meine Seele, nun gab ich dir Alles und auch mein Letztes, und alle meine Hände sind an dich leer geworden: – *daß ich
dich singen hieß*, siehe, das war mein Letztes!

Daß ich dich singen hieß, sprich nun, sprich: wer von uns
hat jetzt – zu danken? – Besser aber noch: singe mir, singe, oh
meine Seele! Und mich laß danken! –

Also sprach Zarathustra.

Das andere Tanzlied

1.

»In dein Auge schaute ich jüngst, oh Leben: Gold sah ich in deinem Nacht-Auge blinken, – mein Herz stand still vor dieser Wollust:

– einen goldenen Kahn sah ich blinken auf nächtigen Gewässern, einen sinkenden, trinkenden, wieder winkenden goldenen Schaukel-Kahn!

Nach meinem Fuße, dem tanzwütigen, warfst du einen Blick, einen lachenden fragenden schmelzenden Schaukel-Blick:

Zweimal nur regtest du deine Klapper mit kleinen Händen – da schaukelte schon mein Fuß vor Tanz-Wut. –

Meine Fersen bäumten sich, meine Zehen horchten, dich zu verstehen: trägt doch der Tänzer sein Ohr – in seinen Zehen!

Zu dir hin sprang ich: da flohst du zurück vor meinem Sprunge; und gegen mich züngelte deines fliehenden fliegenden Haars Zunge!

Von dir weg sprang ich und von deinen Schlangen: da standest du schon, halbgewandt, das Auge voll Verlangen.

Mit krummen Blicken – lehrst du mich krumme Bahnen; auf krummen Bahnen lernt mein Fuß – Tücken!

Ich fürchte dich Nahe, ich liebe dich Ferne; deine Flucht lockt mich, dein Suchen stockt mich: – ich leide, aber was litt ich um dich nicht gerne!

Deren Kälte zündet, deren Haß verführt, deren Flucht bindet, deren Spott – rührt:

– wer haßte dich nicht, dich große Binderin, Umwinderin, Versucherin, Sucherin, Finderin! Wer liebte dich nicht, dich unschuldige, ungeduldige, windseilige, kindsäugige Sünderin!

Wohin ziehst du mich jetzt, du Ausbund und Unband? Und jetzt fliehst du mich wieder, du süßer Wildfang und Undank!

Ich tanze dir nach, ich folge dir auch auf geringer Spur. Wo bist du? Gib mir die Hand! Oder einen Finger nur!

Hier sind Höhlen und Dickichte: wir werden uns verirren! – Halt! Steh still! Siehst du nicht Eulen und Fledermäuse schwirren?

Du Eule! Du Fledermaus! Du willst mich äffen? Wo sind wir? Von den Hunden lerntest du dies Heulen und Kläffen.

Du fletschest mich lieblich an mit weißen Zähnlein, deine bösen Augen springen gegen mich aus lockichtem Mähnlein!

Das ist ein Tanz über Stock und Stein: ich bin der Jäger, – willst du mein Hund oder meine Gemse sein?

Jetzt neben mir! Und geschwind, du boshafte Springerin! Jetzt hinauf! Und hinüber! – Wehe! Da fiel ich selber im Springen hin!

Oh sieh mich liegen, du Übermut, und um Gnade flehn! Gerne möchte ich mit dir – lieblichere Pfade gehn!

– der Liebe Pfade durch stille bunte Büsche! Oder dort den See entlang: da schwimmen und tanzen Goldfische!

Du bist jetzt müde? Da drüben sind Schafe und Abendröten: ist es nicht schön, zu schlafen, wenn Schäfer flöten?

Du bist so arg müde? Ich trage dich hin, laß nur die Arme sinken! Und hast du Durst, – ich hätte wohl Etwas, aber dein Mund will es nicht trinken!

– Oh diese verfluchte flinke gelenke Schlange und Schlupf-Hexe! Wo bist du hin! Aber im Gesicht fühle ich von deiner Hand zwei Tupfen und rote Klexe!

Ich bin es wahrlich müde, immer dein schafichter Schäfer zu sein! Du Hexe, habe ich dir bisher gesungen, nun sollst du mir – schrein!

Nach dem Takt meiner Peitsche sollst du mir tanzen und schrein! Ich vergaß doch die Peitsche nicht? – Nein!« –

2.

Da antwortete mir das Leben also und hielt sich dabei die zierlichen Ohren zu:

»Oh Zarathustra! Klatsche doch nicht so fürchterlich mit deiner Peitsche! Du weißt es ja: Lärm mordet Gedanken, – und eben kommen mir so zärtliche Gedanken.

Wir sind Beide zwei rechte Tunichtgute und Tunichtböse. Jenseits von Gut und Böse fanden wir unser Eiland und unsre grüne Wiese – wir Zwei allein! Darum müssen wir schon einander gut sein!

Und lieben wir uns auch nicht von Grund aus –, muß man sich denn gram sein, wenn man sich nicht von Grund aus liebt?

Und daß ich dir gut bin und oft zu gut, Das weißt du: und der Grund ist, daß ich auf deine Weisheit eifersüchtig bin. Ah, diese tolle alte Närrin von Weisheit!

Wenn dir deine Weisheit einmal davonliefe, ach! da liefe dir schnell auch meine Liebe noch davon.« –

Darauf blickte das Leben nachdenklich hinter sich und um sich und sagte leise: »Oh Zarathustra, du bist mir nicht treu genug!

Du liebst mich lange nicht so sehr wie du redest; ich weiß, du denkst daran, daß du mich bald verlassen willst.

Es gibt eine alte, schwere schwere Brumm-Glocke: die brummt nachts bis zu deiner Höhle hinauf: –

– hörst du diese Glocke mitternachts die Stunde schlagen, so denkst du zwischen Eins und Zwölf daran –

– du denkst daran, oh Zarathustra, ich weiß es, daß du mich bald verlassen willst!« –

»Ja«, antwortete ich zögernd, »aber du weißt es auch –« Und ich sagte ihr Etwas ins Ohr, mitten hinein zwischen ihre verwirrten gelben törichten Haar-Zotteln.

»Du *weißt* Das, oh Zarathustra? Das weiß Niemand. – –«

Und wir sahen uns an und blickten auf die grüne Wiese, über welche eben der kühle Abend lief, und weinten miteinander. – Damals aber war mir das Leben lieber, als je alle meine Weisheit. –

Also sprach Zarathustra.

3.
Eins!
Oh Mensch! Gib acht!
Zwei!
Was spricht die tiefe Mitternacht?
Drei!
»Ich schlief, ich schlief –,
Vier!
Aus tiefem Traum bin ich erwacht: –
Fünf!
Die Welt ist tief,
Sechs!
Und tiefer als der Tag gedacht.
Sieben!
Tief ist ihr Weh –,
Acht!
Lust – tiefer noch als Herzeleid:
Neun!
Weh spricht: Vergeh!
Zehn!
Doch alle Lust will Ewigkeit –,
Elf!
– will tiefe, tiefe Ewigkeit!«
Zwölf!

Die sieben Siegel
(Oder: das Ja-und-Amen-Lied)

1.

Wenn ich ein Wahrsager bin und voll jenes wahrsagerischen Geistes, der auf hohem Joche zwischen zwei Meeren wandelt, –

zwischen Vergangenem und Zukünftigem als schwere Wolke wandelt, – schwülen Niederungen feind und Allem, was müde ist und nicht sterben noch leben kann:

zum Blitze bereit im dunklen Busen und zum erlösenden Lichtstrahle, schwanger von Blitzen, die Ja! sagen, Ja! lachen, zu wahrsagerischen Blitzstrahlen: –

– selig aber ist der also Schwangere! Und wahrlich, lange muß als schweres Wetter am Berge hängen, wer einst das Licht der Zukunft zünden soll! –

Oh wie sollte ich nicht nach der Ewigkeit brünstig sein und nach dem hochzeitlichen Ring der Ringe – dem Ring der Wiederkunft!

Nie noch fand ich das Weib, von dem ich Kinder mochte, es sei denn dieses Weib, das ich liebe: denn ich liebe dich, oh Ewigkeit!

Denn ich liebe dich, oh Ewigkeit!

2.

Wenn mein Zorn je Gräber brach, Grenzsteine rückte und alte Tafeln zerbrochen in steile Tiefen rollte:

Wenn mein Hohn je vermoderte Worte zerblies, und ich wie ein Besen kam den Kreuzspinnen und als Fegewind alten verdumpften Grabkammern:

Wenn ich je frohlockend saß, wo alte Götter begraben liegen, weltsegnend, weltliebend neben den Denkmalen alter Welt-Verleumder: –

– denn selbst Kirchen und Gottes-Gräber liebe ich, wenn der Himmel erst reinen Auges durch ihre zerbrochnen Decken blickt; gern sitze ich gleich Gras und rotem Mohne auf zerbrochnen Kirchen –

Oh wie sollte ich nicht nach der Ewigkeit brünstig sein und nach dem hochzeitlichen Ring der Ringe – dem Ring der Wiederkunft?

Nie noch fand ich das Weib, von dem ich Kinder mochte, es sei denn dieses Weib, das ich liebe: denn ich liebe dich, oh Ewigkeit!

Denn ich liebe dich, oh Ewigkeit!

3.

Wenn je ein Hauch zu mir kam vom schöpferischen Hauche und von jener himmlischen Not, die noch Zufälle zwingt, Sternen-Reigen zu tanzen:

Wenn ich je mit dem Lachen des schöpferen Blitzes lachte, dem der lange Donner der Tat grollend, aber gehorsam nachfolgt:

Wenn ich je am Göttertisch der Erde mit Göttern Würfel spielte, daß die Erde bebte und brach und Feuerflüsse heraufschnob: –

– denn ein Göttertisch ist die Erde, und zitternd von schöpferischen neuen Worten und Götter-Würfen: –

Oh wie sollte ich nicht nach der Ewigkeit brünstig sein und nach dem hochzeitlichen Ring der Ringe – dem Ring der Wiederkunft?

Nie noch fand ich das Weib, von dem ich Kinder mochte, es sei denn dieses Weib, das ich liebe: denn ich liebe dich, oh Ewigkeit!

Denn ich liebe dich, oh Ewigkeit!

4.

Wenn ich je vollen Zuges trank aus jenem schäumenden Würz- und Mischkruge, in dem alle Dinge gut gemischt sind:

Wenn meine Hand je Fernstes zum Nächsten goß, und Feuer zu Geist und Lust zu Leid und Schlimmstes zum Gütigsten:

Wenn ich selber ein Korn bin von jenem erlösenden Salze, welches macht, daß alle Dinge im Mischkruge gut sich mischen: –

– denn es gibt ein Salz, das Gutes mit Bösem bindet; und auch das Böseste ist zum Würzen würdig und zum letzten Überschäumen: –

Oh wie sollte ich nicht nach der Ewigkeit brünstig sein und nach dem hochzeitlichen Ring der Ringe – dem Ring der Wiederkunft?

Nie noch fand ich das Weib, von dem ich Kinder mochte, es sei denn dieses Weib, das ich liebe: denn ich liebe dich, oh Ewigkeit!

Denn ich liebe dich, oh Ewigkeit!

5.

Wenn ich dem Meere hold bin und Allem, was Meeres-Art ist, und am holdesten noch, wenn es mir zornig widerspricht:

Wenn jene suchende Lust in mir ist, die nach Unentdecktem die Segel treibt, wenn eine Seefahrer-Lust in meiner Lust ist:

Wenn je mein Frohlocken rief: »die Küste schwand – nun fiel mir die letzte Kette ab –

– das Grenzenlose braust um mich, weit hinaus glänzt mir Raum und Zeit, wohlan! wohlauf! altes Herz!« –

Oh wie sollte ich nicht nach der Ewigkeit brünstig sein und nach dem hochzeitlichen Ring der Ringe – dem Ring der Wiederkunft?

Nie noch fand ich das Weib, von dem ich Kinder mochte, es

sei denn dieses Weib, das ich liebe: denn ich liebe dich, oh Ewigkeit!

Denn ich liebe dich, oh Ewigkeit!

6.

Wenn meine Tugend eines Tänzers Tugend ist, und ich oft mit beiden Füßen in gold-smaragdenes Entzücken sprang:

Wenn meine Bosheit eine lachende Bosheit ist, heimisch unter Rosenhängen und Lilien-Hecken:

– im Lachen nämlich ist alles Böse beieinander, aber heilig- und losgesprochen durch seine eigne Seligkeit: –

Und wenn das mein A und O ist, daß alles Schwere leicht, aller Leib Tänzer, aller Geist Vogel werde: und wahrlich, das ist mein A und O! –

Oh wie sollte ich nicht nach der Ewigkeit brünstig sein und nach dem hochzeitlichen Ring der Ringe – dem Ring der Wiederkunft?

Nie noch fand ich das Weib, von dem ich Kinder mochte, es sei denn dieses Weib, das ich liebe: denn ich liebe dich, oh Ewigkeit!

Denn ich liebe dich, oh Ewigkeit!

7.

Wenn ich je stille Himmel über mir ausspannte und mit eignen Flügeln in eigne Himmel flog:

Wenn ich spielend in tiefen Licht-Fernen schwamm und meiner Freiheit Vogel-Weisheit kam: –

– so aber spricht Vogel-Weisheit: »Siehe, es gibt kein Oben, kein Unten! Wirf dich umher, hinaus, zurück, du Leichter! Singe! sprich nicht mehr!

– sind alle Worte nicht für die Schweren gemacht? Lügen dem Leichten nicht alle Worte! Singe! sprich nicht mehr!«

Oh wie sollte ich nicht nach der Ewigkeit brünstig sein und

nach dem hochzeitlichen Ring der Ringe – dem Ring der Wiederkunft?

Nie noch fand ich das Weib, von dem ich Kinder mochte, es sei denn dieses Weib, das ich liebe: denn ich liebe dich, oh Ewigkeit!

Denn ich liebe dich, oh Ewigkeit!

Also sprach Zarathustra

Ach, wo in der Welt geschahen größere
Torheiten, als bei den Mitleidigen? Und
was in der Welt stiftete mehr Leid, als
die Torheiten der Mitleidigen?

Wehe allen Liebenden, die nicht
noch eine Höhe haben, welche über ihrem Mitleiden ist!

Also sprach der Teufel einst zu mir:
»auch Gott hat seine Hölle: das ist seine Liebe zu den Menschen.«

Und jüngst hörte ich ihn dies Wort
sagen: »Gott ist tot; an seinem Mitleiden mit den Menschen ist Gott gestorben.«

Also sprach Zarathustra (S. 175)

Das Honig-Opfer

– Und wieder liefen Monde und Jahre über Zarathustras Seele,
und er achtete dessen nicht; sein Haar aber wurde weiß. Eines
Tages, als er auf einem Steine vor seiner Höhle saß und still
hinausschaute – man schaut aber dort auf das Meer hinaus, und
hinweg über gewundene Abgründe –, da gingen seine Tiere
nachdenklich um ihn herum und stellten sich endlich vor ihn
hin.

»Oh Zarathustra«, sagten sie, »schaust du wohl aus nach
deinem Glücke?« – »Was liegt am Glücke!« antwortete er, »ich
trachte lange nicht mehr nach Glücke, ich trachte nach meinem
Werke.« – »Oh Zarathustra«, redeten die Tiere abermals, »Das

sagst du als Einer, der des Guten übergenug hat. Liegst du nicht in einem himmelblauen See von Glück?« – »Ihr Schalks-Narren«, antwortete Zarathustra und lächelte, »wie gut wähltet ihr das Gleichnis! Aber ihr wißt auch, daß mein Glück schwer ist, und nicht wie eine flüssige Wasserwelle: es drängt mich und will nicht von mir, und tut gleich geschmolzenem Peche.« –

Da gingen die Tiere wieder nachdenklich um ihn herum und stellten sich dann abermals vor ihn hin. »Oh Zarathustra«, sagten sie, »*daher* also kommt es, daß du selber immer gelber und dunkler wirst, obschon dein Haar weiß und flächsern aussehen will? Siehe doch, du sitzest in deinem Peche!« – »Was sagt ihr da, meine Tiere«, sagte Zarathustra und lachte dazu, »wahrlich, ich lästerte, als ich von Peche sprach. Wie mir geschieht, so geht es allen Früchten, die reif werden. Es ist der *Honig* in meinen Adern, der mein Blut dicker und auch meine Seele stiller macht.« – »So wird es sein, oh Zarathustra«, antworteten die Tiere und drängten sich an ihn: »willst du aber nicht heute auf einen hohen Berg steigen? Die Luft ist rein, und man sieht heute mehr von der Welt als jemals.« – »Ja, meine Tiere«, antwortete er, »ihr ratet trefflich und mir nach dem Herzen: ich will heute auf einen hohen Berg steigen! Aber sorgt, daß dort Honig mir zur Hand sei, gelber, weißer, guter, eisfrischer Waben-Goldhonig. Denn wisset, ich will droben das Honig-Opfer bringen.« –

Als Zarathustra aber oben auf der Höhe war, sandte er die Tiere heim, die ihn geleitet hatten, und fand, daß er nunmehr allein sei: – da lachte er aus ganzem Herzen, sah sich um und sprach also:

Daß ich von Opfern sprach und Honig-Opfern, eine List war's nur meiner Rede und wahrlich, eine nützliche Torheit! Hier oben darf ich schon freier reden als vor Einsiedler-Höhlen und Einsiedler-Haustieren.

Was opfern! Ich verschwende, was mir geschenkt wird, ich

Verschwender mit tausend Händen: wie dürfte ich Das noch –
Opfern heißen!

Und als ich nach Honig begehrte, begehrte ich nur nach Köder und süßem Seime und Schleime, nach dem auch Brumm-
bären und wunderliche mürrische böse Vögel die Zunge
lecken:

– nach dem besten Köder, wie er Jägern und Fischfängern
nottut. Denn wenn die Welt wie ein dunkler Tierwald ist und
aller wilden Jäger Lustgarten, so dünkt sie mich noch mehr und
lieber ein abgründliches reiches Meer.

– ein Meer voll bunter Fische und Krebse, nach dem es auch
Götter gelüsten möchte, daß sie an ihm zu Fischern würden
und zu Netz-Auswerfern: so reich ist die Welt an Wunderli-
chem, großem und kleinem!

Sonderlich die Menschen-Welt, das Menschen-Meer: – nach
dem werfe ich nun meine goldene Angelrute aus und spreche:
tue dich auf, du Menschen-Abgrund!

Tue dich auf und wirf mir deine Fische und Glitzer-Krebse
zu! Mit meinem besten Köder ködere ich mir heute die wunderlichsten Menschen-Fische!

– mein Glück selber werfe ich hinaus in alle Weiten und Fernen, zwischen Aufgang, Mittag und Niedergang, ob nicht an
meinem Glücke viele Menschen-Fische zerrn und zappeln lernen.

Bis sie, anbeißend an meine spitzen verborgenen Haken,
hinauf müssen in *meine* Höhe, die buntesten Abgrund-Gründ-
linge zu dem boshaftigsten aller Menschen-Fischfänger.

Der nämlich bin ich von Grund und Anbeginn, ziehend, her-
anziehend, hinaufziehend, aufziehend, ein Zieher, Züchter und
Zuchtmeister, der sich nicht umsonst einstmals zusprach:
»Werde, der du bist!«

Also mögen nunmehr die Menschen zu mir *hinauf* kommen:
denn noch warte ich der Zeiten, daß es Zeit sei zu meinem Nie-
dergange, noch gehe ich selber nicht unter, wie ich muß, unter
Menschen.

Dazu warte ich hier, listig und spöttisch auf hohen Bergen, kein Ungeduldiger, kein Geduldiger, vielmehr Einer, der auch die Geduld verlernt hat, – weil er nicht mehr »duldet«.

Mein Schicksal nämlich läßt mir Zeit: es vergaß mich wohl? Oder sitzt es hinter einem großen Steine im Schatten und fängt Fliegen?

Und wahrlich, ich bin ihm gut darob, meinem ewigen Schicksale, daß es mich nicht hetzt und drängt und mir Zeit zu Possen läßt und Bosheiten: also daß ich heute zu einem Fischfange auf diesen hohen Berg stieg.

Fing wohl je ein Mensch auf hohen Bergen Fische? Und wenn es auch eine Torheit ist, was ich hier oben will und treibe: besser noch Dies, als daß ich da unten feierlich würde vor Warten und grün und gelb –

– ein gespreizter Zornschnauber vor Warten, ein heiliger Heule-Sturm aus Bergen, ein Ungeduldiger, der in die Täler hinabruft: »Hört, oder ich peitsche euch mit der Geißel Gottes!«

Nicht daß ich solchen Zürnern darob gram würde: zum Lachen sind sie mir gut genug! Ungeduldig müssen sie schon sein, diese großen Lärmtrommeln, welche heute oder niemals zu Worte kommen!

Ich aber und mein Schicksal – wir reden nicht zum Heute, wir reden auch nicht zum Niemals: wir haben zum Reden schon Geduld und Zeit und Überzeit. Denn einst muß er doch kommen und darf nicht vorübergehn.

Wer muß einst kommen und darf nicht vorübergehn? Unser großer Hazar, das ist unser großes fernes Menschen-Reich, das Zarathustra-Reich von tausend Jahren –

– Wie ferne mag solche »Ferne« sein? was geht's mich an! Aber darum steht es mir doch nicht minder fest –, mit beiden Füßen stehe ich sicher auf diesem Grunde,

– auf einem ewigen Grunde, auf hartem Urgesteine, auf diesem höchsten härtesten Urgebirge, zu dem alle Winde kommen als zur Wetterscheide, fragend nach Wo? und Woher? und Wohinaus?

Hier lache, lache, meine helle heile Bosheit! Von hohen Bergen wirf hinab dein glitzerndes Spott-Gelächter! Ködere mit deinem Glitzern mir die schönsten Menschen-Fische!

Und was in allen Meeren *mir* zugehört, mein An-und-für-mich in allen Dingen – *Das* fische mir heraus, *Das* führe zu mir herauf: des warte ich, der boshaftigste aller Fischfänger.

Hinaus, hinaus, meine Angel! Hinein, hinab, Köder meines Glücks! Träufle deinen süßesten Tau, mein Herzens-Honig! Beiße, meine Angel, in den Bauch aller schwarzen Trübsal!

Hinaus, hinaus, meine Auge! Oh welche vielen Meere rings um mich, welch dämmernde Menschen-Zukünfte! Und über mir – welch rosenrote Stille! Welch entwölktes Schweigen!

Der Notschrei

Des nächsten Tages saß Zarathustra wieder auf seinem Steine vor der Höhle, während die Tiere draußen in der Welt herumschweiften, daß sie neue Nahrung heimbrächten, – auch neuen Honig: denn Zarathustra hatte den alten Honig bis auf das letzte Korn vertan und verschwendet. Als er aber dermaßen dasaß, mit einem Stecken in der Hand, und den Schatten seiner Gestalt auf der Erde abzeichnete, nachdenkend, und wahrlich! nicht über sich und seinen Schatten – da erschrak er mit Einem Male und fuhr zusammen: denn er sahe neben seinem Schatten noch einen andern Schatten. Und wie er schnell um sich blickte und aufstand, siehe, da stand der Wahrsager neben ihm, derselbe, den er einstmals an seinem Tische gespeist und getränkt hatte, der Verkündiger der großen Müdigkeit, welcher lehrte: »Alles ist gleich, es lohnt sich Nichts, Welt ist ohne Sinn, Wissen würgt.« Aber sein Antlitz hatte sich inzwischen verwandelt; und als ihm Zarathustra in die Augen blickte, wurde sein

Herz abermals erschreckt: so viel schlimme Verkündigungen und aschgraue Blitze liefen über dies Gesicht.

Der Wahrsager, der es wahrgenommen, was sich in Zarathustras Seele zutrug, wischte mit der Hand über sein Antlitz hin, wie als ob er dasselbe wegwischen wollte; desgleichen tat auch Zarathustra. Und als Beide dergestalt sich schweigend gefaßt und gekräftigt hatten, gaben sie sich die Hände, zum Zeichen, daß sie sich wiedererkennen wollten.

»Sei mir willkommen«, sagte Zarathustra, »du Wahrsager der großen Müdigkeit, du sollst nicht umsonst einstmals mein Tisch- und Gastfreund gewesen sein. Iß und trink auch heute bei mir und vergib es, daß ein vergnügter alter Mann mit dir zu Tische sitzt!« – »Ein vergnügter alter Mann?« antwortete der Wahrsager, den Kopf schüttelnd: »wer du aber auch bist oder sein willst, oh Zarathustra, du bist es zum längsten hier Oben gewesen, – dein Nachen soll über kurzem nicht mehr im Trocknen sitzen!« – »Sitze ich denn im Trocknen?« fragte Zarathustra lachend. – »Die Wellen um deinen Berg«, antwortete der Wahrsager, »steigen und steigen, die Wellen großer Not und Trübsal: die werden bald auch deinen Nachen heben und dich davontragen.« – Zarathustra schwieg hierauf und wunderte sich. – »Hörst du noch Nichts?« fuhr der Wahrsager fort: »rauscht und braust es nicht herauf aus der Tiefe?« – Zarathustra schwieg abermals und horchte: da hörte er einen langen, langen Schrei, welchen die Abgründe sich zuwarfen und weitergaben, denn keiner wollte ihn behalten: so böse klang er.

»Du schlimmer Verkündiger«, sprach endlich Zarathustra, »das ist ein Notschrei, und der Schrei eines Menschen, der mag wohl aus einem schwarzen Meere kommen. Aber was geht mich Menschen-Not an! Meine letzte Sünde, die mir aufgespart blieb, – weißt du wohl, wie sie heißt?«

– »*Mitleiden*!« antwortete der Wahrsager aus einem überströmenden Herzen und hob beide Hände empor – oh Zarathustra, ich komme, daß ich dich zu deiner letzten Sünde verführe!« –

Und kaum waren diese Worte gesprochen, da erscholl der Schrei abermals, und länger und ängstlicher als vorher, auch schon viel näher. »Hörst du? Hörst du, oh Zarathustra?« rief der Wahrsager, »dir gilt der Schrei, dich ruft er: komm, komm, komm, es ist Zeit, es ist die höchste Zeit!« –

Zarathustra schwieg hierauf, verwirrt und erschüttert; endlich fragte er, wie Einer, der bei sich selber zögert: »Und wer ist das, der dort mich ruft?«

»Aber du weißt es ja«, antwortete der Wahrsager heftig, »was verbirgst du dich? *Der höhere Mensch* ist es, der nach dir schreit!«

»Der höhere Mensch?« schrie Zarathustra von Grausen erfaßt: »was will *der*? Was will *der*? Der höhere Mensch! Was will der hier?« – und seine Haut bedeckte sich mit Schweiß.

Der Wahrsager aber antwortete nicht auf die Angst Zarathustras, sondern horchte und horchte nach der Tiefe zu. Als es jedoch lange Zeit dort stille blieb, wandte er seinen Blick zurück und sahe Zarathustra stehn und zittern.

»Oh Zarathustra«, hob er mit trauriger Stimme an, »du stehst nicht da wie Einer, den sein Glück drehend macht: du wirst tanzen müssen, daß du mir nicht umfällst!

Aber wenn du auch vor mir tanzen wolltest und alle deine Seitensprünge springen: Niemand soll mir doch sagen dürfen: »Siehe, hier tanzt der letzte frohe Mensch!«

Umsonst käme Einer auf diese Höhe, der *den* hier suchte: Höhlen fände er wohl und Hinter-Höhlen, Verstecke für Versteckte, aber nicht Glücks-Schachte und Schatzkammern und neue Glücks-Goldadern.

Glück – wie fände man wohl das Glück bei solchen Vergrabenen und Einsiedlern! Muß ich das letzte Glück noch auf glückseligen Inseln suchen und ferne zwischen vergessenen Meeren?

Aber Alles ist gleich, es lohnt sich Nichts, es hilft kein Suchen, es gibt auch keine glückseligen Inseln mehr!« –

– Also seufzte der Wahrsager; bei seinem letzten Seufzer

aber wurde Zarathustra wieder hell und sicher, gleich Einem, der aus einem tiefen Schlunde ans Licht kommt. »Nein! Nein! Drei Mal Nein!« rief er mit starker Stimme und strich sich den Bart – »Das weiß ich besser! Es gibt noch glückselige Inseln! Stille *davon*, du seufzender Trauersack!

Höre *davon* auf zu plätschern, du Regenwolke am Vormittag! Stehe ich denn nicht schon da, naß von deiner Trübsal und begossen wie ein Hund?

Nun schüttle ich mich und laufe dir davon, daß ich wieder trocken werde: des darfst du nicht Wunder haben! Dünke ich dir unhöflich? Aber hier ist *mein* Hof.

Was aber deinen höheren Menschen angeht: wohlan! ich suche ihn flugs in jenen Wäldern: *daher* kam sein Schrei. Vielleicht bedrängt ihn da ein böses Tier.

Er ist in *meinem* Bereiche: darin soll er mir nicht zu Schaden kommen! Und wahrlich, es gibt viele böse Tiere bei mir.« –

Mit diesen Worten wandte sich Zarathustra zum Gehen. Da sprach der Wahrsager: »Oh Zarathustra, du bist ein Schelm!

Ich weiß es schon: du willst mich los sein! Lieber noch läufst du in die Wälder und stellst bösen Tieren nach!

Aber was hilft es dir? Des Abends wirst du doch mich wiederhaben; in deiner eignen Höhle werde ich dasitzen, geduldig und schwer wie ein Klotz – und auf die warten!«

»So sei's!« rief Zarathustra zurück im Fortgehn: »und was mein ist in meiner Höhle, gehört auch dir, meinem Gastfreunde!

Solltest du aber drin noch Honig finden, wohlan! so lecke ihn nur auf, du Brummbär, und versüße deine Seele! Am Abende nämlich wollen wir Beide guter Dinge sein,

– guter Dinge und froh darob, daß dieser Tag zu Ende ging! Und du selber sollst zu meinen Liedern als mein Tanzbär tanzen.

Du glaubst nicht daran? Du schüttelst den Kopf? Wohlan! Wohlauf! Alter Bär! Aber auch ich – bin ein Wahrsager.«

Also sprach Zarathustra.

Gespräch mit den Königen

1.

Zarathustra war noch keine Stunde in seinen Bergen und Wäldern unterwegs, da sahe er mit Einem Male einen seltsamen Aufzug. Gerade auf dem Wege, den er hinabwollte, kamen zwei Könige gegangen, mit Kronen und Purpurgürteln geschmückt und bunt wie Flamingo-Vögel: die trieben einen beladenen Esel vor sich her: »Was wollen diese Könige in meinem Reiche?« sprach Zarathustra erstaunt zu seinem Herzen und versteckte sich geschwind hinter einem Busche. Als aber die Könige bis zu ihm herankamen, sagte er, halblaut, wie Einer, der zu sich allein redet: »Seltsam! Seltsam! Wie reimt sich Das zusammen? Zwei Könige sehe ich – und nur einen Esel!«

Da machten die beiden Könige halt, lächelten, sahen nach der Stelle hin, woher die Stimme kam, und sahen sich nachher selber ins Gesicht. »Solcherlei denkt man wohl auch unter uns«, sagte der König zur Rechten, »aber man spricht es nicht aus.«

Der König zur Linken aber zuckte mit den Achseln und antwortete: »Das mag wohl ein Ziegenhirt sein. Oder ein Einsiedler, der zu lange unter Felsen und Bäumen lebte. Gar keine Gesellschaft nämlich verdirbt auch die guten Sitten.«

»Die guten Sitten?« entgegnete unwillig und bitter der andre König: »wem laufen wir denn aus dem Wege? Ist es nicht den ›guten Sitten‹? Unserer ›guten Gesellschaft‹?

Lieber, wahrlich, unter Einsiedlern und Ziegenhirten als mit unserm vergoldeten falschen überschminkten Pöbel leben, – ob er sich schon ›gute Gesellschaft‹ heißt,

– ob er sich schon ›Adel‹ heißt. Aber da ist Alles falsch und faul, voran das Blut, dank alten schlechten Krankheiten und schlechteren Heil-Künstlern.

Der Beste und Liebste ist mir heute noch ein gesunder Bauer, grob, listig, hartnäckig, langhaltig: das ist heute die vornehmste Art.

Der Bauer ist heute der Beste; und Bauern-Art sollte Herr sein! Aber es ist das Reich des Pöbels, – ich lasse mir Nichts mehr vormachen. Pöbel aber, das heißt: Mischmasch.

Pöbel-Mischmasch: darin ist Alles in Allem durcheinander, Heiliger und Halunke und Junker und Jude und jeglich Vieh aus der Arche Noäh.

Gute Sitten! Alles ist bei uns falsch und faul. Niemand weiß mehr zu verehren: *dem* gerade laufen wir davon. Es sind süßliche zudringliche Hunde, sie vergolden Palmenblätter.

Dieser Ekel würgt mich, daß wir Könige selber falsch wurden, überhängt und verkleidet durch alten vergilbten Großväter-Prunk, Schaumünzen für die Dümmsten und die Schlauesten und wer heute Alles mit der Macht Schacher treibt!

Wir *sind* nicht die Ersten – und müssen es doch *bedeuten*: dieser Betrügerei sind wir endlich satt und ekel geworden.

Dem Gesindel gingen wir aus dem Wege, allen diesen Schreihälsen und Schreib-Schmeißfliegen, dem Krämer-Gestank, dem Ehrgeiz-Gezappel, dem üblen Atem –: pfui, unter dem Gesindel leben,

– pfui, unter dem Gesindel die Ersten zu bedeuten! Ach, Ekel! Ekel! Ekel! Was liegt noch an uns Königen!« –

»Deine alte Krankheit fällt dich an«, sagte hier der König zur Linken, »der Ekel fällt dich an, mein armer Bruder. Aber du weißt es doch, es hört uns Einer zu.«

Sofort erhob sich Zarathustra, der zu diesen Reden Ohren und Augen aufgesperrt hatte, aus seinem Schlupfwinkel, trat auf die Könige zu und begann:

»Der Euch zuhört, der Euch gerne zuhört, ihr Könige, der heißt Zarathustra.

Ich bin Zarathustra, der einst sprach: ›Was liegt noch an Königen!‹ Vergebt mir, ich freute mich, als Ihr zueinander sagtet: ›Was liegt an uns Königen!‹

Hier aber ist *mein* Reich und meine Herrschaft: was mögt

Ihr wohl in meinem Reiche suchen? Vielleicht aber *fandet* Ihr unterwegs, was *ich* suche: nämlich den höheren Menschen.«

Als Dies die Könige hörten, schlugen sie sich an die Brust und sprachen mit Einem Munde: »Wir sind erkannt!

Mit dem Schwerte dieses Wortes zerhaust du unsres Herzens dickste Finsternis. Du entdecktest unsre Not, denn siehe! Wir sind unterwegs, daß wir den höheren Menschen fänden –

– den Menschen, der höher ist als wir: ob wir gleich Könige sind. Ihm führen wir diesen Esel zu. Der höchste Mensch nämlich soll auf Erden auch der höchste Herr sein.

Es gibt kein härteres Unglück in allem Menschen-Schicksale, als wenn die Mächtigen der Erde nicht auch die ersten Menschen sind. Da wird Alles falsch und schief und ungeheuer.

Und wenn sie gar die letzten sind und mehr Vieh als Mensch: da steigt und steigt der Pöbel im Preise, und endlich spricht gar die Pöbel-Tugend: ›siehe, ich allein bin Tugend!‹« –

»Was hörte ich eben?« antwortete Zarathustra, »welche Weisheit bei Königen! Ich bin entzückt, und, wahrlich, schon gelüstet's mich, einen Reim darauf zu machen: –

– mag es auch ein Reim werden, der nicht für Jedermanns Ohren taugt. Ich verlernte seit langem schon die Rücksicht auf lange Ohren: Wohlan! Wohlauf!

(Hier aber geschah es, daß auch der Esel zu Worte kam: er sagte aber deutlich und mit bösem Willen I-A.)

Einstmals – ich glaub', im Jahr des Heiles Eins –
Sprach die Sibylle, trunken sonder Weins:
»Weh, nun geht's schief!
Verfall! Verfall! Nie sank die Welt so tief!
Rom sank zur Hure und zur Huren-Bude,
Roms Caesar sank zum Vieh, Gott selbst – ward Jude!«

2.

An diesen Reimen Zarathustras weideten sich die Könige; der König zur Rechten aber sprach: »oh Zarathustra, wie gut taten wir, daß wir auszogen, dich zu sehn!

Deine Feinde nämlich zeigten uns dein Bild in ihrem Spiegel: da blicktest du mit der Fratze eines Teufels und hohnlachend: also daß wir uns vor dir fürchteten.

Aber was half's! Immer wieder stachst du uns in Ohr und Herz mit deinen Sprüchen. Da sprachen wir endlich: was liegt daran, wie er aussieht!

Wir müssen ihn *hören*, ihn, der lehrt ›ihr sollt den Frieden lieben als Mittel zu neuen Kriegen, und den kurzen Frieden mehr als den langen!‹

Niemand sprach je so kriegerische Worte: ›Was ist gut? Tapfer sein ist gut. Der gute Krieg ist's, der jede Sache heiligt.‹

Oh Zarathustra, unsrer Väter Blut rührte sich bei solchen Worten in unserm Leibe: das war wie die Rede des Frühlings zu alten Weinfässern.

Wenn die Schwerter durcheinanderliefen gleich rotgefleckten Schlangen, da wurden unsre Väter dem Leben gut; alles Friedens Sonne dünkte sie flau und lau, der lange Frieden aber machte Scham.

Wie sie seufzten, unsre Väter, wenn sie an der Wand blitzblanke ausgedorrte Schwerter sahen! Denen gleich dürsteten sie nach Krieg. Ein Schwert nämlich will Blut trinken und funkelt vor Begierde.« – –

– Als die Könige dergestalt mit Eifer von dem Glück ihrer Väter redeten und schwätzten, überkam Zarathustra keine kleine Lust, ihres Eifers zu spotten: denn ersichtlich waren es sehr friedfertige Könige, welche er vor sich sah, solche mit alten und feinen Gesichtern. Aber er bezwang sich: »Wohlan!« sprach er, »dorthin führt der Weg, da liegt die Höhle Zarathustras; und dieser Tag soll einen langen Abend haben! Jetzt aber ruft mich eilig ein Notschrei fort von Euch.

Es ehrt meine Höhle, wenn Könige in ihr sitzen und warten wollen: aber, freilich, Ihr werdet lange warten müssen!

Je nun! Was tut's! Wo lernt man heute besser warten als an Höfen? Und der Könige ganze Tugend, die ihnen übrigblieb, – heißt sie heute nicht: *Warten-Können?*«

Also sprach Zarathustra.

Der Blutegel

Und Zarathustra ging nachdenklich weiter und tiefer, durch Wälder und vorbei an moorigen Gründen; wie es aber Jedem ergeht, der über schwere Dinge nachdenkt, so trat er unversehens dabei auf einen Menschen. Und siehe, da sprützten ihm mit Einem Male ein Weheschrei und zwei Flüche und zwanzig schlimme Schimpfworte ins Gesicht: also daß er in seinem Schrecken den Stock erhob und auch auf den Getretenen noch zuschlug. Gleich darauf aber kam ihm die Besinnung; und sein Herz lachte über die Torheit, die er eben getan hatte.

»Vergib«, sagte er zu dem Getretenen, der sich grimmig erhoben und gesetzt hatte, »vergib und vernimm vor Allem erst ein Gleichnis.

Wie ein Wandrer, der von fernen Dingen träumt, unversehens auf einsamer Straße einen schlafenden Hund anstößt, einen Hund, der in der Sonne liegt:

– wie da Beide auffahren, sich anfahren, Todfeinden gleich, diese zwei zu Tod Erschrockenen: also erging es uns.

Und doch! Und doch – wie Wenig hat gefehlt, daß sie einander liebkosten, dieser Hund und dieser Einsame! Sind sie doch beide – Einsame!«

– »Wer du auch sein magst«, sagte immer noch grimmig der Getretene, »du trittst mir auch mit deinem Gleichnis zu nahe, und nicht nur mit deinem Fuße!

Siehe doch, bin ich denn ein Hund?« – und dabei erhob sich

der Sitzende und zog seinen nackten Arm aus dem Sumpfe. Zuerst nämlich hatte er ausgestreckt am Boden gelegen, verborgen und unkenntlich gleich Solchen, die einem Sumpf-Wilde auflauern.

»Aber was treibst du doch!« rief Zarathustra erschreckt, denn er sahe, daß über den nackten Arm weg viel Blut floß, – »was ist dir zugestoßen? Biß dich, du Unseliger, ein schlimmes Tier?«

Der Blutende lachte, immer noch erzürnt. »Was geht's dich an!« sagte er und wollte weitergehn. »Hier bin ich heim und in meinem Bereiche. Mag mich fragen, wer da will: einem Tölpel aber werde ich schwerlich antworten.«

»Du irrst«, sagte Zarathustra mitleidig und hielt ihn fest, »du irrst: hier bist du nicht bei dir, sondern in meinem Reiche, und darin soll mir keiner zu Schaden kommen.

Nenne mich aber immerhin, wie du willst, – ich bin, der ich sein muß. Ich selber heiße mich Zarathustra.

Wohlan! Dort hinauf geht der Weg zu Zarathustras Höhle: die ist nicht fern, – willst du nicht bei mir deiner Wunden warten?

Es ging dir schlimm, du Unseliger, in diesem Leben: erst biß dich das Tier, und dann – trat dich der Mensch!« –

– Als aber der Getretene den Namen Zarathustras hörte, verwandelte er sich: »Was geschieht mir doch!« rief er aus, »*wer* kümmert mich denn noch in diesem Leben, als dieser Eine Mensch, nämlich Zarathustra, und jenes Eine Tier, das vom Blute lebt, der Blutegel?

Des Blutegels halber lag ich hier an diesem Sumpfe wie ein Fischer, und schon war mein ausgehängter Arm zehnmal angebissen, da beißt noch ein schönerer Igel nach meinem Blute, Zarathustra selber!

Oh Glück! Oh Wunder! Gelobt sei dieser Tag, der mich in diesen Sumpfe lockte! Gelobt sei der beste lebendigste Schröpfkopf, der heut lebt, gelobt sei der große Gewissens-Blutegel Zarathustra!« –

Also sprach der Getretene; und Zarathustra freute sich über seine Worte und ihre feine ehrfürchtige Art. »Wer bist du?« fragte er und reichte ihm die Hand, »zwischen uns bleibt Viel aufzuklären und aufzuheitern: aber schon, dünkt mich, wird es reiner heller Tag.«

»Ich bin *der Gewissenhafte des Geistes*«, antwortete der Gefragte, »und in Dingen des Geistes nimmt es nicht leicht Einer strenger, enger und härter als ich, ausgenommen Der, von dem ich's lernte, Zarathustra selber.

Lieber Nichts wissen, als Vieles halb wissen! Lieber ein Narr sein auf eigne Faust, als ein Weiser nach fremdem Gutdünken! Ich – gehe auf den Grund:

– was liegt daran, ob er groß oder klein ist? Ob er Sumpf oder Himmel heißt? Eine Hand breit Grund ist mir genug: wenn er nur wirklich Grund und Boden ist!

– eine Hand breit Grund: darauf kann man stehn. In der rechten Wissen-Gewissenschaft gibt es nichts Großes und nichts Kleines.«

»So bist du vielleicht der Erkenner des Blutegels?« fragte Zarathustra; »und du gehst dem Blutegel nach bis auf die letzten Gründe, du Gewissenhafter?«

»Oh Zarathustra«, antwortete der Getretene, »das wäre ein Ungeheures, wie dürfte ich mich dessen unterfangen!

Wes ich aber Meister und Kenner bin, das ist des Blutegels *Hirn:* – das ist meine Welt!

Und es ist auch eine Welt! Vergib aber, daß hier mein Stolz zu Worte kommt, denn ich habe hier nicht meines Gleichen. Darum sprach ich »hier bin ich heim.«

Wie lange gehe ich schon diesem Einen nach, dem Hirn des Blutegels, daß die schlüpfrige Wahrheit mir hier nicht mehr entschlüpfe! Hier ist *mein* Reich!

– darob warf ich alles Andere fort, darob wurde mir alles Andre gleich; und dicht neben meinem Wissen lagert mein schwarzes Unwissen.

Mein Gewissen des Geistes will es so von mir, daß ich Eins

weiß und sonst Alles nicht weiß: es ekelt mich aller Halben des Geistes, aller Dunstigen, Schwebenden, Schwärmerischen.

Wo meine Redlichkeit aufhört, bin ich blind und will auch blind sein. Wo ich aber wissen will, will ich auch redlich sein, nämlich hart, streng, eng, grausam, unerbittlich.

Daß du einst sprachst, oh Zarathustra: »Geist ist das Leben, das selber ins Leben schneidet«, das führte und verführte mich zu deiner Lehre. Und, wahrlich, mit eignem Blute mehrte ich mir das eigne Wissen!«

– »Wie der Augenschein lehrt«, fiel Zarathustra ein; denn immer noch floß das Blut an dem nackten Arme des Gewissenhaften herab. Es hatten nämlich zehn Blutegel sich in denselben eingebissen.

»Oh du wunderlicher Gesell, wie Viel lehrt mich dieser Augenschein da, nämlich du selber! Und nicht Alles dürfte ich vielleicht in deine strengen Ohren gießen!

Wohlan! So scheiden wir hier! Doch möchte ich gerne dich wiederfinden. Dort hinauf führt der Weg zu meiner Höhle: heute nacht sollst du dort mein lieber Gast sein!

Gerne möchte ich's auch an deinem Leibe wieder gutmachen, daß Zarathustra dich mit Füßen trat: darüber denke ich nach. Jetzt aber ruft mich ein Notschrei eilig fort von dir.«

Also sprach Zarathustra.

Der Zauberer

1.

Als aber Zarathustra um einen Felsen herumbog, da sahe er, nicht weit unter sich, auf dem gleichen Wege, einen Menschen, der die Glieder warf wie ein Tobsüchtiger und endlich bäuchlings zur Erde niederstürzte. »Halt!« sprach da Zarathustra zu seinem Herzen, »der dort muß wohl der höhere Mensch sein, von ihm kam jener schlimme Notschrei, – ich will sehn, ob da zu helfen ist.« Als er aber hinzulief, an die Stelle, wo der Mensch auf dem Boden lag, fand er einen zitternden alten Mann mit stieren Augen; und wie sehr sich Zarathustra mühte, daß er ihn aufrichte und wieder auf seine Beine stelle, es war umsonst. Auch schien der Unglückliche nicht zu merken, daß jemand um ihn sei; vielmehr sah er sich immer mit rührenden Gebärden um, wie ein von aller Welt Verlassener und Vereinsamter. Zuletzt aber, nach vielem Zittern, Zucken und Sich-zusammen-Krümmen, begann er also zu jammern:

Wer wärmt mich, wer liebt mich noch?
   Gebt heiße Hände!
   Gebt Herzens-Kohlenbecken!
Hingestreckt, schaudernd,
Halbtotem gleich, dem man die Füße wärmt –
Geschüttelt, ach! von unbekannten Fiebern,
Zitternd vor spitzen eisigen Frost-Pfeilen,
Von dir gejagt, Gedanke!
Unnennbar! Verhüllter! Entsetzlicher!
Du Jäger hinter Wolken!
Darniedergeblitzt von dir,
Du höhnisch Auge, das mich aus Dunklem anblickt:
                     – so liege ich,

Biege mich, winde mich, gequält
Von allen ewigen Martern,
Getroffen
Von dir, grausamster Jäger,
Du unbekannter – Gott!

Triff tiefer!
Triff Ein Mal noch!
Zerstich, zerbrich dies Herz!
Was soll dies Martern
Mit zähnestumpfen Pfeilen?
Was blickst du wieder,

Der Menschen-Qual nicht müde,
Mit schadenfrohen Götter-Blitz-Augen?
Nicht töten willst du,
Nur martern, martern?
Wozu – *mich* martern,
Du schadenfroher unbekannter Gott? –

Haha! Du schleichst heran?
Bei solcher Mitternacht
Was willst du? Sprich!
Du drängst mich, drückst mich –
Ha! schon viel zu nahe!
Weg! Weg!
Du hörst mich atmen,
Du behorchst mein Herz,
Du Eifersüchtiger –
Worauf doch eifersüchtig?
Weg! Weg! Wozú die Leiter?
Willst *du hinein*,
Ins Herz,
Einsteigen, in meine heimlichsten
Gedanken einsteigen?
Schamloser! Unbekannter – Dieb!
Was willst du dir erstehlen?
Was willst du dir erhorchen?
Was willst du dir erfoltern,
Du Folterer!
Du – Henker-Gott!
Oder soll ich, dem Hunde gleich,
Vor dir mich wälzen?
Hingebend, begeistert-außer-mir,
Dir – Liebe zuwedeln?

Umsonst! Stich weiter,
Grausamster Stachel! Nein.

Kein Hund – dein Wild nur bin ich,
Grausamster Jäger!
Dein stolzester Gefangner,
Du Räuber hinter Wolken!
Sprich endlich!
Was willst du, Wegelagerer, von *mir*?
Du Blitz-Verhüllter! Unbekannter! Sprich,
Was willst du, unbekannter – Gott? – –

Wie? Lösegeld?
Was willst du Lösegelds?
Verlange viel – das rät mein Stolz!
Und rede kurz – das rät mein andrer Stolz!

Haha!
Mich – willst du? Mich?
Mich – ganz? ...

Haha!
Und marterst mich, Narr, der du bist,
Zermarterst meinen Stolz?
Gib *Liebe* mir – wer wärmt mich noch?
Wer liebt mich noch? – gib heiße Hände,
Gib Herzens-Kohlenbecken,
Gib mir, dem Einsamsten
Den Eis, ach! siebenfaches Eis
Nach Feinden selber,
Nach Feinden schmachten lehrt,
Gib, ja ergib,
Grausamster Feind.
Mir – *dich*! – –

Davon!
Da floh er selber,
Mein letzter einziger Genoß,

Mein großer Feind,
Mein Unbekannter,
Mein Henker-Gott! –

– Nein! Komm zurück,
Mit allen deinen Martern!
Zum Letzten aller Einsamen
Oh komm zurück!
Alle meine Tränen-Bäche laufen
Zu dir den Lauf!
Und meine letzte Herzens-Flamme –
Dir glüht sie auf!
Oh komm zurück,
Mein unbekannter Gott! Mein Schmerz!
Mein letztes – Glück!

2.

– Hier aber konnte sich Zarathustra nicht länger halten, nahm
seinen Stock und schlug mit allen Kräften auf den Jammernden
los. »Halt ein!« schrie er ihm zu, mit ingrimmigem Lachen,
»halt ein, du Schauspieler! Du Falschmünzer! Du Lügner aus
dem Grunde! Ich erkenne dich wohl!

Ich will dir schon warme Beine machen, du schlimmer Zauberer, ich verstehe mich gut darauf, Solchen wie du bist – ein-
zuheizen!«

– »Laß ab«, sagte der alte Mann und sprang vom Boden auf,
»schlage nicht mehr, oh Zarathustra! Ich trieb's also nur zum
Spiele!

Solcherlei gehört zu meiner Kunst; dich selber wollte ich auf
die Probe stellen, als ich dir diese Probe gab! Und, wahrlich, du
hast mich gut durchschaut!

Aber auch du – gabst mir von dir keine kleine Probe: du bist
hart, du weiser Zarathustra! Hart schlägst du zu mit deinen
›Wahrheiten‹, dein Knüttel erzwingt von mir – *diese* Wahrheit!«

343

– »Schmeichle nicht«, antwortete Zarathustra, immer noch erregt und finsterblickend, »du Schauspieler aus dem Grunde! Du bist falsch: was redest du – von Wahrheit!

Du Pfau der Pfauen, du Meer der Eitelkeit, *was* spieltest du vor mir, du schlimmer Zauberer, an *wen* sollte ich glauben, als du in solcher Gestalt jammertest?«

»*Den Büßer des Geistes*«, sagte der alte Mann, »*den* – spielte ich: du selber erfandest einst dies Wort –

– den Dichter und Zauberer, der gegen sich selber endlich seinen Geist wendet, den Verwandelten, der an seinem bösen Wissen und Gewissen erfriert.

Und gesteh es nur ein: es währte lange, oh Zarathustra, bis du hinter meine Kunst und Lüge kamst! Du *glaubtest* an meine Not, als du mir den Kopf mit beiden Händen hieltest, –

– ich hörte dich jammern ›man hat ihn zu wenig geliebt, zu wenig geliebt!‹ Daß ich dich soweit betrog, darüber frohlockte inwendig meine Bosheit.«

»Du magst Feinere betrogen haben als mich«, sagte Zarathustra hart. »Ich bin nicht auf der Hut vor Betrügern, ich *muß* ohne Vorsicht sein: so will es mein Los.

Du aber – *mußt* betrügen, soweit kenne ich dich! Du mußt immer zwei- drei- vier- und fünfdeutig sein! Auch was du jetzt bekanntest, war mir lange nicht wahr und nicht falsch genug!

Du schlimmer Falschmünzer, wie konntest du anders! Deine Krankheit würdest du noch schminken, wenn du dich deinem Arzte nackt zeigtest.

So schminktest du eben vor mir deine Lüge, als du sprachst: ›ich trieb's also *nur* zum Spiele!‹ Es war auch *Ernst* darin, du *bist* Etwas von einem Büßer des Geistes!

Ich errate dich wohl: du wurdest der Bezauberer Aller, aber gegen dich hast du keine Lüge und List mehr übrig, – du selber bist dir entzaubert!

Du erntetest den Ekel ein, als deine Eine Wahrheit. Kein Wort ist mehr an dir ächt, aber dein Mund: nämlich der Ekel, der an deinem Munde klebt.« – –

– »Wer bist du doch!« schrie hier der alte Zauberer mit einer trotzigen Stimme, »wer darf also zu mir reden, dem Größten, der heute lebt?« – und ein grüner Blitz schoß aus seinem Auge nach Zarathustra. Aber gleich darauf verwandelte er sich und sagte traurig:

»Oh Zarathustra, ich bin's müde, es ekelt mich meiner Künste, ich bin nicht *groß*, was verstelle ich mich! Aber, du weißt es wohl – ich suchte nach Größe!

Einen großen Menschen wollte ich vorstellen und überredete Viele: aber diese Lüge ging über meine Kraft. An ihr zerbreche ich.

Oh Zarathustra, Alles ist Lüge an mir, aber daß ich zerbreche – dies mein Zerbrechen ist *ächt*!« –

»Es ehrt dich«, sprach Zarathustra düster und zur Seite niederblickend, »es ehrt dich, daß du nach Größe suchtest, aber es verrät dich auch. Du bist nicht groß.

Du schlimmer alter Zauberer, *das* ist dein Bestes und Redlichstes, was ich an dir ehre, daß du deiner müde wurdest und es aussprachst: ›ich bin nicht groß.‹

Darin ehre ich dich als einen Büßer des Geistes: und wenn auch nur für einen Hauch und Husch, diesen Einen Augenblick warst du – ächt.

Aber sprich, was suchst du hier in *meinen* Wäldern und Felsen? Und wenn du *mir* dich in den Weg legtest, welche Probe wolltest du von mir? –

– wes versuchtest du *mich*?« –

Also sprach Zarathustra, und seine Augen funkelten. Der alte Zauberer schwieg eine Weile, dann sagte er: »Versuchte ich dich? Ich – suche nur.

Oh Zarathustra, ich suche einen Ächten, Rechten, Einfachen, Eindeutigen, einen Menschen aller Redlichkeit, ein Gefäß der Weisheit, einen Heiligen der Erkenntnis, einen großen Menschen!

Weißt du es denn nicht, oh Zarathustra? *Ich suche Zarathustra.*«

– Und hier entstand ein langes Stillschweigen zwischen Beiden; Zarathustra aber versank tief hinein in sich selber, also daß er die Augen schloß. Dann aber, zu seinem Unterredner zurückkehrend, ergriff er die Hand des Zauberers und sprach, voller Artigkeit und Arglist:

»Wohlan! Dort hinauf führt der Weg, da liegt die Höhle Zarathustras. In ihr darfst du suchen, wen du finden möchtest.

Und frage meine Tiere um Rat, meinen Adler und meine Schlange: die sollen dir suchen helfen. Meine Höhle aber ist groß.

Ich selber freilich – ich sah noch keinen großen Menschen. Was groß ist, dafür ist das Auge der Feinsten heute grob. Es ist das Reich des Pöbels.

So Manchen fand ich schon, der streckte und blähte sich, und das Volk schrie: ›Seht da, einen großen Menschen!‹ Aber was helfen alle Blasebälge! Zuletzt fährt der Wind heraus.

Zuletzt platzt ein Frosch, der sich zu lange aufblies: da fährt der Wind heraus. Einem Geschwollnen in den Bauch stechen, das heiße ich eine brave Kurzweil. Hört das, ihr Knaben!

Dies Heute ist des Pöbels: wer *weiß* da noch, was groß, was klein ist! Wer suchte da mit Glück nach Größe? Ein Narr allein, den Narren glückt's.

Du suchst nach großen Menschen, du wunderlicher Narr? Wer *lehrte's* dich? Ist heute dazu die Zeit? Oh du schlimmer Sucher, was – versuchst du mich?« – –

Also sprach Zarathustra, getrösteten Herzens, und ging lachend seines Wegs fürbaß.

Außer Dienst

Nicht lange aber, nachdem Zarathustra sich von dem Zauberer losgemacht hatte, sahe er wiederum Jemanden am Wege sitzen, den er ging, nämlich einen schwarzen langen Mann mit einem hageren Bleichgesicht: *der* verdroß ihn gewaltig. »Wehe«, sprach er zu seinem Herzen, »da sitzt vermummte Trübsal, das dünkt mich von der Art der Priester: was wollen *die* in meinem Reiche?

Wie! Kaum bin ich jenem Zauberer entronnen: muß mir da wieder ein anderer Schwarzkünstler über den Weg laufen, –

– irgendein Hexenmeister mit Handauflegen, ein dunkler Wundertäter von Gottes Gnaden, ein gesalbter Welt-Verleumder, den der Teufel holen möge!

Aber der Teufel ist nie am Platze, wo er am Platze wäre: immer kommt er zu spät, dieser vermaledeite Zwerg und Klumpfuß!« –

Also fluchte Zarathustra ungeduldig in seinem Herzen und gedachte, wie er abgewandten Blicks an dem schwarzen Manne vorüberschlüpfe: aber siehe, es kam anders. Im gleichen Augenblicke nämlich hatte ihn schon der Sitzende erblickt; und nicht unähnlich einem Solchen, dem ein unvermutetes Glück zustößt, sprang er auf und ging auf Zarathustra los.

»Wer du auch bist, du Wandersmann«, sprach er, »hilf einem Verirrten, einem Suchenden, einem alten Manne, der hier leicht zu Schaden kommt!

Diese Welt hier ist mir fremd und fern, auch hörte ich wilde Tiere heulen; und Der, welcher mir hätte Schutz bieten können, der ist selber nicht mehr.

Ich suchte den letzten frommen Menschen, einen Heiligen und Einsiedler, der allein in seinem Walde noch Nichts davon gehört hatte, was alle Welt heute weiß.«

» *Was* weiß heute alle Welt?« fragte Zarathustra. »Etwa dies, daß der alte Gott nicht mehr lebt, an den alle Welt einst geglaubt hat?«

»Du sagst es«, antwortete der alte Mann betrübt. »Und ich diente diesem alten Gotte bis zu seiner letzten Stunde.

Nun aber bin ich außer Dienst, ohne Herrn, und doch nicht frei, auch keine Stunde mehr lustig, es sei denn in Erinnerungen.

347

Dazu stieg ich in diese Berge, daß ich endlich wieder ein Fest mir machte, wie es einem alten Papste und Kirchen-Vater zukommt; denn wisse, ich bin der letzte Papst! – ein Fest frommer Erinnerungen und Gottesdienste.

Nun aber ist er selber tot, der frömmste Mensch, jener Heilige im Walde, der seinen Gott beständig mit Singen und Brummen lobte.

Ihn selber fand ich nicht mehr, als ich seine Hütte fand, – wohl aber zwei Wölfe darin, welche um seinen Tod heulten – denn alle Tiere liebten ihn. Da lief ich davon.

Kam ich also umsonst in diese Wälder und Berge? Da entschloß sich mein Herz, daß ich einen Anderen suchte, den Frömmsten aller Derer, die nicht an Gott glauben –, daß ich Zarathustra suchte!«

Also sprach der Greis und blickte scharfen Auges Den an, welcher vor ihm stand; Zarathustra aber ergriff die Hand des alten Papstes und betrachtete sie lange mit Bewunderung.

»Siehe da, du Ehrwürdiger«, sagte er dann, »welche schöne und lange Hand! Das ist die Hand eines Solchen, der immer Segen ausgeteilt hat. Nun aber hält sie Den fest, welchen du suchst, mich, Zarathustra.

Ich bin's, der gottlose Zarathustra, der da spricht: wer ist gottloser als ich, daß ich mich seiner Unterweisung freue?« –

Also sprach Zarathustra und durchbohrte mit seinen Blicken die Gedanken und Hintergedanken des alten Papstes. Endlich begann dieser:

»Wer ihn am meisten liebte und besaß, der hat ihn nun am meisten auch verloren –:

– siehe, ich selber bin wohl von uns Beiden jetzt der Gottlosere? Aber wer könnte daran sich freuen!« –

– »Du dientest ihm bis zuletzt«, fragte Zarathustra nachdenklich, nach einem tiefen Schweigen, »du weißt, *wie* er starb? Ist es wahr, was man spricht, daß ihn das Mitleiden erwürgte,

– daß er es sah, wie *der Mensch* am Kreuze hing, und es nicht ertrug, daß die Liebe zum Menschen seine Hölle und zuletzt sein Tod wurde?« – –

Der alte Papst aber antwortete nicht, sondern blickte scheu und mit einem schmerzlichen und düsteren Ausdrucke zur Seite.

»Laß ihn fahren«, sagte Zarathustra nach einem langen Nachdenken, indem er immer noch dem alten Mann gerade ins Auge blickte.

»Laß ihn fahren, er ist dahin. Und ob es dich auch ehrt, daß du diesem Toten nur Gutes nachredest, so weißt du so gut als ich, *wer* er war; und daß er wunderliche Wege ging.«

»Unter drei Augen gesprochen«, sagte erheitert der alte Papst (denn er war auf einem Auge blind), »in Dingen Gottes bin ich aufgeklärter als Zarathustra selber – und darf es sein.

Meine Liebe diente ihm lange Jahre, mein Wille ging allem seinen Willen nach. Ein guter Diener aber weiß Alles, und Mancherlei auch, was sein Herr sich selbst verbirgt.

Es war ein verborgener Gott, voller Heimlichkeit. Wahrlich zu einem Sohne sogar kam er nicht anders als auf Schleichwegen. An der Tür seines Glaubens steht der Ehebruch.

Wer ihn als einen Gott der Liebe preist, denkt nicht hoch genug von der Liebe selber. Wollte dieser Gott nicht auch Richter sein? Aber der Liebende liebt jenseits von Lohn und Vergeltung.

Als er jung war, dieser Gott aus dem Morgenlande, da war er hart und rachsüchtig und erbaute sich eine Hölle zum Ergötzen seiner Lieblinge.

Endlich aber wurde er alt und weich und mürbe und mitleidig, einem Großvater ähnlicher als einem Vater, am ähnlichsten aber einer wackeligen alten Großmutter.

Da saß er, welk, in seinem Ofenwinkel, härmte sich ob seiner schwachen Beine, weltmüde, willensmüde, und erstickte eines Tages an seinem allzugroßen Mitleiden.« – –

»Du alter Papst«, sagte hier Zarathustra dazwischen, »hast du *Das* mit Augen angesehn? Es könnte wohl so abgegangen sein: so, *und* auch anders. Wenn Götter sterben, sterben sie immer viele Arten Todes.

Aber wohlan! So oder so, so und so – er ist dahin! Er ging meinen Ohren und Augen wider den Geschmack, Schlimmeres möchte ich ihm nicht nachsagen.

Ich liebe Alles, was hell blickt und redlich redet. Aber er – du weißt es ja, du alter Priester, es war Etwas von deiner Art an ihm, von Priester-Art – er war vieldeutig.

Er war auch undeutlich. Was hat er uns darob gezürnt, dieser Zornschnauber, daß wir ihn schlecht verstünden! Aber warum sprach er nicht reinlicher?

Und lag es an unsern Ohren, warum gab er uns Ohren, die ihn schlecht hörten? War Schlamm in unsern Ohren, wohlan! wer legte ihn hinein?

Zu Vieles mißriet ihm, diesem Töpfer, der nicht ausgelernt hatte! Daß er aber Rache an seinen Töpfen und Geschöpfen nahm, dafür daß sie ihm schlecht gerieten, – das war eine Sünde wider den *guten Geschmack.*

Es gibt auch in der Frömmigkeit guten Geschmack: der sprach endlich ›Fort mit einem *solchen* Gotte! Lieber keinen Gott, lieber auf eigne Faust Schicksal machen, lieber Narr sein, lieber selber Gott sein!‹«

– »Was höre ich!« sprach hier der alte Papst mit gespitzten Ohren; »oh Zarathustra, du bist frömmer als du glaubst, mit einem solchen Unglauben! Irgendein Gott in dir bekehrte dich zu deiner Gottlosigkeit.

Ist es nicht deine Frömmigkeit selber, die dich nicht mehr an einen Gott glauben läßt? Und deine übergroße Redlichkeit wird dich auch noch jenseits von Gut und Böse wegführen!

Siehe doch, was blieb dir aufgespart? Du hast Augen und Hand und Mund, die sind zum Segnen vorherbestimmt seit Ewigkeit. Man segnet nicht mit der Hand allein.

In deiner Nähe, ob du schon der Gottloseste sein willst, wittere ich einen heimlichen Weih- und Wohlgeruch von langen Segnungen: mir wird wohl und wehe dabei.

Laß mich dein Gast sein, oh Zarathustra, für eine einzige Nacht! Nirgends auf Erden wird es mir jetzt wohler als bei dir!« –

»Amen! So soll es sein!« sprach Zarathustra mit großer Verwunderung, »dort hinauf führt der Weg, da liegt die Höhle Zarathustras.

Gerne, fürwahr, würde ich dich selber dahin geleiten, du Ehrwürdiger, denn ich liebe alle frommen Menschen. Aber jetzt ruft mich eilig ein Notschrei weg von dir.

In meinem Bereiche soll mir Niemand zu Schaden kommen: meine Höhle ist ein guter Hafen. Und am liebsten möchte ich jedweden Traurigen wieder auf festes Land und feste Beine stellen.

Wer aber nähme dir *deine* Schwermut von der Schulter? Dazu bin ich zu schwach. Lange, wahrlich, möchten wir warten, bis dir Einer deinen Gott wieder aufweckt.

Dieser alte Gott nämlich lebt nicht mehr: der ist gründlich tot.« –

Also sprach Zarathustra.

Der häßlichste Mensch

– Und wieder liefen Zarathustras Füße durch Berge und Wälder, und seine Augen suchten und suchten, aber nirgends war Der zu sehen, welchen sie sehen wollten, der große Notleidende und Notschreiende. Auf dem ganzen Wege aber frohlockte er in seinem Herzen und war dankbar. »Welche guten Dinge«, sprach er, »schenkte mir doch dieser Tag, zum Entgelt, daß er schlimm begann! Welche seltsamen Unterredner fand ich!

An deren Worten will ich lange nun kauen gleich als an guten Körnern; klein soll mein Zahn sie mahlen und malmen, bis sie mir wie Milch in die Seele fließen!« –

Als aber der Weg wieder um einen Felsen bog, veränderte

sich mit Einem Male die Landschaft, und Zarathustra trat in ein Reich des Todes. Hier starrten schwarze und rote Klippen empor: kein Gras, kein Baum, keine Vogelstimme. Es war nämlich ein Tal, welches alle Tiere mieden, auch die Raubtiere; nur daß eine Art häßlicher, dicker, grüner Schlangen, wenn sie alt wurden, hierher kamen, um zu sterben. Darum nannten dies Tal die Hirten: Schlangen-Tod.

Zarathustra aber versank in eine schwarze Erinnerung, denn ihm war, als habe er schon einmal in diesem Tal gestanden. Und vieles Schwere legte sich ihm über den Sinn also, daß er langsam ging und immer langsamer und endlich still stand. Da aber sahe er, als er die Augen auftat, Etwas, das am Wege saß, gestaltet wie ein Mensch, und kaum wie ein Mensch, etwas Unaussprechliches. Und mit Einem Schlage überfiel Zarathustra die große Scham darob, daß er so Etwas mit den Augen angesehn habe: errötend bis hinauf an sein weißes Haar, wandte er den Blick ab und hob den Fuß, daß er diese schlimme Stelle verlasse. Da aber wurde die tote Öde laut: vom Boden auf nämlich quoll es gurgelnd und röchelnd, wie Wasser nachts durch verstopfte Wasser-Röhren gurgelt und röchelt; und zuletzt wurde daraus eine Menschen-Stimme und Menschen-Rede – die lautete also:

»Zarathustra! Zarathustra! Rate mein Rätsel! Sprich, sprich! Was ist *die Rache am Zeugen*?

Ich locke dich zurück, hier ist glattes Eis! Sieh zu, sieh zu, ob dein Stolz sich hier nicht die Beine bricht!

Du dünkst dich weise, du stolzer Zarathustra! So rate doch das Rätsel, du harter Nüsseknacker, – das Rätsel, das ich bin! So sprich doch: wer *bin ich*!«

– Als aber Zarathustra diese Worte gehört hatte, – was glaubt ihr wohl, daß sich da mit seiner Seele zutrug? *Das Mitleiden fiel ihn an*; und er sank mit Einem Male nieder, wie ein Eichbaum, der lange vielen Holzschlägern widerstanden hat, – schwer, plötzlich, zum Schrecken selber für Die, welche ihn fällen wollten. Aber schon stand er wieder vom Boden auf, und sein Antlitz wurde hart.

»Ich erkenne dich wohl«, sprach er mit einer erzenen Stimme: *»du bist der Mörder Gottes!* Laß mich gehn.

Du *ertrugst* Den nicht, der *dich* sah – der dich immer und durch und durch sah, du häßlichster Mensch! Du nahmst Rache an diesem Zeugen!«

Also sprach Zarathustra und wollte davon; aber der Unaussprechliche faßte nach einem Zipfel seines Gewandes und begann von neuem zu gurgeln und nach Worten zu suchen. »Bleib!« sagte er endlich –

»– bleib! Geh nicht vorüber! Ich erriet, welche Axt dich zu Boden schlug: Heil dir, oh Zarathustra, daß du wieder stehst!

Du errietest, ich weiß es gut, wie Dem zumute ist, der ihn tötete, – dem Mörder Gottes. Bleib! Setze dich her zu mir, es ist nicht umsonst.

Zu wem wollte ich, wenn nicht zu dir? Bleib, setze dich! Blicke mich aber nicht an! Ehre also – meine Häßlichkeit!

Sie verfolgen mich: nun bist *du* meine letzte Zuflucht. *Nicht* mit ihrem Hasse, *nicht* mit ihren Häschern: – oh solcher Verfolgung würde ich spotten und stolz und froh sein!

War nicht aller Erfolg bisher bei den Gut-Verfolgten? Und wer gut verfolgt, lernt leicht *folgen*: – ist er doch einmal – hinterher! Aber ihr *Mitleid* ist's –

– ihr Mitleid ist's, vor dem ich flüchte und dir zuflüchte. Oh Zarathustra, schütze mich, du meine letzte Zuflucht, du Einziger, der mich erriet:

– du errietest, wie Dem zumute ist, welcher *ihn* tötete. Bleib! Und willst du gehn, du Ungeduldiger: geh nicht den Weg, den ich kam. *Der* Weg ist schlecht.

Zürnst du mir, daß ich zu lange schon rede-radebreche? Daß ich schon dir rate? Aber wisse, ich bin's, der häßlichste Mensch,

– der auch die größten schwersten Füße hat. *Wo ich* ging, ist der Weg schlecht. Ich trete alle Wege tot und zuschanden.

Daß du aber an mir vorübergingst, schweigend, daß du errötetest, ich sah es wohl: daran erkannte ich dich als Zarathustra.

353

Jedweder Andere hätte mir sein Almosen zugeworfen, sein Mitleiden, mit Blick und Rede. Aber dazu – bin ich nicht Bettler genug, das errietest du –

– dazu bin ich zu *reich*, reich an Großem, an Furchtbarem, am Häßlichsten, am Unaussprechlichsten! Deine Scham, oh Zarathustra, *ehrte* mich!

Mit Not kam ich heraus aus dem Gedräng der Mitleidigen, – daß ich den Einzigen fände, der heute lehrt ›Mitleiden ist zudringlich‹ – dich, oh Zarathustra!

– sei es eines Gottes, sei es der Menschen Mitleiden: Mitleiden geht gegen die Scham. Und Nicht-helfen-Wollen kann vornehmer sein als jene Tugend, die zuspringt.

Das aber heißt heute Tugend selber bei allen kleinen Leuten, das Mitleiden: – die haben keine Ehrfurcht vor großem Unglück, vor großer Häßlichkeit, vor großem Mißraten.

Über diese Alle blicke ich hinweg, wie ein Hund über die Rücken wimmelnder Schafherden wegblickt. Es sind kleine wohlwollige wohlwillige graue Leute.

Wie ein Reiher verachtend über flache Teiche wegblickt, mit zurückgelegtem Kopfe: so blicke ich über das Gewimmel grauer kleiner Wellen und Willen und Seelen weg.

Zu lange hat man ihnen recht gegeben, diesen kleinen Leuten: *so* gab man ihnen endlich auch die Macht – nun lehren sie: ›gut ist nur, was kleine Leute gut heißen.‹

Und ›Wahrheit‹ heißt heute, was der Prediger sprach, der selber aus ihnen herkam, jener wunderliche Heilige und Fürsprecher der kleinen Leute, welcher von sich zeugte ›ich – bin die Wahrheit‹.

Dieser Unbescheidne macht nun lange schon den kleinen Leuten den Kamm hoch schwellen – er, der keinen kleinen Irrtum lehrte, als er lehrte ›ich – bin die Wahrheit‹.

Ward einem Unbescheidnen jemals höflicher geantwortet? – Du aber, oh Zarathustra, gingst an ihm vorüber und sprachst: ›Nein! Nein! Dreimal Nein!‹

Du warntest vor seinem Irrtum, du warntest als der Erste

vor dem Mitleiden – nicht Alle, nicht Keinen, sondern dich und deine Art.

Du schämst dich an der Scham des großen Leidenden; und wahrlich, wenn du sprichst ›von dem Mitleiden her kommt eine große Wolke, habt acht, ihr Menschen!‹

– wenn du lehrst ›alle Schaffenden sind hart, alle große Liebe ist über ihrem Mitleiden‹: oh Zarathustra, wie gut dünkst du mich eingelernt auf Wetter-Zeichen!

Du selber aber – warne dich selber auch vor *deinem* Mitleiden! Denn Viele sind zu dir unterwegs, viele Leidende, Zweifelnde, Verzweifelnde, Ertrinkende, Frierende –

Ich warne dich auch vor mir. Du errietest mein bestes, schlimmstes Rätsel, mich selber und was ich tat. Ich kenne die Axt, die dich fällt.

Aber er – *mußte* sterben: er sah mit Augen, welche *Alles* sahn, – er sah des Menschen Tiefen und Gründe, alle seine verhehlte Schmach und Häßlichkeit.

Sein Mitleiden kannte keine Scham: er kroch in meine schmutzigsten Winkel. Dieser Neugierigste, Über-Zudringliche, Über-Mitleidige mußte sterben.

Er sah immer *mich*: an einem solchen Zeugen wollte ich Rache haben – oder selber nicht leben.

Der Gott, der Alles sah, *auch den Menschen*: dieser Gott mußte sterben! Der Mensch *erträgt* es nicht, daß solch ein Zeuge lebt.«

Also sprach der häßlichste Mensch. Zarathustra aber erhob sich und schickte sich an fortzugehn: denn ihn fröstelte bis in seine Eingeweide.

»Du Unaussprechlicher«, sagte er, »du warntest mich vor deinem Wege. Zum Danke dafür lobe ich dir den meinen. Siehe, dort hinauf liegt die Höhle Zarathustras.

Meine Höhle ist groß und tief und hat viele Winkel; da findet der Versteckteste sein Versteck. Und dicht bei ihr sind hundert Schlüpfe und Schliche für kriechendes, flatterndes und springendes Getier.

Du Ausgestoßener, der du dich selber ausstießest, du willst nicht unter Menschen und Menschen-Mitleid wohnen? Wohlan, so tu's mir gleich! So lernst du auch von mir; nur der Täter lernt.

Und rede zuerst und -nächst mit meinen Tieren! Das stolzeste Tier und das klügste Tier – die möchten uns Beiden wohl die rechten Ratgeber sein!« – –

Also sprach Zarathustra und ging seiner Wege, nachdenklicher und langsamer noch als zuvor: denn er fragte sich Vieles und wußte sich nicht leicht zu antworten.

»Wie arm ist doch der Mensch!« dachte er in seinem Herzen, »wie häßlich, wie röchelnd, wie voll verborgener Scham!

Man sagt mir, daß der Mensch sich selber liebe: ach, wie groß muß diese Selber-Liebe sein! Wie viel Verachtung hat sie wider sich!

Auch dieser da liebte sich, wie er sich verachtete, – ein großer Liebender ist er mir und ein großer Verächter.

Keinen fand ich noch, der sich tiefer verachtet hätte: auch *Das* ist Höhe. Wehe, war *Der* vielleicht der höhere Mensch, dessen Schrei ich hörte?

Ich liebe die großen Verachtenden: Der Mensch aber ist Etwas, das überwunden werden muß.« – –

Der freiwillige Bettler

Als Zarathustra den häßlichsten Menschen verlassen hatte, fror ihn, und er fühlte sich einsam: es ging ihm nämlich vieles Kalte und Einsame durch die Sinne, also, daß darob auch seine Glieder kälter wurden. Indem er aber weiter und weiter stieg, hinauf, hinab, bald an grünen Weiden vorbei, aber auch über wilde steinichte Lager, wo ehedem wohl ein ungeduldiger Bach sich zu Bett gelegt hatte: da wurde ihm mit Einem Male wieder wärmer und herzlicher zu Sinne.

»Was geschah mir doch?« fragte er sich, »etwas Warmes und Lebendiges erquickt mich, das muß in meiner Nähe sein.

Schon bin ich weniger allein; unbewußte Gefährten und Brüder schweifen um mich, ihr warmer Atem rührt an meine Seele.«

Als er aber um sich spähte und nach den Tröstern seiner Einsamkeit suchte: siehe, da waren es Kühe, welche auf einer Anhöhe beieinanderstanden; deren Nähe und Geruch hatten sein Herz erwärmt. Diese Kühe aber schienen mit Eifer einem Redenden zuzuhören und gaben nicht auf Den acht, der herankam. Wie aber Zarathustra ganz in ihrer Nähe war, hörte er deutlich, daß eine Menschen-Stimme aus der Mitte der Kühe heraus redete; und ersichtlich hatten sie allesamt ihre Köpfe dem Redenden zugedreht.

Da sprang Zarathustra mit Eifer hinauf und drängte die Tiere auseinander, denn er fürchtete, daß hier Jemandem ein Leids geschehn sei, welchem schwerlich das Mitleid von Kühen abhelfen mochte. Aber darin hatte er sich getäuscht; denn siehe, da saß ein Mensch auf der Erde und schien den Tieren zuzureden, daß sie keine Scheu vor ihm haben sollten, ein friedfertiger Mensch und Berg-Prediger, aus dessen Augen die Güte selber predigte. »Was suchst du hier?« rief Zarathustra mit Befremden.

»Was ich hier suche?« antwortete er: »das Selbe, was du suchst, du Störenfried! nämlich das Glück auf Erden.

Dazu aber möchte ich von diesen Kühen lernen. Denn, weißt du wohl, einen halben Morgen schon rede ich ihnen zu, und eben wollten sie mir Bescheid geben. Warum doch störst du sie?

So wir nicht umkehren und werden wie die Kühe, so kommen wir nicht in das Himmelreich. Wir sollten ihnen nämlich Eins ablernen: das Wiederkäuen.

Und wahrlich, wenn der Mensch auch die ganze Welt gewönne und lernte das Eine nicht, das Wiederkäuen: was hülfe es! Er würde nicht seine Trübsal los

– seine große Trübsal: die aber heißt heute *Ekel*. Wer hat heute von Ekel nicht Herz, Mund und Augen voll? Auch du! Auch du! Aber siehe doch diese Kühe an!« –

Also sprach der Berg-Prediger und wandte dann seinen eignen Blick Zarathustra zu, – denn bisher hing er mit Liebe an den Kühen –: da aber verwandelte er sich. »Wer ist das, mit dem ich rede?« rief er erschreckt und sprang vom Boden empor.

»Dies ist der Mensch ohne Ekel, dies ist Zarathustra selber, der Überwinder des großen Ekels, dies ist das Auge, dies ist der Mund, dies ist das Herz Zarathustras selber.«

Und indem er also sprach, küßte er Dem, zu welchem er redete, die Hände, mit überströmenden Augen, und gebärdete sich ganz als Einer, dem ein kostbares Geschenk und Kleinod unversehens vom Himmel fällt. Die Kühe aber schauten dem Allen zu und wunderten sich.

»Sprich nicht von mir, du Wunderlicher! Lieblicher!« sagte Zarathustra und wehrte seiner Zärtlichkeit, »sprich mir erst von dir! Bist du nicht der freiwillige Bettler, der einst einen großen Reichtum von sich warf, –

– der sich seines Reichtums schämte und der Reichen, und zu den Ärmsten floh, daß er ihnen seine Fülle und sein Herz schenke? Aber sie nahmen ihn nicht an.«

»Aber sie nahmen mich nicht an«, sagte der freiwillige Bettler, »du weißt es ja. So ging ich endlich zu den Tieren und zu diesen Kühen.«

»Da lerntest du«, unterbrach Zarathustra den Redenden, »wie es schwerer ist, recht geben als recht nehmen, und daß gut Schenken eine *Kunst* ist und die letzte listigste Meister-Kunst der Güte.«

»Sonderlich heutzutage«, antwortete der freiwillige Bettler: »heute nämlich, wo alles Niedrige aufständisch ward und scheu auf seine Art hoffärtig: nämlich auf Pöbel-Art.

Denn es kam die Stunde, du weißt es ja, für den großen schlimmen langen langsamen Pöbel- und Sklaven-Aufstand: der wächst und wächst!

Nun empört die Niedrigen alles Wohltun und kleine Weggeben; und die Überreichen mögen auf der Hut sein!

Wer heute gleich bauchichten Flaschen tröpfelt aus allzu schmalen Hälsen: – solchen Flaschen bricht man heute gern den Hals.

Lüsterne Gier, gallichter Neid, vergrämte Rachsucht, Pöbel-Stolz: das sprang mir Alles ins Gesicht. Es ist nicht mehr wahr, daß die Armen selig sind. Das Himmelreich aber ist bei den Kühen.«

»Und warum ist es nicht bei den Reichen?« fragte Zarathustra versuchend, während er den Kühen wehrte, die den Friedfertigen zutraulich anschnaubten.

»Was versuchst du mich?« antwortete dieser. »Du weißt es selber besser noch als ich. Was trieb mich doch zu den Ärmsten, oh Zarathustra? War es nicht der Ekel vor unsern Reichsten?

– vor den Sträflingen des Reichtums, welche sich ihren Vorteil aus jedem Kehricht auflesen, mit kalten Augen, geilen Gedanken, vor diesem Gesindel, das gen Himmel stinkt,

– vor diesem vergüldeten verfälschten Pöbel, dessen Väter Langfinger oder Aasvögel oder Lumpensammler waren, mit Weibern willfährig, lüstern, vergeßlich: – sie haben's nämlich alle nicht weit zur Hure –

Pöbel oben, Pöbel unten! Was ist heute noch ›Arm‹ und ›Reich‹! Diesen Unterschied verlernte ich, – da floh ich davon, weiter, immer weiter, bis ich zu diesen Kühen kam.«

Also sprach der Friedfertige und schnaufte selber und schwitzte bei seinen Worten: also daß die Kühe sich von neuem wunderten. Zarathustra aber sah ihm immer mit Lächeln ins Gesicht, als er so hart redete, und schüttelte dazu schweigend den Kopf.

»Du tust dir Gewalt an, du Berg-Prediger, wenn du solche harte Worte brauchst. Für solche Härte wuchs dir nicht der Mund, nicht das Auge.

Auch, wie mich dünkt, dein Magen selber nicht: *dem* widersteht all solches Zürnen und Hassen und Überschäumen. Dein Magen will sanftere Dinge: du bist kein Fleischer.

Vielmehr dünkst du mich ein Pflanzler und Wurzelmann. Vielleicht malmst du Körner. Sicherlich aber bist du fleischlichen Freuden abhold und liebst den Honig.«

»Du errietst mich gut«, antwortete der freiwillige Bettler mit erleichtertem Herzen. »Ich liebe den Honig, ich malme auch Körner, denn ich suchte, was lieblich mundet und reinen Atem macht:

– auch was lange Zeit braucht, ein Tag- und Maul-Werk für sanfte Müßiggänger und Tagediebe.

Am weitesten freilich brachten es diese Kühe: die erfanden sich das Wiederkäuen und In-der-Sonne-Liegen. Auch enthalten sie sich aller schweren Gedanken, welche das Herz blähn.«

– »Wohlan!« sagte Zarathustra: »du solltest auch *meine* Tiere sehn, meinen Adler und meine Schlange, – ihres Gleichen gibt es heute nicht auf Erden.

Siehe, dorthin führt der Weg zu meiner Höhle: sei diese Nacht ihr Gast. Und rede mit meinen Tieren vom Glück der Tiere, –

– bis ich selber heimkomme. Denn jetzt ruft ein Notschrei mich eilig weg von dir. Auch findest du neuen Honig bei mir, eisfrischen Waben-Goldhonig: den iß!

Jetzt aber nimm flugs Abschied von deinen Kühen, du Wunderlicher! Lieblicher! ob es dir schon schwer werden mag. Denn es sind deine wärmsten Freunde und Lehrmeister!« –

»– Einen ausgenommen, den ich noch lieber habe«, antwortete der freiwillige Bettler. »Du selber bist gut, und besser noch als eine Kuh, oh Zarathustra!«

»Fort, fort mit dir! du arger Schmeichler!« schrie Zarathustra mit Bosheit, »was verdirbst du mich mit solchem Lob und Schmeichel-Honig?«

»Fort, fort von mir!« schrie er noch Ein Mal und schwang seinen Stock nach dem zärtlichen Bettler: der aber lief hurtig davon.

Der Schatten

Kaum aber war der freiwillige Bettler davongelaufen und Zarathustra wieder mit sich allein, da hörte er hinter sich eine neue Stimme: die rief »Halt! Zarathustra! So warte doch! Ich bins ja, oh Zarathustra, ich, dein Schatten!« Aber Zarathustra wartete nicht, denn ein plötzlicher Verdruß überkam ihn ob des vielen Zudrangs und Gedrängs in seinen Bergen. »Wo ist meine Einsamkeit hin?« sprach er.

»Es wird mir wahrlich zu viel; dies Gebirge wimmelt, mein Reich ist nicht mehr von *dieser* Welt, ich brauche neue Berge. Mein Schatten ruft mich? Was liegt an meinem Schatten! Mag er mir nachlaufen! ich – laufe ihm davon.«

Also sprach Zarathustra zu seinem Herzen und lief davon. Aber Der, welcher hinter ihm war, folgte ihm nach: so daß alsbald drei Laufende hintereinanderher waren, nämlich voran der freiwillige Bettler, dann Zarathustra und zudritt und -hinterst sein Schatten. Nicht lange liefen sie so, da kam Zarathustra zur Besinnung über seine Torheit und schüttelte mit Einem Rucke allen Verdruß und Überdruß von sich.

»Wie!« sprach er, »geschahen nicht von je die lächerlichsten Dinge bei uns alten Einsiedlern und Heiligen?

Wahrlich, meine Torheit wuchs hoch in den Bergen! Nun höre ich sechs alte Narren-Beine hintereinanderher klappern!

Darf aber Zarathustra sich wohl vor einem Schatten fürchten? Auch dünkt mich zu guter Letzt, daß er längere Beine hat als ich.«

Also sprach Zarathustra, lachend mit Augen und Eingeweiden, blieb stehen und drehte sich schnell herum – und siehe, fast warf er dabei seinen Nachfolger und Schatten zu Boden: so dicht schon folgte ihm derselbe auf den Fersen, und so schwach war er auch. Als er ihn nämlich mit Augen prüfte, erschrak er wie vor einem plötzlichen Gespenste: so dünn, schwärzlich, hohl und überlebt sah dieser Nachfolger aus.

»Wer bist du?« fragte Zarathustra heftig, »was treibst du

hier? Und weshalb heißest du dich meinen Schatten? Du gefällst mir nicht.«

»Vergib mir«, antwortete der Schatten, »daß ich's bin; und wenn ich dir nicht gefalle, wohlan, oh Zarathustra! darin lobe ich dich und deinen guten Geschmack.

Ein Wanderer bin ich, der viel schon hinter deinen Fersen herging: immer unterwegs, aber ohne Ziel, auch ohne Heim: also daß mir wahrlich wenig zum ewigen Juden fehlt, es sei denn, daß ich nicht ewig und auch nicht Jude bin.

Wie? Muß ich immerdar unterwegs sein? Von jedem Winde gewirbelt, unstät, fortgetrieben? Oh Erde, du wardst mir zu rund!

Auf jeder Oberfläche saß ich schon, gleich müdem Staube schlief ich ein auf Spiegeln und Fensterscheiben: Alles nimmt von mir, Nichts gibt, ich werde dünn, – fast gleiche ich einem Schatten.

Dir aber, oh Zarathustra, flog und zog ich am längsten nach, und, verbarg ich mich schon vor dir, so war ich doch dein bester Schatten: wo du nur gesessen hast, saß ich auch.

Mit dir bin ich in fernsten, kältesten Welten umgegangen, einem Gespenste gleich, das freiwillig über Winterdächer und Schnee läuft.

Mit dir strebte ich in jedes Verbotene, Schlimmste, Fernste: und wenn irgend Etwas an mir Tugend ist, so ist es, daß ich vor keinem Verbote Furcht hatte.

Mit dir zerbrach ich, was je mein Herz verehrte, alle Grenzsteine und Bilder warf ich um, den gefährlichsten Wünschen lief ich nach, – wahrlich, über jedwedes Verbrechen lief ich einmal hinweg.

Mit dir verlernte ich den Glauben an Worte und Werte und große Namen. Wenn der Teufel sich häutet, fällt da nicht auch sein Name ab? Der ist nämlich auch Haut. Der Teufel selbst ist vielleicht – Haut.

›Nichts ist wahr, Alles ist erlaubt‹: so sprach ich mir zu. In die kältesten Wasser stürzte ich mich, mit Kopf und Herzen. Ach, wie oft stand ich darob nackt als roter Krebs da!

Ach, wohin kam mir alles Gute und alle Scham und aller Glaube an die Guten! Ach, wohin ist jene verlogne Unschuld, die ich einst besaß, die Unschuld der Guten und ihrer edlen Lügen!

Zu oft, wahrlich, folgte ich der Wahrheit dicht auf dem Fuße: da trat sie mir vor den Kopf. Manchmal meinte ich zu lügen, und siehe! da erst traf ich – die Wahrheit.

Zu Viel klärte sich mir auf: nun geht es mich Nichts mehr an. Nichts lebt mehr, das ich liebe, – wie sollte ich noch mich selber lieben?

»Leben, wie ich Lust habe, oder gar nicht leben«: so will ich's, so will's auch der Heiligste. Aber, wehe! wie habe *ich* noch – Lust?

Habe *ich* – noch ein Ziel? Einen Hafen, nach dem *mein* Segel läuft?

Einen guten Wind? Ach, nur wer weiß, *wohin* er fährt, weiß auch, welcher Wind gut und sein Fahrwind ist.

Was blieb mir noch zurück? Ein Herz müde und frech; ein unstäter Wille; Flatter-Flügel; ein zerbrochnes Rückgrat.

Dies Suchen nach *meinem* Heim: oh Zarathustra, weißt du wohl, dies Suchen war *meine* Heimsuchung, es frißt mich auf.

»Wo ist – *mein* Heim?« Darnach frage und suche und suchte ich, das fand ich nicht. Oh ewiges Überall, oh ewiges Nirgendwo, oh ewiges – Umsonst!«

Also sprach der Schatten, und Zarathustras Gesicht verlängerte sich bei seinen Worten. »Du bist mein Schatten!« sagte er endlich, mit Traurigkeit.

»Deine Gefahr ist keine kleine, du freier Geist und Wandrer! Du hat einen schlimmen Tag gehabt: sieh zu, daß dir nicht noch ein schlimmerer Abend kommt!

Solche Unstäten, wie du, dünkt zuletzt auch ein Gefängnis selig. Sahst du je, wie eingefangne Verbrecher schlafen? Sie schlafen ruhig, sie genießen ihre neue Sicherheit.

Hüte dich, daß dich nicht am Ende noch ein enger Glaube

363

einfängt, ein harter, strenger Wahn! Dich nämlich verführt und versucht nunmehr Jegliches, das eng und fest ist.

Du hast das Ziel verloren: wehe, wie wirst du diesen Verlust verscherzen und verschmerzen? Damit – hast du auch den Weg verloren!

Du armer Schweifender, Schwärmender, du müder Schmetterling! willst du diesen Abend eine Rast und Heimstätte haben? So gehe hinauf zu meiner Höhle!

Dorthin führt der Weg zu meiner Höhle. Und jetzo will ich schnell wieder von dir davonlaufen. Schon liegt es wie ein Schatten auf mir.

Ich will allein laufen, daß es wieder hell um mich werde. Dazu muß ich noch lange lustig auf den Beinen sein. Des Abends aber wird bei mir – getanzt!« – –

Also sprach Zarathustra.

Mittags

– Und Zarathustra lief und lief und fand Niemanden mehr und war allein und fand immer wieder sich und genoß und schlürfte seine Einsamkeit und dachte an gute Dinge, – stundenlang. Um die Stunde des Mittags aber, als die Sonne gerade über Zarathustras Haupte stand, kam er an einem alten krummen und knorrichten Baume vorbei, der von der reichen Liebe eines Weinstocks rings umarmt und vor sich selber verborgen war: von dem hingen gelbe Trauben in Fülle dem Wandernden entgegen. Da gelüstete ihn, einen kleinen Durst zu löschen und sich eine Traube abzubrechen; als er aber schon den Arm dazu ausstreckte, da gelüstete ihn etwas Anderes noch mehr: nämlich sich neben den Baum niederzulegen, um die Stunde des vollkommnen Mittags, und zu schlafen.

Dies tat Zarathustra; und sobald er auf dem Boden lag, in der Stille und Heimlichkeit des bunten Grases, hatte er auch schon seinen kleinen Durst vergessen und schlief ein. Denn, wie das Sprichwort Zarathustras sagt: Eins ist notwendiger als das Andre. Nur daß seine Augen offen bleiben: – sie wurden nämlich nicht satt, den Baum und die Liebe des Weinstocks zu sehn und zu preisen. Im Einschlafen aber sprach Zarathustra also zu seinem Herzen:

»Still! Still! Ward die Welt nicht eben vollkommen? Was geschieht mir doch?

Wie ein zierlicher Wind, ungesehn, auf getäfeltem Meere tanzt, leicht, federleicht: so – tanzt der Schlaf auf mir.

Kein Auge drückt er mir zu, die Seele läßt er mir wach. Leicht ist er, wahrlich! federleicht.

Er überredet mich, ich weiß nicht wie? er betupft mich inwendig mit schmeichelnder Hand, er zwingt mich. Ja, er zwingt mich, daß meine Seele sich ausstreckt: –

– wie sie mir lang und müde wird, meine wunderliche Seele! Kam ihr eines siebenten Tages Abend gerade am Mittage? Wandelte sie zu lange schon selig zwischen guten und reifen Dingen?

Sie streckt sich lang aus, lang – länger! sie liegt stille, meine wunderliche Seele. Zu viel Gutes hat sie schon geschmeckt, diese goldene Traurigkeit drückt sie, sie verzieht den Mund.

– Wie ein Schiff, das in seine stillste Bucht einlief: – nun lehnt es sich an die Erde, der langen Reisen müde und der ungewissen Meere. Ist die Erde nicht treuer?

Wie solch ein Schiff sich dem Lande anlegt, anschmiegt: – da genügts, daß eine Spinne vom Lande her zu ihm ihren Faden spinnt. Keiner stärkeren Taue bedarf es da.

Wie solch ein müdes Schiff in der stillsten Bucht: so ruhe auch ich nun der Erde nahe, treu, zutrauend, wartend, mit den leisesten Fäden ihr angebunden.

Oh Glück! Oh Glück! Willst du wohl singen, oh meine Seele? Du liegst im Grase. Aber das ist die heimliche feierliche Stunde, wo kein Hirt seine Flöte bläst.

Scheue dich! Heißer Mittag schläft auf den Fluren. Singe nicht! Still! Die Welt ist vollkommen.

Singe nicht, du Gras-Geflügel, oh meine Seele! Flüstere nicht einmal! Sieh doch – still! der alte Mittag schläft, er bewegt den Mund: trinkt er nicht eben einen Tropfen Glücks –

– einen alten braunen Tropfen goldenen Glücks, goldenen Weins? Es huscht über ihn hin, sein Glück lacht. So – lacht ein Gott. Still! –

– »Zum Glück, wie wenig genügt schon zum Glücke!« So sprach ich einst und dünkte mich klug. Aber es war eine Lästerung: *das* lernte ich nun. Kluge Narrn reden besser.

Das Wenigste gerade, das Leiseste, Leichteste, einer Eidechse Rascheln, ein Hauch, ein Husch, ein Augen-Blick – *Wenig* macht die Art des *besten* Glücks. Still!

– Was geschah mir: Horch! Flog die Zeit wohl davon? Falle ich nicht? Fiel ich nicht – horch! in den Brunnen der Ewigkeit?

– Was geschieht mir? Still! Es sticht mich – wehe – ins Herz? Ins Herz! Oh zerbrich, zerbrich, Herz, nach solchem Glücke, nach solchem Stiche!

– Wie? Ward die Welt nicht eben vollkommen? Rund und reif? Oh des goldenen runden Reifs – wohin fliegt er wohl? Laufe ich ihm nach! Husch!

Still – –« (und hier dehnte sich Zarathustra und fühlte, daß er schlafe.)

»Auf!« sprach er zu sich selber, »du Schläfer! Du Mittagsschläfer! Wohlan, wohlauf, ihr alten Beine! Zeit ist's und Überzeit, manch gut Stück Wegs blieb euch noch zurück –

Nun schlieft ihr euch aus, wie lange doch? Eine halbe Ewigkeit! Wohlan, wohlauf nun, mein altes Herz! Wie lange erst darfst du nach solchem Schlaf – dich auswachen?«

(Aber da schlief er schon von neuem ein, und seine Seele sprach gegen ihn und wehrte sich und legte sich wieder hin) – »Laß mich doch! Still! Ward nicht die Welt eben vollkommen? Oh des goldnen runden Balls!« –

»Steh auf«, sprach Zarathustra, »du kleine Diebin, du Tage-

diebin! Wie? Immer noch sich strecken, gähnen, seufzen, hin-
unterfallen in tiefe Brunnen?

Wer bist du doch! Oh meine Seele!« (und hier erschrak er,
denn ein Sonnenstrahl fiel vom Himmel herunter auf sein Gesicht.)

»Oh Himmel über mir«, sprach er seufzend und setzte sich
aufrecht, »du schaust mir zu? Du horchst meiner wunderlichen Seele zu?

Wann trinkst du diesen Tropfen Taus, der auf alle Erden-
Dinge niederfiel, – wann trinkst du diese wunderliche Seele –
– wann, Brunnen der Ewigkeit! du heiterer schauerlicher
Mittags-Abgrund! wann trinkst du meine Seele in dich zurück?«

Also sprach Zarathustra und erhob sich von seinem Lager am
Baume wie aus einer fremden Trunkenheit: und siehe, da stand
die Sonne immer noch gerade über seinem Haupte. Es möchte
aber Einer daraus mit Recht abnehmen, daß Zarathustra damals nicht lange geschlafen habe.

Die Begrüßung

Am späten Nachmittage war es erst, daß Zarathustra, nach langem umsonstigen Suchen und Umherstreifen, wieder zu seiner
Höhle heimkam. Als er aber derselben gegenüberstand, nicht
zwanzig Schritt mehr von ihr ferne, da geschah Das, was er
jetzt am wenigsten erwartete: von neuem hörte er den großen
Notschrei. Und, erstaunlich! diesmal kam derselbige aus seiner
eignen Höhle. Es war aber ein langer vielfältiger seltsamer
Schrei, und Zarathustra unterschied deutlich, daß er sich aus
vielen Stimmen zusammensetzte: mochte er schon, aus der
Ferne gehört, gleich dem Schrei aus einem einzigen Munde
klingen.

Da sprang Zarathustra auf seine Höhle zu, und siehe! wel-

ches Schauspiel erwartete ihn erst nach diesem Hörspiele!
Denn da saßen sie allesamt beieinander, an denen er des Tags
vorübergegangen war: der König zur Rechten und der König
zur Linken, der alte Zauberer, der Papst, der freiwillige Bettler,
der Schatten, der Gewissenhafte des Geistes, der traurige
Wahrsager und der Esel; der häßlichste Mensch aber hatte sich
eine Krone aufgesetzt und zwei Purpurgürtel umgeschlungen,
– denn er liebte es, gleich allen Häßlichen, sich zu verkleiden
und schön zu tun. Inmitten aber dieser betrübten Gesellschaft
stand der Adler Zarathustras, gesträubt und unruhig, denn er
sollte auf zu Vieles antworten, wofür sein Stolz keine Antwort
hatte; die kluge Schlange aber hing um seinen Hals.

Dies Alles schaute Zarathustra mit großer Verwunderung;
dann aber prüfte er jeden Einzelnen seiner Gäste mit leutseliger
Neugierde, las ihre Seelen ab und wunderte sich von neuem.
Inzwischen hatten sich die Versammelten von ihren Sitzen erhoben und warteten mit Ehrfurcht, daß Zarathustra reden
werde. Zarathustra aber sprach also:

»Ihr Verzweifelnden! Ihr Wunderlichen! Ich hörte also *euren*
Notschrei? Und nun weiß ich auch, wo Der zu suchen ist, den
ich umsonst heute suchte: *der höhere Mensch* –:

– in meiner eignen Höhle sitzt er, der höhere Mensch! Aber
was wundere ich mich! Habe ich ihn nicht selber zu mir gelockt, durch Honig-Opfer und listige Lockrufe meines
Glücks?

Doch dünkt mir, ihr taugt euch schlecht zur Gesellschaft, ihr
macht einander das Herz unwirsch, ihr Notschreienden, wenn
ihr hier beisammensitzt? Es muß erst Einer kommen.

– Einer, der euch wieder lachen macht, ein guter fröhlicher
Hanswurst, ein Tänzer und Wind und Wildfang, irgendein alter Narr: – was dünket euch?

Vergebt mir doch, ihr Verzweifelnden, daß ich vor euch mit
solch kleinen Worten rede, unwürdig, wahrlich, solcher Gäste!
Aber ihr erratet nicht, *was* mein Herz mutwillig macht: –

– ihr selber tut es und euer Anblick, vergebt es mir! Jeder

nämlich wird mutig, der einem Verzweifelnden zuschaut. Einem Verzweifelnden zuzusprechen – dazu dünkt sich jeder stark genug.

Mir selber gabt ihr diese Kraft, – eine gute Gabe, meine hohen Gäste! Ein rechtschaffnes Gastgeschenk! Wohlan, so zürnt nun nicht, daß ich euch auch vom Meinigen anbiete.

Dies hier ist mein Reich und meine Herrschaft: was aber mein ist, für diesen Abend und für diese Nacht soll euer sein. Meine Tiere sollen euch dienen: meine Höhle sei eure Ruhestatt!

Bei mir zu Heim und Hause soll Keiner verzweifeln, in meinem Revier schütze ich Jeden vor seinen wilden Tieren. Und das ist das Erste, was ich euch anbiete: Sicherheit!

Das Zweite aber ist: mein kleiner Finger. Und habt ihr *den* erst, so nehmt nur noch die ganze Hand, wohlan! und das Herz dazu! Willkommen hier, willkommen, meine Gastfreunde!«

Also sprach Zarathustra und lachte vor Liebe und Bosheit. Nach dieser Begrüßung verneigten sich seine Gäste abermals und schwiegen ehrfürchtig; der König zur Rechten aber antwortete ihm in ihrem Namen.

»Daran, oh Zarathustra, wie du uns Hand und Gruß botest, erkennen wir dich als Zarathustra. Du erniedrigtest dich vor uns; fast tatest du unsere Ehrfrucht wehe –:

– wer aber vermöchte gleich dir sich mit solchem Stolze zu erniedrigen? *Das* richtet uns selber auf, ein Labsal ist es unsern Augen und Herzen.

Dies allein nur zu schaun, stiegen gern wir auf höhere Berge, als dieser Berg ist. Als Schaulustige nämlich kamen wir, wir wollten sehn, was trübe Augen hell macht.

Und siehe, schon ist es vorbei mit allem unsern Notschrein. Schon steht Sinn und Herz uns offen und ist entzückt. Wenig fehlt: und unser Mut wird mutwillig.

Nichts, oh Zarathustra, wächst Erfreulicheres auf Erden, als ein hoher starker Wille: der ist ihr schönstes Gewächs. Eine ganze Landschaft erquickt sich an Einem solchen Baume.

Der Pinie vergleiche ich, wer gleich dir, oh Zarathustra, auf-
wächst: lang, schweigend, hart, allein, besten biegsamsten Hol-
zes, herrlich, –

– zuletzt aber hinausgreifend mit starken grünen Ästen nach
seiner Herrschaft, starke Fragen fragend vor Winden und Wettern und was immer auf Höhen heimisch ist,

– stärker antwortend, ein Befehlender, ein Siegreicher: oh
wer sollte nicht, solche Gewächse zu schaun, auf hohe Berge
steigen?

Deines Baumes hier, oh Zarathustra, erlabt sich auch der
Düstere, der Mißratene, an deinem Anblicke wird auch der
Unstäte sicher und heilt sein Herz.

Und wahrlich, zu deinem Berge und Baume richten sich
heute viele Augen; eine große Sehnsucht hat sich aufgemacht,
und Manche lernten fragen: wer ist Zarathustra?

Und wem du jemals dein Lied und deinen Honig ins Ohr ge-
träufelt: alle die Versteckten, die Einsiedler, die Zweisiedler
sprachen mit Einem Male zu ihrem Herzen:

›Lebt Zarathustra noch? Es lohnt sich nicht mehr zu leben,
Alles ist gleich, Alles ist umsonst: oder – wir müssen mit Zarathustra leben!‹

›Warum kommt er nicht, der sich so lange ankündigte?‹ also
fragen Viele: ›verschlang ihn die Einsamkeit? Oder sollen wir
wohl zu ihm kommen?‹

Nun geschieht's, daß die Einsamkeit selber mürbe wird und
zerbricht, einem Grabe gleich, das zerbricht und seine Toten
nicht mehr halten kann. Überall sieht man Auferstandene.

Nun steigen und steigen die Wellen um deinen Berg, oh Zarathustra. Und wie hoch auch deine Höhe ist, Viele müssen zu
dir hinauf; dein Nachen soll nicht lange mehr im Trocknen sitzen.

Und daß wir Verzweifelnde jetzt in deine Höhle kamen und
schon nicht mehr verzweifeln: ein Wahr- und Vorzeichen ist es
nur, davon, daß Bessere zu dir unterwegs sind, –

– denn er selber ist zu dir unterwegs, der letzte Rest Gottes

unter Menschen, das ist: alle die Menschen der großen Sehnsucht, des großen Ekels, des großen Überdrusses,

– Alle, die nicht leben wollen, oder sie lernen wieder *hoffen* –
oder sie lernen von dir, oh Zarathustra, die *große* Hoffnung!«

Also sprach der König zur Rechten und ergriff die Hand Zarathustras, um sie zu küssen; aber Zarathustra wehrte seiner
Verehrung und trat erschreckt zurück, schweigend und plötzlich wie in weite Fernen entfliehend. Nach einer kleinen Weile
aber war er schon wieder bei seinen Gästen, blickte sie mit hellen, prüfenden Augen an und sprach:

»Meine Gäste, ihr höheren Menschen, ich will deutsch und
deutlich mit euch reden. Nicht auf *euch* wartete ich hier in diesen Bergen.«

(»Deutsch und deutlich? Daß Gott erbarm!« sagte hier der
König zur Linken, beiseite; »man merkt, er kennt die lieben
Deutschen nicht, dieser Weise aus dem Morgenlande!

Aber er meint ›deutsch und derb‹ – wohlan! Das ist heutzutage noch nicht der schlimmste Geschmack!«)

»Ihr mögt wahrlich insgesamt höhere Menschen sein«, fuhr
Zarathustra fort: »aber für mich – seid ihr nicht hoch und stark
genug.

Für mich, das heißt: für das Unerbittliche, das in mir
schweigt, aber nicht immer schweigen wird. Und gehört ihr zu
mir, so doch nicht als mein rechter Arm.

Wer nämlich selber auf kranken und zarten Beinen steht,
gleich euch, der will vor Allem, ob er's weiß oder sich verbirgt:
daß er *geschont* werde.

Meine Arme und meine Beine aber schone ich nicht, *ich
schone meine Krieger nicht*: wieso könntet ihr zu *meinem* Kriege
taugen?

Mit euch verdürbe ich mir jeden Sieg noch. Und Mancher
von euch fiele schon um, wenn er nur den lauten Schall meiner
Trommeln hörte.

Auch seid ihr mir nicht schön genug und wohlgeboren. Ich
brauche reine glatte Spiegel für meine Lehren; auf eurer Oberfläche verzerrt sich noch mein eignes Bildnis.

Eure Schultern drückt manche Last, manche Erinnerung; manch schlimmer Zwerg hockt in euren Winkeln. Es gibt verborgenen Pöbel auch in euch.

Und seid ihr auch hoch und höherer Art: Vieles an euch ist krumm und mißgestalt. Da ist kein Schmied in der Welt, der euch mir zurecht und gerade schlüge.

Ihr seid nur Brücken: mögen Höhere auf euch hinüberschreiten! Ihr bedeutet Stufen: so zürnt Dem nicht, der über euch hinweg in *seine* Höhe steigt!

Aus eurem Samen mag auch mir einst ein echter Sohn und vollkommener Erbe wachsen: aber das ist ferne. Ihr selber seid Die nicht, welchen mein Erbgut und Name zugehört.

Nicht auf euch warte ich hier in diesen Bergen, nicht mit euch darf ich zum letzten Male niedersteigen. Als Vorzeichen kamt ihr mir nur, daß schon Höhere zu mir unterwegs sind, –

– *nicht* die Menschen der großen Sehnsucht, des großen Ekels, des großen Überdrusses und Das, was ihr den Überrest Gottes nanntet,

– Nein! Nein! Dreimal Nein! Auf *Andre* warte ich hier in diesen Bergen und will meinen Fuß nicht ohne sie von dannen heben,

– auf Höhere, Stärkere, Sieghaftere, Wohlgemutere, Solche, die rechtwinklig gebaut sind an Leib und Seele: *lachende Löwen* müssen kommen!

Oh, meine Gastfreunde, ihr Wunderlichen, – hörtet ihr noch Nichts von meinen Kindern? Und daß sie zu mir unterwegs sind?

Sprecht mir doch von meinen Gärten, von meinen glückseligen Inseln, von meiner neuen schönen Art, – warum sprecht ihr mir nicht davon?

Dies Gastgeschenk erbitte ich mir von eurer Liebe, daß ihr mir von meinen Kindern sprecht. Hierzu bin ich reich, hierzu ward ich arm: was gab ich nicht hin,

– was gäbe ich nicht hin, daß ich Eins hätte: *diese* Kinder, *diese* lebendige Pflanzung, *diese* Lebensbäume meines Willens und meiner höchsten Hoffnung!«

Also sprach Zarathustra und hielt plötzlich inne in seiner Rede: denn ihn überfiel seine Sehnsucht, und er schloß Augen und Mund vor der Bewegung seines Herzens. Und auch alle seine Gäste schwiegen und standen still und bestürzt: nur daß der alte Wahrsager mit Händen und Gebärden Zeichen gab.

Das Abendmahl

An dieser Stelle nämlich unterbrach der Wahrsager die Begrüßung Zarathustras und seiner Gäste: er drängte sich vor, wie Einer, der keine Zeit zu verlieren hat, faßte die Hand Zarathustras und rief: »Aber Zarathustra!

Eins ist notwendiger als das Andre, so redest du selber: wohlan, eins ist *mir* jetzt notwendiger als alles Andere.

Ein Wort zur rechten Zeit: hast du mich nicht zum *Mahle* eingeladen? Und hier sind Viele, die lange Wege machten. Du willst uns doch nicht mit Reden abspeisen?

Auch gedachtet ihr Alle mir schon zu viel des Erfrierens, Ertrinkens, Erstickens und andrer Leibes-Notstände: Keiner aber gedachte *meines* Notstandes, nämlich des Verhungerns – «

(Also sprach der Wahrsager; wie die Tiere Zarathustras aber diese Worte hörten, liefen sie vor Schrecken davon. Denn sie sahen, daß, was sie auch am Tage heimgebracht hatten, nicht genug sein werde, den Einen Wahrsager zu stopfen.)

»Eingerechnet das Verdursten«, fuhr der Wahrsager fort. »Und ob ich schon Wasser hier plätschern höre, gleich Reden der Weisheit, nämlich reichlich und unermüdlich: ich – will *Wein*!

Nicht Jeder ist gleich Zarathustra ein geborner Wassertrinker. Wasser taugt auch nicht für Müde und Verwelkte: *uns* gebührt Wein, – *der* erst gibt plötzliches Genesen und stegreife Gesundheit!«

Bei dieser Gelegenheit, da der Wahrsager nach Wein begehrte, geschah es, daß auch der König zur Linken, der Schweigsame, einmal zu Worte kam. »Für Wein«, sprach er, »trugen *wir* Sorge, ich samt meinem Bruder, dem Könige zur Rechten: wir haben Weins genug – einen ganzen Esel voll. So fehlt Nichts als Brot.«

»Brot?« entgegnete Zarathustra und lachte dazu. »Nur gerade Brot haben Einsiedler nicht. Aber der Mensch lebt nicht vom Brot allein, sondern auch vom Fleische guter Lämmer, deren ich zwei habe:

– *Die* soll man geschwinde schlachten und würzig, mit Salbei, zubereiten: so liebe ich's. Und auch an Wurzeln und Früchten fehlt es nicht, gut genug selbst für Lecker- und Schmeckerlinge; noch an Nüssen und andern Rätseln zum Knacken.

Also wollen wir in Kürze eine gute Mahlzeit machen. Wer aber mit essen will, muß auch mit Hand anlegen, auch die Könige. Bei Zarathustra nämlich darf auch ein König Koch sein.«

Mit diesem Vorschlage war Allen nach dem Herzen geredet: nur daß der freiwillige Bettler sich gegen Fleisch und Wein und Würzen sträubte.

»Nun hört mir doch diesen Schlemmer Zarathustra!« sagte er scherzhaft: »geht man dazu in Höhlen und Hoch-Gebirge, daß man solche Mahlzeiten macht?

Nun freilich verstehe ich, was er einst uns lehrte: ›Gelobt sei die kleine Armut!‹ und warum er die Bettler abschaffen will.«

»Sei guter Dinge«, antwortete ihm Zarathustra, »wie ich es bin. Bleibe bei deiner Sitte, du Trefflicher, malme deine Körner, trink dein Wasser, lobe deine Küche: wenn sie dich nur fröhlich macht!

Ich bin ein Gesetz nur für die Meinen, ich bin kein Gesetz für Alle. Wer aber zu mir gehört, der muß von starken Knochen sein, auch von leichten Füßen, –

– lustig zu Kriegen und Festen, kein Düsterling, kein Traum-Hans, bereit zum Schwersten wie zu seinem Feste, gesund und heil.

Das Beste gehört den Meinen und mir; und gibt man's uns

nicht, so nehmen wir's: – die beste Nahrung, den reinsten Himmel, die stärksten Gedanken, die schönsten Fraun!« –

Also sprach Zarathustra; der König zur Rechten aber entgegnete: »Seltsam! Vernahm man je solche kluge Dinge aus dem Munde eines Weisen?

Und wahrlich, das ist das Seltsamste an einem Weisen, wenn er zu alledem auch noch klug und kein Esel ist.«

Also sprach der König zur Rechten und wunderte sich; der Esel aber sagte zu seiner Rede mit bösem Willen I-A. Dies aber war der Anfang von jener langen Mahlzeit, welche »das Abendmahl« in den Historien-Büchern genannt wird. Bei derselben aber wurde von nichts Anderem geredet als *vom höheren Menschen.*

Vom höheren Menschen

1.

Als ich zum ersten Male zu den Menschen kam, da tat ich die Einsiedler-Torheit, die große Torheit: ich stellte mich auf den Markt.

Und als ich zu Allen redete, redete ich zu Keinem. Des Abends aber waren die Seiltänzer meine Genossen, und Leichname; und ich selber fast ein Leichnam.

Mit dem neuen Morgen aber kam mir eine neue Wahrheit: da lernte ich sprechen »Was geht mich Markt und Pöbel und Pöbel-Lärm und lange Pöbel-Ohren an!«

Ihr höheren Menschen, Dies lernt von mir: auf dem Markt glaubt Niemand an höhere Menschen. Und wollt ihr dort reden, wohlan! Der Pöbel aber blinzelt »wir sind Alle gleich«.

»Ihr höheren Menschen«, – so blinzelt der Pöbel – »es gibt keine höheren Menschen, wir sind Alle gleich, Mensch ist Mensch, vor Gott – sind wir Alle gleich!«

Vor Gott! – Nun aber starb dieser Gott. Vor dem Pöbel aber

wollen wir nicht gleich sein. Ihr höheren Menschen, geht weg vom Markt!

2.

Vor Gott! – Nun aber starb dieser Gott! Ihr höheren Menschen, dieser Gott war eure größte Gefahr.

Seit er im Grabe liegt, seid ihr erst wieder auferstanden. Nun erst kommt der große Mittag, nun erst wird der höhere Mensch – Herr!

Verstandet ihr dies Wort, oh meine Brüder? Ihr seid erschreckt: wird euren Herzen schwindlig? Klafft euch hier der Abgrund? Kläfft euch hier der Höllenhund?

Wohlan! Wohlauf! Ihr höheren Menschen! Nun erst kreißt der Berg der Menschen-Zukunft. Gott starb: nun wollen *wir*, – daß der Übermensch lebe.

3.

Die Sorglichsten fragen heute: »wie bleibt der Mensch erhalten?« Zarathustra aber fragt als der Einzige und Erste: »Wie wird der Mensch *überwunden*?«

Der Übermensch liegt mir am Herzen, *der* ist mein Erstes und Einziges, – und *nicht* der Mensch: nicht der Nächste, nicht der Ärmste, nicht der Leidendste, nicht der Beste. –

Oh meine Brüder, was ich lieben kann am Menschen, das ist, daß er ein Übergang ist und ein Untergang. Und auch an euch ist Vieles, das mich lieben und hoffen macht.

Daß ihr verachtetet, ihr höheren Menschen, das macht mich hoffen. Die großen Verachtenden nämlich sind die großen Verehrenden.

Daß ihr verzweifeltet, daran ist Viel zu ehren. Denn ihr lerntet nicht, wie ihr euch ergäbet, ihr lerntet die kleinen Klugheiten nicht.

Heute nämlich wurden die kleinen Leute Herr: die predigen Alle Ergebung und Bescheidung und Klugheit und Fleiß und Rücksicht und das lange Und-so-weiter der kleinen Tugenden.

Was von Weibsart ist, was von Knechtsart stammt und sonderlich der Pöbel-Mischmasch: *Das* will nun Herr werden alles Menschen-Schicksals – oh Ekel! Ekel! Ekel!

Das frägt und frägt und wird nicht müde: »wie erhält sich der Mensch, am besten, am längsten, am angenehmsten?« Damit – sind sie die Herrn von heute.

Diese Herrn von heute überwindet mir, oh meine Brüder, – diese kleinen Leute: *die* sind des Übermenschen größte Gefahr!

Überwindet mir, ihr höheren Menschen, die kleinen Tugenden, die kleinen Klugheiten, die Sandkorn-Rücksichten, den Ameisen-Kribbelkram, das erbärmliche Behagen, das »Glück der Meisten« –!

Und lieber verzweifelt, als daß ihr euch ergebt. Und, wahrlich, ich liebe euch dafür, daß ihr heute nicht zu leben wißt, ihr höheren Menschen! So nämlich lebt *ihr* – am besten!

4.

Habt ihr Mut, oh meine Brüder? Seid ihr herzhaft? *Nicht* Mut vor Zeugen, sondern Einsiedler- und Adler-Mut, dem auch kein Gott mehr zusieht?

Kalte Seelen, Maultiere, Blinde, Trunkene heißen mir nicht herzhaft. Herz hat, wer Furcht kennt, aber Furcht *zwingt*, wer den Abgrund sieht, aber mit *Stolz*.

Wer den Abgrund sieht, aber mit Adlers-Augen, – wer mit Adlers-Krallen den Abgrund *faßt*: Der hat Mut – –

5.

»Der Mensch ist böse« – so sprachen mir zum Troste alle Weisesten. Ach, wenn es heute nur noch wahr ist! Denn das Böse ist des Menschen beste Kraft.

»Der Mensch muß besser und böser werden« – so lehre *ich*. Das Böseste ist nötig zu des Übermenschen Bestem.

Das mochte gut sein für jenen Prediger der kleinen Leute, daß er litt und trug an des Menschen Sünde. Ich aber erfreue mich der großen Sünde als meines großen *Trostes.* –

Solches ist aber nicht für lange Ohren gesagt. Jedwedes Wort gehört auch nicht in jedes Maul. Das sind feine ferne Dinge: nach denen sollen nicht Schafs-Klauen greifen!

6.

Ihr höheren Menschen, meint ihr, ich sei da, gut zu machen, was ihr schlecht machtet?

Oder ich wollte fürderhin euch Leidende bequemer betten? Oder euch Unstäten, Verirrten, Verkletterten neue leichtere Fußsteige zeigen?

Nein! Nein! Dreimal Nein! Immer mehr, immer Bessere eurer Art sollen zugrunde gehn, – denn ihr sollt es immer schlimmer und härter haben. So allein –

– so allein wächst der Mensch in die Höhe, wo der Blitz ihn trifft und zerbricht: hoch genug für den Blitz!

Auf Weniges, auf Langes, auf Fernes geht mein Sinn und meine Sehnsucht: was ginge mich euer kleines, vieles, kurzes Elend an!

Ihr leidet mir noch nicht genug! Denn ihr leidet an euch, ihr littet noch nicht *am Menschen.* Ihr würdet lügen, wenn ihr's anders sagtet! Ihr leidet Alle nicht, woran *ich* litt. – –

7.

Es ist mir nicht genug, daß der Blitz nicht mehr schadet. Nicht ableiten will ich ihn: er soll lernen für *mich* – arbeiten. –

Meine Weisheit sammelt sich lange schon gleich einer Wolke, sie wird stiller und dunkler. So tut jede Weisheit, welche einst *Blitze* gebären soll. –

Diesen Menschen von heute will ich nicht *Licht* sein, nicht Licht heißen. *Die* – will ich blenden: Blitz meiner Weisheit! stich ihnen die Augen aus!

8.

Wollt Nichts über euer Vermögen: es gibt eine schlimme Falschheit bei Solchen, die über ihr Vermögen wollen.

Sonderlich, wenn sie große Dinge wollen! Denn sie wecken Mißtrauen gegen große Dinge, diese feinen Falschmünzer und Schauspieler: –

– bis sie endlich falsch vor sich selber sind, schieläugig, übertünchter Wurmfraß, bemäntelt durch starke Worte, durch Aushänge-Tugenden, durch glänzende falsche Werke.

Habt da eine gute Vorsicht, ihr höheren Menschen! Nichts nämlich gilt mir heute kostbarer und seltner als Redlichkeit.

Ist dies Heute nicht des Pöbels? Pöbel aber weiß nicht, was groß, was klein, was gerade und redlich ist: der ist unschuldig krumm, der lügt immer.

9.

Habt heute ein gutes Mißtrauen, ihr höheren Menschen, ihr Beherzten! Ihr Offenherzigen! Und haltet eure Gründe geheim! Dies Heute nämlich ist des Pöbels.

Was der Pöbel ohne Gründe einst glauben lernte, wer könnte ihm durch Gründe Das – umwerfen?

Und auf dem Markte überzeugt man mit Gebärden. Aber Gründe machen den Pöbel mißtrauisch.

Und wenn da einmal Wahrheit zum Siege kam, so fragt euch mit gutem Mißtrauen: »welch starker Irrtum hat für sie gekämpft?«

Hütet euch auch vor den Gelehrten! Die hassen euch: denn sie sind unfruchtbar! Sie haben kalte vertrocknete Augen, vor ihnen liegt jeder Vogel entfedert.

Solche brüsten sich damit, daß sie nicht lügen: aber Ohnmacht zur Lüge ist lange noch nicht Liebe zur Wahrheit. Hütet euch!

Freiheit von Fieber ist lange noch nicht Erkenntnis! Ausgekälteten Geistern glaube ich nicht. Wer nicht lügen kann, weiß nicht, was Wahrheit ist.

10.

Wollt ihr hoch hinaus, so braucht die eignen Beine! Laßt euch nicht empor *tragen*, setzt euch nicht auf fremde Rücken und Köpfe!

Du aber stiegst zu Pferde? Du reitest nun hurtig hinauf zu deinem Ziele? Wohlan, mein Freund! Aber dein lahmer Fuß sitzt auch mit zu Pferde!

Wenn du an deinem Ziele bist, wenn du von deinem Pferde springst: auf deiner *Höhe* gerade, du höherer Mensch, – wirst du stolpern!

11.

Ihr Schaffenden, ihr höheren Menschen! Man ist nur für das eigne Kind schwanger.

Laßt euch nichts vorreden, einreden! Wer ist denn *euer* Nächster? Und handelt ihr auch »für den Nächsten«, – ihr schafft doch nicht für ihn!

Verlernt mir doch dies »Für«, ihr Schaffenden: eure Tugend gerade will es, daß ihr kein Ding mit »für« und »um« und »weil« tut. Gegen diese falschen kleinen Worte sollt ihr euer Ohr zukleben.

Das »für den Nächsten« ist die Tugend nur der kleinen Leute: da heißt es »gleich und gleich« und »Hand wäscht Hand«: – sie haben nicht Recht noch Kraft zu *eurem* Eigennutz!

In eurem Eigennutz, ihr Schaffenden, ist der Schwangeren Vorsicht und Vorsehung! Was Niemand noch mit Augen sah, die Frucht: die schirmt und schont und nährt eure ganze Liebe.

Wo eure ganze Liebe ist, bei eurem Kinde, da ist auch eure ganze Tugend! Euer Werk, euer Wille ist *euer* »Nächster«: laßt euch keine falschen Werte einreden!

12.

Ihr Schaffenden, ihr höheren Menschen! Wer gebären muß, der ist krank: wer aber geboren hat, ist unrein.

Fragt die Weiber: man gebiert nicht, weil es Vergnügen macht. Der Schmerz macht Hühner und Dichter gackern.

Ihr Schaffenden, an euch ist viel Unreines. Das macht, ihr mußtet Mütter sein.

Ein neues Kind: oh wieviel neuer Schmutz kam auch zur Welt! Geht beiseite! Und wer geboren hat, soll seine Seele rein waschen!

13.

Seid nicht tugendhaft über eure Kräfte! Und wollt Nichts von euch wider die Wahrscheinlichkeit!

Geht in den Fußstapfen, wo schon eurer Väter Tugend ging! Wie wolltet ihr hoch steigen, wenn nicht eurer Väter Wille mit euch steigt?

Wer aber Erstling sein will, sehe zu, daß er nicht auch Letztling werde! Und wo die Laster eurer Väter sind, darin sollt ihr nicht Heilige bedeuten wollen!

Wessen Väter es mit Weibern hielten und mit starken Weinen und Wildschweinen: was wäre es, wenn Der von sich Keuschheit wollte?

Eine Narrheit wäre es! Viel, wahrlich, dünkt es mich für einen Solchen, wenn er Eines oder zweier oder dreier Weiber Mann ist.

Und stiftete er Klöster und schriebe über die Tür: »der Weg zum Heiligen«, – ich spräche doch: wozu! es ist eine neue Narrheit!

Er stiftete sich selber ein Zucht- und Fluchthaus: wohl bekomm's! Aber ich glaube nicht daran.

In der Einsamkeit wächst, was Einer in sie bringt, auch das innere Vieh. Solchergestalt widerrät sich Vielen die Einsamkeit.

Gab es Schmutzigeres bisher auf Erden als Wüsten-Heilige? *Um* die herum war nicht nur der Teufel los, – sondern auch das Schwein.

14.

Scheu, beschämt, ungeschickt, einem Tiger gleich, dem der Sprung mißriet: also, ihr höheren Menschen, sah ich oft euch beiseite schleichen. Ein *Wurf* mißriet euch.

Aber, ihr Würfelspieler, was liegt daran! Ihr lerntet nicht spielen und spotten, wie man spielen und spotten muß! Sitzen wir nicht immer an einem großen Spott- und Spieltische?

Und wenn euch Großes mißriet, seid ihr selber darum – mißraten? Und mißrietet ihr selber, mißriet darum – der Mensch? Mißriet aber der Mensch: wohlan! wohlauf!

15.

Je höher von Art, je seltener gerät ein Ding. Ihr höheren Menschen hier, seid ihr nicht alle – mißgeraten?

Seit guten Mutes, was liegt daran! Wie Vieles ist noch möglich! Lernt über euch selber lachen, wie man lachen muß!

Was wunders auch, daß ihr mißrietet und halb gerietet, ihr Halb-Zerbrochenen! Drängt und stößt sich nicht in euch – des Menschen *Zukunft*?

Des Menschen Fernstes, Tiefstes, Sternen-Höchstes, seine ungeheure Kraft: schäumt Das nicht alles gegeneinander in eurem Topfe?

Was wunders, daß mancher Topf zerbricht! Lernt über euch lachen, wie man lachen muß! Ihr höheren Menschen, oh wie Vieles ist noch möglich!

Und wahrlich, wie Viel geriet schon! Wie reich ist diese Erde an kleinen guten vollkommenen Dingen, an Wohlgeratenem!

Stellt kleine gute vollkommne Dinge um euch, ihr höheren Menschen! Deren goldene Reife heilt das Herz. Vollkommnes lehrt hoffen.

16.

Welches war hier auf Erden bisher die größte Sünde? War es nicht das Wort Dessen, der sprach: »Wehe denen, die hier lachen!«

Fand er zum Lachen auf der Erde selber keine Gründe? So suchte er nur schlecht. Ein Kind findet hier noch Gründe.

Der – liebte nicht genug: sonst hätte er auch uns geliebt, die Lachenden! Aber er haßte und höhnte uns, Heulen und Zähneklappern verhieß er uns.

Muß man denn gleich fluchen, wo man nicht liebt? Das – dünkt mich ein schlechter Geschmack. Aber so tat er, dieser Unbedingte. Er kam vom Pöbel.

Und er selber liebte nur nicht genug: sonst hätte er weniger gezürnt, daß man ihn nicht liebe. Alle große Liebe *will* nicht Liebe: – die will mehr.

Geht aus dem Wege allen solchen Unbedingten! Das ist eine arme kranke Art, eine Pöbel-Art: sie sehn schlimm diesem Leben zu, sie haben den bösen Blick für diese Erde.

Geht aus dem Wege allen solchen Unbedingten! Sie haben schwere Füße und schwüle Herzen: – sie wissen nicht zu tanzen. Wie möchte – solchen wohl die Erde leicht sein!

17.

Krumm kommen alle guten Dinge ihrem Ziele nahe. Gleich Katzen machen sie Buckel, sie schnurren inwendig von ihrem nahen Glücke, – alle guten Dinge lachen.

Der Schritt verrät, ob Einer schon auf *seiner* Bahn schreitet: so seht mich gehn! Wer aber seinem Ziel nahe kommt, der tanzt.

Und, wahrlich, zum Standbild ward ich nicht, noch stehe ich nicht da, starr, stumpf, steinern, eine Säule; ich liebe geschwindes Laufen.

Und wenn es auf Erden auch Moor und dicke Trübsal gibt: wer leichte Füße hat, läuft über Schlamm noch hinweg und tanzt wie auf gefegtem Eise.

Erhebt eure Herzen, meine Brüder, hoch! höher! Und vergeßt mir auch die Beine nicht! Erhebt auch eure Beine, ihr guten Tänzer, und besser noch: ihr steht auch auf dem Kopf!

18.

Diese Krone des Lachenden, diese Rosenkranz-Krone: ich selber setzte mir diese Krone auf, ich selber sprach heilig mein Gelächter. Keinen Anderen fand ich heute stark genug dazu.

Zarathustra der Tänzer, Zarathustra der Leichte, der mit den Flügeln winkt, ein Flugbereiter, allen Vögeln zuwinkend, bereit und fertig, ein Selig-Leichtfertiger: –

Zarathustra der Wahrsager, Zarathustra der Wahrlacher, kein Ungeduldiger, kein Unbedingter, Einer, der Sprünge und Seitensprünge liebt; ich selber setzte mir diese Krone auf!

19.

Erhebt eure Herzen, meine Brüder, hoch! höher! Und vergeßt mir auch die Beine nicht! Erhebt auch eure Beine, ihr guten Tänzer, und besser noch: ihr steht auch auf dem Kopf!

Es gibt auch im Glück schweres Getier, es gibt Plumpfüßler von Anbeginn. Wunderlich mühn sie sich ab, einem Elefanten gleich, der sich müht auf dem Kopf zu stehn.

Besser aber noch närrisch sein vor Glücke als närrisch vor Unglücke, besser plump tanzen als lahm gehn. So lernt mir doch meine Weisheit ab: auch das schlimmste Ding hat zwei gute Kehrseiten, –

– auch das schlimmste Ding hat gute Tanzbeine: so lernt mir doch euch selbst, ihr höheren Menschen, auf eure rechten Beine stellen!

So verlernt mir doch Trübsal-Blasen und alle Pöbel-Traurigkeit! Oh wie traurig dünken mich heute des Pöbels Hanswürste noch! Dies Heute aber ist des Pöbels.

20.

Dem Winde tut mir gleich, wenn er aus seinen Berghöhlen stürzt: nach seiner eignen Pfeife will er tanzen, die Meere zittern und hüpfen unter seinen Fußstapfen.

Der den Eseln Flügel gibt, der Löwinnen melkt, gelobt sei dieser gute unbändige Geist, der allem Heute und allem Pöbel wie ein Sturmwind kommt, –

– der Distel- und Tiftelköpfen feind ist und allen welken Blättern und Unkräutern: gelobt sei dieser wilde gute freie Sturmgeist, welcher auf Mooren und Trübsalen wie auf Wiesen tanzt!

Der die Pöbel-Schwindhunde haßt und alles mißratene düstere Gezücht: gelobt sei dieser Geist aller freien Geister, der lachende Sturm, welcher allen Schwarzsichtigen, Schwärsüchtigen Staub in die Augen bläst!

Ihr höheren Menschen, euer Schlimmstes ist: ihr lerntet Alle nicht tanzen, wie man tanzen muß – über euch hinweg tanzen! Was liegt daran, daß ihr mißrietet!

Wie Vieles ist noch möglich! So *lernt* doch über euch hinweg lachen! Erhebt eure Herzen, ihr guten Tänzer, hoch! höher! und vergeßt mir auch das gute Lachen nicht!

Diese Krone des Lachenden, diese Rosenkranz-Krone: euch, meinen Brüdern, werfe ich diese Krone zu! Das Lachen sprach ich heilig; ihr höheren Menschen, *lernt* mir – lachen!

Das Lied der Schwermut

1.

Als Zarathustra diese Reden sprach, stand er nahe dem Eingange seiner Höhle; mit den letzten Worten aber entschlüpfte er seinen Gästen und floh für eine kurze Weile ins Freie.

»Oh reine Gerüche um mich, rief er aus, oh selige Stille um mich! Aber wo sind meine Tiere? Heran, heran, mein Adler und meine Schlange!

Sagt mir doch, meine Tiere: diese höheren Menschen insgesamt – *riechen* sie vielleicht nicht gut? Oh reine Gerüche um mich! Jetzo weiß und fühle ich erst, wie ich euch, meine Tiere, liebe.«

– Und Zarathustra sprach nochmals: »ich liebe euch, meine Tiere!« Der Adler aber und die Schlange drängten sich an ihn,

als er diese Worte sprach, und sahen zu ihm hinauf. Solchergestalt waren sie zu drei still beisammen und schnüffelten und
schlürften miteinander die gute Luft. Denn die Luft war hier
draußen besser als bei den höheren Menschen.

2.

Kaum aber hatte Zarathustra seine Höhle verlassen, da erhob
sich der alte Zauberer, sah listig umher und sprach: »Er ist hinaus! Und schon, ihr höheren Menschen – daß ich euch mit diesem Lob- und Schmeichel-Namen kitzle, gleich ihm selber –
schon fällt mich mein schlimmer Trug- und Zaubergeist an,
mein schwermütiger Teufel,

– welcher diesem Zarathustra ein Widersacher ist aus dem
Grunde: vergebt es ihm! Nun *will* er vor euch zaubern, er hat
gerade *seine* Stunde; umsonst ringe ich mit diesem bösen Geiste.

Euch Allen, welche Ehren ihr euch mit Worten geben mögt,
ob ihr euch ›die freien Geister‹ nennt oder ›die Wahrhaftigen‹
oder ›die Büßer des Geistes‹ oder ›die Entfesselten‹ oder ›die
großen Sehnsüchtigen‹,

– euch Allen, die ihr *am großen Ekel* leidet gleich mir, denen
der alte Gott starb und noch kein neuer Gott in Wiegen und
Windeln liegt, – euch Allen ist mein böser Geist und Zauber-
Teufel hold.

Ich kenne euch, ihr höheren Menschen, ich kenne ihn, – ich
kenne auch diesen Unhold, den ich wider Willen liebe, diesen
Zarathustra: er selber dünkt mich öfter gleich einer schönen
Heiligen-Larve,

– gleich einem neuen wunderlichen Mummenschanze, in
dem sich mein böser Geist, der schwermütige Teufel, gefällt: –
ich liebe Zarathustra, so dünkt mich oft, um meines bösen Geistes willen. –

Aber schon fällt der mich an und zwingt mich, dieser Geist
der Schwermut, dieser Abend-Dämmerungs-Teufel: und,
wahrlich, ihr höheren Menschen, es gelüstet ihn –

– macht nur die Augen auf! – es gelüstet ihn, *nackt* zu kommen, ob männlich, ob weiblich, noch weiß ich's nicht: aber er kommt, er zwingt mich, wehe! macht eure Sinne auf!

Der Tag klingt ab, allen Dingen kommt nun der Abend, auch den besten Dingen; hört nur und seht, ihr höheren Menschen, welcher Teufel, ob Mann, ob Weib, dieser Geist der Abend-Schwermut ist!«

Also sprach der alte Zauberer, sah listig umher und griff dann zu seiner Harfe.

3.

Bei abgehellter Luft,
Wenn schon des Taus Tröstung
Zur Erde niederquillt,
Unsichtbar, auch ungehört –
Denn zartes Schuhwerk trägt
Der Tröster Tau gleich allen Trost-Milden –:
Gedenkst du da, gedenkst du, heißes Herz,
Wie einst du durstetest,
Nach himmlischen Tränen und Tau-Geträufel
Versengt und müde durstetest,
Dieweil auf gelben Gras-Pfaden
Boshaft abendliche Sonnenblicke
Durch schwarze Bäume um dich liefen,
Blendende Sonnen-Glutblicke, schadenfrohe?

»*Der Wahrheit Freier*? Du?« – so höhnten sie –
»Nein! Nur ein Dichter!
Ein Tier, ein listiges, raubendes, schleichendes,
Das lügen muß,
Das wissentlich, willentlich lügen muß:
Nach Beute lüstern,
Bunt verlarvt,

Sich selber Larve,
Sich selbst zur Beute –
Das – der Wahrheit Freier?
Nein! Nur Narr! Nur Dichter!
Nur Buntes redend,
Aus Narren-Larven bunt herausschreiend,
Herumsteigend auf lügnerischen Wort-Brücken,
Auf bunten Regenbogen,
Zwischen falschen Himmeln
Und falschen Erden,
Herumschweifend, herumschwebend, –
Nur Narr! *Nur* Dichter!

Das – der Wahrheit Freier?
Nicht still, starr, glatt, kalt,
Zum Bilde worden,
Zur Gottes-Säule,
Nicht aufgestellt vor Tempeln,
Eines Gottes Türwart:
Nein! feindselig solchen Wahrheits-Standbildern,
In jeder Wildnis heimischer als vor Tempeln,
Voll Katzen-Mutwillens,
Durch jedes Fenster springend
Husch! in jeden Zufall,
Jedem Urwalde zuschnüffelnd,
Süchtig-sehnsüchtig zuschnüffelnd,
Daß du in Urwäldern
Unter buntgefleckten Raubtieren
Sündlich-gesund und bunt und schön liefest,
Mit lüsternen Lefzen,
Selig-höhnisch, selig-höllisch, selig-blutgierig,
Raubend, schleichend, lugend liefest: –

Oder dem Adler gleich, der lange,
Lange starr in Abgründe blickt,

In *seine* Abgründe: – –
Oh wie sie sich hier hinab,
Hinunter, hinein,
In immer tiefere Tiefen ringeln! –
Dann,
Plötzlich, geraden Zugs,
Gezückten Flugs,
Auf *Lämmer* stoßen,
Jach hinab, heißhungrig,
Nach Lämmern lüstern,
Gram allen Lamms-Seelen,
Grimmig-gram Allem, was blickt
Schafmäßig, lammäugig, krauswollig,
Grau mit Lamms-Schafs-Wohlwollen!

Also
Adlerhaft, pantherhaft
Sind des Dichters Sehnsüchte,
Sind *deine* Sehnsüchte unter tausend Larven,
Du Narr! Du Dichter!

Der du den Menschen schautest
So Gott als Schaf –:
Den Gott *zerreißen* im Menschen
Wie das Schaf im Menschen,
und zerreißend *lachen* –

Das, das ist deine Seligkeit!
Eines Panthers und Adlers Seligkeit!
Eines Dichters und Narren Seligkeit!« – –

Bei abgehellter Luft,
Wenn schon des Monds Sichel
Grün zwischen Purpurröten
Und neidisch hinschleicht:

– dem Tage feind,
Mit jedem Schritte heimlich
An Rosen-Hängematten
Hinsichelnd, bis sie sinken,
Nacht-abwärts blaß hinabsinken: –

So sank ich selber einstmals
Aus meinem Wahrheits-Wahnsinne,
Aus meinen Tages-Sehnsüchten,
Des Tages müde, krank vom Lichte,
– sank abwärts, abendwärts, schattenwärts:

Von Einer Wahrheit
Verbrannt und durstig:
– gedenkst du noch, gedenkst du, heißes Herz,
Wie da du durstetest? –
Daß ich verbannt sei
Von aller Wahrheit,
Nur Narr!
Nur Dichter!

Von der Wissenschaft

Also sang der Zauberer; und Alle, die beisammen waren, gingen gleich Vögeln unvermerkt in das Netz seiner listigen und schwermütigen Wollust. Nur der Gewissenhafte des Geistes war nicht eingefangen: er nahm flugs dem Zauberer die Harfe weg und rief »Luft! Laßt gute Luft herein! Laßt Zarathustra herein! Du machst diese Höhle schwül und giftig, du schlimmer alter Zauberer!

Du verführst, du Falscher, Feiner, zu unbekannten Begierden und Wildnissen. Und wehe, wenn Solche wie du, von der *Wahrheit* Redens und Wesens machen!

Wehe allen freien Geistern, welche nicht vor *solchen* Zauberern auf der Hut sind! Dahin ist es mit ihrer Freiheit: du lehrst und lockst zurück in Gefängnisse, –

– du alter schwermütiger Teufel, aus deiner Klage klingt eine Lockpfeife, du gleichst Solchen, welche mit ihrem Lobe der Keuschheit heimlich zu Wollüsten laden!«

Also sprach der Gewissenhafte; der alte Zauberer aber blickte um sich, genoß seines Sieges und verschluckte darüber den Verdruß, welchen ihm der Gewissenhafte machte. »Sei still!« sagte er mit bescheidener Stimme, »gute Lieder wollen gut widerhallen; nach guten Liedern soll man lange schweigen.

So tun es diese Alle, die höheren Menschen. Du aber hast wohl Wenig von meinem Lied verstanden? In dir ist Wenig von einem Zaubergeiste.«

»Du lobst mich«, entgegnete der Gewissenhafte, »indem du mich von dir abtrennst, wohlan! Aber ihr Anderen, was sehe ich? Ihr sitzt alle noch mit lüsternen Augen da –:

Ihr freien Seelen, wohin ist eure Freiheit! Fast, dünkt mich's, gleicht ihr solchen, die lange schlimmen tanzenden nackten Mädchen zusahn: eure Seelen tanzen selber!

In euch, ihr höheren Menschen, muß mehr von Dem sein, was der Zauberer seinen bösen Zauber- und Truggeist nennt: – wir müssen wohl verschieden sein.

Und wahrlich, wir sprachen und dachten genug mitsammen, ehe Zarathustra heimkam zu seiner Höhle, als daß ich nicht wüßte: wir *sind* verschieden.

Wir *suchen* Verschiednes auch hier oben, ihr und ich. Ich nämlich suche mehr *Sicherheit*, deshalb kam ich zu Zarathustra. Der nämlich ist noch der festeste Turm und Wille –

– heute, wo Alles wackelt, wo alle Erde bebt. Ihr aber, wenn ich eure Augen sehe, die ihr macht, fast dünkt mich's, ihr sucht *mehr Unsicherheit*,

– mehr Schauder, mehr Gefahr, mehr Erdbeben. Euch gelüstet, fast dünkt mich's so, vergebt meinem Dünkel, ihr höheren Menschen, –

– euch gelüstet nach dem schlimmsten gefährlichsten Leben,

das mir am meisten Furcht macht, nach dem Leben wilder Tiere, nach Wäldern, Höhlen, steilen Bergen und Irr-Schlünden.

Und nicht die Führer *aus* der Gefahr gefallen euch am besten, sondern die euch von allen Wegen abführen, die Verführer. Aber, wenn solch Gelüsten an euch *wirklich* ist, so dünkt es mich trotzdem *unmöglich*.

Furcht nämlich – das ist des Menschen Erb- und Grundgefühl; aus der Furcht erklärt sich Jegliches, Erbsünde und Erbtugend. Aus der Furcht wuchs auch *meine* Tugend, die heißt: Wissenschaft.

Die Furcht nämlich vor wildem Getier – die wurde dem Menschen am längsten angezüchtet, einschließlich das Tier, das er in sich selber birgt und fürchtet: – Zarathustra heißt es ›das innere Vieh‹.

Solche lange alte Furcht, endlich fein geworden, geistlich, geistig – heute, dünkt mich, heißt sie: *Wissenschaft*.«

Also sprach der Gewissenhafte; aber Zarathustra, der eben in seine Höhle zurückkam und die letzte Rede gehört und erraten hatte, warf dem Gewissenhaften eine Handvoll Rosen zu und lachte ob seiner »Wahrheiten«.

»Wie!« rief er, »was hörte ich da eben? Wahrlich, mich dünkt, du bist ein Narr oder ich selber bin's: und deine ›Wahrheit‹ stelle ich rucks und flugs auf den Kopf.

Furcht nämlich – ist unsre Ausnahme, Mut aber und Abenteuer und Lust am Ungewissen, am Ungewagten, – *Mut* dünkt mich des Menschen ganze Vorgeschichte.

Den wildesten mutigsten Tieren hat er alle ihre Tugenden abgeneidet und abgeraubt: so erst wurde er – zum Menschen.

Dieser Mut, endlich fein geworden, geistlich, geistig, dieser Menschen-Mut mit Adler-Flügeln und Schlangen-Klugheit: *der*, dünkt mich, heißt heute –«

»*Zarathustra*!« schrien Alle, die beisammensaßen, wie aus einem Munde und machten dazu ein großes Gelächter; es hob sich aber von ihnen wie eine schwere Wolke. Auch der Zauberer lachte und sprach mit Klugheit: »Wohlan! Er ist davon, mein böster Geist!

Und habe ich euch nicht selber vor ihm gewarnt, als ich sagte, daß er ein Betrüger sei, ein Lug- und Truggeist?

Sonderlich nämlich, wenn er sich nackend zeigt, Aber was kann *ich* für seine Tücken! Habe *ich* ihn und die Welt geschaffen?

Wohlan! Seien wir wieder gut und guter Dinge! Und ob schon Zarathustra böse blickt – seht ihn doch! er ist mir gram –:

– bevor die Nacht kommt, lernt er wieder mich lieben und loben, er kann nicht lange leben, ohne solche Torheiten zu tun.

Der – liebt seine Feinde: diese Kunst versteht er am besten von Allen, die ich sah. Aber er nimmt Rache dafür – an seinen Freunden!«

Also sprach der alte Zauberer, und die höheren Menschen zollten ihm Beifall: so daß Zarathustra herumging und mit Bosheit und Liebe seinen Freunden die Hände schüttelte, – gleichsam als Einer, der an Allen Etwas gutzumachen und abzubitten hat. Als er aber dabei an die Tür seiner Höhle kam, siehe, da gelüstete ihn schon wieder nach der guten Luft da draußen und seinen Tieren, – und er wollte hinausschlüpfen.

Unter Töchtern der Wüste

1.

»Gehe nicht davon!« sagte da der Wanderer, der sich den Schatten Zarathustras nannte, bleibe bei uns, – es möchte sonst uns die alte dumpfe Trübsal wieder anfallen.

Schon gab uns jener alte Zauberer von seinem Schlimmsten zum Besten, und siehe doch, der gute fromme Papst da hat Tränen in den Augen und sich ganz wieder aufs Meer der Schwermut eingeschifft.

Diese Könige da mögen wohl vor uns noch gute Miene machen: das lernten *Die* nämlich von uns Allen heute am besten!

Hätten sie aber keine Zeugen, ich wette, auch bei ihnen finge das böse Spiel wieder an –

– das böse Spiel der ziehenden Wolken, der feuchten Schwermut, der verhängten Himmel, der gestohlenen Sonnen, der heulenden Herbst-Winde,

– das böse Spiel unsres Heulens und Notschreiens: bleibe bei uns, oh Zarathustra! Hier ist viel verborgenes Elend, das reden will, viel Abend, viel Wolke, viel dumpfe Luft!

Du nährtest uns mit starker Manns-Kost und kräftigen Sprüchen: laß es nicht zu, daß uns zum Nachtisch die weichlichen weiblichen Geister wieder anfallen!

Du allein machst die Luft um dich herum stark und klar! Fand ich je auf Erden so gute Luft als bei dir in deiner Höhle?

Vielerlei Länder sah ich doch, meine Nase lernte vielerlei Luft prüfen und abschätzen: aber bei dir schmecken meine Nüstern ihre größte Lust!

Es sei denn, – es sei denn –, oh vergib eine alte Erinnerung! Vergib mir ein altes Nachtisch-Lied, das ich einst unter Töchtern der Wüste dichtete: –

bei denen nämlich gab es gleich gute helle morgenländische Luft; dort war ich am fernsten vom wolkigen feuchten schwermütigen Alt-Europa!

Damals liebte ich solcherlei Morgenland-Mädchen und andres blaues Himmelreich, über dem keine Wolken und keine Gedanken hängen.

Ihr glaubt es nicht, wie artig sie dasaßen, wenn sie nicht tanzten, tief, aber ohne Gedanken, wie kleine Geheimnisse, wie bebänderte Rätsel, wie Nachtisch-Nüsse –

bunt und fremd fürwahr! aber ohne Wolken: Rätsel, die sich raten lassen: solchen Mädchen zuliebe erdachte ich damals einen Nachtisch-Psalm.«

Also sprach der Wanderer und Schatten; und ehe Jemand ihm antwortete, hatte er schon die Harfe des alten Zauberers ergriffen, die Beine gekreuzt und blickte gelassen und weise um sich: – mit den Nüstern aber zog er langsam und fragend die

Luft ein, wie einer, der in neuen Ländern neue fremde Luft ko-
stet. Darauf hob er mit einer Art Gebrüll zu singen an.

2.

Die Wüste wächst: weh Dem, der Wüsten birgt!

– Ha! Feierlich!
In der Tat feierlich!
Ein würdiger Anfang!
Afrikanisch feierlich!
Eines Löwen würdig
oder eines moralischen Brüllaffen –
– aber Nichts für euch,
Ihr allerliebsten Freundinnen,
Zu deren Füßen mir
Zum ersten Male,
Einem Europäer unter Palmen,
Zu sitzen vergönnt ist. Sela

Wunderbar wahrlich!
Da sitze ich nun,
Der Wüste nahe, und bereits
So ferne wieder der Wüste,
Auch in Nichts noch verwüstet:
Nämlich hinabgeschluckt
Von dieser kleinsten Oasis –:
– sie sperrte gerade gähnend
Ihr liebliches Maul auf,
Das wohlriechendste aller Mäulchen:
Da fiel ich hinein,
Hinab, hindurch – unter euch
Ihr allerliebsten Freundinnen! Sela.

Heil, Heil jenem Walfische,

Wenn er also es seinem Gaste
Wohl sein ließ! – ihr versteht
Meine gelehrte Anspielung?
Heil seinem Bauche,
Wenn er also
Ein so lieblicher Oasis-Bauch war
Gleich diesem: was ich aber in Zweifel ziehe,
– dafür komme ich aus Europa,
Das zweifelsüchtiger ist als alle
Ältlichen Eheweibchen.
Möge Gott es bessern!
Amen!

Da sitze ich nun,
In dieser kleinsten Oasis,
Einer Dattel gleich,
Braun, durchsüßt, goldschwürig, lüstern
Nach einem runden Mädchenmunde,
Mehr noch aber nach mädchenhaften
Eiskalten schneeweißen schneidigen
Beißzähnen: nach denen nämlich
Lechzt das Herz allen heißen Datteln. Sela.

Den genannten Südfrüchten
Ähnlich, allzuähnlich
Liege ich hier, von kleinen
Flügelkäfern
Umschnüffelt und umspielt,
Insgleichen von noch kleineren
Törichteren sündhafteren
Wünschen und Einfällen, –
Umlagert von euch,
Ihr stummen, ihr ahnungsvollen
Mädchen-Katzen,
Dudu und Suleika,

– *umsphinxt*, daß ich in Ein Wort
Viel Gefühle stopfe:
(– Vergebe mir Gott
Diese Sprach-Sünde!)
– sitze hier, die beste Luft schnüffelnd,
Paradieses-Luft wahrlich,
Lichte leichte Luft, goldgestreifte,
So gute Luft nur je
Vom Monde herabfiel –
Sei es aus Zufall,
Oder geschah es aus Übermute?
Wie die alten Dichter erzählen.
Ich Zweifler aber ziehe es
In Zweifel, dafür aber komme ich
Aus Europa,
Das zweifelsüchtiger ist als alle
Ältlichen Eheweibchen.
Möge Gott es bessern!
Amen!

Diese schönste Luft trinkend,
Mit Nüstern geschwellt gleich Bechern,
Ohne Zukunft, ohne Erinnerungen,
So sitze ich hier, ihr
Allerliebsten Freundinnen,
Und sehe der Palme zu,
Wie sie, einer Tänzerin gleich,
Sich biegt und schmiegt und in der Hüfte wiegt,
– man tut es mit, sieht man lange zu!
Einer Tänzerin gleich, die, wie mir scheinen will,
Zu lange schon, gefährlich lange
Immer, immer nur auf einem Beine stand?
– da vergaß sie darob, wie mir scheinen will,
Das andre Bein?

Vergebens wenigstens
Suchte ich das vermißte
Zwillings-Kleinod
– nämlich das andre Bein –
In der heiligen Nähe
Ihres allerliebsten, allerzierlichsten
Fächer- und Flatter- und Flitterröckchens.
Ja, wenn ihr mir, ihr schönen Freundinnen,
Ganz glauben wollt:
Sie hat es verloren!
Es ist dahin
Auf ewig dahin,
Das andre Bein!
Oh schade um das liebliche andere Bein!
Wo – mag es wohl weilen und verlassen trauern?
Das einsame Bein?
In Furcht vielleicht vor einem
Grimmen blondgelockten
Löwen-Untiere? Oder gar schon
Abgenagt, abgeknabbert –
Erbärmlich, wehe! wehe! abgeknabbert! Sela.

Oh weint mir nicht,
Weiche Herzen!
Weint mir nicht, ihr
Dattel-Herzen! Milch-Busen!
Ihr Süßholz-Herz-
Beutelchen!
Weine nicht mehr,
Bleiche Dudu!
Sei ein Mann, Suleika! Mut! Mut!
– Oder sollte vielleicht
Etwas Stärkendes, Herz-Stärkendes
Hier am Platze sein?
Ein gesalbter Spruch?

Ein feierlicher Zuspruch? –

Ha! Herauf, Würde!
Tugend-Würde! Europäer-Würde!
Blase, blase wieder,
Blasebalg der Tugend!
Ha!
Noch Ein Mal brüllen,
Moralisch brüllen,
Als moralischer Löwe
Von den Töchtern der Wüste brüllen!
– Denn Tugend-Geheul,
Ihr allerliebsten Mädchen,
Ist mehr als Alles
Europäer-Inbrunst, Europäer-Heißhunger!
Und da stehe ich schon
Als Europäer,
Ich kann nicht anders, Gott helfe mir!
Amen!

Die Wüste wächst: weh Dem, der Wüsten birgt!

Die Erweckung

1.

Nach dem Liede des Wandrers und Schattens wurde die Höhle
mit einem Male voll Lärmens und Lachens: und da die versammelten Gäste alle zugleich redeten, und auch der Esel, bei einer
solchen Ermutigung, nicht mehr still blieb, überkam Zarathustra ein kleiner Widerwille und Spott gegen seinen Besuch: ob
er sich gleich ihrer Fröhlichkeit erfreute. Denn sie dünkte ihm
ein Zeichen der Genesung. So schlüpfte er hinaus ins Freie und
sprach zu seinen Tieren.

»Wo ist nun ihre Not hin?« sprach er, und schon atmete er selber von seinem kleinen Überdrusse auf, – »bei mir verlernten sie, wie mich dünkt, das Notschrein!

– wenn auch, leider, noch nicht das Schrein.« Und Zarathustra hielt sich die Ohren zu, denn eben mischte sich das I-A des Esels wunderlich mit dem Jubel-Lärm dieser höheren Menschen.

»Sie sind lustig«, begann er wieder, »und wer weiß? vielleicht auf ihres Wirtes Unkosten; und lernten sie von mir lachen, so ist es doch nicht *mein* Lachen, das sie lernten.

Aber was liegt daran! Es sind alte Leute: sie genesen auf ihre Art, sie lachen auf ihre Art; meine Ohren haben schon Schlimmeres erduldet und wurden nicht unwirsch.

Dieser Tag ist ein Sieg: er weicht schon, er flieht, *der Geist der Schwere*, mein alter Erzfeind! Wie gut will dieser Tag enden, der so schlimm und schwer begann!

Und enden *will* er. Schon kommt der Abend: über das Meer her reitet er, der gute Reiter! Wie er sich wiegt, der Selige, Heimkehrende, in seinen purpurnen Sätteln!

Der Himmel blickt klar dazu, die Welt liegt tief: oh all ihr Wunderlichen, die ihr zu mir kamt, es lohnt sich schon, bei mir zu leben!«

Also sprach Zarathustra. Und wieder kam da das Geschrei und Gelächter der höheren Menschen aus der Höhle: da begann er von neuem.

»Sie beißen an, mein Köder wirkt, es weicht auch ihnen ihr Feind, der Geist der Schwere. Schon lernen sie über sich selber lachen: höre ich recht?

Meine Manns-Kost wirkt, mein Saft- und Kraft-Spruch: und wahrlich, ich nährte sie nicht mit Bläh-Gemüsen! Sondern mit Krieger-Kost, mit Eroberer-Kost: neue Begierden weckte ich.

Neue Hoffnungen sind in ihren Armen und Beinen, ihr Herz streckt sich aus. Sie finden neue Worte, bald wird ihr Geist Mutwillen atmen.

Solche Kost mag freilich nicht für Kinder sein, noch auch für sehnsüchtige alte und junge Weibchen. Denen überredet man anders die Eingeweide; deren Arzt und Lehrer bin ich nicht.

Der *Ekel* weicht diesen höheren Menschen: wohlan! das ist mein Sieg. In meinem Reiche werden sie sicher, alle dumme Scham läuft davon, sie schütten sich aus.

Sie schütten ihr Herz aus, gute Stunden kehren ihnen zurück, sie feiern und käuen wieder, – sie werden *dankbar*.

Das nehme ich als das beste Zeichen: sie werden dankbar. Nicht lange noch, und sie denken sich Feste aus und stellen Denksteine ihren alten Freunden auf.

Es sind *Genesende*!« Also sprach Zarathustra fröhlich zu seinem Herzen und schaute hinaus; seine Tiere aber drängten sich an ihn und ehrten sein Glück und sein Stillschweigen.

2.

Plötzlich aber erschrak das Ohr Zarathustras: die Höhle nämlich, welche bisher voller Lärmens und Gelächters war, wurde mit Einem Male totenstill; – seine Nase aber roch einen wohlriechenden Qualm und Weihrauch, wie von brennenden Pinien-Zapfen.

»Was geschieht? Was treiben sie?« fragte er sich und schlich zum Eingange heran, daß er seinen Gästen, unvermerkt, zusehn könne. Aber, Wunder über Wunder! was mußte er da mit seinen eigenen Augen sehen!

»Sie sind alle wieder *fromm* geworden, sie *beten*, sie sind toll!« – sprach er und verwunderte sich über die Maßen. Und, fürwahr! Alle diese höheren Menschen, die zwei Könige, der Papst außer Dienst, der schlimme Zauberer, der freiwillige Bettler, der Wandrer und Schatten, der alte Wahrsager, der Gewissenhafte des Geistes und der häßlichste Mensch: sie lagen Alle gleich Kindern und gläubigen alten Weibchen auf den Knien und beteten den Esel an. Und eben begann der häßlichste Mensch zu gurgeln und zu schnauben, wie als ob etwas Unaussprechliches aus ihm heraus wolle; als er es aber wirklich bis zu Worten gebracht hatte, siehe, da war es eine fromme seltsame Litanei zur Lobpreisung des angebeteten und angeräucherten Esels. Diese Litanei aber klang also:

Amen! Und Lob und Ehre und Weisheit und Dank und Preis und Stärke sei unserm Gott, von Ewigkeit zu Ewigkeit!

– Der Esel aber schrie dazu I-A.

Er trägt unsere Last, er nahm Knechtsgestalt an, er ist geduldsam von Herzen und redet niemals Nein; und wer seinen Gott liebt, der züchtigt ihn.

– Der Esel aber schrie dazu I-A.

Er redet nicht: es sei denn, daß er zur Welt, die er schuf, immer Ja sagt: also preist er seine Welt. Seine Schlauheit ist es, die nicht redet: so bekömmt er selten unrecht.

– Der Esel aber schrie dazu I-A.

Unscheinbar geht er durch die Welt. Grau ist die Leib-Farbe, in welche er seine Tugend hüllt. Hat er Geist, so verbirgt er ihn; Jedermann aber glaubt an seine langen Ohren.

– Der Esel aber schrie dazu I-A.

Welche verborgene Weisheit ist das, daß er lange Ohren trägt und allein Ja und nimmer Nein sagt! Hat er nicht die Welt erschaffen nach seinem Bilde, nämlich so dumm als möglich?

– Der Esel aber schrie dazu I-A.

Du gehst gerade und krumme Wege, es kümmert dich wenig, was uns Menschen gerade oder krumm dünkt. Jenseits von Gut und Böse ist dein Reich. Es ist deine Unschuld, nicht zu wissen, was Unschuld ist.

– Der Esel aber schrie dazu I-A.

Siehe doch, wie du Niemanden von dir stößest, die Bettler nicht, noch die Könige. Die Kindlein lässest du zu dir kommen, und wenn dich die bösen Buben locken, so sprichst du einfältiglich I-A.

– Der Esel aber schrie dazu I-A.

Du liebst Eselinnen und frische Feigen, du bist kein Kostverächter. Eine Distel kitzelt dir das Herz, wenn du gerade Hunger hast. Darin liegt eines Gottes Weisheit.

– Der Esel aber schrie dazu I-A.

Das Eselsfest

1.

An dieser Stelle der Litanei aber konnte Zarathustra sich nicht länger bemeistern, schrie selber I-A, lauter noch als der Esel, und sprang mitten unter seine toll gewordenen Gäste. »Aber was treibt ihr da, ihr Menschenkinder?« rief er, indem er die Betenden vom Boden emporriß. »Wehe, wenn euch jemand Anderes zusähe als Zarathustra:

Jeder würde urteilen, ihr wäret mit eurem neuen Glauben die ärgsten Gotteslästerer oder die törichtsten aller alten Weiblein!

Und du selber, du alter Papst, wie stimmt Das mit dir selber zusammen, daß du solchergestalt einen Esel hier als Gott anbetest?« –

»Oh Zarathustra«, antwortete der Papst, »vergib mir, aber in Dingen Gottes bin ich aufgeklärter noch als du. Und so ist's billig.

Lieber Gott also anbeten, in dieser Gestalt, als in gar keiner Gestalt! Denke über diesen Spruch nach, mein hoher Freund: du errätst geschwind, in solchem Spruch steckt Weisheit.

Der, welcher sprach ›Gott ist ein Geist‹ – der machte bisher auf Erden den größten Schritt und Sprung zum Unglauben: solch Wort ist auf Erden nicht leicht wieder gutzumachen!

Mein altes Herz springt und hüpft darob, daß es auf Erden noch Etwas anzubeten gibt. Vergib das, oh Zarathustra, einem alten frommen Papst-Herzen! –«

– »Und du«, sagte Zarathustra zu dem Wandrer und Schatten, »du nennst und wähnst dich einen freien Geist? Und treibst hier solchen Götzen- und Pfaffendienst?

Schlimmer, wahrlich, treibst du's hier noch als bei deinen schlimmen braunen Mädchen, du schlimmer neuer Gläubiger!«

»Schlimm genug«, antwortete der Wandrer und Schatten, »du hast recht: aber was kann ich dafür! Der alte Gott lebt wieder, oh Zarathustra, du magst reden, was du willst.

Der häßlichste Mensch ist an Allem schuld: der hat ihn wieder auferweckt. Und wenn er sagt, daß er ihn einst getötet habe: *Tod* ist bei Göttern immer nur ein Vorurteil.«

– »Und du«, sprach Zarathustra, »du schlimmer alter Zauberer, was tatest du! Wer soll, in dieser freien Zeit, fürderhin an dich glauben, wenn *du* an solche Götter-Eseleien glaubst?

Es war eine Dummheit, was du tatest; wie konntest du, du Kluger, eine solche Dummheit tun!«

»Oh Zarathustra«, antwortete der kluge Zauberer, »du hast recht, es war eine Dummheit, – sie ist mir auch schwer genug geworden.«

– »Und du gar«, sagte Zarathustra zu dem Gewissenhaften des Geistes, »erwäge doch und lege den Finger an deine Nase! Geht hier denn Nichts wider dein Gewissen? Ist dein Geist nicht zu reinlich für dies Beten und den Dunst dieser Betbrüder?«

»Es ist Etwas daran«, antwortete der Gewissenhafte und legte den Finger an die Nase, »es ist Etwas an diesem Schauspiele, das meinem Gewissen sogar wohltut.

Vielleicht, daß ich an Gott nicht glauben darf: gewiß aber ist, daß Gott mir in dieser Gestalt noch am glaubwürdigsten dünkt.

Gott soll ewig sein, nach dem Zeugnisse der Frömmsten: wer so viel Zeit hat, läßt sich Zeit. So langsam und so dumm als möglich: *damit* kann ein Solcher es doch sehr weit bringen.

Und wer des Geistes zu viel hat, der möchte sich wohl in die Dumm- und Narrheit selber vernarren. Denke über dich selber nach, oh Zarathustra!

Du selber – wahrlich! auch du könntest wohl aus Überfluß und Weisheit zu einem Esel werden.

Geht nicht ein vollkommner Weiser gern auf den krümm-
sten Wegen? Der Augenschein lehrt es, oh Zarathustra – *dein*
Augenschein!«

– »Und du selber zuletzt«, sprach Zarathustra und wandte
sich gegen den häßlichsten Menschen, der immer noch auf dem
Boden lag, den Arm zu dem Esel emporhebend (er gab ihm
nämlich Wein zu trinken). »Sprich, du Unaussprechlicher, was
hast du da gemacht!

Du dünkst mich verwandelt, dein Auge glüht, der Mantel
des Erhabenen liegt um deine Häßlichkeit: *was* tatest du?

Ist es denn wahr, was Jene sagen, daß du ihn wieder auf-
wecktest? Und wozu? War er nicht mit Grund abgetötet und
abgetan?

Du selber dünkst mich aufgeweckt: was tatest du? Was
kehrtest *du um*? Was bekehrtest *du dich*? Sprich, du Unaussprechlicher!«

»Oh Zarathustra«, antwortete der häßlichste Mensch, »du
bist ein Schelm!

Ob *Der* noch lebt oder wieder lebt oder gründlich tot ist, –
wer von uns Beiden weiß Das am besten? Ich frage dich.

Eins aber weiß ich, – von dir selber lernte ich's einst, oh Zarathustra: wer am gründlichsten töten will, der *lacht.*

›Nicht durch Zorn, sondern durch Lachen tötet man‹ – so
sprachst du einst. Oh Zarathustra, du Verborgener, du Vernichter ohne Zorn, du gefährlicher Heiliger, – du bist ein
Schelm!«

2.

Da aber geschah es, daß Zarathustra verwundert über lauter
solche Schelmen-Antworten, zur Tür seiner Höhle zurück-
sprang und, gegen alle seine Gäste gewendet, mit starker Stimme schrie:

»Oh ihr Schalks-Narren allesamt, ihr Possenreißer! Was ver-
stellt und versteckt ihr euch vor mir!

Wie doch einem Jeden von euch das Herz zappelte vor Lust und Bosheit, darob, daß ihr endlich einmal wieder wurdet wie die Kindlein, nämlich fromm, –

– daß ihr endlich wieder tatet wie Kinder tun, nämlich betetet, hände-faltetet und ›lieber Gott‹ sagtet!

Aber nun laßt mir *diese* Kinderstube, meine eigne Höhle, wo heute alle Kinderei zu Hause ist. Kühlt hier draußen euren heißen Kinder-Übermut und Herzenslärm ab!

Freilich: so ihr nicht werdet wie die Kindlein, so kommt ihr nicht in das Himmelreich. (Und Zarathustra zeigte mit den Händen nach Oben.)

Aber wir wollen auch gar nicht ins Himmelreich: Männer sind wir worden, – *so wollen wir das Erdenreich.*«

3.

Und noch einmal hob Zarathustra an zu reden. »Oh meine neuen Freunde«, sprach er, – »ihr Wunderlichen, ihr höheren Menschen, wie gut gefallt ihr mir nun, –

– seit ihr wieder fröhlich wurdet! Ihr seid wahrlich Alle aufgeblüht: mich dünkt, solchen Blumen, wie ihr seid, tun *neue Feste* Not,

– ein kleiner tapferer Unsinn, irgendein Gottesdienst und Eselsfest, irgendein alter fröhlicher Zarathustra-Narr, ein Brausewind, der euch die Seelen hell bläst.

Vergeßt diese Nacht und dieses Eselsfest nicht, ihr höheren Menschen! *Das* erfandet ihr bei mir, Das nehme ich als gutes Wahrzeichen, – solcherlei erfinden nur Genesende!

Und feiert ihr es abermals, dieses Eselsfest, tut's euch zuliebe, tut's auch mir zuliebe! Und zu *meinem* Gedächtnis!«

Also sprach Zarathustra.

Das trunkne Lied

1.

Inzwischen aber war Einer nach dem Andern hinausgetreten ins Freie und in die kühle nachdenkliche Nacht; Zarathustra selber aber führte den häßlichsten Menschen an der Hand, daß er ihm seine Nacht-Welt und den großen runden Mond und die silbernen Wasserstürze bei seiner Höhle zeige. Da standen sie endlich still beieinander, lauter alte Leute, aber mit einem getrösteten tapferen Herzen und verwundert bei sich, daß es ihnen auf Erden so wohl war; die Heimlichkeit der Nacht aber kam ihnen näher und näher ans Herz. Und von neuem dachte Zarathustra bei sich: »oh wie gut sie mir nun gefallen, diese höheren Menschen!« – aber er sprach es nicht aus, denn er ehrte ihr Glück und ihr Stillschweigen. –

Da aber geschah Das, was an jenem erstaunlichen langen Tage das Erstaunlichste war: der häßlichste Mensch begann noch einmal und zum letzten Mal zu gurgeln und zu schnauben, und als er es bis zu Worten gebracht hatte, siehe, da sprang eine Frage rund und reinlich aus seinem Munde, eine gute tiefe klare Frage, welche Allen, die ihm zuhörten, das Herz im Leibe bewegte.

»Meine Freunde insgesamt«, sprach der häßlichste Mensch, »was dünket euch? Um dieses Tags willen – *ich* bin's zum ersten Male zufrieden, daß ich das ganze Leben lebte.

Und daß ich so viel bezeuge, ist mir noch nicht genug. Es lohnt sich auf der Erde zu leben: Ein Tag, ein Fest mit Zarathustra lehrte mich die Erde lieben.

›War *Das* – das Leben?‹ will ich zum Tode sprechen. ›Wohlan! Noch Ein Mal!‹

Meine Freunde, was dünket euch? Wollt ihr nicht gleich mir zum Tode sprechen: *War Das* – das Leben? Um Zarathustras willen, wohlan! Noch Ein Mal!« – –

Also sprach der häßlichste Mensch; es war aber nicht lange

vor Mitternacht. Und was glaubt ihr wohl, daß damals sich zutrug? Sobald die höheren Menschen seine Frage hörten, wurden sie sich mit Einem Male ihrer Verwandlung und Genesung
bewußt, und wer ihnen dieselbe gegeben habe: da sprangen sie
auf Zarathustra zu, dankend, verehrend, liebkosend, ihm die
Hände küssend, so wie es der Art eines Jeden eigen war: also
daß Einige lachten, Einige weinten. Der alte Wahrsager aber
tanzte vor Vergnügen; und wenn er auch, wie manche Erzähler
meinen, damals voll süßen Weines war, so war er gewißlich
noch voller des süßen Lebens und hatte aller Müdigkeit abgesagt. Es gibt sogar Solche, die erzählen, daß damals der Esel getanzt habe: nicht umsonst nämlich habe ihm der häßlichste
Mensch vorher Wein zu trinken gegeben. Dies mag sich nun so
verhalten oder auch anders; und wenn in Wahrheit an jenem
Abende der Esel nicht getanzt hat, so geschahen doch damals
größere und seltsamere Wunderdinge, als es das Tanzen eines
Esels wäre. Kurz, wie das Sprichwort Zarathustras lautet:
»was liegt daran!«

2.

Zarathustra aber, als sich dies mit dem häßlichsten Menschen
zutrug, stand da wie ein Trunkener: sein Blick erlosch, seine
Zunge lallte, seine Füße schwankten. Und wer möchte auch erraten, welche Gedanken dabei über Zarathustras Seele liefen?
Ersichtlich aber wich sein Geist zurück und floh voraus und
war in weiten Fernen und gleichsam »auf hohem Joche, wie geschrieben steht, zwischen zwei Meeren,

– zwischen Vergangenem und Zukünftigem als schwere
Wolke wandelnd«. Allgemach aber, während ihn die höheren
Menschen in den Armen hielten, kam er ein Wenig zu sich sel-
ber zurück und wehrte mit den Händen dem Gedränge der
Verehrenden und Besorgten; doch sprach er nicht. Mit Einem
Male aber wandte er schnell den Kopf, denn er schien Etwas zu
hören: da legte er den Finger an den Mund und sprach:
»*Kommt!*«

Und alsbald wurde es rings still und heimlich; aus der Tiefe aber kam langsam der Klang einer Glocke herauf. Zarathustra horchte darnach, gleich den höheren Menschen; dann aber legte er zum andern Male den Finger an den Mund und sprach wiederum: »*Kommt! Kommt! Es geht gen Mitternacht*!« – und seine Stimme hatte sich verwandelt. Aber immer noch rührte er sich nicht von der Stelle: da wurde es noch stiller und heimlicher, und Alles horchte, auch der Esel, und Zarathustras Ehrentiere, der Adler und die Schlange, insgleichen die Höhle Zarathustras und der große kühle Mond und die Nacht selber. Zarathustra aber legte zum dritten Male die Hand an den Mund und sprach:

Kommt! Kommt! Kommt! Laßt uns jetzo wandeln! Es ist die Stunde! Laßt uns in die Nacht wandeln!

3.

Ihr höheren Menschen, es geht gen Mitternacht: da will ich euch Etwas in die Ohren sagen, wie jene alte Glocke es mir ins Ohr sagt, –

– so heimlich, so schrecklich, so herzlich, wie jene Mitternachts-Glocke zu mir es redet, die mehr erlebt hat als Ein Mensch:

– welche schon eurer Väter Herzens-Schmerzens-Schläge abzählte – ach! ach! wie sie seufzt! wie sie im Traume lacht! die alte tiefe tiefe Mitternacht!

Still! Still! Da hört sich Manches, das am Tage nicht laut werden darf; nun aber, bei kühler Luft, da auch aller Lärm eurer Herzen stille ward, –

– nun redet es, nun hört es sich, nun schleicht es sich in nächtliche überwache Seelen: ach! ach! wie sie seufzt! wie sie im Traume lacht!

– hörst du's nicht, wie sie heimlich, schrecklich, herzlich zu *dir* redet, die alte tiefe tiefe Mitternacht?

Oh Mensch, gib acht!

410

4.

Wehe mir! Wo ist die Zeit hin? Sank ich nicht in tiefe Brunnen?
Die Welt schläft –

Ach! Ach! Der Hund heult, der Mond scheint. Lieber will
ich sterben, sterben, als euch sagen, was mein Mitternachts-
Herz eben denkt.

Nun starb ich schon. Es ist dahin. Spinne, was spinnst du
um mich? Willst du Blut? Ach! Ach! Der Tau fällt, die Stunde
kommt –

– die Stunde, wo mich fröstelt und friert, die fragt und fragt
und fragt: »wer hat Herz genug dazu?

– wer soll der Erde Herr sein? Wer will sagen: *so* sollt ihr laufen, ihr großen und kleinen Ströme!«

– die Stunde naht: oh Mensch, du höherer Mensch, gib acht!
Diese Rede ist für feine Ohren, für deine Ohren – *was spricht
die tiefe Mitternacht?*

5.

Es trägt mich dahin, meine Seele tanzt. Tagewerk! Tagewerk!
Wer soll der Erde Herr sein?

Der Mond ist kühl, der Wind schweigt. Ach! Ach! Flogt ihr
schon hoch genug? Ihr tanztet: aber ein Bein ist doch kein Flügel.

Ihr guten Tänzer, nun ist alle Lust vorbei: Wein ward Hefe,
jeder Becher ward mürbe, die Gräber stammeln.

Ihr flogt nicht hoch genug: nun stammeln die Gräber »erlöst
doch die Toten! Warum ist so lange Nacht? Macht uns nicht
der Mond trunken?«

Ihr höheren Menschen, erlöst doch die Gräber, weckt die
Leichname auf! Ach, was gräbt noch der Wurm? Es naht, es
naht die Stunde, –

– es brummt die Glocke, es schnarrt noch das Herz, es gräbt
noch der Holzwurm, der Herzenswurm. *Ach! Ach! Die Welt ist
tief!*

6.

Süße Leier! Süße Leier! Ich liebe deinen Ton, deinen trunkenen Unken-Ton! – wie lang her, wie fern her kommt mir dein Ton, weit her, von den Teichen der Liebe!

Du alte Glocke, du süße Leier! Jeder Schmerz riß dir ins Herz, Vaterschmerz, Väterschmerz, Urväterschmerz; deine Rede wurde reif, –

– reif gleich goldenem Herbste und Nachmittage, gleich meinem Einsiedlerherzen – nun redest du: die Welt selber ward reif, die Traube bräunt,

– nun will sie sterben, vor Glück sterben. Ihr höheren Menschen, riecht ihr's nicht? Es quillt heimlich ein Geruch herauf,

– ein Duft und Geruch der Ewigkeit, ein rosenseliger brauner Gold-Wein-Geruch von altem Glücke,

– von trunkenem Mitternachts-Sterbeglücke, welches singt: die Welt ist tief, *und tiefer als der Tag gedacht*!

7.

Laß mich! Laß mich! Ich bin zu rein für dich. Rühre mich nicht an! Ward meine Welt nicht eben vollkommen?

Meine Haut ist zu rein für deine Hände. Laß mich, du dummer tölpischer dumpfer Tag! Ist die Mitternacht nicht heller?

Die Reinsten sollen der Erde Herrn sein, die Unerkanntesten, Stärksten, die Mitternachts-Seelen, die heller und tiefer sind als jeder Tag.

Oh Tag, du tappst nach mir? Du tastest nach meinem Glücke? Ich bin dir reich, einsam, eine Schatzgrube, eine Goldkammer?

Oh Welt, du willst mich? Bin ich dir weltlich? Bin ich dir geistlich? Bin ich dir göttlich? Aber Tag und Welt, ihr seid zu plump, –

– habt klügere Hände, greift nach tieferem Glücke, nach tieferem Unglücke, greift nach irgendeinem Gotte, greift nicht nach mir:

– mein Unglück, mein Glück ist tief, du wunderlicher Tag, aber doch bin ich kein Gott, keine Gottes-Hölle: *tief ist ihr Weh.*

8.

Gottes Weh ist tiefer, du wunderliche Welt! Greife nach Gottes Weh, nicht nach mir! Was bin ich! Eine trunkene süße Leier, –

– eine Mitternachts-Leier, eine Glocken-Unke, die niemand versteht, aber welche reden *muß*, vor Tauben, ihr höheren Menschen! Denn ihr versteht mich nicht!

Dahin! Dahin! Oh Jugend! Oh Mittag! Oh Nachmittag! Nun kam Abend und Nacht und Mitternacht, – der Hund heult, der Wind:

– ist der Wind nicht ein Hund? Er winselt, er kläfft, er heult. Ach! Ach! wie sie seufzt! wie sie lacht, wie sie röchelt und keucht, die Mitternacht.

Wie sie eben nüchtern spricht, diese trunkene Dichterin! Sie übertrank wohl ihre Trunkenheit? Sie wurde überwach? Sie käut zurück?

– Ihr Weh käut sie zurück, im Traume, die alte tiefe Mitternacht, und mehr noch ihre Lust. Lust nämlich, wenn schon Weh tief ist: *Lust ist tiefer noch als Herzeleid.*

9.

Du Weinstock! Was preisest du mich? Ich schnitt dich doch! Ich bin grausam, du blutest –: was will dein Lob meiner trunkenen Grausamkeit?

»Was vollkommen ward, alles Reife – will sterben!« so redest du. Gesegnet, gesegnet sei das Winzermesser! Aber alles Unreife will leben: wehe!

Weh spricht: »Vergeh! Weg, du Wehe!« Aber Alles, was leidet, will leben, daß es reif werde und lustig und sehnsüchtig,

– sehnsüchtig nach Fernerem, Höherem, Hellerem. »Ich

will Erben«, so spricht Alles, was leidet, »ich will Kinder, ich will nicht *mich*«, –

Lust aber will nicht Erben, nicht Kinder, – Lust will sich selber, will Ewigkeit, will Wiederkunft, will Alles-sich-ewig-gleich.

Weh spricht: »Brich, blute, Herz! Wandle, Bein! Flügel, flieg! Hinan! Hinauf! Schmerz!« Wohlan! Wohlauf! Oh mein altes Herz: *Weh spricht: »Vergeh!«*

10.

Ihr höheren Menschen, was dünket euch? Bin ich ein Wahrsager? Ein Träumender? Trunkener? Ein Traumdeuter? Eine Mitternachtsglocke?

Ein Tropfen Taus? Ein Dunst und Duft der Ewigkeit? Hört ihr's nicht? Riecht ihr's nicht? Eben ward meine Welt vollkommen, Mitternacht ist auch Mittag, –

Schmerz ist auch eine Lust, Fluch ist auch ein Segen, Nacht ist auch eine Sonne, – geh davon! oder ihr lernt: ein Weiser ist auch ein Narr.

Sagtet ihr jemals Ja zu Einer Lust? Oh, meine Freunde, so sagtet ihr Ja auch zu *allem* Wehe. Alle Dinge sind verkettet, verfädelt, verliebt, –

– wolltet ihr jemals Ein Mal zweimal, spracht ihr jemals »du gefällst mir, Glück! Husch! Augenblick!« so wolltet ihr *Alles* zurück!

– Alles von neuem, Alles ewig, Alles verkettet, verfädelt, verliebt, oh so *liebtet* ihr die Welt, –

– ihr Ewigen, liebt sie ewig und allezeit: und auch zum Weh sprecht ihr: vergeh, aber komm zurück! *Denn alle Lust will – Ewigkeit!*

11.

Alle Lust will aller Dinge Ewigkeit, will Honig, will Hefe, will trunkene Mitternacht, will Gräber, will Gräber-Tränen-Trost, will vergüldetes Abendrot –

– *was* will nicht Lust! sie ist durstiger, herzlicher, hungriger, schrecklicher, heimlicher als alles Weh, sie will *sich*, sie beißt in *sich*, des Ringes Wille ringt in ihr, –

– sie will Liebe, sie will Haß, sie ist überreich, schenkt, wirft weg, bettelt, daß Einer sie nimmt, dankt dem Nehmenden, sie möchte gern gehaßt sein, –

– so reich ist Lust, daß sie nach Wehe durstet, nach Hölle, nach Haß, nach Schmach, nach dem Krüppel, nach *Welt*, – denn diese Welt, oh ihr kennt sie ja!

Ihr höheren Menschen, nach euch sehnt sie sich, die Lust, die unbändige, selige, – nach eurem Weh, ihr Mißratenen! Nach Mißratenem sehnt sich alle ewige Lust.

Denn alle Lust will sich selber, drum will sie auch Herzeleid! Oh Glück, oh Schmerz! Oh brich, Herz! Ihr höheren Menschen lernt es doch, Lust will Ewigkeit,

– Lust will *aller* Dinge Ewigkeit, *will tiefe, tiefe Ewigkeit!*

12.

Lerntet ihr nun mein Lied? Errietet ihr, was es will? Wohlan! Wohlauf! Ihr höheren Menschen, so singt mir nun meinen Rundgesang!

Singt mir nun selber das Lied, des Name ist »Noch einmal«, des Sinn ist »in alle Ewigkeit!« – singt, ihr höheren Menschen, Zarathustras Rundgesang!

> *Oh Mensch! Gib acht!*
> *Was spricht die tiefe Mitternacht?*
> *»Ich schlief, ich schlief –,*
> *Aus tiefem Traum bin ich erwacht: –*

415

Die Welt ist tief,
Und tiefer als der Tag gedacht.
Tief ist ihr Weh –,
Lust – tiefer noch als Herzeleid:
Weh spricht: Vergeh!
Doch alle Lust will Ewigkeit –,
– will tiefe, tiefe Ewigkeit!«

Das Zeichen

Des Morgens aber nach dieser Nacht sprang Zarathustra von seinem Lager auf, gürtete sich die Lenden und kam heraus aus seiner Höhle, glühend und stark, wie eine Morgensonne, die aus dunklen Bergen kommt.

»Du großes Gestirn«, sprach er, wie er einstmals gesprochen hatte, »du tiefes Glücks-Auge, was wäre all dein Glück, wenn du nicht *Die* hättest, welchen du leuchtest!

Und wenn sie in ihren Kammern blieben, während du schon wach bist und kommst und schenkst und austeilst: wie würde darob deine stolze Scham zürnen!

Wohlan! Sie schlafen noch, diese höheren Menschen, während *ich* wach bin: *das* sind nicht meine rechten Gefährten! Nicht auf sie warte ich hier in meinen Bergen.

Zu meinem Werke will ich, zu meinem Tage: aber sie verstehen nicht, was die Zeichen meines Morgens sind, mein Schritt – ist für sie kein Weckruf.

Sie schlafen noch in meiner Höhle, ihr Traum trinkt noch an meinen trunknen Liedern. Das Ohr doch, das nach *mir* horcht, – das *gehorchende* Ohr fehlt in ihren Gliedern.«

– Dies hatte Zarathustra zu seinem Herzen gesprochen, als die Sonne aufging: da blickte er fragend in die Höhe, denn er hörte über sich den scharfen Ruf seines Adlers. »Wohlan!« rief er hinauf, »so gefällt und gebührt es mir. Meine Tiere sind wach, denn ich bin wach.

Mein Adler ist wach und ehrt gleich mir die Sonne. Mit Adlers-Klauen greift er nach dem neuen Lichte. Ihr seid meine rechten Tiere; ich liebe euch.

Aber noch fehlen mir meine rechten Menschen!« –

Also sprach Zarathustra; da aber geschah es, daß er sich plötzlich wie von unzähligen Vögeln umschwärmt und umflattert hörte, – das Geschwirr so vieler Flügel aber und das Gedräng um sein Haupt war so groß, daß er die Augen schloß. Und wahrlich, einer Wolke gleich fiel es über ihn her, einer Wolke von Pfeilen gleich, welche sich über einen neuen Feind ausschüttet. Aber siehe, hier war es eine Wolke der Liebe, und über einen neuen Freund.

»Was geschieht mir?« dachte Zarathustra in seinem erstaunten Herzen und ließ sich langsam auf dem großen Steine nieder, der neben dem Ausgange seiner Höhle lag. Aber, indem er mit den Händen um sich und über sich und unter sich griff und den zärtlichen Vögeln wehrte, siehe, da geschah ihm etwas noch Seltsameres: er griff nämlich dabei unvermerkt in ein dichtes warmes Haar-Gezottel hinein; zugleich aber erscholl vor ihm ein Gebrüll – ein sanftes langes Löwen-Brüllen.

»*Das Zeichen kommt*«, sprach Zarathustra, und sein Herz verwandelte sich. Und in Wahrheit, als es helle vor ihm wurde, da lag ihm ein gelbes mächtiges Getier zu Füßen und schmiegte das Haupt an seine Knie und wollte nicht von ihm lassen vor Liebe, und tat einem Hunde gleich, welcher seinen alten Herrn wiederfindet. Die Tauben aber waren mit ihrer Liebe nicht minder eifrig als der Löwe; und jedesmal, wenn eine Taube über die Nase des Löwen huschte, schüttelte der Löwe das Haupt und wunderte sich und lachte dazu.

Zu dem Allen sprach Zarathustra nur Ein Wort: »*Meine Kinder sind nahe, meine Kinder*« –, dann wurde er ganz stumm. Sein Herz aber war gelöst, und aus seinen Augen tropften Tränen herab und fielen auf seine Hände. Und er achtete keines Dings mehr und saß da, unbeweglich und ohne daß er sich noch gegen die Tiere wehrte. Da flogen die Tauben ab und zu und setzten sich ihm auf die Schulter und liebkosten sein weißes Haar und wurden nicht müde mit Zärtlichkeit und Frohlocken. Der starke Löwe aber leckte immer die Tränen, welche auf die Hände Zarathustras herabfielen und brüllte und brummte schüchtern dazu. Also trieben es diese Tiere. –

Dies Alles dauerte eine lange Zeit, oder eine kurze Zeit: denn, recht gesprochen, gibt es für dergleichen Dinge auf Erden *keine Zeit* –. Inzwischen aber waren die höheren Menschen in der Höhle Zarathustras wach geworden und ordneten sich miteinander zu einem Zuge an, daß sie Zarathustra entgegengingen und ihm den Morgengruß böten: denn sie hatten gefunden, als sie erwachten, daß er schon nicht mehr unter ihnen weilte. Als sie aber zur Tür der Höhle gelangten und das Geräusch ihrer Schritte ihnen voranlief, da stutzte der Löwe gewaltig, kehrte sich mit Einem Male von Zarathustra ab und sprang, wild brüllend, auf die Höhle los; die höheren Menschen aber, als sie ihn brüllen hörten, schrien alle auf, wie mit Einem Munde, und flohen zurück und waren im Nu verschwunden.

Zarathustra selber aber, betäubt und fremd, erhob sich von seinem Sitze, sah um sich, stand staunend da, fragte sein Herz, besann sich und war allein. »Was hörte ich doch?« sprach er endlich langsam, »was geschah mir eben?«

Und schon kam ihm die Erinnerung, und er begriff mit Einem Blicke Alles, was zwischen Gestern und Heute sich begeben hatte. »Hier ist ja der Stein«, sprach er und strich sich den Bart, »auf *dem* saß ich gestern am Morgen; und hier trat der Wahrsager zu mir, und hier hörte ich zuerst den Schrei, den ich eben hörte, den großen Notschrei.

Oh ihr höheren Menschen, *von eurer Not* war's ja, daß gestern am Morgen jener alte Wahrsager mir wahrsagte, –

– zu eurer Not wollte er mich verführen und versuchen: oh Zarathustra, sprach er zu mir, ich komme, daß ich dich zu deiner letzten Sünde verführe.

Zu meiner letzten Sünde? rief Zarathustra und lachte zornig über sein eigenes Wort: *was* blieb mir doch aufgespart als meine letzte Sünde?«

– Und noch einmal versank Zarathustra in sich und setzte sich wieder auf den großen Stein nieder und sann nach. Plötzlich sprang er empor, –

»*Mitleiden! Das Mitleiden mit dem höheren Menschen*!« schrie er auf, und sein Antlitz verwandelte sich in Erz. »Wohlan! *Das* – hatte seine Zeit!

Mein Leid und mein Mitleiden – was liegt daran! Trachte ich denn nach *Glücke*? Ich trachte nach meinem *Werke*!

Wohlan! Der Löwe kam, meine Kinder sind nahe, Zarathustra ward reif, meine Stunde kam: –

Dies ist *mein* Morgen, *mein* Tag hebt an: *herauf nun, herauf, du großer Mittag*!« – –

Also sprach Zarathustra und verließ seine Höhle, glühend und stark, wie eine Morgensonne, die aus dunklen Bergen kommt.

Die für die vorliegende Werkausgabe ausgewählten Schriften Nietzsches folgen dem Text der Großoktavausgabe von 1894 ff. Die Rechtschreibung wurde den heute gültigen Regeln angepaßt, wo dies unbedenklich erschien. Nietzsches sprachliche Eigentümlichkeiten, insbesondere seine variierende Groß- und Kleinschreibung als Verfahren der Hervorhebung, wurden jedoch weitgehend beibehalten.